政府與非營利組織會計

(第二版)

主編　羅朝暉、牟濤

前　言

本書以政府會計基本準則及財政、行政和事業單位會計制度、事業單位會計準則為指南，覆蓋政府與非營利組織會計各領域，突出新制度、新準則的變化。

本書注重基本理論與會計實務相結合，既有基本理論、基礎知識也有基本技能的介紹。

本書既可供高等院校會計學專業和其他經濟管理類專業的本科學生使用，也可供會計學專業和其他經濟管理類專業碩士研究生及會計學專業碩士學位(MPACC)、公共管理碩士學位(MPA)的學生使用。政府部門及事業單位和其他非營利組織會計人員也可使用本教材。

全書分總論、財政總預算會計、行政單位會計、事業單位與民間非營利組織會計四篇共二十一章，第1~2章、第15~21章由羅朝暉編寫；第3~14章由牟濤編寫。

由於時間倉促以及編者對政府與非營利組織會計的認識有限，本書很可能存在不足與疏漏，敬請讀者不吝賜教。

編　者

目　錄

第一篇　總論

第二篇　財政總預算會計

第三篇　行政單位會計

第四篇　事業單位與民間非營利組織會計

第一篇　總　論

第一章
政府與非營利組織會計概論

在已經過去的人類兩千五百多年歷史中，會計學在不同的環境中以不同的方式發展著。在會計發展歷程中，政府與非營利組織會計特別是政府會計給歷史留下了不可磨滅的印記。西方社會所指的最早的會計存在於公元前的雅典、中國、印度等國家，它們都強調對交易進行記錄以及提供發展報告和實施檢查制度，其主要特徵是確保君主的財力。如我們熟知的古代西周就有了專門核算周王朝財賦收支的官職——「司會」，后發展到設置最早的政府會計——「官廳會計」。由於人類社會的不斷進步，經濟體制的性質也發生了變化，政府承擔的職責範圍有所擴大，而且情況複雜多變，會計開始反應這些變化。隨著政治制度和經濟體制的變革，政府會計逐步得到發展。作為政策和經濟管理工具的財政預算如果要取得成功，必須借助會計來完成，這也成為今天推動政府會計發展的動力。同樣，非營利組織會計的發展也得益於經濟和社會環境的發展。可以說，非營利組織是任何國家社會經濟發展中都離不開並與每個人都息息相關的組織。社會越發展，非營利組織的地位與作用越突出。在 21 世紀，政府與非營利組織會計的發展將成為會計學發展的重要組成部分。

第一節　政府與非營利組織會計的概念及組成體系

一、政府與非營利組織會計的概念

中國預算會計誕生於 20 世紀 50 年代，60 年代中期，中國預算會計作了一次較大的改革。此后 30 多年裡，由於中國的計劃經濟體制一直沒有發生重大變化，中國預算會計在基本理論和方法體系方面，基本上也沒有重大的突破。這時的預算會計，是對國家預算資金活動過程及其結果所實施的一種管理活動。它是適用於各級財政部門和事業行政單位的一種專業會計。預算會計包括財政總預算會計和單位預算會計兩類。

20 世紀 90 年代中國預算會計經歷三次變革。90 年代初，單位預算會計發展形成了自收自支單位會計。1996 年財政部發布徵求意見稿著手將預算會計分為財政總預算會計、行政單位會計、事業單位會計。1998 年新的預算會計制度正式實行。以 1998 年 1 月 1 日起全面執行《財政總預算會計制度》《行政單位會計制度》《事業單位會計準則》《事業單位會計制度》為標誌，表明中國預算會計已擺脫計劃經濟體制下的模式，走上了建立適應市場經濟需要、具有中國特色的預算會計模式的道路。

現行中國政府會計由財政會計和行政單位會計組成。財政會計分為中央財政總會計和地方財政總會計，其中地方財政又分為省、市、縣、鄉四級地方財政會計。非營利組織是指其經營目的在於社會利益而非某一個人或組織或所有股東的經濟利益的組織，即不以營利為目的的經濟和社會組織。除現有的公立事業單位外，還包括民辦非企業單位、社會團體及各種基金等。近年來，隨著經濟改革的不斷深化，中國的民間非營利組織得到較大發展，如民辦學校、股份制醫院等的興起，促進了多元化經濟的發展。

近年來，中國財政管理體制改革的步伐加快，現有的預算會計體系面臨進一步的改革。同時，經濟國際化也推動了政府與非營利組織會計的國際化。為了適應市場經濟發展的需要，盡快與國際會計接軌，中國預算會計體系將向政府與非營利組織會計發展。2013 年、2014 年、2015 年先后實施了新的《事業單位會計制度》《事業單位會計準則》《行政單位會計制度》《財政總預算會計制度》。根據新的會計制度、準則結合 2005 年執行的《民間非營利組織會計制度》，我們可以這樣定義：政府與非營利組織會計是反應和監督社會再生產過程中分配領域、社會福利領域與精神產品生產領域中的各級政府機構和各類非營利組織資金活動過程與結果的會計體系，包括各級財政部門、各級行政單位、各類事業單位以及民間非營利組織、社會團體、各種基金等。

二、政府與非營利組織會計的組成及分級

近年來，由於部門預算的編製，財政總預算會計和行政單位會計的改革將逐漸趨向於以一級政府為中心，核算整個政府的財務狀況，即編製一級政府的收支情況表。因此，客觀上要求將財政總預算會計和行政單位會計逐漸合二為一，成為政府會計。另外，推行國庫單一帳戶制度后，財政部門對財政支出資金實施全過程管理，各行政單位由於它只是政府的組成部分，其所有資金都是財政資金，都要通過國庫單一帳戶收付，其資金活動已通過財政總預算會計反應，因此總財政預算會計和行政單位會計是總括和明細的關係，兩者共同構成政府會計。同時，實行政府採購后，對於行政單位專項支出經費，財政部門不再簡單地按照預算下撥經費給行政單位，而應當按照批准的預算和採購活動的履約情況直接向供應商撥付貨款，即財政對這部分支出採用直接付款方式。財政總預算會計可以根據這部分支出數直接辦理決算。而行政單位應根據財政部門提供的付款憑證進行資金核算，根據採購品入庫情況入帳。這筆業務可視為同一會計主體下獲取貨物、工程和服務的行為。故政府採購制度的推行也要求財政總預算會計和行政單位會計合二為一。另外，現有的事業單位日益走向市場，除了財政資金外，還有其他性質的資金，這部分資金收付無須通過國庫單一帳戶，其會計系統的獨立性相對較強，其會計原則、會計科目和核算方法與政府會計顯然有差別，各種基金會也是如此。

中國是以公有制為主體的社會主義市場經濟國家，財政預算實行「統一領導、分級管理」的體制，整個預算會計體系由財政總預算會計、行政單位會計和事業單位會計及民間非營利組織會計組成，且與國家政權結構和行政區域劃分一致。

財政總預算會計是指各級政府財政部門核算和監督政府預算執行與各項財政性資金收支活動情況及結果的專業會計。根據「一級財政、一級預算」的原則，中國財政總預算會計的管理體系分為五級：國家財政部設立中央級財政總預算會計，省（自治區、直轄市）財政廳（局）設立省級財政總預算會計，市（地、州）財政設立市級財政總預算會計，縣財政局設立縣級財政總預算會計，鄉（鎮）財政所設立鄉（鎮）級財政總預算會計。

行政單位會計是指中國各級行政機關和實行行政財務管理的其他機關（包括各級權力機關、審判機關和檢察機關）、政黨及人民團體核算和監督本單位財務收支活動情況及結果的專業會計。行政單位會計根據國家機構建制和經費領報關係，稱為主管會計單位、二級會計單位和基層會計單位三級。其中：向財政部門領報經費並發生預算管理關係的，稱為主管會計單位；向主管會計單位或上一級領報經費，並發生預算管理關係，同時有下一級會計單位的，稱為二級會計單位；向上一級會計單位領報經費，並發生預算管理關係，沒有下一級會計單位的，稱為基層會計單位。

事業單位會計是指各類事業單位核算和監督本單位財務收支活動情況及結果的專業會計。事業單位會計根據國家機構建制和經費領報關係，分為主管會計單位、二級會計單位和基層會計單位三級。中國事業單位內部行業眾多，包括科學、教育、文化、衛生、應用科研型事業單位、社會服務部門的事業單位和社會福利救濟事業單位等，與這些事業單位類型相適應，形成各種事業單位會計。

此外，中國政府與非營利組織會計體系還包括各類民間非營利組織，如社會團體、基金會和民辦非企業。根據2005年實行的《民間非營利組織會計制度》，這些非營利組織應符合以下三個條件：

（1）不以營利為主要目的；

（2）任何單位或個人不因為出資而擁有非營利組織的所有權；收支結余不得向出資者分配；

（3）非營利組織一旦進行清算，清算后的剩余財產應按規定繼續用於社會公益事業。

三、政府與非營利組織會計的特點

政府與非營利組織會計是以預算管理為中心的宏觀管理信息系統，是核算、反應和監督中央與地方各級政府預算及事業行政單位收支預算執行情況的會計。政府與非營利組織會計和企業會計相比具有以下特點：

（1）政府與非營利組織的資金大多直接或間接來自納稅人及其他出資者，資源提供者向政府與非營利組織提供資源不屬於投資範疇，其目的也不是為了獲得提供資源的回報，所以，這些組織就沒有需要支付股利的股東，也就沒有獲利動機。大部分政府與非營利組織以服務於社會、公眾為宗旨，它們提供的精神產品或社會福利服務都是人民生活和社會發展必不可少的活動。這些活動大多以非營利為目的。

（2）政府與非營利組織的受託責任通常是指資源或活動從公眾或其他資源提供者那裡轉移給政府與非營利組織管理當局而應負責任的一種轉換，或政府與非營利組織所承擔的向社會公眾服務對象提供勞務的責任。政府代表國家意志行使公共財政資源籌集、使用和管理的權力，必須受到資源提供者及其代表、國家法律、行政法令、合同協議以及其他約定的限制。政府與非營利組織管理當局受託使用公共財政資源，對資源使用的經濟性、有效性和使用效果負有責任。這種受託責任不僅表現為經濟或財務的責任，還表現為政治的和社會的責任。

(3)《中華人民共和國預算法》規定：「國務院在全國人民代表大會舉行會議時，向大會作中央和地方預算草案的報告。地方各級政府在本級人民代表大會舉行會議時，向大會作本級總預算草案的報告。」政府執行的預算應是經人民代表大會審查和批准的預算，政府對預算執行的結果即決算也需經人民代表大會審批后才具有法律效力。中國的財政會計、行政單位會計、事業單位會計分別在其制度中指出，「提供的會計信息應適應預算管理的需要。」政府的經濟活動是否與預算相符合，是政府是否可以解脫受託責任的一個重要標準。

(4) 中國在財政會計、行政單位會計、事業單位會計制度中都規定所提供的會計信息應適應國家宏觀經濟管理的需要。中國是社會主義國家，實行的是以公有制為主體，多種所有制經濟共同發展的經濟制度。中國的財政收入中，國有企業上繳利稅佔有很大比重，財政支出中用於國家經濟建設支出的比重也較大。所以，中國的財政總預算會計提供的會計信息應適應國家宏觀經濟管理的需要。同時，現行行政事業單位已經不再是財政的附屬單位，它們以相對獨立的經濟實體的身分出現在社會經濟生活中，國家對於行政事業單位會計信息的需求，也已開始轉向對宏觀的會計信息的需求。

第二節　政府與非營利組織會計目標

目標是事物所具有的代表同類事物發展趨勢和運行的標準。會計目標是會計管理體制、會計規範等賴以存在和發展的依據。我們常把會計目標稱為會計目的，會計目標是會計系統期望達到的預期目的或境界。

一、政府與非營利組織會計目標概述

2015 年財政部發布《政府會計準則——基本準則》，對政府決算報告目標和財務報告目標有了明確規定，我們結合財政、行政及事業單位會計制度作出如下表述。

中國《財政總預算會計制度》規定，財政總會計的核算目標是向會計信息使用者提供政府財政預算執行情況、財務狀況等會計信息，反應政府財政受託責任履行情況。總預算會計信息，應當符合預算法的要求，適應國家宏觀經濟管理和上級財政部門及本級政府對財政管理的需要。總預算會計報表是各級預算收支執行情況及其結果的定期書面報告，是各級政府和上級財政部門瞭解情況、掌握政策、指導預算執行工作的重要資料，也是編製下年度預算的基礎。實際上，按制度反應政府的財務狀況、預算執行情況、財政週轉金收支和投放情況以及反應政府的其他各種綜合情況與行政事業單位收支匯總情況等，構成了中國財政總預算會計的較為具體的會計目標。

中國《行政單位會計制度》規定，行政單位提供的會計信息應當與行政單位受

託責任履行情況的反應、會計信息使用者的管理、監督和決策需要相關，從而有助於會計信息使用者對行政單位過去、現在或者未來的情況作出評價或者預測。

中國《事業單位會計準則》規定，事業單位提供的會計信息應當與反應事業單位受託責任的履行情況、滿足財務報告使用者的決策需要相關，符合國家宏觀經濟管理、預算管理和對事業單位加強財務管理的要求，從而有助於財務報告使用者對事業單位過去、現在或者未來的情況作出評價或者預測。

中國《民間非營利組織會計制度》規定，非營利組織提供的會計信息應當能夠真實、完整地反應其財務狀況、收支結余和現金流量，以滿足會計信息使用者的需要。

總括起來，中國政府與非營利組織會計的目標應是：提供符合國家宏觀經濟管理的要求，適應預算管理和各級政府財政、行政、各類事業單位及民間非營利組織管理需要的信息。這些信息應能真實、完整地反應政府與非營利組織的財務狀況、收支結余及結余分配，以滿足會計信息使用者的需要。

二、政府與非營利組織會計信息的使用者

政府與非營利組織會計信息使用者是指與會計主體有「利害關係」、需要利用財務報告所提供的信息作出各種決策的團體和人士。由於政府與非營利組織的環境特徵，其會計信息使用者與企業組織有很大的區別。同時，政府與非營利組織會計的服務對象廣泛，這些特點決定著政府與非營利組織會計信息使用者的廣泛性。

（一）政府各級主管部門

它包括各級政府財政、行政、事業單位及民間非營利組織主管部門等。它們代表政府對所屬下級政府與非營利組織受託責任的履行情況及財務業績等作出評價，並據此制定有關的政策和措施。

（二）立法及監督機構

如中國的各級人民代表大會及其代表、各級審計機關，非營利組織的相關監督機構等。它們代表全體人民或利益關係者的利益，瞭解、監督政府與非營利組織財務資源的使用情況及管理當局的廉政勤政等情況，以便作出各種相關的經濟、政治決策。

（三）政府與非營利組織服務的使用對象

政府會計的服務對象是社會公眾，包括企業組織；非營利組織的服務對象較固定，如各類學校的服務對象主要是受教育者，醫院的服務對象主要是病人。

（四）資源提供者

如納稅人、服務費付款人、捐贈人等。納稅人依法納稅，服務對象繳納服務費，捐贈人無償捐贈。他們雖不求回報，但都關心資源使用的效果、效益以及稅務負擔的合理性。政府與非營利組織在財務收支活動中，也需要通過發行債券或向金融機構融資，所以，資源提供者也包括債券投資者和債權人。

（五）其他使用者

如經濟和財務分析師、媒體、工會組織、社會福利機構和政府與非營利組織的職工等。

三、政府與非營利組織會計目標的具體要求

由於中國現行政府與非營利組織會計制度和準則對目標的具體要求正在逐步完善過程中，我們可借鑑國際會計師聯合會（International Federation of Accountants）及美國政府會計準則委員會（GASB）、美國財務會計準則委員會（FASB）的有關規定來作出如下規範：

（一）政府會計目標的具體要求

（1）能使使用者評估責任、說明各級政府責任的方法。它包括：①能使使用者確定本年收入是否足以支付本年服務和在以后年度，市民是否必須負擔以前年度的服務成本；②說明各級政府的預算責任及其是否遵循其他與財務相關的法律和合同要求；③幫助使用者評估政府提供服務的成本、成果及努力程度。

（2）評估當期政府如何籌集其活動資金，滿足其現金需要的信息。它包括：①財務資金來源和使用的信息；②政府如何籌集其活動資金，滿足其現金需要的信息；③確定各級政府財務狀況在當年是改善還是惡化所需的信息。

（3）評價政府的服務水準、持續籌措活動資金和履行義務能力所需的信息。它包括：①各級政府財務狀況的信息；②各級政府有形資源和其他非財務資源未來使用壽命的信息，包括可評估其服務潛能的信息；③披露法律、合同對資源使用的限制，資源可能損失的風險。

（二）非營利組織會計目標的具體要求

美國財務會計準則委員會（FASB）財務會計概念第 4 號公告的「非營利組織財務報告的目標」指出非營利組織對外財務報告的目標，包括以下兩點：

（1）目標體系主要來自於外部使用者的需要，這些外部使用者通常不能規定組織提供他們想要的信息。

（2）除了一般目的對外財務報告所提供的信息外，在一定程度上，經理和管委會還需要大量的內部會計信息以進行計劃和控制活動。這些使用者有權利得到他們所需要的信息，為滿足這部分使用者的特殊需要的信息不在本公告之列。

綜合起來，非營利組織財務報告應提供下列信息：

（1）組織的經濟資源、債務和淨資源，改變資源及資源所包含利益的交易、事項和情況對組織的影響。

（2）一個時期內組織的業績。非企業組織淨資源金額和性質變化的定期測評以及在提供評價其業績最有用的信息方面的努力和成就的信息。

（3）組織怎樣取得和使用現金或其他流動資源、債務的舉借和償還以及影響組織流動性的其他因素。

四、政府與非營利組織會計的任務

根據政府與非營利組織會計目標的要求，其應完成的基本任務如下：

（一）反應和監督預算財務收支情況，確保國家預算收支任務的順利實現

加強預算財務管理，確保國家預算收支任務的實現，是管好國家預算的重要任務。政府與非營利組織會計能夠及時、完整、準確地提供預算財務收支計劃，參與預算管理，協助國庫按時收納、劃分和報解各項預算收入，檢查各項預算支出和資

金的使用情況，以確保國家預算收支任務的完成。

（二）分析預算執行進度，確保預算資金供求平衡

根據政府與非營利組織會計提供的預算執行的會計信息，分析預算執行過程中存在的問題，及時揭示財政資金的供求矛盾，提出改進措施，調整供求關係，以確保預算的順利執行。

（三）監督部門預算執行情況，提高資金使用效果

國家各級部門要正確執行國家預算，提高資金使用效果是財政預算管理和資金管理的重要任務。政府與非營利組織會計對預算資金運動的核算反應，也是對預算執行與資金使用的監督和檢查。通過政府與非營利組織會計的監督和檢查，有助於正確執行國家預算，順利實行部門預算管理的改革。

（四）檢查預算收支活動，正確執行國家的財經方針、政策

政府與非營利組織會計反應預算收支活動的過程，同時也是執行國家的財經方針、政策的過程。在預算執行過程中，依據會計提供的執行國家相關政策的信息，可以及時瞭解和檢查財經政策的執行情況。

第三節　政府與非營利組織會計要素

會計要素是對會計事項所確認的項目所做的歸類，是構成會計客體的必要因素。中國在《財政總預算會計制度》《行政單位會計制度》《事業單位會計制度》中明確規定了使用以下會計要素：資產、負債、淨資產、收入、支出。

一、資產要素

資產是過去的事項形成的並由會計主體擁有或者控制的能以貨幣計量的經濟資源。它包括各種財產、債權和其他權利。

（一）政府會計的資產要素

資產是指政府會計主體過去的經濟業務或者事項形成的，由政府主體控制的，預期能夠產生服務潛力或者帶來經濟利益流入的經濟資源。

中國《財政總預算會計制度》規定：資產是一級財政掌管或控制的能以貨幣計量的經濟資源，包括財政性存款、有價證券、暫付及應收款項、預撥款項、借出款項、應收股利、應收轉貸款、股權投資等。《行政單位會計制度》規定：資產是行政單位佔有或者使用的，能以貨幣計量的經濟資源，包括流動資產、無形資產和固定資產等。關於資產的計量，因為中國財政總預算會計核算、反應和監督的對象是政府預算執行和財政週轉金等各項財政性資金活動，故在《財政總預算會計制度》中沒有作出具體陳述。但在實務中，一般按資產取得或購建時的實際成本計價。《行政單位會計制度》規定：各項財產物資應當按照取得或購建時的實際成本計價。除國家另有規定者外，一律不得自行調整其帳面價值。關於固定資產折舊，行政單位按照有關規定對固定資產進行折舊的，對固定資產計提折舊的金額，應當根據固定資產原價和折舊年限確定。

（二）事業單位與民間非營利組織會計的資產要素

中國《事業單位會計準則》規定：資產是事業單位佔有或者使用的能以貨幣計量的經濟資源，包括流動資產、短期投資、固定資產、無形資產、長期投資等。《民間非營利組織會計》規定：資產是指過去的經濟業務形成並由非營利組織擁有或者控制的資源。該資源預期會給非營利組織帶來經濟利益，包括流動資產、受贈資產、長期投資、固定資產、無形資產和其他資產。關於資產的計量，按現行制度規定，事業單位和民間非營利組織的各項財產應按照實際成本計價。事業單位應當對除下列各項資產以外的其他固定資產計提折舊：①文物和陳列品；②動植物；③圖書、檔案；④以名義金額計量的固定資產。民間非營利組織的固定資產要計提折舊。

二、負債要素

負債是過去的事項形成的現時義務。

（一）政府會計的負債

政府會計負債是指政府會計主體過去的經濟業務或本項形成的，預期會導致經濟資源流出政府會計的現時義務。

中國《財政總預算會計制度》規定：負債是一級財政所承擔的能以貨幣計量，需要以資產償付的債務，包括應付及暫收款項、應付國庫集中支付結余、應付政府債券、借入款項、應付轉貸款、其他負債、應付代管資金等。《行政單位會計制度》規定：負債是行政單位承擔的能以貨幣計量、需要以資產償付的債務，包括應繳財政款、暫存款等。財政會計中有流動負債和非流動負債的劃分，行政單位的負債也按照流動性分為流動負債和非流動負債。

（二）事業單位與民間非營利組織會計的負債

中國《事業單位會計準則》規定：負債是事業單位所承擔的能以貨幣計量，需要以資產或勞務償付的債務。事業單位的負債按照流動性，分為流動負債和非流動負債，包括短期借款、應付帳款、預收帳款、長期借款、其他應付款、各種應繳款項等。《民間非營利組織會計制度》規定：負債是指過去的業務活動所形成的現時義務，履行該義務預期會導致經濟利益流出非營利組織，包括流動負債和長期負債。

三、淨資產要素

淨資產是所有者在單位享有的經濟利益，其金額是資產減去負債的差額。

（一）政府會計的淨資產

政府會計淨資產是指政府會計主體資產減去負債后的淨額。

中國《財政總預算會計制度》規定：淨資產是指資產減去負債的差額，包括各項結余、預算週轉金及資產基金等。結余是財政收支執行的結果，財政各項結余包括預算結余、基金預算結余和專用基金結余等。

中國《行政單位會計制度》規定：淨資產是指行政單位資產減負債和收入減支出的差額，包括財政撥款結轉、財政撥款結余、其他資金結轉結余、資產基金、待償債淨資產等。結余是行政單位各項收入與支出相抵后的余額。行政單位正常經費結余與專項資金結余應分別核算。

（二）事業單位與民間非營利組織會計的淨資產

中國《事業單位會計準則》規定：事業單位的淨資產是資產減去負債的差額，包括事業基金、非流動資產基金、專用基金、財政補助結轉結余、非財政補助結轉結余等。事業基金是指事業單位擁有的非限定用途的淨資產，主要包括滾存結余等。非流動資產基金是指事業單位非流動資產占用的金額。專用基金是指事業單位按規定提取或者設置的具有專門用途的淨資產。財政補助結轉結余是指事業單位各項財政補助收入與其相關支出相抵后剩余滾存的、須按規定管理和使用的結轉和結余資金。非財政補助結轉結余是指事業單位除財政補助收支以外的各項收入與各項支出相抵后的余額。

《民間非營利組織會計制度》規定：非營利組織的淨資產是指資產減去負債后的余額。以捐贈業務為主的非營利組織的淨資產，應按捐贈人限制存在與否為不受限制淨資產、暫時受限制淨資產和永久受限制淨資產。其他非營利組織的淨資產包括業務發展基金和留本基金。

四、收入要素

收入是依據國家有關法規取得的經濟利益的流入。

（一）政府會計的收入

政府會計收入是指報告期內導致政府會計主體淨資產增加的、含有服務潛力或者經濟利益的經濟資源的流入。

中國《財政總預算會計制度》規定：財政收入是國家為實現其職能，根據法令和法規所取得的非償還性資金，是一級財政的資金來源。財政收入包括一般預算收入、基金預算收入、專用基金收入、轉移性收入、國有資本經營預算收入和財政專戶管理資金收入等。作為國家財政主要收入的一般預算收入按中國《2007 年政府預算收支科目》要求分成稅收收入、非稅收入、社會保險基金收入、貸款轉貸回收本金收入、債務收入和轉移性收入。在政府編製財政總預算時，貸款轉貸回收本金收入、債務收入和轉移性收入都被作為一般預算收入處理，表示可用來安排一般預算支出的資金來源，但會計核算中只包括稅收收入和非稅收入。基金預算收入包括工業交通部門基金收入、商貿部門基金收入、文教部門基金收入、社會保障基金收入、農業部門基金收入、其他部門基金收入、地方財政稅費附加收入、基金預算調撥收入。專用基金收入是總預算會計管理的各項專用基金，如糧食風險基金。轉移性收入是根據財政體制規定在各級財政之間進行資金調撥以及在本級財政各項資金之間的轉移所形成的收入，包括補助收入、上解收入和調入資金。

《行政單位會計制度》規定：行政單位的收入包括財政撥款收入、其他收入等。財政撥款收入是指行政單位從同級財政部門取得的財政預算資金。其他收入是指行政單位依法取得的除財政撥款收入以外的各項收入。

（二）事業單位與民間非營利組織會計的收入

中國《事業單位會計準則》規定：事業單位的收入包括財政補助收入、上級補助收入、事業收入、附屬單位上繳收入、經營收入、其他收入等。其中：財政補助收入是指事業單位從同級財政部門取得的各類財政撥款，包括基本支出補助和項目支出補助。上級補助收入是指事業單位從主管部門和上級單位取得的非財政補助收入。事業收入是指事業單位開展專業業務活動及其輔助活動取得的收入。其中：按照國家有關規定應當上繳國庫或者財政專戶的資金，不計入事業收入；從財政專戶核撥給事業單位的資金和經核准不上繳國庫或者財政專戶的資金，計入事業收入。附屬單位上繳收入是指事業單位附屬獨立核算單位按照有關規定上繳的收入。經營收入是指事業單位在專業業務活動及輔助活動之外開展非獨立核算經營活動取得的收入。其他收入是事業單位取得的投資收益、利息收入、捐贈收入等。

《民間非營利組織會計制度》規定：民間非營利組織收入包括基本業務收入、其他業務收入、政府資助收入、投資收益和其他收入。其中：基本業務收入是非營利組織開展章程規定範圍內的主要業務活動取得的收入，如基金會的捐贈收入、民辦學校的學費等。其他業務收入是指非營利組織開展章程範圍內的其他業務活動取得的收入，如培訓費收入、展覽收入、專項收入等。政府資助收入是非營利組織取得的政府無償給予的各類補助，如人員經費、辦公經費。其他收入是非營利組織因處置財產物資取得的淨收益和銀行存款取得的利息收入。

五、費用（支出）要素

費用（支出）是依據國家有關法規所發生的經濟利益的流出。

（一）政府會計的費用（支出）

政府會計的費用是指報告期內導致政府會計主體淨資產減少的、含有服務潛力或者經濟利益的經濟資源的流出。

中國《財政總預算會計制度》規定：財政支出是一級財政為實現其職能，對財政資金的再分配，包括一般預算支出、基金預算支出、國有資本經營預算支出、專用基金支出、轉移性支出和財政專戶管理資金支出等。按中國《2007 年政府收支分類科目》對一般預算支出明細科目的設置，其下分設一般公共服務、外交、國防、公共安全、教育、科學技術、文化體育與傳媒、社會保障和就業、醫療衛生、環境保護、城鄉社區事務、農林水事務、交通運輸、採掘電力信息等，以及糧油物資儲備管理、金融監管、地震災后重建支出、國債還本付息及其他支出等。按中國《2007 年政府收支分類科目》的要求，基金預算支出下設一般公共服務支出、公共安全、教育、文體傳媒、社會保障和就業等 12 類。國有資本經營預算支出是用國有資本經營預算收入安排的支出。專用基金支出是用專用基金收入安排的支出。轉移性支出是根據財政體制規定在各級財政之間進行資金調撥以及在本級財政各項資金之間轉移所形成的支出，包括補助支出、上解支出、調出資金等。

《行政單位會計制度》規定：支出是指行政單位為保障機構正常運轉和完成工作任務所發生的資金耗費和損失，包括經費支出和撥出經費。經費支出是指行政單位自身開展業務活動使用各項資金發生的基本支出和項目支出。撥出經費是指行政單位納入單位預算管理、撥付給所屬單位的非同級財政撥款資金。具體項目有基本工資、補助工資、職工福利費、社會保障費、公務費、業務費、設備購置費、修繕費等。

（二）事業單位與民間非營利組織會計費用（支出）

中國《事業單位會計準則》規定：支出（費用）是指事業單位為開展業務活動和其他活動所發生的各項資金耗費及損失。事業支出是指事業單位為開展專業業務活動及輔助活動發生的支出。經營支出是指事業單位在開展專業業務活動及其輔助活動之外開展非獨立核算經營活動發生的支出。對附屬單位補助支出是指事業單位用非財政預算資金對附屬單位補助發生的支出。上繳上級支出是指事業單位按規定標準或比例上繳上級單位的支出。其他支出是指事業支出、對附屬單位補助支出、上繳上級支出和經營支出以外的各項支出，包括利息支出、捐贈支出等。

《民間非營利組織會計制度》規定：費用是指非營利組織為開展章程範圍內的業務活動所發生的經濟利益的流出；成本是指非營利組織為提供勞務和產品而發生的各種耗費。費用包括基本業務支出、其他業務支出、其他支出和管理費用。非營利組織的基本業務支出是指非營利組織開展章程範圍內的主要業務活動發生的可直接歸屬於基本業務的有關支出。其他業務支出是指非營利組織開展章程範圍內的其他業務活動發生的可直接歸屬於其他業務的有關支出。其他支出是指因處置財產物資發生的淨損失和銀行借款發生的利息支出。管理費用是指非營利組織管理部門發生的各項費用，包括人員支出、日常公用支出、對個人和家庭的補助支出、固定資產折舊和大修理費支出等。

六、結余或溢余（損失）帳戶的設置

目前，中國政府財政、行政單位會計及事業單位會計都沒有單獨設置結余或溢余（損失）要素，一般將結余作為淨資產的一個構成項目即結余就是收支相抵后的余額。只有中國民間非營利組織設置了第六個要素：結余或溢余與損失。

中國《民間非營利組織會計制度》規定：結余是民間非營利組織在一定期間各項收入與支出相抵后的余額。非營利組織的結余應按捐贈人限制存在與否分為不受限制收支結余、暫時受限制收支結余和永久受限制收支結余。其他非營利組織的收支結余可以不劃分為不受限制收支結余、暫時受限制收支結余和永久受限制收支結余。收支結余應於期末，按扣除永久受限制捐贈收入后的金額轉入業務發展基金，按永久受限制捐贈收入金額轉入留本基金。

第四節　政府與非營利組織會計原則

政府與非營利組織會計原則是規範政府與非營利組織會計工作，評價其工作質量的準繩。它是以最佳會計實務為標準，對政府與非營利組織會計實務所作的總結、提高和理論概括。

一、政府與非營利組織會計的基本假設

政府與非營利組織會計的基本假設是對政府與非營利組織會計賴以活動的客觀環境所作出的合乎事理的基本假定。它是組織政府與非營利組織會計工作必須具備

的前提條件，故也稱會計的基本前提。會計假設包括會計主體、持續經營、會計分期和貨幣計量，它們分別從時間、空間和計量單位上對政府與非營利組織會計活動進行了限制。

(一) 會計主體假設

會計主體是指會計為之服務的特定單位。政府與非營利組織的會計主體假設是對其會計對象及會計工作的空間範圍所作的限定。其基本內容包括：政府與非營利組織的會計核算應當以特定的政府與非營利組織的預算資金活動過程和結果為對象，只記錄、反應和報告其主體本身的各項業務活動。會計主體假設對會計工作的基本要求是：嚴格區分會計為之服務的特定主體的經濟活動和其他特定主體的經濟活動的界限。政府會計的主體是各級財政部門和行政機構。非營利組織的會計主體是各類非營利組織，包括現行的事業單位及民間非營利組織。

(二) 持續經營假設

持續經營假設是對會計核算時間無限性的規定。要求政府與非營利組織應以持續、正常的業務活動為前提，連續記錄和報告企業的經營活動和結果。其基本內容包括：在政府與非營利組織在沒有明確的反證要終止其業務活動時，應認為它可以按現有的規模、條件繼續它的業務活動。持續經營假設對會計工作的基本要求是：首先，按照公認的原則和制度的要求，對政府與非營利組織經濟活動進行連續地記錄、計量和報告；其次，會計要素的計價特別是資產的計價，應當按照正常的程序、方法進行。

(三) 會計分期假設

會計分期假設是指將政府與非營利組織會計主體持續運行的時間人為地劃分成時間階段，以便分階段結算帳目，編製會計報表。其基本內容包括：政府與非營利組織會計應按會計期間定期揭示其財務及有關經濟活動的信息。政府與非營利組織會計期間分為年度、季度和月份。中國會計年度、季度和月份採用公歷日期。會計分期假設對會計工作的基本要求是：會計核算應當按會計期間分期結算帳目和編製會計報表。

(四) 貨幣計量假設

貨幣計量假設是對會計信息的表現形式所作的假定。其基本內容包括：會計記錄的數據和根據這些數據整理、匯總、加工生成的會計信息，都可以以貨幣作為統一計量單位。貨幣計量假設對會計工作的基本要求是：必須確定一種貨幣作為記帳本位幣。中國規定以人民幣作為記帳本位幣。如果發生外幣收支，應當按照中國人民銀行公布的當日人民幣外匯匯率折算為人民幣核算。對於業務收支以外幣為主的非營利組織，也可以選定某種外幣作為記帳本位幣。但在編製會計報表時，應當按照編報日期的人民幣外匯匯率折算為人民幣反應。

二、政府與非營利組織會計的一般原則

會計原則又稱會計準則，它是進行會計工作的規範和評價會計工作質量的標準，是對會計實踐普遍經驗和一般規律進行歸納與總結的結果。政府與非營利組織會計

的一般原則是用以指導政府與非營利組織會計核算的基本原則。

（一）真實性原則

真實性原則又稱客觀性原則。這是指會計核算應當以實際發生的經濟業務為依據，客觀真實地記錄、反應各項業務活動的實際情況和結果。政府與非營利組織會計主體應當將發生的各項經濟業務或者事項統一納入會計核算，確保會計信息能夠全面地反應政府會計主體預算執行情況和財務狀況、運行情況、現金流量等。政府與非營利組織的會計人員在選擇會計方法處理會計信息的過程中，要如實反應國家預算和財務收支情況及結果，應持公允立場，不偏不倚。

（二）相關性原則

政府與非營利組織會計主體提供的會計信息，應當與反應政府會計主體公共受託責任履行情況以及報告使用者決策或者監督、管理的需要相關，有助於報告使用者對政府會計主體過去、現在或未來的情況作出評價或預測。

總之，政府與非營利組織會計所提供的會計信息應當符合國家宏觀經濟管理的要求，滿足預算管理和有關方面瞭解單位財務狀況及收支情況的需要，並有利於單位加強內部管理。

（三）可比性原則

這是指會計核算應當按規定的方法進行，以利於同一單位前后各期以及不同單位之間的比較分析。會計處理在不同的單位之間應採取統一的方式和方法，同一單位在不同地點、不同時間發生的相同類型經濟業務，也應採用統一的方式、方法處理。遵循可比性原則，有利於會計信息的匯總，滿足國家宏觀管理的需要。

（四）一貫性原則

這是指會計核算方法應當前后各期保持一致，不得隨意改變。如確有必要改變，應將改變情況、原因及對會計報表的影響在會計報告中說明。堅持一貫性原則，對保證會計信息的一致性具有重要意義。

（五）及時性原則

這是指政府與非營利組織的會計核算應當及時進行，不得提前或延后。凡是在某會計期間發生的經濟事項，應當在該期內及時登記入帳，不得拖延；結算業務要及時辦理；會計報表要及時編報。

（六）明晰性原則

這是指政府與非營利組織的會計記錄和會計報表應當清晰明瞭，便於理解和利用。明晰性不僅可以擴大會計信息的使用範圍，而且可以進一步增強會計信息的效用。

（七）收付實現制和權責發生制原則

收付實現制原則是指對於單位的一切收入和支出，都要以款項的實際收到或付出為標準來確定。權責發生制則是以收入和支出是否已經發生為標準來確認本期收入和支出。政府與非營利組織會計在確認、計量、進行收支結帳中，以收付實現制為主，兼有權責發生制。政府會計採用收付實現制，非營利組織一般採用收付實現制，但經營性收支業務核算可採用權責發生制。

（八）專款專用原則（限制性原則）

這是指對於指定用途的資金，應當按規定的用途使用，不能擅自改變用途，挪作他用。對具有專門用途資金的使用應單獨核算反應。這是政府與非營利組織會計的特有原則。

（九）實際成本原則（歷史成本原則）

這是指各項財產物資應當按取得時的實際成本計價，除國家另有規定外，不得自行調整其帳面價值。按實際成本計價具有客觀、可驗證和易取得等優點。但是，當貨幣購買力變動和物價上漲時，按歷史成本計價就不能夠確切地反應資產的價值。

（十）實質重於形式原則

政府及非營利組織會計主體應當按照經濟業務或者事項的經濟實質進行會計核算，不限於以經濟業務或者事項的法律形式為依據。

第二章
政府與非營利組織會計方法

政府與非營利組織會計信息的產生必須借助於一整套相互聯繫的專門方法。這些方法主要包括填製和審查會計憑證、設置和運用會計帳戶、復式記帳、登記帳簿、財產清查和編製會計報表等。

第一節　政府與非營利組織會計科目及記帳方法

一、政府與非營利組織會計科目

政府與非營利組織會計科目，是對會計的具體對象按其經濟內容和用途所作的具體分類項目。它是設置帳戶、進行帳務處理的依據。政府與非營利組織會計科目按其提供指標的詳細程度，可分為總帳科目和明細科目兩種。

總帳科目在會計要素下直接開設，反應相應會計要素中有關內容的總括信息。為了統一核算口徑，提高核算質量，應由財政部制定統一的會計科目表。在會計科目表中，可按提供指標的經濟內容分為資產、負債、淨資產、收入、支出和結余六類。明細科目是對總帳科目核算的具體內容進行詳細分類的會計科目。它是總帳科目的具體說明，對總帳科目起補充和分析作用。根據經濟業務內容和內部管理要求自行確定，可分設一級明細科目和二級明細科目。如在「經費支出」總帳科目下，可按用途分設「基本支出」「項目支出」等。

對每一會計科目，除了統一名稱外，通常都要為每個科目編一個代用符號，這個符號稱為會計科目的編號。會計科目編號可以有不同方法，但一般採用「數字編號」，即用有規律和系統的數字作為科目代號。在中國，現行會計制度中規定會計科目編號都採用三位數編碼，如「101 現金」「102 銀行存款」等。其中，從左至右第一位數碼表示會計科目性質，如「1」表示資產類科目、「2」表示負債類科目、「3」表示淨資產類科目、「4」表示收入類科目、「5」表示支出類科目；第二、三位數碼表示會計科目在該類中的順序號。按此規律，資產類科目編號依次為「101 現金科目」「102 銀行存款科目」等。

設置政府與非營利組織會計科目，有利於將政府財政、行政及非營利組織中大量經濟內容相同的業務歸為一類，組織會計核算，取得相應的會計信息。對於國家統一規定的預算會計科目及其編號，各級政府會計和各類非營利組織不得擅自更改或將編號打亂重編。

二、政府與非營利組織會計帳戶

帳戶是對會計科目的具體內容進行分類核算的工具。政府與非營利組織會計的會計科目和帳戶是兩個既具有內在聯繫又不完全相同的概念。兩者的內在聯繫表現為政府與非營利組織會計科目是政府與非營利組織會計帳戶的名稱。兩者的區別表現為政府與非營利組織會計帳戶既有名稱又有結構，而政府與非營利組織會計科目只是一個名稱，沒有結構。

政府與非營利組織會計帳戶可分為總分類帳戶和明細分類帳戶。總分類帳戶是根據總帳科目開設的用以反應總分類帳戶中有關明細分類信息的帳戶。各類帳戶結構見表 2-1。

表 2-1　　帳戶總結構

借	貸
1. 資產增加 2. 負債減少 3. 淨資產減少 4. 收入減少 5. 支出增加	1. 資產減少 2. 負債增加 3. 淨資產增加 4. 收入增加 5. 支出減少
余額（資產）	余額（負債、淨資產）

三、政府與非營利組織會計記帳方法

政府與非營利組織會計採用國際通用的借貸記帳法。借貸記帳法是以「借」「貸」作為記帳符號，按照「有借必有貸，借貸必相等」的記帳規則，在兩個或兩個以上帳戶中全面地、相互聯繫地記錄每筆經濟業務的一種復式記帳法。

在政府與非營利組織會計中，借貸記帳法中的「借」表示資產和支出類帳戶的增加以及負債、淨資產和收入類帳戶的減少或轉銷，「貸」表示資產和支出類帳戶的減少或轉銷以及負債、淨資產和收入類帳戶的增加。其在各類帳戶記帳中的運用見表 2-1。

借貸記帳法的平衡公式是：

資產＝負債+淨資產

年度預算執行期間，在收入和支出不結轉的情況下，其平衡公式為：

資產＝負債+淨資產+（收入-支出）

在使用借貸記帳法的情況下，試算平衡可以採用余額平衡或發生額平衡。其平衡公式分別為：

全部帳戶借方余額合計＝全部帳戶貸方余額合計

全部帳戶借方發生額合計＝全部帳戶貸方發生額合計

現舉例說明借貸記帳法規則的運用。

【例 2-1】某市財政局收到一般公共預算本級收入 600,000 元。

借：國庫存款　　600,000

　貸：一般公共預算本級收入　　600,000

【例 2-2】某市財政局用預算結余資金購買國庫券 100,000 元。

借：有價證券　　100,000
　貸：國庫存款　　100,000

【例 2-3】某市財政局收到財政專戶資金 180,000 元並已入庫。

借：其他財政存款　　180,000
　貸：專戶資金管理收入　　180,000

【例 2-4】某行政單位收到財政撥入經常性經費 70,000 元。

借：銀行存款　　70,000
　貸：財政撥款收入　　70,000

【例 2-5】某行政單位撥給下屬單位經費 20,000 元。

借：撥出經費　　20,000
　貸：銀行存款　　20,000

【例 2-6】某行政單位購入辦公用設備一臺，價值 12,000 元，以銀行存款支付。

借：經費支出——基本支出——設備購置費　　12,000
　貸：銀行存款　　12,000
借：固定資產　　12,000
　貸：資產基金——固定資產　　12,000

【例 2-7】某高校以現金購買辦公用品 500 元。

借：事業支出　　500
　貸：庫存現金　　500

【例 2-8】某科研單位對外提供技術服務，取得勞務收入 5,000 元，存入銀行。

借：銀行存款　　5,000
　貸：事業收入　　5,000

【例 2-9】某事業單位購買的 A 公司債券到期，獲利息收入 10,000 元，轉存銀行。

借：銀行存款　　10,000
　貸：其他收入——債券利息收入　　10,000

第二節　政府與非營利組織會計憑證、帳簿和會計報表

一、政府與非營利組織會計憑證

會計憑證是用以記錄經濟業務或會計事項，明確經濟責任，作為記帳依據的書面證明。為了保證經濟信息的真實可靠，能正確反應國家預算的執行情況，政府與非營利組織應對發生的每項業務做到收支有憑據、登記帳簿有依據。其會計憑證按照填製程序和用途，可分為原始憑證和記帳憑證兩種。

（一）原始憑證

原始憑證是經濟業務發生時取得的書面證明，是會計事項的唯一合法憑證，是登記明細帳的依據。由於政府會計和非營利組織經濟業務內容不同，因此，其原始憑證的具體種類也不完全一樣。

1. 政府會計原始憑證的種類

（1）國庫報來的各種預算收入日報表及其附件，如各種繳款書、收入退還書、更正通知書等；

（2）各種撥款和轉帳收款憑證，如預算撥款憑證、各種銀行匯款憑證等；

（3）主管部門報來的各種非包干專項撥款支出報表和基本建設支出月報表；

（4）其他足以證明會計事項發生過的憑證和文件。

2. 非營利組織原始憑證的種類

（1）各種收款收據和借款憑證、經費報銷單據；

（2）預算撥款憑證；

（3）開戶銀行轉來的收、付款憑證；

（4）材料入庫、出庫單；

（5）往來結算憑證；

（6）各種稅票；

（7）其他足以證明會計事項發生過的憑證和文件。

3. 原始憑證填製的要求

（1）憑證的名稱、填製日期及編號；

（2）填製憑證的單位、填製人及其簽章；

（3）接受單位的名稱；

（4）經濟業務的內容摘要、數量、單價和金額等；

（5）本單位經辦人簽章。

原始憑證的填製必須真實、完整、正確、清楚。原始憑證上填列的日期、業務內容和數字必須真實可靠；原始憑證上規定的項目必須填寫齊全，不能遺漏，數量、金額必須計算正確；文字清晰，易於辨認；原始憑證上必須有經濟業務經辦人員的簽名或蓋章，以便明確經濟責任。

（二）記帳憑證

記帳憑證是根據原始憑證填製的、用來確定會計分錄的憑證，是登記帳簿的依據。

記帳憑證包括以下基本內容：

（1）填製單位的名稱；

（2）憑證名稱；

（3）填製日期；

（4）憑證編號；

（5）經濟業務的內容摘要；

（6）會計分錄；

（7）所附原始憑證的張數；

（8）製單、復核、記帳等人員的簽章。

填製記帳憑證時，必須附有原始憑證，摘要的經濟內容要簡明、真實，金額應與所附原始憑證一致，科目對應關係應準確完整，有關經辦人員的簽章應齊備。記帳憑證和原始憑證最大的區別在於記帳憑證有了會計分錄。

記帳憑證的格式主要有收款記帳憑證（見表 2-2）、付款記帳憑證（見表 2-3）、轉帳記帳憑證（見表 2-4）。

表 2-2　　　　收款憑證

出納編號:

借方科目:　　　　年　月　日　　　　製單編號:

對方單位(或繳款人)	摘要	貸方科目		金額										記帳符號
		總帳科目	明細科目	千	百	十	萬	千	百	十	元	角	分	
附憑證　張		金額合計												

會計主管:　　記帳:　　稽核:　　出納:　　製單:

表 2-3　　　　付款憑證

出納編號:

貸方科目:　　　　年　月　日　　　　製單編號:

對方單位(或領款人)	摘要	借方科目		金額										記帳符號
		總帳科目	明細科目	千	百	十	萬	千	百	十	元	角	分	
附憑證　張		金額合計												

會計主管:　　記帳:　　稽核:　　出納:　　製單:

表 2-4　　　　轉帳憑證

年　月　日　　　　製單編號:

摘要	借方科目		貸方科目		金額										記帳符號
	總帳科目	明細科目	總帳科目	明細科目	千	百	十	萬	千	百	十	元	角	分	

二、政府與非營利組織會計帳簿

會計帳簿由具有一定格式的帳頁組成，是以會計憑證為依據，全面、連續地記錄一個單位的經濟業務，對大量分散的數據或資料進行分類歸集整理，逐步加工成有用的會計信息的工具。設置和登記帳簿是會計核算的一種專門方法，也是會計核算的主要環節。

(一) 分類帳簿

分類帳是政府與非營利組織必須設置的主要帳簿，它的記錄是否真實、完整、系統，直接影響會計報表的質量。分類帳有總分類帳和明細分類帳兩種。

1. 總分類帳的設置與登記

總分類帳是對各項經濟業務按照總分類帳戶進行分類登記的帳簿。總帳一般採用訂本式帳簿，它的格式、登記根據和登記方法，因各單位所採用的帳務處理程序不同而各不一樣。總分類帳一般採用三欄式，見表 2-5。

表 2-5 總帳

會計科目：現金 第 頁

年		憑證		摘要	借方	貸方	借或貸	余額
月	日	字	號					
4	1			月初余額			借	800
	3	銀付	1	提取現金	1,000		借	1,800
	5	現收	1	銷售收入	2,000		借	3,800
	6	現付	2	借支差旅費		500	借	300
……	……	……	……	……	……	……	……	……
	30			本月合計及月末余額	16,000	16,200	借	600

開設總帳時，首先要寫明會計科目；其次在第一頁第一行登記期初余額；然后根據記帳憑證直接或匯總后登記經濟業務；最后於月末結算出總帳各帳戶的本期發生額和期末余額。

2. 明細分類帳的設置與登記

明細分類帳是對各項經濟業務按照各個明細分類帳戶進行分類登記的帳簿。明細分類帳能分類詳細地反應和記錄資產、負債、淨資產、支出和收入及結余的各種資料，它也是編製會計報表的依據之一。明細帳的外表形式主要是活頁式。其帳頁格式主要有以下三種：

（1）三欄式明細帳。其帳頁內只設借方、貸方和余額三個金額欄。這種格式適用於只需要進行金額核算、不需要數量核算的結算科目，如應收帳款、應付帳款的明細分類核算。其格式見表 2-6。

表 2-6 應收帳款明細帳

第 頁

年		憑證		摘要	借方	貸方	借或貸	余額
月	日	字	號					
4	1			月初余額			借	20,000
	10	轉	9#	銷售產品，尚未收到貨款	30,000		借	50,000
	15	銀收	4#	收到前欠貨款，存入銀行		40,000	借	10,000
	31			本月合計	30,000	40,000	借	10,000

（2）數量金額式明細帳。其帳頁內分別設有收入、發出和結存的數量欄與金額欄。它適用於既需要進行金額核算又需要進行數量核算的各種財產物資科目，如原材料、產成品、庫存商品等。其格式見表 2-7。

表 2-7　**存貨明細帳**

類別:　　編號:
規格:　　倉庫:
儲備定額:　　計量單位:

年		憑證		摘　要	收　入			支　出			結　存		
月	日				數量(噸)	單價(元)	金額(元)	數量(噸)	單價(元)	金額(元)	數量(噸)	單價(元)	金額(元)
8	1			月初余額							50	150	7, 500
	5	轉	4#	購入	20	150	3, 000				70	150	10, 500
	15	轉	8#	領用				30	150	4, 500	40	150	6, 000
	31			本月合計	20	150	3, 000	30	150	4 500	40	150	6, 000

(3) 多欄式明細帳。根據各類業務的經濟內容和提供資料的要求，在一張帳頁上按明細項目分設專欄，以提供這類經濟業務的詳細資料，如政府會計的經費支出、事業單位的間接費用、管理費用等。其格式見表 2-8。

表 2-8　**管理費用明細帳**

第　頁

年		憑證號	摘要	費用項目							轉出	余額
月	日			工資	材料	修理費	利息支出	辦公費	其他	合計		
6	2	(略)	工資費用	3, 500						3, 500		3, 500
	7		材料費用		2, 100	800				2, 900	6, 400	
	20		利息支出				2, 900	500	200	3, 600		10, 000
	27		利息收入				1, 300			1, 300		8, 700
	30		轉出								8, 700	0
	30		本月合計及月末余額	3, 500	2, 100	800	1, 600	500	200	8, 700	8, 700	0

上列多欄式明細帳雖未標明借方和貸方，但其基本結構仍然是借方、貸方和余額三個部分。其中，按費用項目分設的各專欄為借方，「轉出」欄為貸方，「余額」欄為借方余額。另外，應注意利息收入作為管理費用中利息支出的抵減數處理。

(二) 日記帳

日記帳是會計帳簿體系中重要的組成部分，其對於連續、全面、系統地反應政府與非營利組織經濟活動情況，為宏觀管理及時提供會計信息，加強財產物資的監督和管理等方面有著重要作用。

1. 普通日記帳的設置和登記

普通日記帳是用來序時逐筆登記全部經濟業務發生或完成的日記帳，也稱分錄簿。其格式見表 2-9。

表 2-9 **普通日記帳** 第　頁

年		摘要	會計科目	借方金額	貸方金額	過帳
月	日					
3	1	從銀行提現金	現金	700		
			銀行存款		700	
	2	材料採購，簽發匯票	材料採購	9,000		
			應付票據		9,000	
	15	將現金存入銀行	銀行存款	1,000		
			現金		1,000	
	20	用現金購買辦公用品	管理費用	500		
			現金		500	
	25	銷售產品收匯票	應收匯票	15,000		
			銷售收入		15,000	

普通日記帳的格式一般分為「借方金額」和「貸方金額」兩欄。其登記方法是：逐日逐筆按經濟業務發生或完成的先后順序進行登記。每天根據日記帳中應借應貸的會計科目和金額登記總分類帳（即過帳），並將總帳頁數登在「過帳」欄下，或作為符號表示已經過帳也可。這種帳簿不結余額。

2. 多欄式日記帳的設置和登記

多欄式日記帳是用來序時逐筆登記全部經濟業務的發生或完成的日記帳。其格式見表 2-10。

表 2-10 **多欄式日記帳** 第　頁

年		摘要	現金		銀行存款		材料		銷售收入		其他帳戶			
月	日		借方	貸方	借方	貸方	借方	貸方	借方	貸方	帳戶名稱	借方	貸方	過帳
3	1	從銀行提現金	700			700								
	2	材料採購，簽發匯票					9,000				應付票據		9,000	
	15	將現金存入銀行		1,000	1,000						管理費用			
	20	用現金購買辦公用品 銷售產品收匯票		500							應收票據	500		
	25	銷售產品收匯票								15,000		15,000		

這種日記帳也是逐日逐筆按經濟業務發生的先后順序進行登記。對設有專欄的會計科目，將有關金額記入相應的專欄中，對沒設專欄的會計科目，將會計科目及金額記入「其他」欄。對設有專欄的金額，月末將各欄合計數算出后，一次將各欄合計數過入總帳，並將過總帳的頁數填在專欄的下面。「其他」欄的金額，則要逐日按其會計科目過帳，過帳后在「過帳」欄寫「√」符號。

多欄式日記帳與兩欄式日記帳相比，由於帳內設置有若干帳戶專欄，登記總帳的工作量相應減少，但仍不能反應經濟活動的結果，不便於分工協作。

3. 特種日記帳的設置和登記

特種日記帳是用來序時逐筆登記某一類經濟業務發生或完成情況的日記帳。中國政府及非營利組織主要設有現金日記帳和銀行日記帳，可以對貨幣資金進行有效的監督和控制。

(1) 現金日記帳

現金日記帳是由出納人員根據審核無誤的現金收、付款憑證及從銀行提取現金的銀行付款憑證序時逐筆登記的帳簿。其格式見表 2-11。出納人員在每日業務終了，應將收付款逐筆登記，並結出余額，同實存現金相核對，可以檢查現金收支情況。如發現帳實不符，應立即查找原因。

表 2-11　　**現金日記帳**　　第　頁

年		摘要	對方科目	收入	付出	結余
月	日					
3	1	月初余額				800
		從銀行提現金	銀行存款	700		
	15	將現金存入銀行	銀行存款		1, 000	
	20	用現金購買辦公用品	事業支出		500	
—	—	—	—	—	—	—
	31	本月發生額及余額	—	25, 000	23, 500	2, 300

(2) 銀行存款日記帳

銀行存款日記帳是由出納人員根據審核無誤的銀行存款收、付款憑證及將現金存入銀行的現金付款憑證，序時逐筆登記的帳簿。銀行存款日記帳的格式與現金日記帳相同，既可採用三欄式也可採用多欄式。對外幣銀行存款，應按不同的幣種和開戶銀行分別設置日記帳。

(三) 帳簿的登記和使用規則

為了保證帳簿記錄的正確和完整，明確記帳的責任，登記帳簿必須遵循一定的規則。

1. 帳簿啟用的規則

帳簿啟用時，應在帳簿扉頁中登記帳簿啟用和經管人員一覽表，寫明單位名稱以及帳簿的名稱、編號、冊數、總頁數和啟用日期，由會計主管人員和記帳人員簽名或蓋章，並加蓋公章。更換記帳人員時，應辦理交接手續，寫明交接日期和交接人員姓名，由交接人員簽名或蓋章；會計主管人員應該監交，並簽名或蓋章。帳簿啟用和經管人員一覽表的格式見表 2-12。

表 2-12　　**經管人員一覽表**

單位名稱 帳簿名稱		全宗號 目錄號	
帳簿頁數	自第　頁起至第　頁止	案宗號	
		盒　號	
使用日期	自　年　月　日 至　年　月　日	保管期限	

表2-12(續)

<table>
<tr><td>單位領導人簽章</td><td colspan="2"></td><td colspan="2">會計主管人員簽章</td><td></td></tr>
<tr><td rowspan="2">經管人員職別</td><td>姓名</td><td>經管或接管日期</td><td>簽章</td><td>移交日期</td><td>簽章</td></tr>
<tr><td></td><td>年　月　日</td><td></td><td>年　月　日</td><td></td></tr>
<tr><td></td><td></td><td>年　月　日</td><td></td><td>年　月　日</td><td></td></tr>
</table>

《會計基礎工作規範》第五十九條規定:「啟用訂本式帳簿,應當從第一頁到最后一頁順序編定頁數,不得跳頁、缺號。使用活頁式帳頁,應當按帳頁順序編號,並須定期裝訂成冊。裝訂后再按實際使用的帳頁順序編定頁碼,另加目錄,記明每個帳頁的名稱和頁次。」

2. 登記帳簿的規則

記帳人員在登記會計帳簿之前,應當首先審核記帳的依據也即會計憑證的合法性、完整性和真實性。這是確保會計信息質量的重要措施。會計人員應當根據審核無誤的會計憑證登記會計帳簿。登記帳簿一般應遵循下列原則:

(1) 準確完整

登記會計帳簿時,應當將會計憑證日期、編號、業務內容摘要、金額和其他有關資料逐項記入帳內,做到數字準確、摘要清楚、登記及時、字跡工整。

(2) 註明記帳符號

登記完畢后,要在記帳憑證上簽名或者蓋章,並註明已經登帳的符號,表示已經記帳。

(3) 書寫留空

帳簿中書寫的文字和數字上面要留有適當空格,不要寫滿格,一般應占格距的1/2。這樣,一旦發現登記錯誤,能比較容易地進行更正,同時也方便查帳。

(4) 正常記帳使用藍黑墨水

登記帳簿用藍黑墨水或者碳素墨水書寫,不得使用圓珠筆或者鉛筆書寫。

(5) 特殊記帳使用紅墨水

在登記帳簿中可以使用紅色墨水記帳的情況如下:①用紅字衝帳的記帳憑證,衝銷錯誤記錄;②不設借貸等欄的多欄式帳頁中,登記減少數;③三欄式帳戶的余額欄前,如未印明余額方向的,在余額欄內登記負數余額;④根據國家統一會計制度的規定可以用紅字登記的其他會計記錄。

(6) 順序連續登記

各種帳簿按頁次順序連續登記,不得跳行、隔頁。如果發生跳行、隔頁,應當將空行、空頁劃線註銷,或者註明「此行空白」「此頁空白」字樣,並由記帳人員簽名或者蓋章。

(7) 結出余額

凡需要結出余額的帳戶,結出余額后,應當在「借或貸」等欄內寫明「借」或「貸」等字樣。沒有余額的帳戶,應當在「借或貸」欄內寫「平」字,並在「余額」欄內用「0」表示。

(8) 過次承前

「過次頁」和「承前頁」的方法有兩種：一是在本頁最后一行內結出發生額合計數及余額，然后過次頁並在次頁第一行承前頁；二是只在次頁第一行承前頁寫出發生額合計數及余額，不在上頁最后一行結出發生額合計數及余額后過次頁。

(9) 定期打印

實行會計電算化的單位，總帳和明細帳應當定期打印；發生收款和付款業務的，在輸入收款憑證和付款憑證的當天必須打印出現金日記帳和銀行存款日記帳，並與庫存現金核對無誤。

(四) 會計記錄錯誤的更正方法

填製會計憑證或登記帳簿發生的差錯，一經查找出就應立即更正。更正錯誤的方法主要有以下三種：

1. 劃線更正法

在填製憑證、登記帳簿的過程中，如發現文字或數字記錯時，可採用劃線更正法進行更正。即先在錯誤的文字數字上劃一紅線，然后在劃線上方填寫正確的記錄。在劃線時，如果是文字錯誤，可只劃銷錯誤部分；如果是數字錯誤，應將全部數字劃銷，不得只劃銷錯誤數字。劃銷時，必須注意使原來的錯誤字跡仍可辨認。更正后，經辦人應在劃線的一端蓋章，以示負責。

2. 紅字更正法

在記帳以后，如果在當年內發現記帳憑證所記的科目或金額有錯時，可以採用紅字更正法進行更正。所謂紅字更正法，即先用紅字填製一張與原錯誤完全相同的記帳憑證，據以紅字登記入帳，衝銷原有的錯誤記錄；同時，再用藍字填製一張正確的記帳憑證，據以登記入帳。

如果發現記帳憑證中應借、應貸的會計科目的記帳方向都沒有錯誤，只是記帳金額發生錯誤，而且記入帳簿的金額大於應記的正確金額，應將多記的金額用紅字填製一張與原錯誤記帳憑證所記載的借貸方向，應借、應貸會計科目相同的記帳憑證，並據以用紅字登記入帳，以衝銷多記金額，求得正確金額。

3. 補充登記法

在記帳以后，發現記帳憑證填寫的金額小於實際金額時，可採用補充登記法進行更正。更正時，可將少記金額填製一張記帳憑證補充登記入帳。

三、會計報表

政府與非營利組織會計報表是政府與非營利組織根據帳簿記錄及其他有關資料，按照統一規定的內容和格式，採用規定的方法編製的反應政府與非營利組織一定時日財務狀況和一定時期內收支情況及其結果的書面報告。

(一) 政府與非營利組織會計報表編製的基本要求

(1) 數據真實。要求會計報表中的各項數據能如實反應政府與非營利組織的財務狀況和收支情況，數據信息要符合客觀性要求。

(2) 計算準確。要求會計報表中的數字在計算時必須準確無誤。

(3) 內容完整。要求對於按規定上報的會計報表及各項指標，其內容的填列必須完整。

(4) 報送及時。要求政府與非營利組織在會計期末及時編製會計報表並按期報送有關機關。

(二) 政府與非營利組織會計報表的種類

(1) 政府與非營利組織會計報表的種類，按其反應的經濟內容分類，可分為資產負債表、收入支出表、預算執行情況表和基本數字表等。

(2) 政府與非營利組織會計報表的種類，按其編報的時間分類，可分為旬報、月報、季報和年報。

(3) 政府與非營利組織會計報表的種類，按其反應的時態分類，可分為靜態報表和動態報表。靜態報表是反應一定時點會計要素的靜態狀況的報表，如資產負債表；動態報表是反應一定時期的收入、支出等情況的報表，如經費支出明細表。

(4) 政府與非營利組織會計報表的種類，按會計報表編報層次分類，可分為本級報表和匯總報表。前者是反應各單位預算執行情況和財務狀況的報表，后者是各主管部門對所屬單位會計報表及本單位會計報表匯總之后編製的報表。

由於政府與非營利組織的經濟業務內容存在著一定的差別，因此，政府會計報表和非營利組織會計報表也不盡相同。其具體內容及編製方法，將在后續有關章節中介紹。

第二篇
財政總預算會計

第三章
財政總預算會計概述

一、財政總預算會計的概念

財政總預算會計，簡稱總會計，是指各級政府財政核算、反應、監督政府一般公共預算資金、政府性基金預算資金、國有資本經營預算資金、社會保險基金預算資金以及財政專戶管理資金、專用基金和代管資金等資金活動的專業會計。

總會計的會計核算應當以本級政府財政業務活動持續正常地進行為前提，其核算目標是向會計信息使用者提供政府財政預算執行情況、財務狀況等會計信息，反應政府財政受託責任履行情況，其信息使用者包括人民代表大會、政府及其有關部門、政府財政部門自身和其他會計信息使用者。總會計的會計要素包括資產、負債、淨資產、收入和支出，核算一般採用收付實現制，部分經濟業務或者事項應當按照規定採用權責發生制核算。

中國實行一級政府一級財政預算，即各級政府都編製相對獨立完整的財政收支預算，共分為五級政府五級財政預算。為核算、反應和監督各級政府的財政總預算執行情況和結果，各級政府在財政部門均設立了相應的財政總預算會計。具體為：中央政府財政部設立中央財政總預算會計；省、自治區、直轄市政府財政廳（局）設立省（自治區、直轄市）財政總預算會計；設立區的市、自治州政府財政局設立市（州）財政總預算會計；縣、自治縣、不設區的市、市轄區政府財政局設立縣（市、區）財政總預算會計；鄉、民族鄉、鎮政府財政所設立鄉（鎮）財政總預算會計。各級政府財政總預算會計在全國組成一個相互聯繫的財政預算信息網路。如下所示：

總預算會計體系
- 中央政府財政會計
- 地方政府財政會計
  - 省級政府財政會計
  - 市級政府財政會計
  - 縣區政府財政會計
  - 鄉鎮政府財政會計

二、財政總預算會計的特點

財政總預算會計的特徵主要體現在財政總預算會計核算的對象和反應的信息範圍上。財政總預算會計核算的對象是各級政府的財政預算資金，因此，財政總預算會計實際上是一種資金會計，它所核算的資產、負債、收入和支出都具有貨幣性的特徵。財政總預算會計不核算政府的實物資產，政府的實物資產等由行政單位會計、事業單位會計等專業會計進行核算。從這個意義上講，財政總預算會計核算的只是政府在某一方面的財務活動及其結果，而不是政府全部的財務活動及其結果。財政總預算會計反應的信息範圍是各級政府的財政預算收入、財政預算支出及其相關的信息。各級政府的財政預算收入主要來源於徵收的稅收、收取的行政事業性收費、收取的政府性基金等。各級政府的財政預算支出主要運用於一般公共服務、公共安全、公共教育、公共文化、社會保障等社會公共領域。無論是各級政府的財政預算收入還是財政預算支出，它們都具有廣泛涉及社會公共利益的特徵。因此，財政總預算會計反應的信息具有宏觀性和公共性的特徵。

2015 年 10 月 10 日，財政部修訂發布了《財政總預算會計制度》，自 2016 年 1 月 1 日起實施（社會保險基金預算資金會計核算不適用本制度，由財政部另行規定）。這是落實全面深化改革要求的一項重要舉措，為推進權責發生制政府綜合財務報告制度改革提供了基礎性制度保障。

（1）新制度主要有七個方面的變化：

一是重新定位總會計核算目標，不僅要反應預算執行情況，也要反應資產負債等財務狀況。

二是改進會計核算方法，參照行政事業單位會計制度的做法，廣泛採用「雙分錄」會計核算方法，在核算預算收支的同時，也核算反應與預算收支變動密切相關的資產負債情況。

三是完善資產核算內容，增設用於核算反應政府財政持有的債權、股權等資產的會計科目，如借出款項、應收地方政府債券轉貸款、股權投資等。

四是完善負債核算內容，增設用於核算反應不同類型政府財政負債的會計科目，如應付長期政府債券、應付地方政府債券轉貸款、應付政策性負債、應付代管資金等。

五是完善淨資產核算內容，增設「資產基金」和「待償債淨資產」科目，分別反應因資產、負債的增減變動對淨資產的產生的影響。同時，修改部分淨資產類會計科目名稱。

六是完善財政收支核算內容，對部分收支類科目名稱和核算內容作了調整。

七是完善會計報表體系和報表格式，改進資產負債表和收入支出表的結構和項目。

（2）新制度主要有三個方面的特點：

一是突出財政總預算會計制度對重大財政經濟政策實施的反應和促進功能。新制度重新定位總預算會計核算目標，拓展了原制度僅反應預算收支執行情況的目標功能，增加了全面反應政府資產負債等財務狀況的目標功能。新制度的目標定位不僅能夠準確反應財政收支情況，而且能夠反應重大財政經濟政策的實施情況，為分析政策實施效果、促進完善相關政策提供會計信息基礎。

二是注重有效提高政府財政信息透明度。新制度全面優化報表體系，要求編製資產負債表、收入支出表等 7 張會計報表及報表附註，特別是資產負債表反應的信息更加豐富，不再局限於貨幣資金、往來款項等流動資產負債信息，增加了股權投資、政府債券、主權外債等信息的反應，能更好地滿足社會各界對財政信息公開的需求，有效地提高政府透明度。

三是促進提高政府資產負債管理水平。新制度通過會計核算內容的擴展和完善，進一步拓展了財政總預算會計工作涉及的財政經濟業務領域，具備更強的政策性和專業性，從制度層面提升財政總預算會計管理工作層次，不僅要關注財政收支變化，更要關注財政經濟情況，為促進政府資產負債管理水平的提高奠定基礎。

三、財政總預算會計的工作任務

（1）進行會計核算。辦理政府財政各項收支、資產負債的會計核算工作，反應政府財政預算執行情況和財務狀況。

（2）嚴格財政資金收付調度管理。組織辦理財政資金的收付、調撥，在確保資金安全性、規範性、流動性的前提下，合理調度管理資金，提高資金使用效益。

（3）規範帳戶管理。加強對國庫單一帳戶、財政專戶、零余額帳戶和預算單位銀行帳戶等的管理。

（4）實行會計監督，參與預算管理。通過會計核算和反應，進行預算執行情況分析，並對總預算、部門預算和單位預算執行實行會計監督。

（5）協調預算收入徵收部門、國家金庫、國庫集中收付代理銀行、財政專戶開戶銀行和其他有關部門之間的業務關係。

（6）組織本地區財政總決算、部門決算編審和匯總工作。

（7）組織和指導下級政府總會計工作。

四、財政總預算會計的信息質量要求

（1）可靠性。總會計應當以實際發生的經濟業務或者事項為依據進行會計核算，如實反應各項會計要素的情況和結果，保證會計信息真實可靠，全面反應政府財政的預算執行情況和財務狀況等。

（2）相關性。總會計提供的會計信息應當與政府財政受託責任履行情況的反應、會計信息使用者的監督、決策和管理需要相關，有助於會計信息使用者對政府財政過去、現在或者未來的情況作出評價或者預測。

（3）及時性。總會計對於已經發生的經濟業務或者事項，應當及時進行會計核算。

（4）可比性。總會計提供的會計信息應當具有可比性。同一政府財政不同時期發生的相同或者相似的經濟業務或者事項，應當採用一致的會計政策，不得隨意變更。確需變更的，應當將變更的內容、理由和對政府財政預算執行情況、財務狀況的影響在附註中予以說明。不同政府財政發生的相同或者相似的經濟業務或者事項，應當採用統一的會計政策，確保不同政府財政的會計信息口徑一致、相互可比。

（5）明晰性。總會計提供的會計信息應當清晰明瞭，便於會計信息使用者理解和使用。

五、財政總預算會計的結帳與結算

（一）月度結帳

財政總預算會計應當按月進行會計結帳。具體結帳方法，按照《會計基礎工作規範》辦理。

(二) 年終清理結算

政府財政部門應當及時進行年終清理結算。

(1) 核對年度預算。預算是預算執行和辦理會計結算的依據。年終前，總會計應配合預算管理部門將本級政府財政全年預算指標與上、下級政府財政總預算和本級各部門預算進行核對，及時辦理預算調整和轉移支付事項。本年預算調整和對下轉移支付一般截至 11 月底；各項預算撥款，一般截至 12 月 25 日。

(2) 清理本年預算收支。認真清理本年預算收入，督促徵收部門和國家金庫年終前如數繳庫。應在本年預算支領列報的款項，非特殊原因，應在年終前辦理完畢。清理財政專戶管理資金和專用基金收支。凡屬應列入本年的收入，應及時催收，並繳入國庫或指定財政專戶。

(3) 組織徵收部門和國家金庫進行年度對帳。

(4) 清理核對當年撥款支出。總會計對本級各單位的撥款支出應與單位的撥款收入核對無誤。屬於應收回的撥款，應及時收回，並按收回數相應衝減預算支出；屬於預撥下年度的經費，不得列入當年預算支出。

(5) 核實股權、債權和債務。財政部門內部相關資產、債務管理部門應於 12 月 20 日前向總會計提供與股權、債權、債務等核算和反應相關的資料。總會計對股權投資、借出款項、應收股利、應收地方政府債券轉貸款、應收主權外債轉貸款、借入款項、應付短期政府債券、應付長期政府債券、應付地方政府債券轉貸款、應付主權外債轉貸款、其他負債等余額應與相關管理部門進行核對，記錄不一致的要及時查明原因，按規定調整帳務，做到帳實相符、帳帳相符。

(6) 清理往來款項。政府財政要認真清理其他應收款、其他應付款等各種往來款項，在年度終了前予以收回或歸還。應轉作收入或支出的各項款項，要及時轉入本年有關收支帳。

(7) 進行年終財政結算。財政預算管理部門要在年終清理的基礎上，於次年 1 月底前結清上下級政府財政的轉移支付收支和往來款項。總會計要按照財政管理體制的規定，根據預算結算單，與年度預算執行過程中已補助和已上解數額進行比較，結合往來款和借墊款情況，計算出全年最后應補或應退數額，填製「年終財政決算結算單」，經核對無誤后，作為年終財政結算憑證，據以入帳。

(8) 財政總預算會計對年終決算清理期內發生的會計事項，應當劃清會計年度。屬於清理上年度的會計事項，記入上年度會計帳；屬於新年度的會計事項，記入新年度會計帳，防止錯記漏記。

(三) 年終結帳

經過年終清理和結算，把各項結算收支入帳后，即可辦理年終結帳。年終結帳工作一般分為年終轉帳、結清舊帳和記入新帳三個步驟，依次做帳。

(1) 年終轉帳。計算出各科目 12 月份合計數和全年累計數，結出 12 月末余額，編製結帳前的「資產負債表」，再根據收支余額填製記帳憑證，將收支分別轉入「一般公共預算結轉結余」「政府性基金預算結轉結余」「國有資本經營預算結轉結余」「專用基金結余」「財政專戶管理資金結余」等科目衝銷。

(2) 結清舊帳。將各個收入和支出科目的借方、貸方結出全年總計數。對年終有余額的科目，在「摘要」欄內註明「結轉下年」字樣，表示轉入新帳。

(3) 記入新帳。根據年終轉帳后的總帳和明細帳余額編製年終「資產負債表」和有關明細表（不需填製記帳憑證），將表列各科目余額直接記入新年度有關總帳和明細帳年初余額欄內，並在「摘要」欄註明「上年結轉」字樣，以區別新年度發生數。

決算經本級人民代表大會常務委員會（或人民代表大會）審查批准后，如需更正原報決算草案收入、支出時，則要相應調整有關帳目，重新辦理結帳事項。

六、國庫集中收付制度

國庫集中收付制度是指以國庫單一帳戶體系為基礎，將所有財政性資金都納入國庫單一帳戶體系管理，收入直接繳入國庫和財政專戶，支出通過國庫單一帳戶體系支付到商品和勞務供應者或用款單位的一項國庫管理制度。

(一) 國庫單一帳戶體系的構成

國庫單一帳戶體系由下列銀行帳戶構成：①國庫單一帳戶；②財政部零余額帳戶；③預算單位零余額帳戶；④預算外資金專戶；⑤特設專戶。

財政部門是持有和管理國庫單一帳戶體系的職能部門，任何單位不得擅自設立、變更或撤銷國庫單一帳戶體系中的各類銀行帳戶。中國人民銀行按照有關規定，加強對國庫單一帳戶和代理銀行的管理監督。這裡所指的代理銀行，是指由財政部門確定的、具體辦理財政性資金支付業務的商業銀行。

(二) 財政性資金銀行帳戶的設立

預算單位使用財政資金，應當按照規定的程序和要求，向財政部門提出設立零余額帳戶、特設專戶的申請，經財政部門審核同意后，書面通知代理銀行，為預算單位開設預算單位零余額帳戶。但需開設特設專戶的預算單位，須經財政部門審核並報國務院批准或經國務院授權的財政部門批准后，由財政部在代理銀行為預算單位開設。一個基層預算單位開設一個預算單位零余額帳戶。

預算單位包括使用財政性資金的行政單位和事業單位。預算單位原則上分為一級預算單位、二級預算單位和基層預算單位。向財政部門直接申請支付的預算單位為一級預算單位；向一級預算單位申請支付並有下屬單位的預算單位，為二級預算單位；只有本單位開支，無下屬單位的預算單位，為基層預算單位。

(三) 各帳戶的功能

1. 國庫單一帳戶

國庫單一帳戶為國庫存款帳戶，用於記錄、核算、反應財政預算資金和納入預算管理的政府性基金的收入和支出。代理銀行應當按日將支付的財政預算內資金和納入預算管理的政府性基金與國庫單一帳戶進行清算。

國庫單一帳戶在財政總預算會計中使用，行政單位和事業單位會計中不設置該帳戶。

2. 財政部門零余額帳戶

財政部門零余額帳戶用於財政直接支付和與國庫單一帳戶清算。該帳戶每日發生的支付，於當日營業終了前與國庫單一帳戶清算；營業中單筆支付額5,000萬元（含）人民幣以上的，應當及時與國庫單一帳戶清算。

財政部門零余額帳戶在國庫會計中使用，行政單位和事業單位會計中不設置該帳戶。

3. 預算單位零余額帳戶

預算單位零余額帳戶用於財政授權支付和清算。該帳戶每日發生的支付，於當日營業終了前由代理銀行在財政部門批准的用款額度內與國庫單一帳戶清算；營業中單筆支付額 5,000 萬元（含）人民幣以上的，應當及時與國庫單一帳戶清算。預算單位零余額帳戶可以辦理轉帳、提取現金等結算業務，可以向本單位按帳戶管理規定保留的相應帳戶劃撥工會經費、住房公積金及提租補貼，以及經財政部門批准的特殊款項，不得違反規定向本單位其他帳戶和上級主管單位、所屬下級單位帳戶劃撥資金。

預算單位零余額帳戶在行政單位和事業單位會計中使用。

4. 預算外資金專戶

預算外資金專戶用於記錄、核算和反應預算外資金的收入和支出活動，並用於預算外資金日常收支清算。

預算外資金專戶在財政部門設立和使用。

5. 特設專戶

特設專戶用於記錄、核算和反應預算單位的特殊專項支出活動，並用於一國庫單一帳戶清算。

特設專戶在按規定申請設置了特設專戶的預算單位使用。

（四）財政直接支付程序

1. 財政直接支付的概念

財政直接支付是指由財政部門開具支付令，通過國庫單一帳戶體系，直接將財政資金支付給收款人（商品和勞務供應者）或用款單位帳戶。即一級預算單位向財政部門國庫收付執行機構提出的用款申請，財政部門國庫收付執行機構進行審核后，向代理銀行簽發支付指令，代理銀行根據支付指令，通過國庫單一帳戶體系將財政性資金直接撥付給收款人或用款單位帳戶，而不再通過一級預算單位轉撥。

財政直接支付採用銀行轉帳結算方式實現支付，即通過財政零余額帳戶的代理銀行辦理轉帳支付，並由代理銀行通過銀行清算系統與人民銀行國庫或預算外資金專戶代理銀行進行資金清算。

2. 財政直接支付的範圍

實行財政直接支付的財政性資金包括用於工資支出、工程採購支出、大宗物品和服務購買支出、上級對下級的轉移支付和其他具有特定用途項目的支出。具體包括：

（1）實行財政統發的行政事業單位在職職工工資和離退休人員經費；

（2）納入政府集中採購的支出，即納入各級政府集中採購目錄及標準所列品目實行政府集中採購的支出；

（3）上級對下級的一般性轉移支付（包括稅收返還、原體制補助、過渡期轉移支付、結算補助等），對企業的補貼和未指明購買內容的某些專項支出等；

（4）上級對下級的專項轉移支付。

3. 財政直接支付的基本程序

財政直接支付基本程序：預算單位按照批覆的部門預算和資金使用計劃，向財政國庫支付執行機構提出支付申請，財政國庫支付執行機構根據批覆的部門預算和資金使用計劃及相關要求對支付申請審核無誤后，向代理銀行發出支付令，並通知中國人民銀行國庫部門、預算外資金財政專戶開戶銀行，通過代理銀行進入銀行清算系統即時清算，財政性資金從國庫單一帳戶或預算外資金財政專戶劃撥到收款人的銀行帳戶。

4. 財政直接支付的主要步驟

（1）基層預算單位用款申請，填報基層預算單位財政直接支付申請書

基層預算單位需使用財政資金時，根據批覆的用款計劃，填報基層預算單位財政直接支付申請書，履行簽字、蓋章等必要的手續后，報一級預算單位申請用款。

填報基層預算單位財政直接支付申請書（以下簡稱申請書）時應注意以下事項：①要嚴格區分預算內和預算外資金性質；②兩種不同性質的資金不能填在同一張申請書上；③支出類型分為工資支出、工程採購支出、物品服務採購支出、直撥經費、轉移支出五種類型；④預算科目要按用款計劃填到明細款項，其中基本建設支出、科技三項費、專項類支出要按部門預算確定項目名稱和代碼填寫；⑤收款人的開戶銀行名稱和銀行帳號應當填寫完整、準確，其中開戶銀行名稱應含有明確的地域標誌，開戶銀行的帳號應填寫全部帳號的所有號碼，不能只填寫帳號的后幾位號碼；⑥申請書序號每個單位從 00001 開始按遞增順序編列；⑦申請書一式三聯，第一聯報一級預算單位留存、第二聯報財政部門國庫收付執行機構留存、第三聯單位留存；⑧申請單位提交的申請書及其支持的文件應真實、合法，如有不實，該單位必須承擔由此引起的付款責任。

（2）一級預算單位審核后匯總，填報財政直接支付匯總申請書

一級預算單位對基層預算單位上報的基層預算單位財政直接支付申請書審核后匯總，填報財政直接支付匯總申請書，履行簽字、蓋章等必要的手續后報財政部門國庫收付執行機構。

填報財政直接支付匯總申請書時應注意以下事項：①為方便預算單位，一級預算單位可以用單位財務專用章替代單位公章。②財政廳國庫收付局編號、財政直接支付匯總清算額度通知單編號、財政直接支付憑證編號和省財政廳核定金額由財政廳國庫收付局填寫。其中：財政直接支付憑證編號是指國庫收付局開具財政直接支付憑證時計算機產生的隨機號；財政直接支付匯總申請書一式三聯，第一聯國庫收付局會計科留存、第二聯國庫收付局審核科留存，第三聯由申請單位作為回單。

（3）財政部門國庫收付執行機構簽發支付令，開具財政直接支付憑證

財政部門國庫收付執行對一級預算單位報送的財政直接支付匯總申請書進行審核確認，開具財政直接支付憑證送財政直接支付業務的代理銀行，同時將相應的支出歸類匯總填製財政直接支付匯總清算額度通知單經財政國庫管理機構審核蓋章后，送人民銀行國庫或預算外資金專戶代理銀行。

（4）代理銀行劃撥資金，出具財政直接支付入帳通知書

辦理財政直接支付業務的代理銀行，根據財政部門國庫收付執行機構開具的財政直接支付憑證辦理資金撥付手續，將資金支付給收款人。代理銀行在當日收到的支付指令，應當及時辦理資金支付手續；當日確實無法辦理的，於下一個營業日 10:00 前及時辦理。

支付完成后，代理銀行向一級預算單位出具財政直接支付入帳通知書，作為預算單位收到和付出款項的憑證。一級預算單位所屬二級或多級次預算單位的，由一級預算單位負責向二級或其他級次預算單位提供收到和付出款項的憑證。

代理銀行將財政直接支付憑證第二聯蓋章后退國庫收付執行機構，國庫收付執行機構會計以此作為支出款項的憑證。

（5）代理銀行辦理資金清算

代理銀行在辦理資金支付當日規定時間內，與人民銀行國庫或預算外資金財政專戶代理銀行在財政直接支付匯總清算額度通知單確定的範圍內辦理財政資金清算手續。人民銀行國庫或預算外資金財政專戶代理銀行將有關清算憑證反饋財政部門國庫管理機構，總預算會計以此為收到和付出款項的憑證。

（五）財政授權支付程序

1. 財政授權支付的概念

財政授權支付是指預算單位按財政部門授權，在財政部門批准的用款額度內，向代理銀行簽發支付指令，代理銀行根據支付指令，通過國庫單一帳戶體系的有關帳戶將資金支付給收款人帳戶。

2. 財政授權支付的範圍

財政授權支付適用於未納入工資支出，工程採購支出，物品、服務採購支出管理的購買支出和零星支出。

3. 財政授權支付的程序

財政授權支付的基本程序如下：預算單位按照批復的部門預算和資金使用計劃，向財政國庫支付執行機構申請授權支付的月度用款限額，財政國庫支付執行機構將批准后的限額通知代理銀行和預算單位，並通知中國人民銀行國庫部門、預算外資金財政專戶開戶銀行。預算單位在月度用款限額內，自行開具支付令，通過代理銀行向收款人付款，並與國庫單一帳戶、預算外資金財政專戶清算。

4. 財政授權支付的步驟

（1）財政部門下達財政授權額度，簽發財政授權支付額度通知單。財政部門根據批准的一級預算單位用款計劃中各基層預算單位的月度財政授權支付額度，向中國人民銀行國庫、預算外資金財政專戶代理銀行簽發財政授權支付匯總清算額度通知單，向辦理支付業務的代理銀行簽發財政授權支付額度通知單。

（2）代理銀行通知預算單位，發出財政授權支付額度到帳通知書。

（3）預算單位支用資金，填製財政授權支付憑證。

（4）代理銀行辦理支付，轉帳或提取現金。代理銀行依據財政授權支付額度通知單受理預算單位送來的財政授權支付憑證，審核符合財政授權資金控制額度且與預算單位的預留印鑒核對一致，通過預算單位零余額帳戶，將資金劃往收款人帳戶（或辦理現金提取業務）。代理銀行辦理完支付手續后，將加蓋銀行印章后的財政授權支付憑證有關聯次退給預算單位，預算單位以此作為核算憑證。

圖 3-1、圖 3-2、圖 3-3 分別是國庫單一帳戶體系圖、財政直接支付程序圖和財政授權支付程序圖。

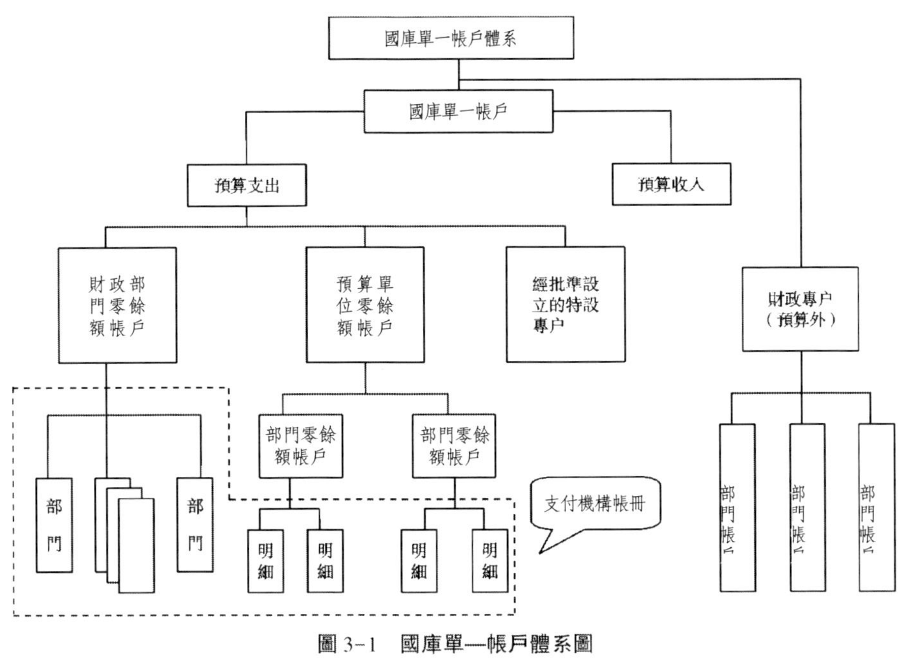

圖 3-1　國庫單一帳戶體系圖

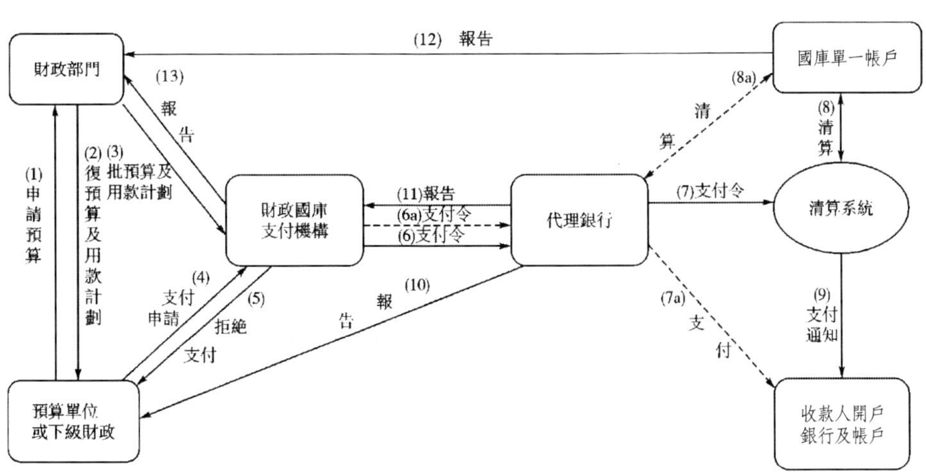

說明：1. 步驟（1）（2）系指預算及用款計劃的編製、申請及批覆過程；

2. 實線部分是以電子化的銀行清算系統為基礎的支付流程；

3. 虛線部分為（6a）（7a）（8a）表示實現電子化的銀行清算系統之前的支付流程。

圖 3-2　財政直接支付程序圖

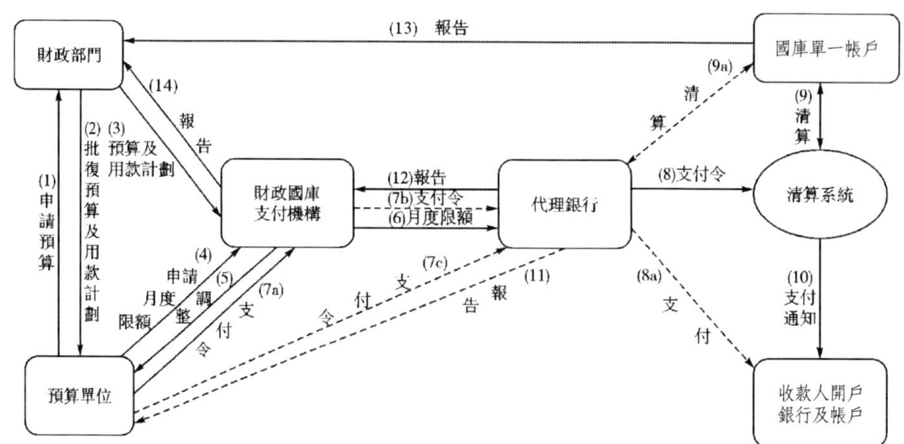

說明：1. 預算單位支付信息通過代理銀行向支付機構報告，必要時可增加預算單位向支付機構的直接報告；
2. 虛線部分為（7a）（8a）（9a）（11）表示實現電子化的銀行清算系統之前的支付流程。

圖 3-3　財政授權支付程序圖

七、財政總預算會計科目

表 3-1

序號	科目編號	會計科目名稱
一、資產類		
1	1001	國庫存款
2	1003	國庫現金管理存款
3	1004	其他財政存款
4	1005	財政零余額帳戶存款
5	1006	有價證券
6	1007	在途款
7	1011	預撥經費
8	1021	借出款項
9	1022	應收股利
10	1031	與下級往來
11	1036	其他應收款
12	1041	應收地方政府債券轉貸款
13	1045	應收主權外債轉貸款
14	1071	股權投資
15	1081	待發國債
二、負債類		
16	2001	應付短期政府債券

表3-1(續)

序號	科目編號	會計科目名稱
17	2011	應付國庫集中支付結余
18	2012	與上級往來
19	2015	其他應付款
20	2017	應付代管資金
21	2021	應付長期政府債券
22	2022	借入款項
23	2026	應付地方政府債券轉貸款
24	2027	應付主權外債轉貸款
25	2045	其他負債
26	2091	已結報支出
三、淨資產類		
27	3001	一般公共預算結轉結余
28	3002	政府性基金預算結轉結余
29	3003	國有資本經營預算結轉結余
30	3005	財政專戶管理資金結余
31	3007	專用基金結余
32	3031	預算穩定調節基金
33	3033	預算週轉金
34	3081 308101 308102 308103 308104	資產基金 應收地方政府債券轉貸款 應收主權外債轉貸款 股權投資 應收股利
35	3082 308201 308202 308203 308204 308205 308206	待償債淨資產 應付短期政府債券 應付長期政府債券 借入款項 應付地方政府債券轉貸款 應付主權外債轉貸款 其他負債
四、收入類		
36	4001	一般公共預算本級收入
37	4002	政府性基金預算本級收入
38	4003	國有資本經營預算本級收入
39	4005	財政專戶管理資金收入
40	4007	專用基金收入

表3-1(續)

序號	科目編號	會計科目名稱
41	4011	補助收入
42	4012	上解收入
43	4013	地區間援助收入
44	4021	調入資金
45	4031	動用預算穩定調節基金
46	4041	債務收入
47	4042	債務轉貸收入
五、支出類		
48	5001	一般公共預算本級支出
49	5002	政府性基金預算本級支出
50	5003	國有資本經營預算本級支出
51	5005	財政專戶管理資金支出
52	5007	專用基金支出
53	5011	補助支出
54	5012	上解支出
55	5013	地區間援助支出
56	5021	調出資金
57	5031	安排預算穩定調節基金
58	5041	債務還本支出
59	5042	債務轉貸支出

第四章
財政總預算會計資產的核算

財政總預算會計資產是指政府財政佔有或控制的、能以貨幣計量的經濟資源，具體包括財政存款、有價證券、應收股利、借出款項、暫付及應收款項、預撥經費、應收轉貸款和股權投資等。總會計核算的資產按照流動性，分為流動資產和非流動資產。流動資產是指預計在1年（含）內變現的資產；非流動資產是指流動資產以外的資產。資產應當在取得對其相關的權利、並且能夠可靠地進行貨幣計量時確認，並按照取得或發生時的實際金額進行計量。

第一節　財政存款的核算

財政存款是指政府財政部門代表政府管理的國庫存款、國庫現金管理存款以及其他財政存款等。財政存款的支配權屬於同級政府財政部門，並由總會計負責管理，統一在國庫或選定的銀行開立存款帳戶，統一收付，不得透支，不得提取現金。

一、國庫存款核算

（一）國庫存款的概念

國庫存款是指政府財政存放在國庫單一帳戶的款項。

（二）國庫存款管理

中國實行的國庫單一帳戶體系是指實行財政國庫集中支付后，用於所有財政性資金收支核算管理的帳戶體系，用於記錄、核算和反應納入預算管理的財政收入和支出活動，用於同財政部門在商業銀行開設的零余額帳戶進行清算，實現支付。其中，單位最常使用的、最重要的帳戶為：「財政零余額帳戶」和「單位零余額帳戶」。

在國庫單一帳戶體系下，所有的政府資金集中於一家銀行的帳戶，即財政部門在人民銀行開設的國庫存款帳戶，同時所有的財政支出均能通過這一帳戶進行。取消了各預算部門、預算單位及其他相關部門在商業銀行開設的預算內資金帳戶和預算外資金帳戶。各部門、各單位發生的支出，直接從國庫單一帳戶支付給個人或商品供應商及勞務提供者。

實行國庫單一帳戶集中支付，雖然不改變各部門、各單位的支出權限，但其作用在於建立起了預算執行的監督管理機制。一方面通過單一帳戶集中化管理，靈活地調度和使用資金，提高政府資金使用效率，降低成本；另一方面從根本上杜絕在預算執行中的克扣、截留、挪用資金的現象，促進政策資金使用信息公開化、透明化，強化了約束力和社會監督力，從源頭上堵住了政府資金使用的行政干預和腐敗現象。

1. 國庫存款帳戶管理

財政部門在商業銀行為本單位開設的零余額帳戶，用於財政直接支付和與國庫單一帳戶進行清算；並同時為預算單位開設的零余額帳戶，用於財政授權支付和與國庫單一帳戶進行清算。

零余額帳戶與財政在中國人民銀行開設的國庫單一帳戶相互配合，構成財政資金支付過程的基本帳戶。為了保證財政資金在支付實際發生前不流出國庫單一帳戶，實現了先由代理銀行支付，每日終了再由代理銀行向國庫單一帳戶要款清算的方式。

財政直接支付各單位的預算內資金就是通過「財政零余額帳戶」進行核算支付的，該帳戶不得提取現金。財政授權支付是通過「單位零余額帳戶」進行核算支付的，該帳戶可提取現金。

2. 繳庫方式管理

繳庫方式分為直接繳庫和集中匯繳兩種。

（1）直接繳庫是指由預算單位或繳款人按規定直接將收入繳入國庫單一帳戶，屬預算外資金的，則直接繳入預算外資金財政專戶，不再設立各類過渡性帳戶。

（2）集中匯繳是指由徵收機關和依法享有徵收權限的單位按規定將所收取的應繳收入匯總直接繳入國庫單一帳戶，屬預算外資金的，則直接繳入預算外資金財政專戶，也不再通過過渡性帳戶收繳。實行集中匯繳方式的收入，主要包括小額零散稅收和非稅收入中的現金繳款。

3. 支付方式管理

支付方式根據不同的支付主體，對不同類型的支出，分別實行財政直接支付和財政授權支付。

（1）直接支付。財政直接支付，即預算單位按照批覆的部門預算和資金使用計劃，向財政國庫支付執行機構提出支付申請，財政國庫支付執行機構根據批覆的部門預算和資金使用計劃及相關要求對支付申請審核無誤后，向代理銀行發出支付令，並通知中國人民銀行國庫部門，通過代理銀行進入銀行清算系統即時清算，財政資金從國庫單一帳戶劃撥到收款人的銀行帳戶。財政直接支付通過財政零余額帳戶與國庫單一帳戶實現支付。實行財政直接支付的支出主要包括工資支出、購買支出以及轉移支出。

（2）授權支付。財政授權支付，即預算單位按照批覆的部門預算和資金使用計劃，向國庫支付執行機構申請授權支付的月度用款限額，國庫支付執行機構將批准后的限額通知代理銀行和預算單位，並通知中國人民銀行國庫部門，預算單位在月度用款限額內自行開具支付令，通過國庫支付執行機構轉由代理銀行向收款人付款，並與國庫單一帳戶清算。財政授權支付是通過預算單位零余額帳戶和小額現金帳戶與國庫單一帳戶實現支付。實行財政授權支付的支出包括未實行財政直接支付的購買支出和零星支出。

4. 收支方法管理

(1) 收入操作程序

收入不論是稅或者非稅都按現行辦法繳入國庫指定的經收處。該處於當天劃入國庫，國庫在查清科目，分清級次后，通過銀行清算系統，直接劃撥給各級國庫單一帳戶。

(2) 支出操作程序

第一，政府採購支出，取消各支出部門、支出單位在商業銀行開設預算內、預算外資金帳戶。預算資金由原來層層下撥給預算單位，改變為由財政部門把國庫資金統一保存在人民銀行國庫單一帳戶上進行管理。由政府採購中心根據採購預算分批採購完成后，再由政府國庫部門根據採購品種、數量、金額、供應商和勞務提供者等用款情況和實現的購買力開具付款申請付款憑證，通過人民銀行國庫單一帳戶撥付給商品和勞務供應者。

第二，工資支出。財政國庫機構在商業銀行開設工資帳戶，並根據工資預算按月將資金從國庫單一帳戶劃撥給商業銀行的工資帳戶，商業銀行再根據各預算單位開具的職工工資表，將資金撥付到職工個人工資帳戶。

第三，撥付給下級財政部門但尚未用於購買商品和勞務的支出。由財政部門國庫機構將核定的資金從國庫單一帳戶直接撥入下級財政部門。

第四，零用經費支出，如差旅費、提取零用現金等。根據各支出單位公務、業務活動需要，按部門、按行業核定活動經費，按月從國庫單一帳戶撥入各預算單位在商業銀行開設的零用資金專戶。

5. 國庫存款單一帳戶體系管理的意義

(1) 實行財政資金的集中管理，有利於改變財政資金的分散狀況、加強財政政策的實施力度。財政政策的實施力度在很大程度上取決於國家財力的大小，國家財政資金雄厚，才會有較強的能力實施其財政政策。然而，以前中國財政資金分散在各級財政在商業銀行的帳戶及人民銀行的各級國庫帳戶中，在這些帳戶中的財政資金的實際使用權也都分散於各級財政部門、各支出部門和支出單位，從而削弱了國家財政政策的實施力度。而國庫改革首先要求建立國庫單一帳戶實行資金集中管理，減少政府資金的流失，從而加強財政政策的實施力度。

(2) 促進財政資金的合理使用，提高財政資金使用效益。大量財政資金分散，遊離於國庫監管之外。特別是財政部門公款私存，不但干擾了金融秩序，而且還可能誘發亂發濫用、利用財政資金謀取私利的腐敗現象。實行國庫單一帳戶管理，一方面政府和財政部門能夠掌握各支出部門和支出單位每一筆資金用途，準確掌握財政資金整體狀況，為各級政府進行經濟決策提供重要依據；另一方面，加強對財政資金支出的監督和管理，促使財政部門管好、用活財政預算外資金，杜絕不合理的支出，提高財政資金的使用效率和效益。

(3) 強化財政資金管理，有利於減少財政資金分散流失。財政單一帳戶的實施，能夠改變由於財政資金大量分散的局面，利於各級政府、財政部門和中央銀行隨時準確瞭解財政資金運行動態，從而為制定出相應財政政策和貨幣政策，強化財政資金管理，實施國家宏觀經濟管理目標提供依據。另外，實行國庫單一帳戶管理，能更有效地穩定財政性存款，維護中央銀行基礎貨幣的完整，使國庫始終保持一個較大庫存余額，利於用來作為中央銀行調節經濟、控制信用的基礎貨幣，實現統一的宏觀經濟管理目標。

（4）有利於增收減支、削減財政赤字。在中國財政赤字日益增長的同時，預算外資金卻以驚人的速度急遽膨脹。建立國庫單一帳戶，財政預算外資金納入國庫帳戶統一核算，統一管理，集中使用。一是財政部門可以綜合運籌預算內收入與預算外收入，調余補缺，調度調劑使用；二是財政預算外資金存入國庫，具有穩定性強、沒有資金風險的特點，有利於依照法律法規規範管理預算外資金；三是在公共資金得到統一管理后，財政赤字規模是在通盤考慮預算內外收入的基礎上形成的，收入基礎的擴大將相應縮減財政赤字的數額。

（三）國庫存款的核算

設置科目「國庫存款」。該科目的期末借方余額反應政府財政國庫存款的結存數。

（1）收到預算收入時，借記本科目，貸記有關預算收入科目。當日收入數為負數時，以紅字記入。

（2）收到國庫存款利息收入時，借記本科目，貸記「一般公共預算本級收入」科目。

（3）收到繳入國庫的來源不清的款項時，借記本科目，貸記「其他應付款」等科目。

（4）國庫庫款減少時，按照實際支付的金額，借記有關科目，貸記本科目。

【例 4-1】某市財政收到國庫轉來的有關結算憑證，當日收到上級預算補助 160, 000 元。

借：國庫存款　　160, 000
　貸：補助收入　　160, 000

【例 4-2】某市財政向某主管局撥付一般預算資金 250, 000 元。

借：一般公共預算本級支出　　250, 000
　貸：國庫存款　　250, 000

【例 4-3】某財政局根據預算向某部門撥付基金預算資金 300, 000 元。

借：政府性基金預算本級支出　　300, 000
　貸：國庫存款　　300, 000

【例 4-4】某市財政按體制結算收到所屬縣財政上解的預算收入 120, 000 元。

借：國庫存款　　120, 000
　貸：上解收入　　120, 000

【例 4-5】某市財政按體制結算向上級省財政上解 260, 000 元。

借：上解支出　　260, 000
　貸：國庫存款　　260, 000

【例 4-6】某市財政收到國庫存款利息 10, 000 元

借：國庫存款　　10, 000
　貸：一般公共預算本級收入　　10, 000

【例 4-7】某市財政收到來源不清款項 100, 000 元

借：國庫存款　　100, 000

貸：其他應付款　100,000

【例 4-8】某市財政局 2016 年 1 月 15 日收到國庫報來的預算收入日報表，一般預算收入為 30 萬元，基金預算收入為 20 萬元。

借：國庫存款——一般預算存款　300,000

——基金預算存款　200,000

貸：一般公共預算本級收入　300,000

政府性基金預算本級收入　200,000

【例 4-9】某市財政部門向市教育局劃撥教育經費 100 萬元。

借：一般公共預算本級支出　1,000,000

貸：國庫存款——一般預算存款　1,000,000

【例 4-10】按照國庫現金管理有關規定，將庫款 20 萬元轉存建設銀行。

借：國庫現金管理存款　200,000

貸：國庫存款　200,000

【例 4-11】承接【例 4-10】，年末收回國庫，實際收回金額為 30 萬元。

借：國庫存款　300,000

貸：國庫現金管理存款　200,000

一般公共預算本級收入　100,000

二、國庫現金管理存款核算

（一）國庫現金管理存款的概念

國庫現金管理存款是指政府財政實行國庫現金管理業務存放在商業銀行的款項。

國庫現金管理，是在確保國庫資金安全完整和財政支出需要的前提下，對國庫現金進行有效的運作管理，實現國庫閒置現金余額最小化、投資收益最大化的一系列財政資金管理活動。通過實行國庫現金管理，可以減少閒置現金與彌合資金缺口，最大限度地提高國庫庫存資金使用效率，促進金融市場創新，沖抵財政政策對貨幣政策的「擠出效應」，健全兩者之間的協調機制，提高中央政府的宏觀調控能力，使社會經濟沿著健康穩定的良性軌道發展。

國庫現金管理的操作方式包括商業銀行定期存款、買回國債、國債回購和逆回購等。

（二）中央國庫現金管理

（1）遵循原則：國庫現金管理遵循安全性、流動性和收益性相統一的原則，從易到難、穩妥有序地開展。

（2）職責分工：財政部主要負責國庫現金預測並根據預測結果制訂操作計劃，中國人民銀行主要負責監測貨幣市場情況；財政部與中國人民銀行協商后簽發操作指令，中國人民銀行進行具體操作。財政部、中國人民銀行在明確相關職責分工的前提下，建立必要的協調機制，包括季度、月度例會制度以及在每期操作之前進行必要的溝通。

（3）操作方式：國庫現金管理的操作方式包括商業銀行定期存款、買回國債、國債回購和逆回購等。在國庫現金管理初期，主要實施商業銀行定期存款和買回國債兩種操作方式。

第一，商業銀行定期存款。

商業銀行定期存款是指將國庫現金存放在商業銀行，商業銀行以國債為質押獲得存款並向財政部支付利息的交易行為。商業銀行定期存款期限一般在 1 年（含）以內。

相關規定如下：

①國庫現金管理定期存款操作通過中國人民銀行「中央國庫現金管理商業銀行定期存款業務系統」，面向國債承銷團和公開市場業務一級交易商中的商業銀行總行公開招標進行。

②每期商業銀行定期存款招標前，財政部依據月度例會擬定的計劃，經與中國人民銀行協商后簽發操作指令，操作指令包括招標方式、招標時間、招標金額、存款期限等要素。中國人民銀行於招標日的三個工作日前，按照財政部操作指令以「中央國庫現金管理操作室」名義向社會發布招標信息。

③商業銀行定期存款招標結束當日，中國人民銀行以「中央國庫現金管理操作室」名義向社會公布經財政部、中國人民銀行確認的招標結果，包括總投標金額、中標利率、實際存款額等。

④為保證中央國庫現金安全，國庫現金管理存款銀行（以下簡稱存款銀行）在接受國庫存款時，必須以可流通國債現券作為質押，質押國債的面值數額為存款金額的 120%。財政部會同中國人民銀行可根據債券市場的變化情況調整質押比例。

⑤財政部依據國庫現金定期存款招標結果，向中國人民銀行開具「中央預算撥款電匯憑證」，該憑證為劃款指令。中國人民銀行於招標次一工作日，在足額凍結存款銀行用於質押的國債后，根據劃款指令向存款銀行劃撥資金。

⑥中國人民銀行向存款銀行劃撥資金后，負責向財政部提供存款證明，存款證明應當記錄存款銀行名稱、存款金額、利率以及期限等要素。

⑦在國庫現金商業銀行定期存款期限內，中國人民銀行定期監測存款銀行質押國債的市值變化，督促存款銀行確保質押足額。

⑧國庫現金商業銀行定期存款到期后，存款銀行應按照約定將存款本息劃入中央總金庫，款項入庫時，存款證明自動失效，同時，存款銀行質押的國債相應解凍。存款銀行未將到期定期存款本息足額劃入中央總金庫的，中國人民銀行在催繳差額本息款項的同時，對存款銀行收取罰息。

⑨財政部、中國人民銀行與存款銀行簽訂國庫現金管理商業銀行定期存款年度協議，進一步明確各方的權利和義務。

⑩除法律法規另有規定外，任何單位不得扣劃、凍結國庫現金商業銀行定期存款。

第二，買回國債。

買回國債是指財政部利用國庫現金從國債市場買回未到期的可流通國債並予以註銷或持有至到期的交易行為。

相關規定如下：

①買回國債操作由財政部通過公開招標的方式面向記帳式國債承銷團公開進行。中國人民銀行觀察員在招標現場觀察。

②每期買回國債招標，財政部提前五個工作日向社會發布招標信息，包括招標

方式、招標時間、買回國債的期限、品種等要素。

③買回國債招標結束當日，財政部向社會公布經財政部、中國人民銀行確認的招標結果，包括總投標額、買回國債價格、實際買回額等。

④財政部依據買回國債招標結果，以及中央國債登記結算有限責任公司（以下簡稱中央國債公司）對買回國債的凍結成功信息，向中國人民銀行開具「中央預算撥款電匯憑證」，該憑證為劃款指令。中國人民銀行於招標次一工作日，根據劃款指令向記帳式國債承銷團成員支付買回國債資金。

⑤財政部在中央國債公司設立乙類債券帳戶，用於記錄買回國債的債權。財政部交付買回國債資金后，即擁有買回國債的債權，並根據需要註銷或繼續持有買回國債。

⑥買回國債操作應按照品種結構合理、規模適當的原則進行，以有利於國債市場穩定發展。

（三）地方國庫現金管理

1. 遵循原則

（1）安全性、流動性、收益性相統一原則。在確保財政資金安全、財政支出支付流動性需求的基礎上，實現財政資金保值增值。

（2）公開、公平、公正原則。地方國庫現金管理應公開、公平、公正地開展操作，確保資金安全。

（3）協調性原則。地方國庫現金管理應充分考慮對市場流動性的影響，與貨幣政策操作保持協調性。

2. 職責分工

地方財政部門會同中國人民銀行當地分支機構（以下簡稱人民銀行分支機構）共同開展地方國庫現金管理。地方財政部門、人民銀行分支機構應建立必要的協調機制，包括季度、月度例會制度以及每期操作前進行必要的溝通。

3. 實施範圍

地方國庫現金管理試點範圍為省級（包括省、自治區、直轄市和計劃單列市，下同）。地方國庫現金管理應報經同級政府批准后實施。

4. 操作方式

地方國庫現金管理操作工具為商業銀行定期存款，定期存款期限在 1 年期以內。這裡的商業銀行定期存款，是指將暫時閒置的國庫現金按一定期限存放商業銀行，商業銀行提供足額質押並向地方財政部門支付利息。

相關規定如下：

（1）這裡的商業銀行，是指國有商業銀行、股份制商業銀行、城市商業銀行、農村商業銀行和郵政儲蓄銀行。

（2）商業銀行參與地方國庫現金管理操作應符合下列條件：①依法開展經營活動，近 3 年內在經營活動中無重大違法違規記錄；②財務穩健，資本充足率、不良貸款率、撥備覆蓋率、流動性覆蓋率、流動性比例等指標達到監管標準；③內部管理機制健全，具有較強的風險控制能力，近 3 年內未發生金融風險及重大違約事件。

（3）地方財政部門負責國庫現金預測並根據預測結果商人民銀行分支機構制訂地方國庫現金管理分月操作計劃。每月 25 日前應將下月操作計劃報財政部、中國人民銀行總行備案，財政部、中國人民銀行總行可以根據宏觀調控需要對操作計劃提出建議。每次操作前5個工作日將具體操作信息上報財政部、中國人民銀行總行備案。執行中有調整的，及時上報更新操作信息。

（4）地方國庫現金管理應採取公開招標方式。地方國庫現金管理招標應成立招標小組，小組成員由地方財政部門、人民銀行分支機構等部門人員構成。

每次招標日前3個工作日，通過財政部門網站、人民銀行網站公告信息，招標完成當日及時公布經招標小組成員一致確認的結果。

（5）地方國庫現金管理商業銀行定期存款（以下簡稱地方國庫定期存款）利率按操作當日同期限金融機構人民幣存款基準利率執行，由商業銀行在中國人民銀行規定的金融機構存款利率浮動區間內根據商業原則自主確定。

（6）地方國庫現金管理應嚴格控制單一存款銀行存款比例，防範資金風險。單期存款銀行一般不得少於5家，單家存款銀行當期存款金額不得超過當期存款總額的1/4。單一存款銀行的地方國庫定期存款余額一般不得超過該銀行一般性存款余額的10%，不得超過地方財政國庫定期存款余額的20%。

（7）存款銀行取得地方國庫定期存款，應當以可流通國債為質押，質押的國債面值數額為存款金額的120%。

（8）省級財政部門應在中央國債登記結算有限責任公司開設省級國庫現金管理質押帳戶，登記省級財政部門收到的存款銀行質押品質權信息。人民銀行分支機構負責辦理具體質押操作。

（9）地方財政部門確認存款銀行足額質押后，通知人民銀行分支機構辦理資金劃撥。

（10）存款銀行收款后，應向地方財政部門開具存款單，載明存款銀行名稱、存款金額、利率以及期限等要素。

（11）地方國庫定期存款存續期內，地方財政部門負責對存款銀行質押品實施管理，確保足額質押。

（12）存款銀行應於存款到期日足額匯劃存款本息。本金和利息應分別匯劃，不得並筆。本息款項入庫后，存款銀行質押品相應解除。

（13）存款銀行應設置「國庫定期存款」一級負債類科目，科目下按國庫級次分設帳戶，分別核算存入、歸還中央和地方財政的國庫定期存款。存款銀行應將增設「國庫定期存款」科目變動情況報人民銀行備案。該科目納入一般存款範圍繳納存款準備金。

（14）中國人民銀行應設置「國庫現金管理」資產類科目，用來核算商業銀行定期存款操作、到期收回以及余額。該余額納入國庫庫存表反應。

（15）人民銀行分支機構根據國庫現金管理資金劃撥情況，於次一工作日向同級財政部門提供當期地方國庫定期存款資金劃出、存款到期本息劃回明細表。

（16）人民銀行分支機構應按月、按年向同級財政部門報送地方國庫定期存款操作、存款到期和余額（分銀行）以及利息收入等報表及電子信息，並進行對帳。

（17）中國人民銀行總行按月、按年向財政部提供分省、分銀行的地方國庫定期存款操作、存款到期和余額以及利息收入等報表及電子信息。

（18）地方國庫定期存款利息收入納入同級財政預算管理，繳入同級國庫。

（19）地方國庫定期存款屬於地方政府財政庫款。除法律另有規定外，任何單位不得扣劃、凍結地方政府財政部門在存款銀行的國庫定期存款。

（20）任何單位和個人不得借開展地方國庫現金管理業務干預金融機構正常經營，不得將地方國庫現金管理與銀行貸款掛勾。

（21）存款銀行應加強對地方國庫定期存款資金運用管理，防範資金風險，不得將地方國庫定期存款資金投向國家有關政策限制的領域，不得以地方國庫定期存款資金賺取高風險收益。

（四）國庫現金管理存款的核算

設置科目「國庫現金管理存款」。該科目的期末借方余額反應政府財政實行國庫現金管理業務持有的存款。

（1）按照國庫現金管理有關規定，將庫款轉存商業銀行時，按照存入商業銀行的金額，借記本科目，貸記「國庫存款」科目。

（2）國庫現金管理存款收回國庫時，按照實際收回的金額，借記「國庫存款」科目，按照原存入商業銀行的存款本金金額，貸記本科目，按照兩者的差額，貸記「一般公共預算本級收入」科目。

【例 4-12】中央國庫按規定做國庫現金管理，將 100 億元庫款轉存某商業銀行。

借：國庫現金管理存款　　10,000,000,000
　貸：國庫存款　　10,000,000,000

【例 4-13】某省國庫現金管理存款到期收回 50 億元，利息 0.5 億元。

借：國庫存款　　5,050,000,000
　貸：國庫現金管理存款　　5,000,000,000
　　　一般公共預算本級收入　　50,000,000

三、其他財政存款

（一）其他財政存款的概念

其他財政存款是指政府財政未列入「國庫存款」「國庫現金管理存款」科目反應的各項存款。

（二）其他財政存款核算

設置科目「其他財政存款」，並按照資金性質和存款銀行等進行明細核算。該科目的期末借方余額反應政府財政持有的其他財政存款。

（1）財政專戶收到款項時，按照實際收到的金額，借記本科目，貸記有關科目。

（2）其他財政存款產生的利息收入，除規定作為專戶資金收入外，其他利息收入都應繳入國庫納入一般公共預算管理。取得其他財政存款利息收入時，按照實際獲得的利息金額，根據以下情況分別處理：①按規定作為專戶資金收入的，借記本科目，貸記「應付代管資金」或有關收入科目；②按規定應繳入國庫的，借記本科目，貸記「其他應付款」科目。將其他財政存款利息收入繳入國庫時，借記「其他應付款」科目，貸記本科目；同時，借記「國庫存款」科目，貸記「一般公共預算本級收入」科目。

（3）其他財政存款減少時，按照實際支付的金額，借記有關科目，貸記本科目。

【例 4-14】某鄉未設國庫，鄉財政收到上級縣財政預付的收入分成款 120,000 元。

借：其他財政存款 120,000

貸：與上級往來 120,000

【例 4-15】某市財政收到上級省財政撥入的專用基金 440,000 元。

借：其他財政存款 440,000

貸：專用基金收入 440,000

【例 4-16】收到上級安排的糧食風險基金 20 萬元。

借：其他財政存款——專用基金存款 200,000

貸：專用基金收入 200,000

【例 4-17】接【例 4-16】，開出付款通知，支付糧食風險基金。

借：基金預算支出 200,000

貸：其他財政存款——專用基金存款 200,000

【例 4-18】接【例 4-16】，存款利息收入 2,000 元規定作為專戶資金收入。

借：其他財政存款 2,000

貸：應付代管資金 2,000

【例 4-19】接【例 4-18】，存款利息收入 2,000 元規定應繳入國庫。

借：其他財政存款 2,000

貸：其他應付款 2,000

借：國庫存款 2,000

貸：一般公共預算本級收入 2,000

第二節　其他款項的核算

除財政存款之外，其他款項還包括財政零余額帳戶存款和在途款。

一、財政零余額帳戶存款

(一) 財政零余額帳戶存款的概念

財政部門零余額帳戶用於財政直接支付。該帳戶每日發生的支付，於當日營業終了前與國庫單一帳戶清算；營業中單筆支付額 5,000 萬元（含 5,000 萬元）人民幣以上的，應及時與國庫單一帳戶清算。財政零余額帳戶存款用來核算財政國庫支付執行機構在代理銀行辦理財政直接支付的業務。財政國庫支付執行機構未單設的地區不使用該科目。

(二) 財政零余額帳戶存款核算

設置科目「財政零余額帳戶存款」。本科目當日資金結算后一般應無余額。

(1) 財政國庫支付執行機構為預算單位直接支付款項時，借記有關預算支出科目，貸記本科目。

(2) 財政國庫支付執行機構每日將按部門分「類」「款」「項」匯總的預算支出結算清單等結算單與中國人民銀行國庫劃款憑證核對無誤后，按照結算的金額，借記本科目，貸記「已結報支出」科目。

【例 4-20】某市財政為市教育局支付工程款項，總計 540,000 元，從財政零余額帳戶中支付。

借：一般公共預算本級支出　　540,000

　貸：財政零余額帳戶存款　　540,000

財政支付執行機構每日將匯總的預算支出結算清單和財政直接支付匯總清算通知單與中國人民銀行的國庫劃款憑證核對無誤后，送總預算會計結算。

【例 4-21】某市財政國庫支付執行機構匯總編製預算支出結算清單，當日一般預算支出 540,000 元，與中國人民銀行國庫劃款憑證核對無誤。

借：財政零余額帳戶存款　　540,000

　貸：已結報支出——財政直接支付　　540,000

【例 4-22】2016 年 3 月 5 日，某市財政局為市疾控中心支付疫苗款項，總金額 100 萬元，從財政零余額帳戶中支付。

借：一般公共預算本級支出——財政直接支付　　1,000,000

　貸：財政零余額帳戶存款　　1,000,000

【例 4-23】2016 年 3 月 5 日，當日資金支付業務終了后，將當日的支出業務匯總與國庫劃款憑證核對無誤后，送總預算會計結算資金。

借：財政零余額帳戶存款　　1,000,000

　貸：已結報支出——財政直接支付　　1,000,000

【例 4-24】某市財政實行國庫集中支付制度，市財政國庫執行機構向市屬某學校教學儀器供應商支付儀器款 10 萬元。

借：一般公共預算本級支出——財政直接支付　　100,000

　貸：財政零余額帳戶存款　　100,000

【例 4-25】某市財政實行國庫集中支付制度，市財政國庫執行機構向市屬某預算單位設備供應商支付設備款 4 萬元。該項資金為基金預算支付資金。

借：政府性基金預算本級支出——財政直接支付　　40,000

　貸：財政零余額帳戶存款　　40,000

【例 4-26】某市財政 3 月 2 日的預算支出日報表顯示共從財政零余額帳戶直接支付了 82 萬元。當日營業終了前，代理銀行與國庫清算，從單一帳戶劃款到零余額帳戶。

借：財政零余額帳戶存款　　820,000

　貸：已結報支出——財政直接支付　　820,000

【例 4-27】年終，財政國庫支付執行機構將預算支出與有關方面核對一致。有關帳戶的余額為「已結報支出 890,000 元」「一般預算支出 500,000 元」「基金預算支出 390,000 元」。

借：已結報支出　　890,000

　貸：一般公共預算本級支出　　500,000

　　　政府性基金預算本級支出　　390,000

二、在途款

（一）在途款的概念

在途款是指決算清理期和庫款報解整理期內發生的需要通過本科目過渡處理的

屬於上年度收入、支出等業務的資金數。

(二) 在途款的核算

設置科目「在途款」。本科目期末借方余額反應政府財政持有的在途款。

決算清理期和庫款報解整理期內收到屬於上年度收入時，在上年度帳務中，借記本科目，貸記有關收入科目；收回屬於上年度撥款或支出時，在上年度帳務中，借記本科目，貸記「預撥經費」或有關支出科目。衝轉在途款時，在本年度帳務中，借記「國庫存款」科目，貸記本科目。

【例 4-28】在決算清理期中，收到同級國庫報來「一般公共預算本級收入日報表」，所列屬於上年度一般公共預算本級收入 100,000 元。

在上年度帳上登記：

借：在途款　　100,000

　貸：一般公共預算本級收入　　100,000

在本年度新帳上登記：

借：國庫存款　　100,000

　貸：在途款　　100,000

【例 4-29】決算清理期中，收回屬於上年度的政府性基金預算本級支出 40,000 元。

在上年度帳上登記：

借：在途款　　40,000

　貸：政府性基金預算本級支出　　40,000

在本年度新帳上登記：

借：國庫存款　　40,000

　貸：在途款　　40,000

【例 4-30】某市財政決算清理中，收到屬於上年度的一般預算收入 5 萬元。

借：在途款　　50,000

　貸：一般公共預算本級收入　　50,000

【例 4-31】接【例 4-30】，某市財政局決定衝轉這筆在途款。

借：國庫存款——一般預算存款　　50,000

　貸：在途款　　50,000

【例 4-32】2015 年的年終決算清理期，某省財政清理出 90,000 元的一般預算收入未收；當年 10 月份有一筆 200,000 元基金預算支出屬於錯支，並通知有關單位。

在上年度帳上登記：

借：在途款　　90,000

　貸：一般公共預算本級收入　　90,000

在本年度新帳上登記：

借：國庫存款　　90,000

　貸：在途款　　90,000

對於錯支的基金預算支出：

在上年度帳上登記：

借：在途款　200,000

　貸：政府性基金預算本級支出　200,000

在本年度新帳上登記：

借：國庫存款　200,000

　貸：在途款　200,000

第三節　有價證券的核算

一、有價證券的概念

有價證券是指政府財政按照有關規定取得並持有的政府債券，即中央財政以信用方式發行的國家公債。

二、有價證券的管理

各級財政只能用各項財政結余（一般公共預算結余和政府性基金預算結余）購買。總預算會計在對有價證券的管理中，應遵循以下原則：

（1）只能用各項財政結余（一般預算結余和基金預算結余）購買；

（2）購買有價證券的價款不能列作支出；

（3）當期有價證券兌付的利息以及轉讓有價證券取得的收入與有價證券的帳面成本的差額，應分清購入有價證券時的資金來源，分別列作一般公共預算收入或政府性基金預算收入；

（4）購入的有價證券應視同貨幣資金管理，嚴加保管。

三、有價證券的帳務處理

為了核算有價證券，各級財政會計應設置「有價證券」科目，並按照有價證券種類和資金性質進行明細核算。本科目期末借方余額反應政府財政持有的有價證券金額。

（1）購入有價證券時，按照實際支付的金額，借記本科目，貸記「國庫存款」「其他財政存款」等科目。

（2）轉讓或到期兌付有價證券時，按照實際收到的金額，借記「國庫存款」「其他財政存款」等科目，按照該有價證券的帳面余額，貸記本科目，按其差額，貸記「一般公共預算本級收入」等科目。

【例 4-33】某市財政用預算結余購買國庫券 500,000 元。

借：有價證券——一般公共預算結余購入　500,000

　貸：國庫存款——一般預算存款　500,000

【例 4-34】某市財政用基金預算結余購買特種債券 200,000 元。

借：有價證券——政府性基金預算結余購入　200,000

　貸：國庫存款——基金預算存款　200,000

【例 4-35】某市財政以前年度用預算結余購買的國庫券到期，其中本金 60,000

元、利息收入 10,000 元。

借：國庫存款　　70,000

　貸：有價證券——一般預算結余購入　　60,000

　　　一般公共預算本級收入　　10,000

【例 4-36】某市財政以前年度用基金預算結余購買的有價證券到期，其中本金 40,000 元、利息收入 8,000 元。

借：國庫存款　　48,000

　貸：有價證券——基金預算結余　　40,000

　　　政府性基金預算本級收入　　8,000

【例 4-37】某市財政局 20×6 年 6 月用一般預算結余購買有價證券 20 萬元。

借：有價證券——一般預算結余購入　　200,000

　貸：國庫存款——一般預算存款　　200,000

【例 4-38】【例 4-37】中的國庫券 1 年到期，收回本息 220,000 元。

借：國庫存款——一般預算存款　　220,000

　貸：有價證券　　200,000

　　　一般公共預算本級收入　　20,000

第四節　預撥與借出的核算

預撥經費與借出款項都屬於本級政府財政債權類資產。

一、預撥經費的核算

（一）預撥經費的概念

預撥經費是指政府財政在年度預算執行中預撥出應在以后各月列支以及會計年度終了前根據「二上」預算預撥出的下年度預算資金。除預撥下年度預算資金外的所有預撥經費應在年終前轉列支出或清理收回。

（二）預撥經費的管理

1.「二上」預算

「一上」：各部門按照年度部門預算編製要求，根據本部門發展規劃、年度工作目標和重點編製本部門年度預算建議計劃報送財政部門，同時報送人員、資產等基礎數據和項目支出安排依據等情況。

「一下」：財政部門審核部門報送的年度預算建議計劃，綜合考慮財力可能，匯總平衡形成部門預算初步方案，在法定時間內下達各部門預算控制數。

「二上」：各部門在財政部門下達的部門預算控制數以內，匯總編報本部門及所屬單位年度預算草案，在規定時間內報送財政部門。

「二下」：財政部門對各部門報送的年度預算草案進行審核匯總，形成年度預算草案，在報同級政府、黨委審議通過后報經同級人大常委會審議后，提交同級人民代表大會審議，在同級人民代表大會審議批准后法定時間內將部門預算批覆到各部門。

2. 預撥經費的原則

為了滿足和保證行政事業單位對預算資金的需要，應提高資金使用效益和保證預算資金的靈活調度。在辦理預撥經費時，應遵循以下原則：

(1) 按預算（計劃）撥款

各級財政會計在辦理預撥經費時，必須根據年初核定的年度預算和季度（分月）用款計劃撥付，不得辦理超預算、無計劃的撥款。

(2) 按事業進度和資金使用情況撥款

預撥經費時還應根據事業心進度和資金使用情況撥付，既要保證資金需要，又要防止積壓浪費；既要考慮本期計劃需要，又要結合下期資金正常使用以及上期資金使用和結存情況，以促進各用款單位合理、節約和有效地使用預算資金。

(3) 按財政庫款實際情況撥款

預撥經費時必須根據財政部門國庫存款情況撥付，以保證財政資金調度的平衡。

(4) 按預算級次撥付

對行政事業單位撥款，應按照單位領報關係轉撥，凡有上級主管部門的單位，不能作為主管會計單位，直接與各級財政部門發生領撥關係。

3. 預撥經費的方式及注意事項

由於預撥經費是指財政預算將款項撥給行政事業單位，但尚未列為支出的資金。現行制度規定，預撥經費的方式為劃撥資金。（目前，除中央財政外，「限額撥款」已用得很少）按劃撥資金部門根據主管部門的申請，開出撥款憑證通過國庫將預算資金直接劃轉到申請撥款單位開戶銀行的帳戶上，再由主管部門按經費用途，逐級辦理轉撥或支用。

採用劃撥資金應注意以下兩點：

(1) 對事業單位包干經費支出和款項支出可按財政撥款數列報支出。對行政事業單位非包干經費支出和專項支出，平時可按財政撥款數列報支出，當年終清理結算有收回的撥款時，作衝銷已列支出的處理；如果有收回以前年度已列支出的款項，除有特殊規定外，一般應作衝銷當年支出的處理。

(2) 撥款的時間

劃撥資金一般按月撥款。應處理好預算資金的撥付與各部門行政事業經費正常開支的銜接問題。

(三) 預撥經費的帳務處理

設置「預撥經費」科目，用來核算政府財政預撥給預算單位尚未列為預算支出的款項，並按照預撥經費種類、預算單位等進行明細核算。本科目期末借方余額反應政府財政年末尚未轉列支出或尚待收回的預撥經費數。

(1) 撥出款項時，借記本科目，貸記「國庫存款」科目。

(2) 轉列支出或收回預撥經費時，借記「一般公共預算本級支出」「政府性基金預算本級支出」「國庫存款」等科目，貸記本科目。

【例 4-39】某市財政局撥給市衛生局事業經費 800,000 元。

借：預撥經費——市衛生局　　800,000

　貸：國庫存款　　800,000

【例 4-40】將預撥給市衛生局經費 800,000 元轉列支出。

借：一般公共預算本級支出　　800,000
　貸：預撥經費——市衛生局　　800,000

【例 4-41】××市財政局 20×6 年發生如下經濟業務：

預撥給未實行國庫集中支付制度的鄉鎮中心小學下年度財政補助款 70,000 元，具體科目如下：「教育支出——普通教育——小學教育」50,000 元，「教育支出——地方教育附加安排的支出——農村中小學教學設施」20,000 元。

借：預撥經費——××　　70,000
　貸：國庫存款　　70,000

接上述案例，20×4 年列支。

借：一般公共預算本級支出　　50,000
　　政府性基金預算本級支出　　20,000
　貸：預撥經費　　70,000

同時，在一般公共預算本級支出明細帳的借方登記如下：

教育支出——普通教育——小學教育　　50,000

同時，在政府性基金預算本級支出明細帳的借方登記如下：

教育支出——地方教育附加安排的支出——農村中小學教學設施　20,000

年終結帳時，將一般公共預算本級支出帳戶借方余額 147 億元全部轉入「一般公共預算結轉結余」帳戶。

借：一般公共預算結轉結余　　14,700,000,000
　貸：一般公共預算本級支出　　14,700,000,000

同時，結清所有一般公共預算本級支出科目的明細帳。

【例 4-42】某市財政局根據下年度計劃和水利局申請，預撥給水利局下年度農田水利經費 50 萬元。根據預算撥付款憑證回單，編製會計分錄。

借：預撥經費——水利局　　500,000
　貸：國庫存款　　500,000

【例 4-43】次年，預撥水利局的 50 萬元經費轉作支出。

借：一般公共預算本級支出　　500,000
　貸：預撥經費——水利局　　500,000

【例 4-44】某市財政局收到市教委繳回多余的預撥教育經費 50,000 元，根據國庫轉來的收款憑證編製會計分錄。

借：國庫存款　　50,000
　貸：預撥經費——市教委　　50,000

二、借出款項的核算

(一) 借出款項的概念

借出款項是指政府財政按照對外借款管理相關規定借給預算單位臨時急需，並需按期收回的款項。

(二) 借出款項的核算

設置「借出款項」科目，並按照借款單位等進行明細核算。本科目期末借方余額反應政府財政借給預算單位尚未收回的款項。

(1) 將款項借出時，按照實際支付的金額，借記本科目，貸記「國庫存款」等科目。

(2) 收回借款時，按照實際收到的金額，借記「國庫存款」等科目，貸記本科目。

【例 4-45】某市財政借出 5,000,000 給所屬某醫院應急使用。

借：借出款項　　5,000,000

　貸：國庫存款　　5,000,000

【例 4-46】某市財政局暫借給教育局 50 萬元，用於發放設備購置費。

借：借出款項——教育局　　500,000

　貸：國庫存款　　500,000

【例 4-47】接例【例 4-46】，教育局將 50 萬元暫借款還給財政局。

借：國庫存款　　500,000

　貸：借出款項——教育局　　500,000

第四節　股權投資的核算

一、股權投資的概念

股權投資是指政府持有的各類股權性的投資，包括國際金融組織股權投資、投資基金股權投資和企業股權投資等。

二、政府投資基金管理

(一) 政府投資基金的概念

政府投資基金，是指由各級政府通過預算安排（一般公共預算、政府性基金預算、國有資本經營預算等安排的資金），以單獨出資或與社會資本共同出資設立，採用股權投資等市場化方式，引導社會各類資本投資經濟社會發展的重點領域和薄弱環節，支持相關產業和領域發展的資金。

(二) 政府投資基金設立的管理

(1) 政府出資設立投資基金，應當由財政部門或財政部門會同有關行業主管部門報本級政府批准。

(2) 各級財政部門應當控制政府投資基金的設立數量，不得在同一行業或領域重複設立基金。

(3) 各級財政部門一般應在以下領域設立投資基金：①支持創新創業。為了加快有利於創新發展的市場環境，應增加創業投資資本的供給，鼓勵創業投資企業投資處於種子期、起步期等創業早期的企業。②扶持中小企業發展。為了體現國家宏觀政策、產業政策和區域發展規劃意圖，應扶持中型、小型、微型企業發展，改善企業服務環境和融資環境，激發企業創業創新活力，增強經濟持續發展內生動力。③支持產業轉型升級和發展。為了落實國家產業政策，應扶持重大關鍵技術產業化，引導社會資本增加投入，有效地解決產業發展投入大、風險大的問題，有效地實現產業轉型升級和重大發展，推動經濟結構調整和資源優化配置。④支持基礎設施和公共服務領域。為改革公共服務供給機制，應創新公共設施投融資模式，鼓勵和引導社會資本進入基礎設施和公共服務領域，加快推進重大基礎設施建設，提高公共服務質量和水平。

(4) 設立政府投資基金，可採用公司制、有限合夥制和契約制等不同組織形式。

(5) 政府投資基金出資方應當按照現行法律法規，根據不同的組織形式，制定投資基金公司章程、有限合夥協議、合同等（以下簡稱章程），明確投資基金設立的政策目標、基金規模、存續期限、出資方案、投資領域、決策機制、基金管理機構、風險防範、投資退出、管理費用和收益分配等。

（三）政府投資基金的運作和風險控制

(1) 政府投資基金應按照「政府引導、市場運作，科學決策、防範風險」的原則進行運作。

(2) 政府投資基金募資、投資、投后管理、清算、退出等通過市場化運作。財政部門應指導投資基金建立科學的決策機制，確保投資基金政策性目標實現，一般不參與基金日常管理事務。

(3) 政府投資基金在運作過程中不得從事以下業務：①從事融資擔保以外的擔保、抵押、委託貸款等業務；②投資二級市場股票、期貨、房地產、證券投資基金、評級 AAA 以下的企業債、信託產品、非保本型理財產品、保險計劃及其他金融衍生品；③向任何第三方提供贊助、捐贈（經批准的公益性捐贈除外）；④吸收或變相吸收存款，或向第三方提供貸款和資金拆借；⑤進行承擔無限連帶責任的對外投資；⑥發行信託或集合理財產品募集資金；⑦其他國家法律法規禁止從事的業務。

(4) 投資基金各出資方應當按照「利益共享、風險共擔」的原則，明確約定收益處理和虧損負擔方式。對於歸屬政府的投資收益和利息等，除明確約定繼續用於投資基金滾動使用外，應按照財政國庫管理制度有關規定及時足額上繳國庫。投資基金的虧損應由出資方共同承擔，政府應以出資額為限承擔有限責任。為更好地發揮政府出資的引導作用，政府可適當讓利，但不得向其他出資人承諾投資本金不受損失，不得承諾最低收益。國務院另有規定的除外。

(5) 政府投資基金應當遵照國家有關財政預算和財務管理制度等規定，建立健全內部控制和外部監管制度，建立投資決策和風險約束機制，切實防範基金運作過程中可能出現的風險。

(6) 政府投資基金應選擇在中國境內設立的商業銀行進行託管。託管銀行依據託管協議負責帳戶管理、資金清算、資產保管等事務，對投資活動實施動態監管。

(7) 加強政府投資基金信用體系建設，建立政府投資基金及其高級管理人員信用記錄，並將其納入全國統一的社會信用信息共享交換平臺。

（四）政府投資基金的終止和退出

(1) 政府投資基金一般應當在存續期滿后終止。確需延長存續期限的，應當報經同級政府批准后，與其他出資方按章程約定的程序辦理。

(2) 政府投資基金終止后，應當在出資人監督下組織清算，將政府出資額和歸屬政府的收益，按照財政國庫管理制度有關規定及時足額上繳國庫。

(3) 政府投資基金中的政府出資部分一般應在投資基金存續期滿后退出，存續期未滿如達到預期目標，可通過股權回購機制等方式適時退出。

(4) 財政部門應與其他出資人在投資基金章程中約定，有下述情況之一的，政府出資可無須其他出資人同意，選擇提前退出。①投資基金方案確認后超過一年，未按規定程序和時間要求完成設立手續的；②政府出資撥付投資基金帳戶一年以上，基金未開展投資業務的；③基金投資領域和方向不符合政策目標的；④基金未按章程約定投資的；⑤其他不符合章程約定情形的。

(5) 政府出資從投資基金退出時，應當按照章程約定的條件退出；章程中沒有約定的，應聘請具備資質的資產評估機構對出資權益進行評估，作為確定投資基金退出價格的依據。

(五) 政府投資基金的預算管理

(1) 各級政府出資設立投資基金，應由同級財政部門根據章程約定的出資方案將當年政府出資額納入年度政府預算。

(2) 上級政府可通過轉移支付支持下級政府設立投資基金，也可與下級政府共同出資設立投資基金。

(3) 各級政府單獨出資設立的投資基金，由財政部門根據年度預算、項目投資進度或實際用款需要將資金撥付到投資基金。政府部門與社會資本共同出資設立的投資基金，由財政部門根據投資基金章程中約定的出資方案、項目投資進度或實際用款需求以及年度預算安排情況，將資金撥付到投資基金。

(4) 各級財政部門向政府投資基金撥付資金時，增列當期預算支出，按支出方向通過相應的支出分類科目反應；收到投資收益時，作增加當期預算收入處理，通過相關預算收入科目反應；基金清算或退出收回投資時，作衝減當期財政支出處理。

三、股權投資的帳務處理

(一) 科目設置

(1) 設置「股權投資」科目，按照「國際金融組織股權投資」「投資基金股權投資」「企業股權投資」設置一級明細科目，在一級明細科目下，可根據管理需要，按照被投資主體進行明細核算。對每一被投資主體還可按「投資成本」「收益轉增投資」「損益調整」「其他權益變動」進行明細核算。本科目期末借方余額反應政府持有的各種股權投資金額。

(2) 設置「應收股利」科目，按照被投資主體進行明細核算。

(二) 核算方法

股權投資一般採用權益法進行核算。

權益法是指政府持有的各類股權投資要按照其在被投資單位擁有的權益比例和被投資單位淨資產的變化來調整「股權投資」帳戶的帳面價值。使用這種方法時，政府應將被投資單位每年獲得的淨損益按投資權益比例列為自身的投資損益，並表示為投資的增減。如果收到被投資單位發放的股利，政府要衝減投資帳戶的帳面價值。

(三) 國際金融組織股權投資

(1) 政府財政代表政府認繳國際金融組織股本時，按照實際支付的金額，借記「一般公共預算本級支出」等科目，貸記「國庫存款」科目；根據股權投資確認相關資料，按照確定的股權投資成本，借記本科目，貸記「資產基金——股權投資」科目。

（2）從國際金融組織撤出股本時，按照收回的金額，借記「國庫存款」科目，貸記「一般公共預算本級支出」科目；根據股權投資清算相關資料，按照實際撤出的股本，借記「資產基金——股權投資」科目，貸記本科目。

（四）投資基金股權投資

（1）政府財政對投資基金進行股權投資時，按照實際支付的金額，借記「一般公共預算本級支出」等科目，貸記「國庫存款」等科目；根據股權投資確認相關資料，按照實際支付的金額，借記本科目（投資成本），按照確定的在被投資基金中佔有的權益金額與實際支付金額的差額，借記或貸記本科目（其他權益變動），按照確定的在被投資基金中佔有的權益金額，貸記「資產基金——股權投資」科目。

（2）年末，根據政府財政在被投資基金當期淨利潤或淨虧損中佔有的份額，借記或貸記本科目（損益調整），貸記或借記「資產基金——股權投資」科目。

（3）政府財政將歸屬財政的收益留作基金滾動使用時，借記本科目（收益轉增投資），貸記本科目（損益調整）。

（4）被投資基金宣告發放現金股利或利潤時，按照應上繳政府財政的部分，借記「應收股利」科目，貸記「資產基金——應收股利」科目；同時按照相同的金額，借記「資產基金——股權投資」科目，貸記本科目（損益調整）。

（5）被投資基金發生除淨損益以外的其他權益變動時，按照政府財政持股比例計算應享有的部分，借記或貸記本科目（其他權益變動），貸記或借記「資產基金——股權投資」科目。

（6）投資基金存續期滿、清算或政府財政從投資基金退出需收回出資時，政府財政按照實際收回的資金，借記「國庫存款」等科目，按照收回的原實際出資部分，貸記「一般公共預算本級支出」等科目，按照超出原實際出資的部分，貸記「一般公共預算本級收入」等科目；根據股權投資清算相關資料，按照因收回股權投資而減少在被投資基金中佔有的權益金額，借記「資產基金——股權投資」科目，貸記本科目。

（五）企業股權投資

企業股權投資的帳務處理，根據管理條件和管理需要，參照投資基金股權投資的帳務處理。

（六）應收股利

（1）持有股權投資期間被投資主體宣告發放現金股利或利潤的，按應上繳政府財政的部分，借記本科目，貸記「資產基金——應收股利」科目；按照相同的金額，借記「資產基金——股權投資」科目，貸記「股權投資（損益調整）」科目。

（2）實際收到現金股利或利潤，借記「國庫存款」等科目，貸記有關收入科目；按照相同的金額，借記「資產基金——應收股利」科目，貸記本科目。

【例 4-48】某市財政局投資的正光公司宣告發放現金股利 5 萬元。

借：應收股利　　50,000

　貸：資產基金——應收股利　　50,000

借：資產基金——股權投資　　50,000

貸：股權投資（損益調整）　50,000

【例 4-49】某市財政局收到 5 萬元現金股利。

借：國庫存款　50,000

貸：一般公共預算本級收入　50,000

借：資產基金——應收股利　50,000

貸：應收股利　50,000

【例 4-50】某市財政局進行股權投資，實際支付 100 萬元。

借：一般公共預算本級支出　1,000,000

貸：國庫存款　1,000,000

借：股權投資　1,000,000

貸：資產基金——股權投資　1,000,000

【例 4-51】接【例 4-50】，期末，某市財政局的當期淨利潤為 5,000 元。

借：股權投資　5,000

貸：資產基金——股權投資　5,000

【例 4-52】接【例 4-50】，收回轉貸給下級政府財政主權外債的本息共計 5,005,000 元。

借：其他財政存款　5,005,000

貸：其他應付款　5,005,000

借：資產基金——應收主權外債轉貸款　5,005,000

貸：應收主權外債轉貸款　5,005,000

【例 4-53】國際金融組織股權投資。

(1) 政府財政代表政府認繳國際金融組織股本 50,000,000,000 元時，按照實際支付的金額：

借：一般公共預算本級支出等　50,000,000,000

貸：國庫存款　50,000,000,000

同時，

借：股權投資——投資成本　50,000,000,000

貸：資產基金——股權投資　50,000,000,000

(2) 從國際金融組織撤出部分股本 10,000,000,000 元時，按照收回金額：

借：國庫存款　10,000,000,000

貸：一般公共預算本級支出　10,000,000,000

同時，

借：資產基金——股權投資　10,000,000,000

貸：股權投資——投資成本　10,000,000,000

【例 4-54】投資基金股權投資。

(1) 政府財政用 100,000,000 元對某投資基金進行股權投資時，經計算核實，占該基金份額 10%，折算權益金額 110,000,000 元。

按照實際支付的金額：

借：一般公共預算本級支出　100,000,000

貸：國庫存款　100,000,000

同時,

借：股權投資——投資成本　　100,000,000

——其他權益變動　　10,000,000

貸：資產基金——股權投資　　110,000,000

(2) 年末該基金實現淨利潤 6,000,000 元，根據政府財政在被投資基金當期淨利潤中佔有的份額：

借：股權投資——損益調整　　600,000

貸：資產基金——股權投資　　600,000

(3) 被投資基金宣告發放現金股利 2,000,000 元，根據所占份額：

①確認時：

借：應收股利　　200,000

貸：資產基金——應收股利　　200,000

同時,

借：資產基金——股權投資　　200,000

貸：股權投資——損益調整　　200,000

②收到時：

借：國庫存款　　200,000

貸：一般公共預算本級收入　　200,000

同時,

借：資產基金——應收股利　　200,000

貸：應收股利　　200,000

(4) 投資基金存續期滿，政府財政從投資基金退出收回 120,000,000 元時：

借：國庫存款　　120,000,000

貸：一般公共預算本級支出　　100,000,000

一般公共預算本級收入　　20,000,000

根據股權投資清算相關資料，按照因收回股權投資而減少在被投資基金中佔有的權益金額：

借：資產基金——股權投資　　110,400,000

貸：股權投資——投資成本　　100,000,000

——其他權益變動　　10,000,000

——損益調整　　400,000

【例 4-55】2016 年 2 月 4 日，政府財政購入甲公司股票 580 萬股，占甲公司股本的 25%。每股買入價 8 元。當日，甲公司所有者權益帳面價值（與其公允價值相同）為 18,000 萬元。

2016 年度，甲公司淨利潤為 3,000 萬元。

2017 年 2 月 17 日，甲公司宣告分派 2016 年度現金股利，每股支付 0.2 元。

(1) 政府對甲公司進行股權投資時：

借：一般公共預算本級支出　　46,400,000

貸：國庫存款　　46,400,000

同時,

借：股權投資——投資成本　46,400,000
　貸：資產基金——股權投資　45,000,000
　　股權投資——其他權益變動　1,400,000

（2）年末，根據政府財政在甲公司 2015 年度淨利潤中佔有的份額，

借：股權投資——損益調整　7,500,000
　貸：資產基金——股權投資　7,500,000

（3）甲公司宣告發放現金股利時：

借：應收股利　1,160,000
　貸：資產基金——應收股利　1,160,000

同時，

借：資產基金——股權投資　1,160,000
　貸：股權投資——損益調整　1,160,000

【例 4-56】某省級人民政府根據本地區發展的需要，用一般公共預算資金出資 5,000 萬元人民幣投資設立了國有控股性質的××產業投資集團有限公司，並擁有該公司 65%的股權。該公司於 2016 年 5 月 1 日取得了省工商形成管理部門頒發的營業執照。該公司 2016 年 12 月 31 日提供的損益情況表明，2016 年度公司獲得了淨利潤 1,250 萬元。

2017 年 3 月 15 日，公司董事會發布公告，宣布向投資者分配 600 萬元的現金利潤。

2017 年 3 月 20 日，省財政收到了享有的現金利潤。

按照省政府的決定，××產業投資集團有限公司將由國有控股企業轉制為社會資本控股的企業。對此，政府於 2017 年 10 月 1 日將持有的 50%的股權轉讓給社會資本，收取價款 5,600 萬元。

（1）省財政出資 5,000 萬元投資的帳務處理為：

借：一般公共預算本級支出　50,000,000
　貸：國庫存款　50,000,000

同時，需要作出確認一項股權投資的帳務處理如下：

借：股權投資——投資成本　50,000,000
　貸：資產基金——股權投資　50,000,000

（2）2016 年被投資公司實現淨利潤 1,250 萬元，省財政擁有的份額為 812.50 萬元（1,250×65%）。帳務處理為：

借：股權投資——損益調整　8,125,000
　貸：資產基金——股權投資　8,125,000

（3）2017 年 3 月獲得被投資公司分配利潤 600 萬元。省財政應享有的份額為 390 萬元（600×65%）。其帳務處理為：

借：應收股利　3,900,000
　貸：資產基金——應收股利　3,900,000
借：資產基金——股權投資　3,900,000
　貸：股權投資——損益調整　3,900,000

（4）省財政在 2017 年 3 月 20 日收到了 390 萬元現金利潤的帳務處理為：

借：國庫存款　　3,900,000
　貸：一般公共預算本級收入　　3,900,000
同時，需要衝減應收股利，帳務處理為：
借：資產基金——應收股利　　3,900,000
　貸：應收股利　　3,900,000

（5）省財政收到了轉讓50%股權的價款5,600萬元。出資額5,000萬元中相當於50%的股權部分是3,846.15萬元（5,000÷65%×50%）

按照《財政總預算會計制度》等有關規定，收回的原出資額應衝減一般公共預算支出，超過投資成本部分計入一般公共預算本級收入，故其帳務處理為：
借：國庫存款　　56,000,000
　貸：一般公共預算本級支出　　38,461,500
　　　一般公共預算本級收入　　17,538,500

同時，需要衝減股權投資中50%的份額。投資成本中需要衝減的金額為3,846.15萬元；損益調整422.50萬元（812.50−390）需要衝減的金額為325萬元（422.50÷65%×50%）。帳務處理為：
借：資產基金——股權投資　　41,711,500
　貸：股權投資——投資成本　　38,461,500
　　　　　　　——損益調整　　3,250,000

第五節　暫付及應收款項的核算

暫付及應收款項是指政府財政業務活動中形成的債權，包括與下級往來和其他應收款等。暫付及應收款項應當及時清理結算，不得長期掛帳。

一、與下級往來的核算

（一）與下級往來的概念

與下級往來是指本級政府財政與下級政府財政的往來待結算款項。

各級財政機關在預算執行過程中，由於預算資金調度臨時脫節，或因收支季節性緣故，產生收不抵支，財政會計動用預算週轉金后仍不能滿足資金需要時，下級財政部門就可以向上級財政部門申請短期借款，當上級財政部門將款項借給下級財政部門時，即為上級財政部門的債權、下級財政部門的債務。

另外，在年終決算時，全年上、下級財政實際上解款或補助款與應上解款或應補助款之間也不完全一致，對此也應在上、下級財政之間辦理結算。當下級財政部門欠交上級財政部門的收入時，也是上級財政部門的債權、下級財政部門的債務。

（二）與下級往來的核算

設置科目「與下級往來」，並按照下級政府財政、資金性質等進行明細核算。需要說明的是，「與下級往來」帳戶不是單純的資產類帳戶，而是一個雙重性質的結算帳戶，余額可能出現在借方，也有可能出現在貸方，當出現貸方余額時，反應本級財政欠下級財政的款項，在編製「資產負債表」時用負數反應。

(1) 借給下級政府財政款項時，借記本科目，貸記「國庫存款」科目。

(2) 體制結算中應當由下級政府財政上交的收入數，借記本科目，貸記「上解收入」科目。

(3) 借款收回、轉作補助支出或體制結算應當補助下級政府財政的支出，借記「國庫存款」「補助支出」等有關科目，貸記本科目。

(4) 發生上解多交應當退回的，按照應當退回的金額，借記「上解收入」科目，貸記本科目。

(5) 發生補助多補應當退回的，按照應當退回的金額，借記本科目，貸記「補助支出」科目。

【例 4-57】某市財政局根據所屬縣財政局申請，同意借給臨時週轉金 200,000 元。

借：與下級往來——某縣　　200,000

　貸：國庫存款　　200,000

【例 4-58】市財政局將上例借款中的 100,000 元轉作對該縣的補助款。

借：補助支出　　100,000

　貸：與下級往來——某縣　　100,000

【例 4-59】收到縣財政局歸還的借款 100,000 元。

借：國庫存款　　100,000

　貸：與下級往來——某縣　　100,000

【例 4-60】在財政體制結算中，某縣財政應上交市財政 300,000 元。

借：與下級往來——某縣　　300,000

　貸：上解收入　　300,000

【例 4-61】在財政體制結算中，某市財政應補助所屬縣財政 150,000 元。

借：補助支出　　150,000

　貸：與下級往來——某縣　　150,000

【例 4-62】某市財政局借給下屬縣財政局臨時週轉借款 80 萬元，已經辦理了資金劃撥手續。

借：與下級往來——某縣　　800,000

　貸：國庫存款　　800,000

【例 4-63】某市財政局借給下屬縣財政局臨時週轉借款 80 萬元，經批准已轉作補助款。

借：補助支出　　800,000

　貸：與下級往來——某縣　　800,000

二、其他應收款的核算

(一) 其他應收款的概念

其他應收款是指政府財政臨時發生的其他應收、暫付、墊付款項。此外，項目單位拖欠外國政府和國際金融組織貸款本息和相關費用導致相關政府財政履行擔保責任，代償的貸款本息費，也屬於其他應收款的範疇。

(二) 其他應收款的核算

設置科目「其他應收款」，並按照資金性質、債務單位等進行明細核算。本科目應及時清理結算。年終，原則上應無余額。

（1）發生其他應收款項時，借記本科目，貸記「國庫存款」「其他財政存款」等科目。

（2）收回或轉作預算支出時，借記「國庫存款」「其他財政存款」或有關支出科目，貸記本科目。

（3）政府財政對使用外國政府和國際金融組織貸款資金的項目單位履行擔保責任，代償貸款本息費時，借記本科目，貸記「國庫存款」「其他財政存款」等科目。政府財政行使追索權，收回項目單位貸款本息費時，借記「國庫存款」「其他財政存款」等科目，貸記本科目。政府財政最終未收回項目單位貸款本息費，經核准列支時，借記「一般公共預算本級支出」等科目，貸記本科目。

【例 4-64】某市財政局向市屬衛生局發放借款 200,000 元。

借：其他應收款——衛生局	200,000	
貸：國庫存款		200,000

【例 4-65】經批准，將上例借款中的 160,000 元轉作一般預算支出。

借：一般公共預算本級支出	160,000	
貸：其他應收款——衛生局		160,000

【例 4-66】某市財政局根據基本建設計劃墊付財政學校的基本建設資金 500 萬元。

借：其他應收款——某學校	5,000,000	
貸：國庫存款		5,000,000

【例 4-67】某市財政局收回墊付的財政學校基本建設資金 500 萬元。

借：國庫存款	5,000,000	
貸：其他應收款——某學校		5,000,000

第六節　應收轉貸款的核算

應收轉貸款是指政府財政將借入的資金轉貸給下級政府財政的款項，包括應收地方政府債券轉貸款、應收主權外債轉貸款等。

一、應收地方政府債券轉貸款的核算

（一）應收地方政府債券轉貸款的概念

應收地方政府債券轉貸款是指本級政府財政轉貸給下級政府財政的地方政府債券資金的本金及利息。

（二）地方政府債券管理

根據《中華人民共和國預算法》《國務院關於加強地方政府性債務管理的意見》《財政部關於印發〈地方政府一般債券發行管理暫行辦法〉的通知》《財政部關於印發〈地方政府專項債券發行管理暫行辦法〉的通知》等有關規定，地方政府債券有關管理要求如下：

1. 科學、合理地設定地方債的發行規模

(1) 省、自治區、直轄市、經省政府批准自辦債券發行的計劃單列市人民政府依法自行組織本地區地方債發行、利息支付和本金償還。地方債發行兌付有關工作由地方政府財政部門負責辦理。

(2) 地方政府發行新增債券的規模不得超過財政部下達的當年本地區新增債券限額；發行置換債券的規模不得超過財政部下達的當年本地區置換債券發行規模上限，執行過程中可以根據實際情況減少當年置換債券發行規模。對於根據地方政府債務限額管理的規定，利用騰出的債務限額空間發行債券的，以及通過發行新的地方債償還到期舊的地方債的，應當在置換債券發行規模上限內統籌考慮。

(3) 地方財政部門應當根據資金需求、存量債務到期情況、債券市場狀況等因素，按照各季度債券發行量大致均衡的原則，科學安排債券發行。對於新增債券，地方財政部門應當根據對應項目資金需求、庫款情況等因素，合理確定發行進度安排。對於置換債券，在滿足到期存量債務償還需求的前提下，各地每季度置換債券發行量原則上控制在當年本地區置換債券發行規模上限的30%以內（累計計算），即：截至第一季度末發行量不得超過30%，截至第二季度末發行量不得超過60%，截至第三季度末發行量不得超過90%。

2. 按照市場化、規範化原則組織債券發行

(1) 2016年地方債通過公開發行和定向承銷方式發行。地方財政部門、地方債承銷團成員、信用評級機構及其他相關主體在地方債發行中應當遵循市場化原則。

(2) 地方財政部門應當按照財政部有關制度規定，結合本地區實際情況，規範完善本地區地方債發行有關制度。各地制定的債券招標發行規則、發行兌付辦法等制度文件在一個自然年度內原則上不得更改。

(3) 地方財政部門應當嚴格執行財政部和本地區制定的地方債發行有關制度，認真做好地方債發行工作。

3. 規範有序地開展地方債公開發行工作

(1) 公開發行的地方債主要通過承銷團面向全國銀行間債券市場、證券交易所債券市場發行。地方財政部門與承銷團成員簽訂的地方債承銷協議仍在有效期之內的地區，可繼續沿用此前的承銷團；承銷協議已到期的地區，應當按有關規定重新組建承銷團。地方財政部門如需增補承銷團成員，應當提前公布增補通知，按照有關規定擇優確定增補成員，並及時公布增補結果。

(2) 公開發行的地方債應當進行債項信用評級。地方財政部門與信用評級機構簽訂的信用評級協議仍在有效期之內的地區，可繼續沿用此前選擇的信用評級機構；信用評級協議已到期的地區，應當按有關規定重新選擇信用評級機構，合理設定評級費用標準，避免信用評級機構採用壓低評級費用等方式進行惡性競爭。信用評級機構應當嚴格遵守有關制度規定和職業規範，不得弄虛作假。

(3) 地方財政部門應當按照政府信息公開和債券市場監管有關規定，切實做好債券發行前信息披露、債券發行結果披露、債券存續期信息披露、重大事項披露、還本付息披露等相關工作。同時，應當逐步擴大地方債信息披露內容範圍。地方財政部門應當按規定及時披露相關信息，並對信息的真實性、準確性、完整性負責。

(4) 公開發行的地方債可通過招標和公開承銷兩種方式發行。單一期次債券發行額在5億元以上（含5億元）的應當通過招標方式發行。

採用招標方式發行地方債時，地方財政部門應當制定招標發行規則，並合理設定承銷團成員最低投標限額、最低承銷限額、最高投標限額、債券投標利率區間上下限等技術參數，其中單個承銷團成員最高投標限額不得超過每期債券發行量的30%，投標利率區間下限不得低於發行日前1~5個工作日相同待償期記帳式國債收益率平均值。競爭性招標時間原則上為40分鐘。

地方債繳款日為招標日（T日）后第一個工作日（即T+1日），承銷團成員不遲於繳款日將發行款繳入發行文件中規定的國家金庫××省（自治區、直轄市、計劃單列市）分庫對應帳戶。債權登記日為招標日后第二個工作日（即T+2日），地方財政部門於債權登記日按約定方式通知登記結算機構辦理債權確認。地方債上市日為招標日后第三個工作日（即T+3日）。

4. 積極採用定向承銷方式發行置換債券

(1) 對於地方政府存量債務中的銀行貸款部分，地方財政部門應當與銀行貸款對應債權人協商后，採用定向承銷方式發行置換債券予以置換；對於地方政府存量債務中向信託、證券、保險等其他機構融資形成的債務，經各方協商一致，地方財政部門也應積極採用定向承銷方式發行置換債券予以置換。

(2) 地方財政部門應當積極與存量債務債權人協商，盡早確定採用定向承銷方式發行債券置換的存量債務範圍，並加強負責債務預算管理與債券發行管理等內設機構之間的溝通協調；同時，應當與當地中國人民銀行分支機構、銀監局密切配合，共同推動定向承銷工作順利開展。相關金融機構應當按有關規定積極參與地方債定向承銷工作。

(3) 地方財政部門應當合理設定債券發行時間。擬採用定向承銷方式發行債券置換的存量債務，如在債券發行時尚未到期，地方財政部門應當提前與相關各方協商確定原債務結息時間、計息方法等，做好相關準備工作。

(4) 地方財政部門應當與簿記管理人協商合理確定簿記建檔規則。簿記管理人負責簿記建檔具體運行，簿記建檔競爭性申購時間原則上為40分鐘。

5. 加強債券發行現場管理

(1) 財政部授權中央國債登記結算有限責任公司為財政部國債發行招投標系統技術支持部門，授權上海證券交易所、深圳證券交易所為財政部證券交易所國債發行招投標系統技術支持部門。技術支持部門為發行現場提供技術支持、信息安全維護及現場保障等服務。

(2) 地方債發行現場區域包括操作區和觀摩區。發行現場應當與其他區域嚴格隔離，並在債券發行全程實施必要的無線電屏蔽。

(3) 各地應當派出監督員負責監督發行現場相關工作合規有序進行，其中至少有一名非財政部門監督員在操作區監督。財政部可派出觀察員現場觀察發行情況，財政部觀察員由財政部國庫司或財政部國庫司委託發債地區當地財政監察專員辦事處派出。採用招標方式發行時，金融機構人員不得進入發行現場；採用定向承銷方式發行時，除簿記管理人外，其他金融機構人員不得進入發行現場。地方財政部門應當嚴格控制發行現場人數，並不遲於發行日前兩個工作日，將進入發行現場的發行人員、簿記管理人、監督員、觀察員名單提供給技術支持部門並抄送財政部。

（4）發行人員、簿記管理人、監督員、觀察員應當於發行開始前進入發行現場，不得攜帶任何有通信功能的設備，並履行登記手續。債券發行過程中，進入發行現場的人員均不得離開，不得違反規定對外泄露發行信息。技術支持人員應當於發行開始前離開發行現場。發行過程中如需技術支持人員幫助，發行人員或簿記管理人在徵得監督員同意后，使用專用固定電話通知技術支持人員進入發行現場。

（5）發行人員應當如實填寫發行現場情況記錄表，詳細記錄進入操作區人員、進入時間、競爭性招標（或申購）期間有無離開、通信設備是否已交、固定電話使用情況等，並由監督員簽字確認。

（6）技術支持部門應當核對實際進入發行現場的人員與報備的人員名單，妥善保管進入發行現場人員的通信設備，並做好發行現場技術支持服務，在發行過程中安排人員在操作區和觀摩區附近值守。

6. 改善地方債的流動性，推進地方債投資主體多元化

（1）地方財政部門應當積極推動本地區承銷團成員參與地方債二級市場交易，鼓勵承銷團成員之間在回購等業務中接受地方債作為抵（質）押品。地方財政部門開展承銷團組建和管理相關工作時，應當將相關金融機構參與地方債二級市場交易情況作為重要參考。

（2）鼓勵具備條件的地區開展在上海等自由貿易試驗區發行地方債試點工作，在符合有關規定的前提下吸引外資法人金融機構參與自由貿易試驗區地方債發行，積極探索累積可複製、可推廣的經驗。

（3）鼓勵地方財政部門在合法合規、風險可控的前提下，研究探索面向社會保險基金、住房公積金、企業年金、職業年金、保險公司等機構投資者和個人投資者發行地方債。

7. 切實做好債券資金管理和還本付息工作

（1）採用公開發行方式發行的置換債券資金，只能用於償還清理甄別確定的截至 2015 年 12 月 31 日地方政府債務的本金，以及清理甄別確定的截至 2014 年 12 月 31 日地方政府或有債務本金按照《財政部關於對地方政府債務實行限額管理的實施意見》規定可以轉化為地方政府債務的部分，對違規改變置換債券資金用途的行為，依法依規嚴肅處理。本級財政部門、存量債務債權人、債務人、有關主管部門應當共同簽訂協議，明確還款金額、還款時間及相關責任等，由地方各級財政部門按照財政國庫管理制度有關規定、協議約定和償債進度直接支付給債權人。地方各級財政部門應當提前與存量債務債權人、債務人等溝通協商，做好償債相關準備工作，尤其是置換未到期存量債務的，必須提前與債權人協商一致。置換工作要及時組織執行，防止債券資金在國庫中沉澱。

（2）擬在 2016 年採用公開發行方式發行債券置換的存量債務，如在債券發行前到期，在嚴格保障財政支付需要的前提下，庫款余額超過一個半月庫款支付水平的地區，地方財政部門可以在債券發行之前在債券發行額內予以墊付。置換債券發行后，要及時將資金回補國庫。

（3）地方財政部門要高度重視，強化債券償還主體責任，制定完善地方債還本付息相關制度，準確編製還本付息計劃，提前落實並及時足額撥付還本付息資金，切實維護政府債券信譽。

（4）國債登記公司等登記結算機構應當加強對地方財政部門還本付息工作的服務，及時、準確提供地方債還本付息相關信息。

8. 加強組織領導，確保地方債發行工作順利完成

（1）地方財政部門應當於每季度最后一個月 15 日之前，向財政部報送下季度存量債務分月到期量和地方債發行初步安排（包括季度計劃發行量和初步發行時間等），財政部匯總各地情況后及時反饋地方財政部門，作為地方財政部門制訂具體發行計劃的參考。2016 年第一季度存量債務分月到期量和置換債券發行初步安排，地方財政部門應當於 1 月 31 日前向財政部報送。

（2）財政部將做好地方債發行與國債發行平穩銜接，對各地區發債進度做必要的組織協調。地方財政部門應當不遲於發行日前 7 個工作日將債券發行具體安排報財政部備案，財政部統籌把握地方債發行節奏和進度，按照「先備案先得」的原則協調各地發行時間等發行安排。同期限地方債與記帳式國債原則上不在同一時段發行，不同地區同期限地方債原則上不在同一時段發行，同期限一般債券和專項債券原則上不在同一時段發行。

（3）地方財政部門要高度重視，完善地方債發行管理相關制度，充實債券發行管理力量，明確崗位職責，加強內部控制，規範操作流程。組建承銷團、開展信息披露和信用評級、組織債券發行等制度文件原則上應當在對外公布前報財政部備案。在地方債發行兌付過程中出現重大事項應當及時向財政部報告。

（4）債券發行完畢后，地方財政部門及財政部駐各地財政監察專員辦事處應當及時對債券資金使用情況進行跟蹤監控。

（三）應收地方政府債券轉貸款的核算

設置科目「應收地方政府債券轉貸款」，並設置「應收地方政府一般債券轉貸款」和「應收地方政府專項債券轉貸款」明細科目，其下分別設置「應收本金」和「應收利息」兩個明細科目，並按照轉貸對象進行明細核算。期末借方余額反應政府財政應收未收的地方政府債券轉貸款本金和利息。

（1）向下級政府財政轉貸地方政府債券資金時，按照轉貸的金額，借記「債務轉貸支出」科目，貸記「國庫存款」科目；根據債務管理部門轉來的相關資料，按照到期應收回的轉貸本金金額，借記本科目，貸記「資產基金——應收地方政府債券轉貸款」科目。

（2）期末確認地方政府債券轉貸款的應收利息時，根據債務管理部門計算出的轉貸款本期應收未收利息金額，借記本科目，貸記「資產基金——應收地方政府債券轉貸款」科目。

（3）收回下級政府財政償還的轉貸款本息時，按照收回的金額，借記「國庫存款」等科目，貸記「其他應付款」或「其他應收款」科目；根據債務管理部門轉來的相關資料，按照收回的轉貸款本金及已確認的應收利息金額，借記「資產基金——應收地方政府債券轉貸款」科目，貸記本科目。

(4) 扣繳下級政府財政的轉貸款本息時，按照扣繳的金額，借記「與下級往來」科目，貸記「其他應付款」或「其他應收款」科目；根據債務管理部門轉來的相關資料，按照扣繳的轉貸款本金及已確認的應收利息金額，借記「資產基金——應收地方政府債券轉貸款」科目，貸記本科目。

【例 4-68】某市財政局 2014 年 3 月轉貸縣財政局地方政府債券資金 1,000 萬元。

借：債務轉貸支出　　10,000,000
　貸：國庫存款　　10,000,000
借：應收地方政府債券轉貸款　　10,000,000
　貸：資產基金——應收地方政府債券轉貸款　　10,000,000

【例 4-69】接【例 4-68】，年末，確認地方政府債券轉貸款的應收利息 2 萬元。

借：應收地方政府債券轉貸款　　20,000
　貸：資產基金——應收地方政府債券轉貸款　　20,000

【例 4-70】接【例 4-68】，2016 年 3 月，縣財政局償還的轉貸款本息 1,002 萬元。

借：國庫存款　　10,020,000
　貸：其他應收款　　10,020,000
借：資產基金——應收地方政府債券轉貸款　　10,020,000
　貸：應收地方政府債券轉貸款　　10,020,000

【例 4-71】××市財政局 20×6 年發生如下經濟業務：

(1) 本級政府財政向下級政府財政轉貸地方政府債券資金（地方政府一般債務轉貸支出）2,000 萬元時：

借：債務轉貸支出——地方政府一般債務轉貸支出　　20,000,000
　貸：國庫存款　　20,000,000

根據債務管理部門轉來的相關資料，按照到期應收回的轉貸款本金金額，

借：應收地方政府債券轉貸款　　20,000,000
　貸：資產基金——應收地方政府債券轉貸款　　20,000,000

(2) 本級政府財政向下級政府財政轉貸主權外債資金 1,000 萬元，而且主權外債最終還款責任由下級政府財政承擔，相關帳務處理如下：

①本級政府財政支付轉貸資金時，根據轉貸資金支付相關資料：

借：債務轉貸支出　　10,000,000
　貸：其他財政存款　　10,000,000

根據債務管理部門轉來的相關資料，按照實際持有的債權金額：

借：應收主權外債轉貸款　　10,000,000
　貸：資產基金——應收主權外債轉貸款　　10,000,000

②外方將貸款資金直接支付給用款單位或供應商時，本級政府財政根據轉貸資金支付相關資料時：

借：債務轉貸支出　　10,000,000
　貸：「債務收入」「債務轉貸收入」科目　　10,000,000

根據債務管理部門轉來的相關資料，按照實際持有的債權金額：

借：應收主權外債轉貸款　　10,000,000

　貸：資產基金——應收主權外債轉貸款　　10,000,000

同時，

借：待償債淨資產　　10,000,000

　貸：「借入款項」「應付主權外債轉貸款」等科目　　10,000,000

(3) 年終轉帳時，本科目下「地方政府一般債務轉貸支出」明細科目的借方余額5,000萬元全數轉入「一般公共預算結轉結余」科目。

借：一般公共預算結轉結余　　50,000,000

　貸：債務轉貸支出——地方政府一般債務轉貸支出　　50,000,000

本科目下「地方政府專項債務轉貸支出」明細科目的借方余額3,000萬元全數轉入「政府性基金預算結轉結余」科目時：

借：政府性基金預算結轉結余　　30,000,000

　貸：債務轉貸支出——地方政府專項債務轉貸支出　　30,000,000

結轉后，本科目無余額。

二、應收主權外債轉貸款的核算

(一) 應收主權外債轉貸款概述

1. 應收主權外債轉貸款的概念

應收主權外債轉貸款是指本級政府財政轉貸給下級政府財政的外國政府和國際金融組織貸款等主權外債資金的本金及利息。

2. 主權外債的概念

主權外債是主權國家對外的債務。具體來說，可以利用的主權外債主要有以下兩種：

(1) 外國政府貸款。外國政府貸款是指外國政府向發展中國家提供的長期優惠性貸款。它具有政府間開發援助或部分贈與性質，在國際統計上又叫雙邊貸款，與多邊貸款共同組成官方信貸。外國政府貸款主要用於基礎設施建設、環境保護等公共財政領域。外國政府貸款利息很低，期限在30年左右，申請期限在1年以內。

(2) 國際金融組織貸款。向中國提供多邊貸款的國際金融組織主要是世界銀行、國際農業發展基金組織、亞洲開發銀行和地區金融機構貸款。國際金融組織貸款條件比較優惠，主要表現在貸款利率低於市場利率甚至免收利息，貸款期限及寬限期均較長，借款者主要承擔貸款貨幣匯率變動的風險。國際金融組織貸款立項認真、嚴格，一般與特定的工程項目相聯繫。要求貸款國必須提供詳盡的有關貸款項目資料。要求貸款必須如期歸還，不可中途改變還款日期，批准項目的手續十分嚴密，歷時較長，一般從項目的提出到簽約需1.5~2年。

中國主權外債的償還方式有「統借統還」和「統借自還」兩種。財政統借統還是指財政部統一借入並安排中央財政預算資金對外償還；「統借自還」是指財政部統一借入，還款時由財政部或其他轉貸機構對外墊付以維護國家信用，最終由實際使用貸款的部門或項目單位負責償還。

(二) 應收主權外債轉貸款的核算

設置科目「應收主權外債轉貸款」，並設置「應收本金」和「應收利息」兩個明細科目，並按照轉貸對象進行明細核算。本科目期末借方余額反應政府財政應收未收的主權外債轉貸款本金和利息。

(1) 本級政府財政向下級政府財政轉貸主權外債資金，而且主權外債最終還款責任由下級政府財政承擔，相關帳務處理如下：

①本級政府財政支付轉貸資金時，根據轉貸資金支付相關資料，借記「債務轉貸支出」科目，貸記「其他財政存款」科目；根據債務管理部門轉來的相關資料，按照實際持有的債權金額，借記本科目，貸記「資產基金——應收主權外債轉貸款」科目。

②外方將貸款資金直接支付給用款單位或供應商時，本級政府財政根據轉貸資金支付相關資料，借記「債務轉貸支出」科目，貸記「債務收入」或「債務轉貸收入」科目；根據債務管理部門轉來的相關資料，按照實際持有的債權金額，借記本科目，貸記「資產基金——應收主權外債轉貸款」科目；同時，借記「待償債淨資產」科目，貸記「借入款項」或「應付主權外債轉貸款」科目。

(2) 期末確認主權外債轉貸款的應收利息時，根據債務管理部門計算出轉貸款的本期應收未收利息金額，借記本科目，貸記「資產基金——應收主權外債轉貸款」科目。

(3) 收回轉貸給下級政府財政主權外債的本息時，按照收回的金額，借記「其他財政存款」科目，貸記「其他應付款」或「其他應收款」科目；根據債務管理部門轉來的相關資料，按照實際收回的轉貸款本金及已確認的應收利息金額，借記「資產基金——應收主權外債轉貸款」科目，貸記本科目。

(4) 扣繳下級政府財政的轉貸款本息時，按照扣繳的金額，借記「與下級往來」科目，貸記「其他應付款」或「其他應收款」科目；根據債務管理部門轉來的相關資料，按照扣繳的轉貸款本金及已確認的應收利息金額，借記「資產基金——應收主權外債轉貸款」科目，貸記本科目。

【例 4-72】某市財政局支付轉貸資金 500 萬元。

借：債務轉貸支出　　5,000,000
　貸：其他財政存款　　5,000,000
借：應收主權外債轉貸款　　5,000,000
　貸：資產基金——應收主權外債轉貸款　　5,000,000

【例 4-73】接【例 4-72】，期末，確認主權外債轉貸款的應收利息 5,000 元。

借：應收主權外債轉貸款　　5,000
　貸：資產基金——應收主權外債轉貸款　　5,000

【例 4-74】接【例 4-72】，收回轉貸給下級政府財政主權外債的本息共計 5,005,000 元。

借：其他財政存款　　5,005,000
　貸：其他應收款　　5,005,000
借：資產基金——應收主權外債轉貸款　　5,005,000

貸：應收主權外債轉貸款 5,005,000

【例 4-75】按照中國政府與世界銀行簽訂的借款協議，世界銀行為某省某市某普通干線公路建設項目提供了 250 萬美元的貸款，並直接支付給了項目建設單位。該建設單位屬於市級預算單位。如果該項借款的期限為 3 年，從 2016 年 6 月 1 日開始計算利息，借款利息於每年 5 月 31 日支付；年利率為 3%；最后一年利息和本金一起償付。按照財政部的要求，下級政府財政應當在每年 5 月 30 日將應支付的利息以及最后一年應償還的本金結清；中央財政在每年 5 月 31 日將應支付的借款利息和最后一年應償還的本金與世界銀行結清。假設匯率為 1 美元折合 6.5 美元，在使用世界銀行借款期間匯率保持不變。

（1）中央財政的帳務處理

①按照 1∶6.5 的匯率折算，250 萬美元折合人民幣 1,625 萬元。中央財政根據貸款資金支付相關資料進行的帳務處理為：

借：債務轉貸支出 1,625,000

貸：債務收入 1,625,000

借：待償債淨資產——借入款項 1,625,000

貸：借入款項 1,625,000

中央政府將該項借款轉貸給省財政的帳務處理為：

借：應收主權外債轉貸款 1,625,000

貸：資產基金——應收主權外債轉貸款 1,625,000

②截至 2016 年 12 月 31 日，當年使用該項資金的時間為 7 個月。按照 3%的利率計算，本年度應付利息為 18,484.38 元。帳務處理為：

借：待償債淨資產——借入款項 28,437.50

貸：借入款項——應付利息 28,437.50

2017 年 5 月 30 日收到省財政支付的第一年轉貸利息 48,750 元（1,625,000×3%）的帳務處理為：

借：其他財政存款 48,750

貸：其他應付款——應付利息 48,750

2017 年 5 月 31 日向世界銀行支付第一年利息的帳務處理為：

借：其他應付款——應付利息 48,750

貸：其他財政存款 48,750

同時，需要作出衝減應付利息的帳務處理如下：

借：借入款項——應付利息 48,750

貸：待償債淨資產——借入款項 48,750

③ 2019 年 5 月 30 日收到省財政支付的借款本金和最后一年轉貸利息的帳務處理為：

借：其他財政存款 1,673,750

貸：其他應付款——應付本金 1,625,000

——應付利息 48,750

2019 年 5 月 31 日償還世界銀行借款本息的帳務處理為：

借：其他應付款——應付本金　1,625,000
　　　　　　——應付利息　48,750
　貸：其他財政存款　1,673,750

同時，需要作出衝減借入款項的以下帳務處理：

借：借入款項——應付本金　1,625,000
　　　　　——應付利息　28,437.50
　貸：待償債淨資產——借入款項　1,653,437.50

（2）省財政的帳務處理

①省財政根據貸款資金支付相關資料進行的帳務處理為：

借：債務轉貸支出　1,625,000
　貸：債務轉貸收入　1,625,000

借：待償債淨資產——借入款項　1,625,000
　貸：應付主權債務轉貸款　1,625,000

② 2016 年 12 月 31 日確認本年度應付利息的帳務處理為：

借：待償債淨資產——借入款項　28,437.5
　貸：借入款項——應付利息　28,437.5

2017 年 5 月 30 日收到市財政支付的第一年轉貸利息的帳務處理為：

借：其他財政存款　48,750
　貸：其他應付款——應付利息　48,750

2017 年 5 月 30 日向中央財政支付第一年利息的帳務處理為：

借：其他應付款——應付利息　48,750
　貸：其他財政存款　48,750

同時，需要作出衝減應付利息的帳務處理如下：

借：借入款項——應付利息　48,750
　貸：待償債淨資產——借入款項　48,750

③ 2019 年 5 月 30 日收到市財政償還的轉貸資金本息時的帳務處理為：

借：其他財政存款　1,673,750
　貸：其他應付款——應付本金　1,625,000
　　　　　　　——應付利息　48,750

2019 年 5 月 30 日將轉貸資金本息償還給省財政的帳務處理為：

借：其他應付款——應付本金　1,625,000
　　　　　　——應付利息　48,750
　貸：其他財政存款　1,673,750

同時，需要作出衝減借入款項的以下帳務處理：

借：借入款項——應付本金　1,625,000
　　　　　——應付利息　28,437.5
　貸：待償債淨資產——借入款項　1,653,437.5

（3）市財政的帳務處理

① 市財政根據貸款資金支付相關資料進行的帳務處理為：

借：一般公共預算本級支出　1,625,000

　貸：債務轉貸收入　1,625,000

② 2016 年 12 月 31 日確認應付利息的帳務處理為：

借：待償債淨資產——借入款項　28,437.5

　貸：借入款項——應付利息　28,437.5

2017 年 5 月 30 日向省財政支付第一年利息的帳務處理為：

借：一般公共預算本級支出　48,750

　貸：其他財政存款　48,750

同時，需要作出衝減應付利息的帳務處理如下：

借：借入款項——應付利息　48,750

　貸：待償債淨資產——借入款項　48,750

③ 2019 年 5 月 30 日將轉貸資金本息償還給省財政的帳務處理為：

借：債務還本支出　1,625,000

　　一般公共預算本級支出　48,750

　貸：其他財政存款　1,673,750

同時，需要作出衝減借入款項的以下帳務處理：

借：借入款項——應付本金　1,625,000

　　　　　——應付利息　28,437.5

　貸：待償債淨資產——借入款項　1,653,437.5

註：如果中央財政承擔了償還借款本息的責任，中央財政確認債務的帳務處理需要調整如下：

①由於中央政府承擔的償債責任，意味著中央政府將該筆款項轉移支付給了省財政。故中央財政應根據貸款資金支付相關資料進行的帳務處理為：

借：補助支出　1,625,000

　貸：債務收入　1,625,000

同時，確認一項債務的帳務處理為：

借：待償債淨資產——借入款項　1,625,000

　貸：借入款項　1,625,000

②省財政相當於確認了一項補助收入，並將該項收入進一步補助給了市財政。對此，應根據貸款資金支付相關資料進行的帳務處理為：

借：補助支出　1,625,000

　貸：補助收入　1,625,000

③市財政相當於取得了一項補助收入，並將該項收入撥付給項目單位用於普通干線公路建設。其帳務處理為：

借：一般公共預算本級支出　1,625,000

　貸：補助收入　1,625,000

第七節　待發國債的核算

一、待發國債的概念

待發國債是指為彌補中央財政預算收支差額，中央財政預計發行國債與實際發行國債之間的差額。

二、待發國債的帳務處理

應設置科目「待發國債」。年度終了，實際發行國債收入用於債務還本支出后，余額小於為彌補中央財政預算收支差額中央財政預計發行國債時，按兩者的差額，借記本科目，貸記相關科目；實際發行國債收入用於債務還本支出后，余額大於為彌補中央財政預算收支差額中央財政預計發行國債時，按兩者的差額，借記相關科目，貸記本科目。本科目借方余額反應中央財政尚未使用的國債發行額度。

【例 4-76】為彌補中央財政預算收支差額，預計發行國債 10 億元。

	借方	貸方
借：待發國債	1,000,000,000	
貸：應付長期政府債券		1,000,000,000

實際發行國債收入用於債務還本支出后，余額大於為彌補中央財政預算收支差額 1,000 萬元。

	借方	貸方
借：應付長期政府債券	10,000,000	
貸：待發國債		10,000,000

第五章
財政總預算會計負債的核算

財政總預算會計負債是指政府財政承擔的能以貨幣計量、需以資產償付的債務。總會計核算的負債按照流動性，分為流動負債和非流動負債。流動負債是指預計在1年內（含1年）償還的負債；非流動負債是指流動負債以外的負債。負債具體包括應付國庫集中支付結余、暫收及應付款項、應付政府債券、借入款項、應付轉貸款、其他負債、應付代管資金等。負債應當在對其承擔償還責任，並且能夠可靠地進行貨幣計量時確認。政府財政承擔或有責任（償債責任需要通過未來不確定事項的發生或不發生予以證實）的負債，不列入資產負債表，但應當在報表附註中披露。負債應當按照承擔的相關合同金額或實際發生金額進行計量。

第一節　應付國庫集中支付結余的核算

一、應付國庫集中支付結余的概念

應付國庫集中支付結余是指國庫集中支付中，按照財政部門批覆的部門預算，當年未支而需結轉下一年度支付的款項採用權責發生制列支后形成的債務。

二、應付國庫集中支付結余的帳務處理

設置「應付國庫集中支付結余」科目，並按照政府收支分類科目等進行相應明細核算，期末貸方余額反應政府財政尚未支付的國庫集中支付結余。

（1）年末，對當年形成的國庫集中支付結余採用權責發生制列支時，借記有關支出科目，貸記本科目。

（2）以后年度實際支付國庫集中支付結余資金時，分以下情況處理：

①按原結轉預算科目支出的，借記本科目，貸記「國庫存款」科目。

②調整支出預算科目的，應當按原結轉預算科目作衝銷處理，借記本科目，貸記有關支出科目。同時，按實際支出預算科目作列支帳務處理，借記有關支出科目，貸記「國庫存款」科目。

【例5-1】某市財政局結轉預算科目支出50萬元。

借：應付國庫集中支付結余　　500,000

　　貸：國庫存款　　500,000

【例 5-2】經省財政廳批准，市財政局調整補助支出預算 50 萬元，實際補助支出預算為 100 萬元。

借：應付國庫集中支付結余　　500,000
　貸：補助支出　　500,000
借：補助支出　　1,000,000
　貸：國庫存款　　1,000,000

第二節　暫收及應付款項的核算

暫收及應付款項是指政府財政業務活動中形成的債務，包括與上級往來和其他應付款等。暫收及應付款項應當及時清理結算。

一、與上級往來的核算

(一) 與上級往來的概念

與上級往來是指本級政府財政與上級政府財政的往來待結算款項。

(二) 與上級往來的核算

設置「與上級往來」科目，並按照往來款項的類別和項目等進行明細核算。本科目的期末貸方余額反應本級政府財政欠上級政府財政的款項，借方余額反應上級政府財政欠本級政府財政的款項。

(1) 本級政府財政從上級政府財政借入款或體制結算中發生應上交上級政府財政款項時，借記「國庫存款」「上解支出」等科目，貸記本科目。

(2) 本級政府財政歸還借款、轉作上級補助收入或體制結算中應由上級補給款項時，借記本科目，貸記「國庫存款」「補助收入」等科目。

【例 5-3】某市財政局向省財政廳申請一筆臨時借款 50 萬元活動經費。

借：國庫存款　　500,000
　貸：與上級往來　　500,00

【例 5-4】接【例 5-3】，經省財政廳批准，將該項借入款轉為對本市的補助。

借：與上級往來　　500,000
　貸：補助收入　　500,000

二、其他應付款的核算

(一) 其他應付款的概念

其他應付款是指政府財政臨時發生的暫收、應付和收到的不明性質款項。此外，還包括稅務機關代徵入庫的社會保險費、項目單位使用並承擔還款責任的外國政府和國際金融組織貸款。

(二) 其他應付款的核算

設置科目「其他應付款」，並按照債權單位或資金來源等進行明細核算。本科目的期末貸方余額反應政府財政尚未結清的其他應付款項。

(1) 收到暫存款項時，借記「國庫存款」「其他財政存款」等科目，貸記本科目。

(2) 將暫存款項清理退還或轉作收入時，借記本科目，貸記「國庫存款」「其他財政存款」或有關收入科目。

(3) 社會保險費代徵入庫時，借記「國庫存款」科目，貸記本科目。社會保險費國庫繳存社保基金財政專戶時，借記本科目，貸記「國庫存款」科目。

(4) 收到項目單位承擔還款責任的外國政府和國際金融組織貸款資金時，借記「其他財政存款」科目，貸記本科目；付給項目單位時，借記本科目，貸記「其他財政存款」科目。收到項目單位償還貸款資金時，借記「其他財政存款」科目，貸記本科目；付給外國政府和國際金融組織項目單位還款資金時，借記本科目，貸記「其他財政存款」科目。

【例 5-5】某市財政局收到某行政單位交來性質不明的款項 2 萬元。

借：國庫存款　　20,000

　貸：其他應付款　　20,000

【例 5-5】接【例 5-5】，某市財政局經查明，上述性質不明的暫收款為應繳入預算外資金專戶的非稅收入，予以退還。

借：其他應付款　　20,000

　貸：國庫存款　　20,000

第三節　應付政府債券的核算

應付政府債券是指政府財政採用發行政府債券方式籌集資金而形成的負債，包括應付短期政府債券和應付長期政府債券。

一、應付短期政府債券

(一) 應付短期政府債券的概念

應付短期政府債券是指政府財政部門以政府名義發行的期限不超過 1 年（含 1 年）的國債和地方政府債券。

(二) 應付短期政府債券的核算

設置科目「應付短期政府債券」，並設置「應付國債」「應付地方政府一般債券」「應付地方政府專項債券」等一級明細科目，在一級明細科目下，再分別設置「應付本金」「應付利息」明細科目，分別核算政府債券的應付本金和利息。債務管理部門應當設置相應的輔助帳，詳細記錄每期政府債券金額、種類、期限、發行日、到期日、票面利率、償還本金及付息情況等。本科目的期末貸方余額，反應政府財政尚未償還的短期政府債券本金和利息。

(1) 實際收到短期政府債券發行收入時，按照實際收到的金額，借記「國庫存款」科目，按照短期政府債券實際發行額，貸記「債務收入」科目，按照發行收入和發行額的差額，借記或貸記有關支出科目；根據債券發行確認文件等相關債券管理資料，按照到期應付的短期政府債券本金金額，借記「待償債淨資產——應付短期政府債券」科目，貸記本科目。

(2) 期末確認短期政府債券的應付利息時，根據債務管理部門計算出的本期應付未付利息金額，借記「待償債淨資產——應付短期政府債券」科目，貸記本科目。

(3) 實際支付本級政府財政承擔的短期政府債券利息時，借記「一般公共預算本級支出」或「政府性基金預算本級支出」科目，貸記「國庫存款」等科目；實際支付利息金額中屬於已確認的應付利息部分，還應根據債券兌付確認文件等相關債券管理資料，借記本科目，貸記「待償債淨資產——應付短期政府債券」科目。

(4) 實際償還本級政府財政承擔的短期政府債券本金時，借記「債務還本支出」科目，貸記「國庫存款」等科目；根據債券兌付確認文件等相關債券管理資料，借記本科目，貸記「待償債淨資產——應付短期政府債券」科目。

(5) 省級財政部門採用定向承銷方式發行短期地方政府債券置換存量債務時，根據債權債務確認相關資料，按照置換本級政府存量債務的額度，借記「債務還本支出」科目，貸記「債務收入」科目；根據債務管理部門轉來的相關資料，按照置換本級政府存量債務的額度，借記「待償債淨資產——應付短期政府債券」科目，貸記本科目。

【例 5-7】某市財政局按面值發行短期政府債券 2,000 萬元，根據債券發行確認文件等相關債券管理資料，按照到期應付的短期政府債券本金金額為 2,010 萬元。

借：國庫存款　　20,000,000
　貸：債務收入　　20,000,000
借：待償債淨資產——應付短期政府債券　　20,100,000
　貸：應付短期政府債券　　20,100,000

【例 5-8】接【例 5-7】，期末確認短期政府債券的應付利息為 10 萬元。

借：待償債淨資產——應付短期政府債券　　100,000
　貸：應付短期政府債券　　100,000

【例 5-9】接【例 5-7】，實際支付本級政府財政承擔的短期政府債券利息 10 萬元，該筆利息屬於債券兌付確認文件等相關債券管理資料中已確認的應付利息部分。

借：一般公共預算本級支出　　100,000
　貸：國庫存款　　100,000
借：應付短期政府債券　　100,000
　貸：待償債淨資產——應付短期政府債券　　100,000

【例 5-10】接【例 5-7】，債券到期，本級政府財政償還短期政府債券本金 2,000 萬元。

借：債務還本支出　　20,000,000
　貸：國庫存款　　20,000,000
借：應付短期政府債券　　20,000,000
　貸：待償債淨資產——應付短期政府債券　　20,000,000

【例 5-11】某省財政部門平價發行一年期國債券 150,000 元，每半年支付一次利息 4,000 元。

①實際收到短期政府債券發行收入時：

借：國庫存款　　150,000
　貸：債務收入　　150,000

同時，

借：待償債淨資產——應付短期政府債券　150,000

貸：應付短期政府債券——應付本金　150,000

②期末計算短期政府債券應付利息時：

借：待償債淨資產——應付短期政府債券　4,000

貸：應付短期政府債券——應付利息　4,000

③實際支付短期政府債券利息時：

借：一般公共預算本級支出　4,000

貸：國庫存款　4,000

同時，

借：應付短期政府債券——應付利息　4,000

貸：待償債淨資產——應付短期政府債券　4,000

④償還短期政府債券本金時：

借：債務還本支出　150,000

貸：國庫存款　150,000

同時，

借：應付短期政府債券——應付本金　150,000

貸：待償債淨資產——應付短期政府債券　150,000

【例 5-12】A 省財政廳經政府批准於 2016 年 7 月 1 日，發行為期 9 個月的一般債券 1,000 萬元，發行 9 個月的專項債券 2,000 萬元，支付債券印刷費、發行費等 240 萬元，債券利息按月計息並支付，月利率為 4‰。2017 年 3 月 31 日償還到期一般債券本金 1,000 萬元，2017 年 4 月 30 日採用定向承銷方式發行短期政府專項債券置換存量債務 2,000 萬元。要求：A 省政府財政總預算會計編製短期證券發行、按月計息、付息和到期債券歸還等相關會計分錄。

①2016 年 7 月 1 日 A 省財政收到短期政府債券發行收入時，

借：國庫存款　(1,000+2,000−240) 27,600,000

一般公共預算本級支出　(240/3,000×1,000) 800,000

政府性基金預算本級支出　(240/3,000×2,000) 1,600,000

貸：債務收入　(1,000+2,000) 30,000,000

同時，按債券本金，

借：待償債淨資產——應付短期政府債券　30,000,000

貸：應付短期政府債券——應付地方政府一般債券——應付本金　10,000,000

——應付地方政府專項債券——應付本金　20,000,000

②每月計提債券應付利息時，

地方政府一般債券利息＝1,000×4‰＝4（萬元）

地方政府專項債券利息＝2,000×4‰＝8（萬元）

借：待償債淨資產——應付短期政府債券　120,000

貸：應付短期政府債券——應付地方政府一般債券——應付利息 40,000

——應付地方政府專項債券——應付利息 80,000

③每月實際支付債券利息時,

借:一般公共預算本級支出　　40,000

政府性基金預算本級支出　　80,000

貸:國庫存款　　120,000

同時,

借:應付短期政府債券——應付地方政府一般債券——應付利息

40,000

——應付地方政府專項債券——應付利息

80,000

貸:待償債淨資產——應付短期政府債券　　120,000

④2017 年 3 月 31 日,償還本級短期政府一般債券本金時,

借:債務還本支出　　10,000,000

貸:國庫存款　　10,000,000

同時,

借:應付短期政府債券——應付地方政府一般債券——應付本金

10,000,000

貸:待償債淨資產——應付短期政府債券　　10,000,000

⑤2017 年 4 月 30 日地方政府短期專項債券到期時,

借:應付短期政府債券——應付地方政府專項債券——應付本金

20,000,000

貸:待償債淨資產——應付短期政府債券　　20,000,000

⑥2017 年 4 月 30 日採用定向承銷方式發行短期政府專項債券置換存量債務時,按置換本級政府存量債務的額度:

借:債務還本支出　　20,000,000

貸:債務收入　　20,000,000

同時,

借:待償債淨資產——應付短期政府債券　　20,000,000

貸:應付短期政府債券——應付地方政府專項債券——應付本金

20,000,000

二、應付長期政府債券

(一) 應付長期政府債券的概念

應付長期政府債券是指政府財政部門以政府名義發行的期限超過 1 年的國債和地方政府債券。

(二) 應付長期政府債券的核算

設置科目「應付長期政府債券」,並設置「應付國債」「應付地方政府一般債券」「應付地方政府專項債券」等一級明細科目,在一級明細科目下,再分別設置「應付本金」「應付利息」明細科目,分別核算政府債券的應付本金和利息。債務管理部門應當設置相應的輔助帳,詳細記錄每期政府債券金額、種類、期限、發行日、

到期日、票面利率、償還本金及付息情況等。本科目的期末貸方余額反應政府財政尚未償還的長期政府債券本金和利息。

（1）實際收到長期政府債券發行收入時，按照實際收到的金額，借記「國庫存款」科目，按照長期政府債券實際發行額，貸記「債務收入」科目，按照發行收入和發行額的差額，借記或貸記有關支出科目；根據債券發行確認文件等相關債券管理資料，按照到期應付的長期政府債券本金金額，借記「待償債淨資產——應付長期政府債券」科目，貸記本科目。

（2）期末確認長期政府債券的應付利息時，根據債務管理部門計算出的本期應付未付利息金額，借記「待償債淨資產——應付長期政府債券」科目，貸記本科目。

（3）實際支付本級政府財政承擔的長期政府債券利息時，借記「一般公共預算本級支出」或「政府性基金預算本級支出」科目，貸記「國庫存款」等科目；實際支付利息金額中屬於已確認的應付利息部分，還應根據債券兌付確認文件等相關債券管理資料，借記本科目，貸記「待償債淨資產——應付長期政府債券」科目。

（4）實際償還本級政府財政承擔的長期政府債券本金時，借記「債務還本支出」科目，貸記「國庫存款」等科目；根據債券兌付確認文件等相關債券管理資料，借記本科目，貸記「待償債淨資產——應付長期政府債券」科目。

（5）本級政府財政償還下級政府財政承擔的地方政府債券本息時，借記「其他應付款」或「其他應收款」科目，貸記「國庫存款」科目；根據債券兌付確認文件等相關債券管理資料，按照實際償還的長期政府債券本金及已確認的應付利息金額，借記本科目，貸記「待償債淨資產——應付長期政府債券」科目。

（6）省級財政部門採用定向承銷方式發行長期地方政府債券置換存量債務時，根據債權債務確認相關資料，按照置換本級政府存量債務的額度，借記「債務還本支出」科目，按照置換下級政府存量債務的額度，借記「債務轉貸支出」科目，按照置換存量債務的總額度，貸記「債務收入」科目；根據債務管理部門轉來的相關資料，按照置換存量債務的總額度，借記「待償債淨資產——應付長期政府債券」科目，貸記本科目。同時，按照置換下級政府存量債務額度，借記「應收地方政府債券轉貸款」科目，貸記「資產基金——應收地方政府債券轉貸款」科目。

【例 5-13】財政部根據國家法律和有關規定，發行兩年期國債 1,000 萬元。

借：國庫存款　　10,000,000
　貸：債務收入　　10,000,000
借：待償債淨資產——應付長期政府債券　　10,000,000
　貸：應付長期政府債券　　10,000,000

【例 5-14】接【例 5-13】，期末，財政部計算出應支付國債利息 50 萬元。

借：待償債淨資產——應付長期政府債券　　500,000
　貸：應付長期政府債券　　500,000

【例 5-15】接【例 5-13】，國債到期，財政部還本付息。

借：債務還本支出　　10,000,000
　貸：國庫存款　　10,000,000
借：應付長期政府債券　　10,500,000

貸：待償債淨資產——應付長期政府債券　　10,500,000

【例 5-16】B 省財政廳 2016 年 1 月 1 日發行 2 年期一般債券 3,000 萬元，發行 3 年期專項債券 4,000 萬元，其中 800 萬元屬於代發下級政府財政債券，共計支付債券發行費用 630 萬元，按年於每年年末支付利息，年利率為 4.5%。2017 年年底償還到期政府一般債券本金 3,000 萬元，2018 年年底專項債券 4,000 萬元，由省財政廳採用定向承銷方式發行地方政府長期專項債券置換存量債務。要求：省財政廳總預算會計編製長期債券發行、付息、到期歸還等相關會計分錄。

① 2016 年 1 月 1 日收到長期政府債券發行收入時：

借：國庫存款　（3,000+4,000-630）63,700,000

　　一般公共預算本級支出　（630/7,000×3,000）2,700,000

　　政府性基金預算本級支出　（630/7,000×4,000）3,600,000

　貸：債務收入　（3,000+4,000）70,000,000

同時，

借：待償債淨資產——應付長期政府債券　70,000,000

　貸：應付長期政府債券——應付地方政府一般債券——應付本金　30,000,000

　　　　　　——應付地方政府專項債券——應付本金　40,000,000

②向下級政府財政轉貸地方政府專項債券款時：

借：債務轉貸支出　8,000,000

　貸：國庫存款　8,000,000

同時，按到期應收回的轉貸本金，

借：應收地方政府債券轉貸款——專項債券轉貸款——應收本金　8,000,000

　貸：資產基金——應收地方政府債券轉貸款　8,000,000

③每年年末計提長期政府債券的應付利息時：

地方政府一般債券利息 = 3,000×4.5% = 135（萬元）

地方政府專項債券利息 =（4,000-800）×4.5% = 144（萬元）

地方政府專項債券轉貸利息 = 800×4.5% = 36（萬元）

借：待償債淨資產——應付長期政府債券　3,150,000

　貸：應付長期政府債券——應付地方政府一般債券——應付利息　1,350,000

　　　　　　——應付地方政府專項債券——應付利息　1,800,000

同時，

借：應收地方政府債券轉貸款——專項債券轉貸款——應收利息　360,000

　貸：資產基金——應收地方政府債券轉貸款　360,000

④每年年末支付債券利息時：

借：一般公共預算本級支出　1,350,000

政府性基金預算本級支出　　1,800,000
貸：國庫存款　　3,150,000
同時，
借：應付長期政府債券——應付地方政府一般債券——應付利息
1,350,000
——應付地方政府專項債券——應付利息
1,800,000
貸：待償債淨資產——應付長期政府債券　　3,150,000
⑤收到下級政府財政債券轉貸利息時：
借：國庫存款　　360,000
貸：債務轉貸收入　　360,000
同時，
借：資產基金——應收地方政府債券轉貸款　　360,000
貸：應收地方政府債券轉貸款——專項債券轉貸款——應收利息　360,000
⑥ 2017 年年底歸還地方政府一般債券本金時：
借：債務還本支出　　30,000,000
貸：國庫存款　　30,000,000
同時，
借：應付長期政府債券——應付地方政府一般債券——應付本金
30,000,000
貸：待償債淨資產——應付長期政府債券　　30,000,000
⑦ 2018 年年末，政府專項債券到期時：
借：應付長期政府債券——應付地方政府專項債券——應付本金
40,000,000
貸：待償債淨資產——應付長期政府債券　　40,000,000
借：資產基金——應收地方政府債券轉貸款　　8,000,000
貸：應收地方政府債券轉貸款　　8,000,000
⑧省財政採用定向承銷方式發行政府專項債券置換存量專項債券時：
借：債務還本支出（本級政府存量債務）　　32,000,000
債務轉貸支出（下級政府存量債務）　　8,000,000
貸：債務收入　　40,000,000
同時，按置換存量債務總額度，
借：待償債淨資產——應付長期政府債券　　40,000,000
貸：應付長期政府債券——應付地方政府專項債券——應付本金
40,000,000
同時，按置換下級政府存量債務額度，
借：應收地方政府債券轉貸款　　8,000,000
貸：資產基金——應收地方政府債券轉貸款　　8,000,000

第四節　借入款項的核算

一、借入款項的概念

借入款項是指政府財政部門以政府名義向外國政府、國際金融組織等借入的款項，以及通過經國務院批准的其他方式借款形成的負債。

二、借入款項的帳務處理

設置科目「借入款項」，並設置「應付本金」「應付利息」明細科目，分別對借入款項的應付本金和利息進行明細核算，還應當按照債權人進行明細核算。債務管理部門應當設置相應的輔助帳，詳細記錄每筆借入款項的期限、借入日期、償還及付息情況等。本科目的期末貸方余額反應本級政府財政尚未償還的借入款項本金和利息。

（1）本級政府財政收到借入的主權外債資金時，借記「其他財政存款」科目，貸記「債務收入」科目；根據債務管理部門轉來的相關資料，按照實際承擔的債務金額，借記「待償債淨資產——借入款項」科目，貸記本科目。

（2）本級政府財政借入主權外債，且由外方將貸款資金直接支付給用款單位或供應商時，應根據以下情況分別處理：

①本級政府財政承擔還款責任，貸款資金由本級政府財政同級部門（單位）使用的，本級政府財政部門根據貸款資金支付相關資料，借記「一般公共預算本級支出」等科目，貸記「債務收入」科目；根據債務管理部門轉來的相關資料，按照實際承擔的債務金額，借記「待償債淨資產——借入款項」科目，貸記本科目。

②本級政府財政承擔還款責任，貸款資金由下級政府財政同級部門（單位）使用的，本級政府財政部門根據貸款資金支付相關資料及預算指標文件，借記「補助支出」科目，貸記「債務收入」科目；根據債務管理部門轉來的相關資料，按照實際承擔的債務金額，借記「待償債淨資產——借入款項」科目，貸記本科目。

（3）下級政府財政承擔還款責任，貸款資金由下級政府財政同級部門（單位）使用的，本級政府財政部門根據貸款資金支付相關資料，借記「債務轉貸支出」科目，貸記「債務收入」科目；根據債務管理部門轉來的相關資料，按照實際承擔的債務金額，借記「待償債淨資產——借入款項」科目，貸記本科目；同時，借記「應收主權外債轉貸款」科目，貸記「資產基金——應收主權外債轉貸款」科目。

（3）期末確認借入主權外債的應付利息時，根據債務管理部門計算出的本期應付未付利息金額，借記「待償債淨資產——借入款項」科目，貸記本科目。

（4）償還本級政府財政承擔的借入主權外債本金時，借記「債務還本支出」科目，貸記「國庫存款」「其他財政存款」等科目；根據債務管理部門轉來的相關資料，按照實際償還的本金金額，借記本科目，貸記「待償債淨資產——借入款項」科目。

（5）償還本級政府財政承擔的借入主權外債利息時，借記「一般公共預算本級支出」等科目，貸記「國庫存款」「其他財政存款」等科目；實際償還利息金額中屬於已確認的應付利息部分，還應根據債務管理部門轉來的相關資料，借記本科目，貸記「待償債淨資產——借入款項」科目。

（6）償還下級政府財政承擔的借入主權外債的本息時，借記「其他應付款」或「其他應收款」科目，貸記「國庫存款」「其他財政存款」等科目；根據債務管理部門轉來的相關資料，按照實際償還的本金及已確認的應付利息金額，借記本科目，貸記「待償債淨資產——借入款項」科目。

（7）被上級政府財政扣繳借入主權外債的本息時，借記「其他應收款」科目，貸記「與上級往來」科目；根據債務管理部門轉來的相關資料，按照實際扣繳的本金及已確認的應付利息金額，借記本科目，貸記「待償債淨資產——借入款項」科目。列報支出時，對應由本級政府財政承擔的還本支出，借記「債務還本支出」科目，貸記「其他應收款」科目；對應由本級政府財政承擔的利息支出，借記「一般公共預算本級支出」等科目，貸記「其他應收款」科目。

（8）債權人豁免本級政府財政承擔償還責任的借入主權外債本息時，根據債務管理部門轉來的相關資料，按照被豁免的本金及已確認的應付利息金額，借記本科目，貸記「待償債淨資產——借入款項」科目。

債權人豁免下級政府財政承擔償還責任的借入主權外債本息時，根據債務管理部門轉來的相關資料，按照被豁免的本金及已確認的應付利息金額，借記本科目，貸記「待償債淨資產——借入款項」科目；同時，借記「資產基金——應收主權外債轉貸款」科目，貸記「應收主權外債轉貸款」科目。

（9）其他借入款項帳務處理參照本科目使用說明中借入主權外債業務的帳務處理。

【例 5-17】財政部收到借入的主權外債資金 2,000 萬元。

借：其他財政存款　　20,000,000
　貸：債務收入　　20,000,000
借：待償債淨資產——借入款項　　20,000,000
　貸：借入款項　　20,000,000

【例 5-18】接【例 5-17】，財政部計算出借入主權外債的應付利息為 100 萬元。

借：待償債淨資產——借入款項　　1,000,000
　貸：借入款項　　1,000,000

【例 5-19】接【例 5-17】，財政部償還本金 2,000 萬元。

借：債務還本支出　　20,000,000
　貸：其他財政存款　　20,000,000
借：借入款項　　20,000,000
　貸：待償債淨資產——借入款項　　20,000,000

【例 5-20】接【例 5-17】，財政部還本付息。

借：一般公共預算本級支出　　1,000,000
　貸：其他財政存款　　1,000,000
借：借入款項　　1,000,000
　貸：待償債淨資產——借入款項　　1,000,000

第五節　應付轉貸款的核算

應付轉貸款是指地方政府財政向上級政府財政借入轉貸資金而形成的負債，包括應付地方政府債券轉貸款和應付主權外債轉貸款等。

一、應付地方政府債券轉貸款的核算

（一）應付地方政府債券轉貸款的概念

應付地方政府債券轉貸款是指地方政府財政從上級政府財政借入的地方政府債券轉貸款。

（二）應付地方政府債券轉貸款的核算

設置科目「應付地方政府債券轉貸款」，並設置「應付地方政府一般債券轉貸款」和「應付地方政府專項債券轉貸款」一級明細科目，在一級明細科目下再分別設置「應付本金」和「應付利息」兩個明細科目，分別對應付本金和利息進行明細核算。本科目的期末貸方余額反應本級政府財政尚未償還的地方政府債券轉貸款的本金和利息。

（1）收到上級政府財政轉貸的地方政府債券資金時，借記「國庫存款」科目，貸記「債務轉貸收入」科目；根據債務管理部門轉來的相關資料，按照到期應償還的轉貸款本金金額，借記「待償債淨資產——應付地方政府債券轉貸款」科目，貸記本科目。

（2）期末確認地方政府債券轉貸款的應付利息時，根據債務管理部門計算出的本期應付未付利息金額，借記「待償債淨資產——應付地方政府債券轉貸款」科目，貸記本科目。

（3）償還本級政府財政承擔的地方政府債券轉貸款本金時，借記「債務還本支出」科目，貸記「國庫存款」等科目；根據債務管理部門轉來的相關資料，按照實際償還的本金金額，借記本科目，貸記「待償債淨資產——應付地方政府債券轉貸款」科目。

（4）償還本級政府財政承擔的地方政府債券轉貸款的利息時，借記「一般公共預算本級支出」或「政府性基金預算本級支出」科目，貸記「國庫存款」等科目；實際支付利息金額中屬於已確認的應付利息部分，還應根據債務管理部門轉來的相關資料，借記本科目，貸記「待償債淨資產——應付地方政府債券轉貸款」科目。

（5）償還下級政府財政承擔的地方政府債券轉貸款的本息時，借記「其他應付款」或「其他應收款」科目，貸記「國庫存款」等科目；根據債務管理部門轉來的相關資料，按照實際償還的本金及已確認的應付利息金額，借記本科目，貸記「待償債淨資產——應付地方政府債券轉貸款」科目。

（6）被上級政府財政扣繳地方政府債券轉貸款本息時，借記「其他應收款」科目，貸記「與上級往來」科目；根據債務管理部門轉來的相關資料，按照實際扣繳的本金及已確認的應付利息金額，借記本科目，貸記「待償債淨資產——應付地方政府債券轉貸款」科目。列報支出時，對本級政府財政承擔的還本支出，借記「債

務還本支出」科目，貸記「其他應收款」科目；對本級政府財政承擔的利息支出，借記「一般公共預算本級支出」或「政府性基金預算本級支出」科目，貸記「其他應收款」科目。

（7）採用定向承銷方式發行地方政府債券置換存量債務時，省級以下（不含省級）財政部門根據上級財政部門提供的債權債務確認相關資料，按照置換本級政府存量債務的額度，借記「債務還本支出」科目，按照置換下級政府存量債務的額度，借記「債務轉貸支出」科目，按照置換存量債務的總額度，貸記「債務轉貸收入」科目；根據債務管理部門轉來的相關資料，按照置換存量債務的總額度，借記「待償債淨資產——應付地方政府債券轉貸款」科目，貸記本科目。同時，按照置換下級政府存量債務額度，借記「應收地方政府債券轉貸款」科目，貸記「資產基金——應收地方政府債券轉貸款」科目。

【例 5-21】收到上級政府財政轉貸的地方政府債券資金 500 萬元。

借：國庫存款	5,000,000	
貸：債務轉貸收入		5,000,000
借：待償債淨資產——應付地方債券轉貸款	5,000,000	
貸：應付地方債券轉貸款		5,000,000

【例 5-22】接【例 5-21】，期末確認地方政府債券轉貸款的應付利息 10 萬元。

借：待償債淨資產——應付地方政府債券轉貸款	100,000	
貸：應付地方政府債券轉貸款		100,000

【例 5-23】接【例 5-21】，償還本級政府財政承擔的地方政府債券轉貸款本金 500 萬元。

借：債務還本支出	5,000,000	
貸：國庫存款		5,000,000
借：應付地方債券轉貸款	5,000,000	
貸：待償債淨資產——應付地方債券轉貸款		5,000,000

【例 5-24】接【例 5-21】，償還本級政府財政承擔的借入主權外債利息 10 萬元。

借：一般公共預算本級支出	100,000	
貸：國庫存款		100,000
借：應付地方政府債券轉貸款	100,000	
貸：待償債淨資產——應付地方政府債券轉貸款		100,000

二、應付主權外債轉貸款的核算

（一）應付主權外債轉貸款的概念

應付主權外債轉貸款是指本級政府財政從上級政府財政借入的主權外債轉貸款。

（二）應付主權外債轉貸款的核算

設置科目「應付主權外債轉貸款」，並設置「應付本金」和「應付利息」兩個明細科目，分別對應付本金和利息進行明細核算。本科目的期末貸方余額反應本級政府財政尚未償還的主權外債轉貸款本金和利息。

（1）收到上級政府財政轉貸的主權外債資金時，借記「其他財政存款」科目，貸記「債務轉貸收入」科目；根據債務管理部門轉來的相關資料，按照實際承擔的債務金額，借記「待償債淨資產——應付主權外債轉貸款」科目，貸記本科目。

（2）從上級政府財政借入主權外債轉貸款，且由外方將貸款資金直接支付給用款單位或供應商時，應根據以下情況分別處理：

①本級政府財政承擔還款責任，貸款資金由本級政府財政同級部門（單位）使用的，本級政府財政根據貸款資金支付相關資料，借記「一般公共預算本級支出」等科目，貸記「債務轉貸收入」科目；根據債務管理部門轉來的相關資料，按照實際承擔的債務金額，借記「待償債淨資產——應付主權外債轉貸款」科目，貸記本科目。

②本級政府財政承擔還款責任，貸款資金由下級政府財政同級部門（單位）使用的，本級政府財政部門根據貸款資金支付相關資料及預算指標文件，借記「補助支出」科目，貸記「債務轉貸收入」科目；根據債務管理部門轉來的相關資料，按照實際承擔的債務金額，借記「待償債淨資產——應付主權外債轉貸款」科目，貸記本科目。

③下級政府財政承擔還款責任，貸款資金由下級政府財政同級部門（單位）使用的，本級政府財政部門根據貸款資金支付相關資料，借記「債務轉貸支出」科目，貸記「債務轉貸收入」；根據債務管理部門轉來的相關資料，按照實際承擔的債務金額，借記「待償債淨資產——應付主權外債轉貸款」科目，貸記本科目；同時，借記「應收主權外債轉貸款」科目，貸記「資產基金——應收主權外債轉貸款」科目。

（3）期末確認主權外債轉貸款的應付利息時，按照債務管理部門計算出的本期應付未付利息金額，借記「待償債淨資產——應付主權外債轉貸款」科目，貸記本科目。

（4）償還本級政府財政承擔的借入主權外債轉貸款的本金時，借記「債務還本支出」科目，貸記「其他財政存款」等科目；根據債務管理部門轉來的相關資料，按照實際償還的本金金額，借記本科目，貸記「待償債淨資產——應付主權外債轉貸款」科目。

（5）償還本級政府財政承擔的借入主權外債轉貸款的利息時，借記「一般公共預算本級支出」等科目，貸記「其他財政存款」等科目；實際償還利息金額中屬於已確認的應付利息部分，還應根據債務管理部門轉來的相關資料，借記本科目，貸記「待償債淨資產——應付主權外債轉貸款」科目。

（6）償還下級政府財政承擔的借入主權外債轉貸款的本息時，借記「其他應付款」或「其他應收款」科目，貸記「其他財政存款」等科目；根據債務管理部門轉來的相關資料，按照實際償還的本金及已確認的應付利息金額，借記本科目，貸記「待償債淨資產——應付主權外債轉貸款」科目。

（7）被上級政府財政扣繳借入主權外債轉貸款的本息時，借記「其他應收款」科目，貸記「與上級往來」科目；根據債務管理部門轉來的相關資料，按照被扣繳的本金及已確認的應付利息金額，借記本科目，貸記「待償債淨資產——應付主權外債轉貸款」科目。列報支出時，對本級政府財政承擔的還本支出，借記「債務還本支出」科目，貸記「其他應收款」科目；對本級政府財政承擔的利息支出，借記

「一般公共預算本級支出」等科目，貸記「其他應收款」科目。

（8）上級政府財政豁免主權外債轉貸款本息時，根據以下情況分別處理：

①豁免本級政府財政承擔償還責任的主權外債轉貸款本息時，根據債務管理部門轉來的相關資料，按照豁免轉貸款的本金及已確認的應付利息金額，借記本科目，貸記「待償債淨資產——應付主權外債轉貸款」科目。

②豁免下級政府財政承擔償還責任的主權外債轉貸款本息時，根據債務管理部門轉來的相關資料，按照豁免轉貸款的本金及已確認的應付利息金額，借記本科目，貸記「待償債淨資產——應付主權外債轉貸款」科目；同時，借記「資產基金——應收主權外債轉貸款」科目，貸記「應收主權外債轉貸款」科目。

【例 5-25】收到上級政府財政轉貸的主權外債資金 300 萬元。

借：其他財政存款	3,000,000	
貸：債務轉貸收入		3,000,000
借：待償債淨資產——應付主權外債轉貸款	3,000,000	
貸：應付主權外債轉貸款		3,000,000

【例 5-26】期末確認主權外債轉貸款的應付利息 8 萬元。

借：待償債淨資產——應付主權外債轉貸款	80,000	
貸：應付主權外債轉貸款		80,000

【例 5-27】償還本級政府財政承擔的借入主權外債轉貸款的本金 300 萬元。

借：債務還本支出	3,000,000	
貸：其他財政存款		3,000,000
借：應付主權外債轉貸款	3,000,000	
貸：待償債淨資產——應付主權外債轉貸款		3,000,000

【例 5-28】償還本級政府財政承擔的借入主權外債轉貸款的利息 8 萬元。

借：一般公共預算本級支出	80,000	
貸：其他財政存款		80,000
借：應付主權外債轉貸款	80,000	
貸：待償債淨資產——應付主權外債轉貸款		80,000

第六節　應付代管資金的核算

一、應付代管資金的概念

應付代管資金是指政府財政代為管理的，使用權屬於被代管主體的資金。

二、財政代管資金管理

（一）財政代管資金的範圍

財政代管資金是指預算單位實行國庫集中支付改革取消其實有資金銀行帳戶后，收到的除本級財政撥款以外納入財政為各預算單位統一開設的銀行帳戶由財政代為管理的其他資金。

按資金性質具體分為：

(1) 上級主管部門補助資金，是指上級主管部門直接撥給預算單位具有指定用途的補助資金，單位應按照指定用途使用。

(2) 其他單位轉來專項資金，是指其他單位轉付給預算單位具有指定用途、按規定不應上繳財政的資金，單位應按照指定用途使用。

(3) 收回或扣回本單位暫付或墊付款項，如收回單位墊付的水電費等，單位應按照原暫付或墊付資金的規定用途使用。

(4) 暫存往來資金，如代扣代繳款項、代收代繳款項、應繳未繳款項、抵押金等，單位應按照暫存資金的用途及性質支付，不得用於本單位的支出，其中應繳未繳財政款項應當按規定及時上繳財政。

(5) 其他收入類資金，是指按照新行政事業單位財務規則、會計準則及財務、會計制度規定納入預算單位其他收入核算的資金，包括投資收益、利息收入、捐贈收入等，以及單位的經營性收入。

(6) 代管結余資金，是指預算單位年末結存在財政代管資金帳戶經財政部門批覆下年可以繼續使用的資金。

(二) 財政代管資金帳戶

(1) 財政代管資金帳戶是指由財政部門在代理銀行開設的為預算單位核算代管資金的銀行帳戶。在該帳戶下為每個預算單位開設了一個子帳戶，各預算單位的財政代管資金統一納入該銀行帳戶由財政代為管理並分帳進行銀行存款收支業務核算。

(2) 財政代管資金帳戶按財政專戶管理辦法進行管理。財政部門、預算單位和代理銀行各方應加強對帳管理，發現問題及時互相告知，確保財政代管資金的安全、完整。

(三) 財政代管資金業務流程

(1) 預算單位給匯款單位提供準確的收款銀行帳戶信息，並要求匯款方按規定填製匯款單據進行資金劃轉。

(2) 代理銀行錄入收款信息。

(3) 財政國庫部門和預算單位確認收款信息。

(4) 財政代管資金預算指標和用款計劃申報。

(5) 財政代管資金支付。

(6) 財政代管資金清算及帳務處理。

(四) 財政代管資金管理職責分工

(1) 預算單位是財政代管資金的所有者和使用者。

①預算單位要對本單位財政代管資金收款信息的真實性、準確性和合規性負責，收到不屬於財政代管資金範圍的應繳未繳財政資金應及時上繳，收到不屬於本單位的款項應及時告知財政部門予以調整。

②預算單位要真實、準確確認每筆財政代管資金的資金性質、用途和功能分類科目，對每筆財政代管資金支付的合法法、合理法、合規性負責。

③預算單位要對財政代管資金經濟業務或事項進行及時、真實和完整的會計核算，及時與財政部門對帳。

(2) 財政部門負責管理預算單位財政代管資金銀行帳戶及存款，為預算單位財政代管資金收支業務提供服務並進行監督。

三、應付代管資金的帳務處理

設置科目「應付代管資金」，並根據管理需要進行相關明細核算。本科目的期末貸方余額反應政府財政尚未支付的代管資金。

(1) 收到代管資金時，借記「其他財政存款」等科目，貸記本科目。

(2) 支付代管資金時，借記本科目，貸記「其他財政存款」等科目。

(3) 代管資金產生的利息收入按照相關規定仍屬於代管資金的，借記「其他財政存款」等科目，貸記本科目。

【例 5-29】某市財政局收到代管資金 1,000 萬元。

借：其他財政存款　　10,000,000

　貸：應付代管資金　　10,000,000

【例 5-30】市財政局支付代管資金 1,000 萬元。

借：應付代管資金　　10,000,000

　貸：其他財政存款　　10,000,000

第七節　已結報支出的核算

一、已結報支出的概念

已結報支出是指政府財政國庫支付執行機構已清算的國庫集中支付支出數額。財政國庫支付執行機構未單設的地區，不使用該科目。

二、已結報支出的帳務處理

設置科目「已結報支出」。本科目年終轉帳后無余額。

(1) 每日匯總清算后，財政國庫支付執行機構會計根據有關劃款憑證回執聯和按部門分「類」「款」「項」匯總的《預算支出結算清單》，對於財政直接支付，借記「財政零余額帳戶存款」科目，貸記本科目；對於財政授權支付，借記「一般公共預算本級支出」「政府性基金預算本級支出」「國有資本經營預算本級支出」等科目，貸記本科目。

(2) 年終財政國庫支付執行機構按照累計結清的支出金額，與有關方面核對一致后轉帳時，借記本科目，貸記「一般公共預算本級支出」「政府性基金預算本級支出」「國有資本經營預算本級支出」等科目。

【例 5-31】2016 年年末，某市財政局國庫處與預算處核對本年支出一致無誤后，衝銷國庫支付執行會計機構會計的「已結報支出」帳戶、本年一般預算支出 5 億元，基金預算支出 8 億元。

借：已結報支出——財政直接支付　　1,300,000,000

　貸：一般公共預算本級支出　　500,000,000

　　　政府性基金預算本級支出　　800,000,000

【例 5-32】某市財政國庫支付執行機構為預算單位直接支付以一般預算資金安排的支出 1,000,000 元。

借：一般公共預算本級支出　　1,000,000
　貸：財政零余額帳戶存款　　1,000,000

【例 5-33】某市財政國庫支付執行機構當日匯總「預算支出結算清單」，其中財政直接支付金額 1,000,000 元，該清單已送財政總預算會計結算資金。

借：財政零余額帳戶存款　　1,000,000
　貸：已結報支出——財政直接支付　　1,000,000

【例 5-34】某市財政國庫支付中心收到財政授權支付下代理銀行報來的「財政支出日報表」，列示當日一般預算支出 500,000 元、基金預算支出 300,000 元。

借：一般公共預算本級支出　　500,000
　　政府性基金預算本級支出　　300,000
　貸：已結報支出———財政授權支付　　800,000

【例 5-35】某縣財政國庫支付執行機構年終將預算支出與有關方面核對一致后轉帳，其中一般預算支出 10,000,000 元，基金預算支出 6,000,000 元。

借：已結報支出　　16,000,000
　貸：一般公共預算本級支出　　10,000,000
　　　政府性基金預算本級支出　　6,000,000

第八節　其他負債的核算

一、其他負債的概念

其他負債是指政府財政因有關政策明確要求其承擔支出責任的事項而形成的應付未付款項。

二、其他負債的帳務處理

設置科目「其他負債」，並按照債權單位和項目等進行明細核算。本科目的貸方余額反應政府財政承擔的尚未支付的其他負債余額。

（1）有關政策已明確政府財政承擔的支出責任，按照確定應承擔的負債金額，借記「待償債淨資產」科目，貸記本科目。

（2）實際償還負債時，借記有關支出等科目，貸記「國庫存款」等科目；同時，按照相同的金額，借記本科目，貸記「待償債淨資產」科目。

【例 5-37】某市財政局有關政策已明確政府財政承擔的支出責任，確定應承擔的負債金額為 20 萬元。

借：待償債淨資產　　200,000
　貸：其他負債　　200,000

第六章
財政總預算會計淨資產的核算

財政總預算會計淨資產是指政府財政資產減去負債的差額，包括一般公共預算結轉結余、政府性基金預算結轉結余、國有資本經營預算結轉結余、財政專戶管理資金結余、專用基金結余、預算穩定調節基金、預算週轉金、資產基金和待償債淨資產。核算管理上，各項結轉結余應每年結算一次。

第一節　一般公共預算結轉結余的核算

一、一般公共預算結轉結余的概念

一般公共預算結轉結余是指一般公共預算收支的執行結果，即政府財政納入一般公共預算管理的收支相抵形成的結轉結余。

二、一般公共預算結轉結余的帳務處理

設置科目「一般公共預算結轉結余」，年終貸方余額反應一般公共預算收支相抵后的滾存結轉結余。

(1) 年終轉帳時，將一般公共預算的有關收入科目貸方余額轉入本科目的貸方，借記「一般公共預算本級收入」「補助收入——一般公共預算補助收入」「上解收入——一般公共預算上解收入」「地區間援助收入」「調入資金——一般公共預算調入資金」「債務收入（一般債務收入）」「債務轉貸收入（地方政府一般債務轉貸收入）」「動用預算穩定調節基金」等科目，貸記本科目；將一般公共預算的有關支出科目借方余額轉入本科目的借方，借記本科目，貸記「一般公共預算本級支出」「上解支出——一般公共預算上解支出」「補助支出——一般公共預算補助支出」「地區間援助支出」「調出資金——一般公共預算調出資金」「安排預算穩定調節基金」「債務轉貸支出（地方政府一般債務轉貸支出）」「債務還本支出（一般債務還本支出）」等科目。

(2) 設置和補充預算週轉金時，借記本科目，貸記「預算週轉金」科目。

【例 6-1】××市財政局 20×6 年發生如下經濟業務（金額單位：元）：

①年終轉帳前一般預算類收入貸方余額表：

一般公共預算本級收入	15, 900, 000, 000
稅收收入	13, 900, 000, 000

稅收收入——增值稅	2, 800, 000, 000
稅收收入——營業稅	2, 900, 000, 000
稅收收入——企業所得稅	2, 500, 000, 000
稅收收入——個人所得稅	1, 300, 000, 000
稅收收入——城市維護建設稅	900, 000, 000
稅收收入——房產稅	1, 100, 000, 000
稅收收入——土地增值稅	1, 400, 000, 000
稅收收入——契稅	1, 000, 000, 000
非稅收入	2, 000, 000, 000
非稅收入——專項收入	600, 000, 000
非稅收入——行政事業性收費收入	800, 000, 000
非稅收入——罰沒收入	200, 000, 000
非稅收入——國有資產（資源）有償使用收入	300, 000, 000
非稅收入——其他收入	100, 000, 000
補助收入	200, 000, 000
一般性轉移支付收入	200, 000, 000
一般性轉移支付收入——體制補助收入	200, 000, 000
上解收入	150, 000, 000
一般性轉移支付收入	100, 000, 000
一般性轉移支付收入——體制上解收入	100, 000, 000
專項轉移支付收入	50, 000, 000
專項轉移支付收入——專項上解收入	50, 000, 000
調入資金	150, 000, 000
一般預算調入資金	150, 000, 000

會計分錄如下：

借：一般公共預算本級收入	15, 900, 000, 000	
補助收入——一般公共預算補助收入	200, 000, 000	
上解收入——一般公共預算上解收入	150, 000, 000	
調入資金——一般公共預算調入資金	150, 000, 000	
貸：一般公共預算結轉結余		16, 400, 000, 000

同時，在一般公共預算本級收入明細帳的借方登記如下：

稅收收入——增值稅	2, 800, 000, 000
稅收收入——營業稅	2, 900, 000, 000
稅收收入——企業所得稅	2, 500, 000, 000
稅收收入——個人所得稅	1, 300, 000, 000
稅收收入——城市維護建設稅	900, 000, 000
稅收收入——房產稅	1, 100, 000, 000
稅收收入——土地增值稅	1, 400, 000, 000
稅收收入——契稅	1, 000, 000, 000
非稅收入——專項收入	600, 000, 000

非稅收入——行政事業性收費收入　800, 000, 000
非稅收入——罰沒收入　200, 000, 000
非稅收入——國有資產（資源）有償使用收入　300, 000, 000
非稅收入——其他收入　100, 000, 000
在「補助收入」明細帳的借方登記如下：
一般性轉移支付收入——體制補助收入　200, 000, 000
在「上解收入」明細帳的借方登記如下：
一般性轉移支付收入——體制上解收入　100, 000, 000
專項轉移支付收入——專項上解收入　50, 000, 000
在「調入資金」明細帳的借方登記如下：
一般預算調入資金　150, 000, 000
②年終轉帳前一般公共預算本級支出余額表：
一般公共預算本級支出　14, 700, 000, 000
一般公共服務　700, 000, 000
一般公共服務——人大事務　100, 000, 000
一般公共服務——政協事務　100, 000, 000
一般公共服務——財政事務　100, 000, 000
一般公共服務——稅務事務　300, 000, 000
一般公共服務——人力資源事務　100, 000, 000
國防　100, 000, 000
國防支出——國防動員——民兵　100, 000, 000
公共安全支出　1, 600, 000, 000
公共安全支出——公安　1, 400, 000, 000
公共安全支出——法院　200, 000, 000
教育支出　1, 500, 000, 000
教育支出——普通教育　1, 500, 000, 000
文化體育與傳媒支出　200, 000, 000
文化體育與傳媒支出——文化　200, 000, 000
社會保障和就業支出　1, 000, 000, 000
社會保障和就業支出——行政事業單位離退休　1, 000, 000, 000
醫療衛生與計劃生育支出　1, 500, 000, 000
醫療衛生與計劃生育支出——公立醫院　700, 000, 000
醫療衛生與計劃生育支出——醫療保障　800, 000, 000
節能環保支出　300, 000, 000
節能環保支出——污染防治　300, 000, 000
城鄉社區事務支出　2, 000, 000, 000
城鄉社區事務支出——其他城鄉社區支出　2, 000, 000, 000
農林水支出　400, 000, 000
農林水支出——農業　400, 000, 000
交通運輸支出　5, 400, 000, 000

交通運輸支出——其他交通運輸支出　5, 400, 000, 000
補助支出　400, 000, 000
返還性支出　60, 000, 000
返還性支出——所得稅基數返還支出　60, 000, 000
一般性轉移支付　300, 000, 000
一般性轉移支付——體制補助支出　200, 000, 000
一般性轉移支付——結算補助支出　100, 000, 000
專項轉移支付　40, 000, 000
專項轉移支付——一般公共服務　40, 000, 000
上解支出　1, 100, 000, 000
一般性轉移支付　100, 000, 000
一般性轉移支付——出口退稅專項上解支出　100, 000, 000
專項轉移支付　1, 000, 000, 000
專項轉移支付——專項上解支出　1, 000, 000, 000

會計分錄如下：

借：一般公共預算結轉結余　16, 200, 000, 000
　貸：一般公共預算本級支出　14, 700, 000, 000
　　　補助支出　400, 000, 000
　　　上解支出　1, 100, 000, 000

同時，在一般公共預算本級支出明細帳的貸方登記如下：

一般公共服務——人大事務　100, 000, 000
一般公共服務——政協事務　100, 000, 000
一般公共服務——財政事務　100, 000, 000
一般公共服務——稅務事務　300, 000, 000
一般公共服務——人力資源事務　100, 000, 000
國防支出——國防動員——民兵　100, 000, 000
公共安全支出——公安　1, 400, 000, 000
公共安全支出——法院　200, 000, 000
教育支出——普通教育　1, 500, 000, 000
文化體育與傳媒支出——文化　200, 000, 000
社會保障和就業支出——行政事業單位離退休　1, 000, 000, 000
醫療衛生與計劃生育支出——公立醫院　700, 000, 000
醫療衛生與計劃生育支出——醫療保障　800, 000, 000
節能環保支出——污染防治　300, 000, 000
城鄉社區事務支出——其他城鄉社區支出　2, 000, 000, 000
農林水支出——農業　400, 000, 000
交通運輸支出——其他交通運輸支出　5, 400, 000, 000

在「補助支出」明細帳的貸方登記如下：

返還性支出——所得稅基數返還支出　60, 000, 000
一般性轉移支付——體制補助支出　200, 000, 000

一般性轉移支付——結算補助支出　　100,000,000
專項轉移支付——一般公共服務　　40,000,000
在「上解支出」明細帳的貸方登記如下：
一般性轉移支付——出口退稅專項上解支出　　100,000,000
專項轉移支付——專項上解支出　　1,000,000,000

第二節　政府性基金預算結轉結余的核算

一、政府性基金預算結轉結余的概念

政府性基金預算結轉結余是指政府性基金預算收支的執行結果，即政府財政納入政府性基金預算管理的收支相抵形成的結轉結余。

二、政府性基金預算結轉結余的帳務處理

設置科目「政府性基金預算結轉結余」，並按照政府性基金的種類進行明細核算。本科目的年終貸方余額反應政府性基金預算收支相抵后的滚存結轉結余。

年終轉帳時，應將政府性基金預算的有關收入科目貸方余額按照政府性基金種類分別轉入本科目下相應明細科目的貸方，借記「政府性基金預算本級收入」「補助收入——政府性基金預算補助收入」「上解收入——政府性基金預算上解收入」「調入資金——政府性基金預算調入資金」「債務收入——專項債務收入」「債務轉貸收入——地方政府專項債務轉貸收入」等科目，貸記本科目；將政府性基金預算的有關支出科目借方余額按照政府性基金種類分別轉入本科目下相應明細科目的借方，借記本科目，貸記「政府性基金預算本級支出」「上解支出——政府性基金預算上解支出」「補助支出——政府性基金預算補助支出」「調出資金——政府性基金預算調出資金」「債務還本支出——專項債務還本支出」「債務轉貸支出——地方政府專項債務轉貸支出」等科目。

【例 6-2】××市財政局 20×6 年發生如下經濟業務：

(1) 年終轉帳時，政府性基金預算類收入帳戶貸方余額為 37 億元，具體科目如下：非稅收入——政府性基金收入——新菜地開發建設基金收入 1 億元；非稅收入——政府性基金收入——民航基礎設施建設基金收入 8 億元；非稅收入——政府性基金收入——政府住房基金收入 15 億元；非稅收入——政府性基金收入——城市公用事業附加收入 3 億元。

轉移性收入——政府性基金補助收入 6 億元；轉移性收入——政府性基金上解收入 4 億元。

會計分錄如下：

借：政府性基金預算本級收入　　2,700,000,000
　　補助收入　　600,000,000
　　上解收入　　400,000,000
　貸：政府性基金預算結轉結余　　3,700,000,000

同時，在政府性基金預算本級收入明細帳的借方登記如下：

新菜地開發建設基金收入　100,000,000
民航基礎設施建設基金收入　800,000,000
政府住房基金收入——廉租住房租金收入　1,500,000,000
城市公用事業附加收入　300,000,000
在補助收入明細帳的借方登記如下:
政府性基金補助收入　600,000,000
在上解收入明細帳的借方登記如下:
政府性基金上解收入　400,000,000

(2) 年終轉帳時, 政府性基金預算類支出帳戶貸方余額為 35 億元, 具體科目如下: 農林水事務——新菜地開發建設基金支出 1 億元; 交通運輸——民航基礎設施建設基金支出 7 億元; 城鄉社區事務——政府住房基金支出 13 億元。城鄉社區事務——城市公用事業附加安排的支出 5 億元; 轉移性支出——政府性基金轉移支付——政府性基金補助支出 5 億元; 轉移性支出——政府性基金轉移支付——政府性基金上解支出 3.5 億元; 轉移性支出——調出資金——政府性基金預算調出資金 0.5 億元。

會計分錄如下:
借: 政府性基金預算結轉結余　3,500,000,000
　貸: 政府性基金預算本級支出　2,600,000,000
　　補助支出　500,000,000
　　上解支出　350,000,000
　　調出資金　50,000,000

同時, 在政府性基金預算本級支出明細帳的貸方登記如下:
農林水事務——新菜地開發建設基金支出　100,000,000
交通運輸——民航基礎設施建設基金支出　700,000,000
城鄉社區事務——政府住房基金支出　1,300,000,000
城鄉社區事務——城市公用事業附加安排的支出　500,000,000
在補助支出明細帳的貸方登記如下:
政府性基金補助支出　500,000,000
在上解支出明細帳的貸方登記如下:
政府性基金上解支出　350,000,000
在調出資金明細帳的貸方登記如下:
政府性基金預算調出資金　50,000,000

第三節　國有資本經營預算結轉結余的核算

一、國有資本經營預算結轉結余的概念

國有資本經營預算結轉結余是指國有資本經營預算收支的執行結果, 即政府財政納入國有資本經營預算管理的收支相抵形成的結轉結余。

二、國有資本經營預算結轉結余的帳務處理

設置科目「國有資本經營預算結轉結余」，年終貸方余額反應國有資本經營預算收支相抵后的滾存結轉結余。

年終轉帳時，應將國有資本經營預算的有關收入科目貸方余額轉入本科目貸方，借記「國有資本經營預算本級收入」等科目，貸記本科目；將國有資本經營預算的有關支出科目借方余額轉入本科目借方，借記本科目，貸記「國有資本經營預算本級支出」「調出資金——國有資本經營預算調出資金」等科目。

【例 6-3】××市財政局 20×6 年發生如下經濟業務：

（1）年終轉帳時，國有資本經營預算收入帳戶貸方余額為 7 億元，具體科目如下：利潤收入 6.5 億元；股利、股息收入 0 億元；產權轉讓收入 0 億元；其他國有資本經營收入 0.5 億元。

會計分錄如下：

借：國有資本經營預算本級收入　　　　700,000,000

　貸：國有資本經營預算結轉結余　　　　700,000,000

同時，在國有資本經營預算本級收入明細帳的借方登記如下：

利潤收入　　　　650,000,000

股利、股息收入

產權轉讓收入

其他國有資本經營收入　　　　50,000,000

（2）年終轉帳時，國有資本經營預算支出帳戶貸方余額為 6 億元，具體科目如下：資源勘探信息等支出——國有資本經營預算支出 4 億元；商業服務業等事務支出——國有資本經營預算支出 2 億元。

會計分錄如下：

借：國有資本經營預算結轉結余　　　　600,000,000

　貸：國有資本經營預算本級支出　　　　600,000,000

同時，在「國有資本預算支出」明細帳的貸方登記如下：

資源勘探信息等支出——其他資源勘探信息等支出　　　　500,000,000

商業服務業等事務支出——其他商業服務業等事務支出　　　　200,000,000

（3）年終轉帳時，國有資本經營預算調出資金科目借方余額 1 億元。

會計分錄如下：

借：國有資本經營預算結轉結余　　　　100,000,000

　貸：調出資金——國有資本經營預算調出資金　　　　100,000,000

第四節　財政專戶管理資金結余的核算

一、財政專戶管理資金結余的概念

財政專戶管理資金結余是指納入財政專戶管理的教育收費等資金收支的執行結果，即政府財政納入財政專戶管理的教育收費等資金收支相抵后形成的結余。

二、財政專戶管理資金結余的帳務處理

設置科目「財政專戶管理資金結余」，並根據管理的需要，按照部門（單位）等進行明細核算。本科目的年終貸方余額反應政府財政納入財政專戶管理的資金收支相抵后的滾存結余。

年終轉帳時，將財政專戶管理資金的有關收入科目貸方余額轉入本科目貸方，借記「財政專戶管理資金收入」等科目，貸記本科目；將財政專戶管理資金的有關支出科目借方余額轉入本科目借方，借記本科目，貸記「財政專戶管理資金支出」等科目。

【例 6-4】××市財政局 20×6 年發生如下經濟業務：

（1）年終結帳時，財政專戶管理資金收入貸方余額 150 萬元轉入財政專戶管理資金結余科目。

會計分錄如下：

借：財政專戶管理資金收入　　1,500,000

　貸：財政專戶管理資金結余　　1,500,000

同時，在財政專戶管理資金收入明細帳戶的借方登記。

（2）年終結帳時，財政專戶管理資金支出借方余額 100 萬元轉入財政專戶管理資金結余科目。

會計分錄如下：

借：財政專戶管理資金結余　　1,000,000

　貸：財政專戶管理資金支出　　1,000,000

同時，在財政專戶管理資金支出明細帳戶的貸方登記。

【例 6-5】某市財政年終結轉「財政專戶管理資金收入」帳戶，結轉前「財政專戶管理資金收入」帳戶貸方余額為 20,000,000 元。

借：財政專戶管理資金收入　　20,000,000

　貸：財政專戶管理資金結余　　20,000,000

同時，財政總預算會計應結清所有財政專戶管理資金收入明細帳的余額。

【例 6-6】某市財政年終結轉財政專戶管理資金支出帳戶，結轉前「財政專戶管理資金支出」帳戶借方余額為 15,000,000 元。

借：財政專戶管理資金結余　　15,000,000

　貸：財政專戶管理資金支出　　15,000,000

同時，財政總預算會計應結清所有財政專戶管理資金支出明細帳的余額。

第五節　專用基金結余的核算

一、專用基金結余的概念

專用基金結余是指專用基金收支的執行結果，即政府財政管理的專用基金收支相抵形成的結余。

二、專用基金結余的帳務處理

設置科目「專用基金結余」，並根據專用基金的種類進行明細核算。本科目的年終貸方余額反應政府財政管理的專用基金收支相抵后的滾存結余。

年終轉帳時，將專用基金的有關收入科目貸方余額轉入本科目貸方，借記「專用基金收入」等科目，貸記本科目；將專用基金的有關支出科目借方余額轉入本科目借方，借記本科目，貸記「專用基金支出」等科目。

【例 6-7】××市財政局 20×6 年發生如下經濟業務：

(1) 年終結帳時，專用基金收入貸方余額 400 萬元。

會計分錄如下：

借：專用基金收入——糧食風險基金收入　　4,000,000

　貸：專用基金結余——糧食風險基金　　4,000,000

(2) 年終結帳時，將專用基金支出——糧食風險基金支出帳戶借方余額 380 萬元全部轉入「專用基金結余」帳戶。

會計分錄如下：

借：專用基金結余　　3,800,000

　貸：專用基金支出——糧食風險基金支出　　3,800,000

第六節　預算穩定調節基金的核算

一、預算穩定調節基金的概念

預算穩定調節基金是指政府財政安排用於彌補以后年度預算資金不足的儲備資金。

二、預算穩定調節基金的帳務處理

設置科目「預算穩定調節基金」，期末貸方余額反應預算穩定調節基金的規模。

(1) 使用超收收入或一般公共預算結余補充預算穩定調節基金時，借記「安排預算穩定調節基金」科目，貸記本科目。

(2) 將預算週轉金調入預算穩定調節基金時，借記「預算週轉金」科目，貸記本科目。

(3) 調用預算穩定調節基金時，借記本科目，貸記「動用預算穩定調節基金」科目。

【例 6-8】××市財政局 20×6 年發生如下經濟業務：

(1) 年度終了，根據當年可支配財力和當年一般預算超收情況，報經市政府批准，從財政超收收入中安排預算穩定調節基金 2,000 萬元。

會計分錄如下：

借：安排預算穩定調節基金　　20,000,000

　貸：預算穩定調節基金　　20,000,000

同時，

借：一般公共預算結轉結余　20,000,000
　貸：安排預算穩定調節基金　20,000,000

（2）年度終了，為彌補財政短收年份預算執行收支缺口，經市政府批准，調用預算穩定調節基金 1,000 萬元。

會計分錄如下：

借：預算穩定調節基金　10,000,000
　貸：動用預算穩定調節基金　10,000,000

同時，

借：動用預算穩定調節基金　10,000,000
　貸：一般公共預算結轉結余　10,000,000

第七節　預算週轉金的核算

一、預算週轉金的概念

預算週轉金是指根據《中華人民共和國預算法》的要求，政府財政為調劑預算年度內季節性收支差額，保證及時用款而設置的庫款週轉資金。

二、預算週轉金的帳務處理

設置科目「預算週轉金」，期末貸方余額反應預算週轉金的規模。

（1）設置和補充預算週轉金時，借記「一般公共預算結轉結余」科目，貸記本科目。

（2）將預算週轉金調入預算穩定調節基金時，借記本科目，貸記「預算穩定調節基金」科目。

【例 6-9】××市財政局 20×6 年發生如下經濟業務：經上級批准核定的數額，從一般預算結余中補充預算週轉金 100 萬元。

會計分錄如下：

借：一般公共預算結轉結余　1,000,000
　貸：預算週轉金　1,000,000

第八節　資產基金與待償債淨資產的核算

一、資產基金的核算

資產基金是指政府財政持有的債權和股權投資等資產（與其相關的資金收支納入預算管理）在淨資產中占用的金額。

設置科目「資產基金」，並設置「應收地方政府債券轉貸款」「應收主權外債轉貸款」「股權投資」「應收股利」等明細科目，進行明細核算。期末貸方余額，反應政府財政持有應收地方政府債券轉貸款、應收主權外債轉貸款、股權投資和應收股利等資產（與其相關的資金收支納入預算管理）在淨資產中占用的金額。

資產基金的帳務處理參見「應收地方政府債券轉貸款」「應收主權外債轉貸款」「股權投資」和「應收股利」等科目的使用說明。

二、待償債淨資產的帳務處理

待償債淨資產是指政府財政承擔應付短期政府債券、應付長期政府債券、借入款項、應付地方政府債券轉貸款、應付主權外債轉貸款、其他負債等負債（與其相關的資金收支納入預算管理）而相應需在淨資產中衝減的金額。

設置科目「待償債淨資產」，並設置「應付短期政府債券」「應付長期政府債券」「借入款項」「應付地方政府債券轉貸款」「應付主權外債轉貸款」「其他負債」等明細科目，進行明細核算。本科目的期末借方余額，反應政府財政承擔應付政府債券、借入款項、應付地方政府債券轉貸款、應付主權外債轉貸款和其他負債等負債（與其相關的資金收支納入預算管理）而相應需衝減淨資產的金額。

待償債淨資產的帳務處理參見「應付短期政府債券」「應付長期政府債券」「借入款項」「應付地方政府債券轉貸款」「應付主權外債轉貸款」和「其他負債」等科目的使用說明。

第七章
財政總預算會計收入的核算

財政總預算會計收入是指政府財政為實現政府職能，根據法律法規等所籌集的資金，包括一般公共預算本級收入、政府性基金預算本級收入、國有資本經營預算本級收入、財政專戶管理資金收入、專用基金收入、轉移性收入、債務收入、債務轉貸收入等。

一般公共預算本級收入、政府性基金預算本級收入、國有資本經營預算本級收入、財政專戶管理資金收入和專用基金收入應當按照實際收到的金額入帳。轉移性收入應當按照財政體制的規定或實際發生的金額入帳。債務收入應當按照實際發行額或借入的金額入帳，債務轉貸收入應當按照實際收到的轉貸金額入帳。已建鄉（鎮）國庫的地區，鄉（鎮）財政的本級收入以鄉（鎮）國庫收到數為準。縣（含縣本級）以上各級財政的各項預算收入（含固定收入與共享收入）以繳入基層國庫數額為準。未建鄉（鎮）國庫的地區，鄉（鎮）財政的本級收入以鄉（鎮）總會計收到縣級財政返回數額為準。

財政總預算會計應當加強各項收入的管理，嚴格會計核算手續。對於各項收入的帳務處理必須以審核無誤的國庫入庫憑證、預算收入日報表和其他合法憑證為依據。發現錯誤，應當按照相關規定及時通知有關單位共同更正。對於已繳入國庫和財政專戶的收入退庫（付），要嚴格把關，強化監督。凡不屬於國家規定的退庫（付）項目，一律不得衝退收入。屬於國家規定的退庫（付）事項，具體退庫（付）程序按財政部的有關規定辦理。

第一節　一般公共預算本級收入的核算

一、一般公共預算本級收入的概念

一般公共預算本級收入是指政府財政籌集的納入本級一般公共預算管理的稅收收入和非稅收入。

（一）範圍

（1）工商稅收，包括增值稅、消費稅、專項調節稅、個人所得稅、證券交易稅、遺產稅、土地增值稅、外商投資企業和外國企業所得稅、城市維護建設稅、車船使用稅、房產稅、屠宰稅、資源稅、印花稅等；

（2）關稅；

(3) 農牧業稅和耕地占用稅;

(4) 企業所得稅;

(5) 國有企業上繳利潤;

(6) 國有企業計劃虧損補貼;

(7) 債務收入,包括中央政府和地方政府向外國政府或國際組織借款收入、國庫券收入等;

(8) 基本建設貸款歸還收入;

(9) 其他收入,包括事業收入、外事服務收入等;

(10) 預算調劑收入,包括稅收返還收入、上年結余收入、調入資金等;

(11) 企業所得稅退稅,指企業按「先徵后退」政策退還的所得稅;

(12) 罰沒收入;

(13) 行政性收費收入。

(二) 繳庫方式

(1) 就地繳庫,指由基層繳庫單位(繳款人)按徵收機關規定的繳款期限,直接向當地國庫或國庫經收處繳納。

(2) 集中繳庫,指由基層繳款單位將應繳的預算收入通過銀行匯解到上級主管部門,由主管部門匯總后按徵收機關規定的繳款期限向國庫或國庫經收處繳納。

(3) 自繳自匯,指由繳款單位直接向基層稅務機關、海關繳納稅款,由稅務機關、海關將所收的款項匯總繳國庫或國庫經收處。國庫收到預算收入后,按照財政管理體制規定的預算級次和收入劃分,將入庫款項分別劃解入各級國庫。

二、一般公共預算本級收入的帳務處理

設置科目「一般公共預算本級收入」,並根據《政府收支分類科目》中「一般公共預算收入科目」的規定進行明細核算。本科目的貸方余額反應一般公共預算本級收入的累計數。

(1) 收到款項時,根據當日預算收入日報表所列一般公共預算本級收入數,借記「國庫存款」等科目,貸記本科目。

(2) 年終轉帳時,本科目貸方余額全數轉入「一般公共預算結轉結余」科目,借記本科目,貸記「一般公共預算結轉結余」科目。結轉后,本科目無余額。

【例 7-1】根據國庫報來的「預算收入日報表」可知當日稅收收入共計 200 萬元。

借:國庫存款　　2,000,000

　貸:一般公共預算本級收入　　2,000,000

【例 7-2】某市財政總會計收到國庫報來的預算收入日報表,當日營業稅收入 15 萬元,個人所得稅收入 10 萬元,國有企業計劃虧損補貼退庫 28 萬元,企業所得稅退稅 12 萬元。

借:國庫存款　　650,000

　貸:一般公共預算本級收入——營業稅　　150,000

　　　　——個人所得稅　　100,000

　　　　——國有企業計劃虧損補貼　　280,000

　　　　——企業所得稅退稅　　120,000

【例 7-3】年終，將「一般公共預算本級收入」帳戶貸方余額 265 萬元轉入「一般公共預算結轉結余」帳戶。

借：一般公共預算本級收入　　2,650,000

　貸：一般公共預算結轉結余　　2,650,000

第二節　政府性基金預算本級收入的核算

一、政府性基金預算本級收入的概念

政府性基金預算本級收入是指政府財政籌集的納入本級政府性基金預算管理的非稅收入。

（一）範圍

1. 工業交通部門基金收入

工業交通部門基金收入包括：電力建設基金收入、三峽工程建設基金收入、養路費收入、車輛購置附加費收入、鐵路建設基金收入、公路建設基金收入、民航基礎設施建設基金收入、郵電附加費基金收入、港口建設費收入、市話初裝基金收入、民航機場管理建設費收入、下放港口以港養港收入、菸草商業專營利潤收入、碘鹽基金收入、散裝水泥專項資金收入、貼費收入、郵政補貼專項資金收入、牆體材料專項基金收入、鐵路建設附加費收入和適航基金收入。

2. 商貿部門基金收入

商貿部門基金收入包括外貿發展基金收入和國家繭絲綢發展風險基金收入。

3. 文教部門基金收入

文教部門基金收入包括農村教育附加費收入、文化事業建設費收入、地方教育附加收入和地方教育基金收入。

4. 農業部門基金收入

農業部門基金收入包括新菜地開發基金收入、育林基金收入、灌溉水源灌排工程補償費收入、中央水利建設基金收入和地方水利建設基金收入。

5. 土地有償使用收入

土地有償使用收入包括國有土地使用權有償使用收入和新增建設用地土地有償使用費收入。

6. 其他財政稅費附加收入

其他財政稅費附加收入包括農牧業稅附加收入、城鎮公用事業附加收入、漁業建設附加收入和其他附加收入。

7. 基金預算調撥

基金預算調撥包括基金預算補助收入、基金預算上解收入、基金預算調入資金和基金預算上年結余收入。

（二）繳庫方式

基金預算收入按預算級次劃分為中央基金預算收入、地方基金預算收入和中央與地方共享基金收入。其繳庫方式與管理要求與一般預算收入的繳庫方式和管理要求基本相同。

中央基金收入由財政部各地專員辦事機構就地監繳入庫或由中央主管部門集中收繳入庫；地方基金預算收入由地方部門收繳入庫；中央與地方共享基金收入由地方收繳后按基金所屬的預算級次分別解繳入庫。

二、政府性基金預算本級收入的帳務處理

設置科目「政府性基金預算本級收入」，並根據《政府收支分類科目》中「政府性基金預算收入科目」的規定進行明細核算。本科目的貸方余額反應政府性基金預算本級收入的累計數。

(1) 收到款項時，根據當日預算收入日報表所列政府性基金預算本級收入數，借記「國庫存款」等科目，貸記本科目。

(2) 年終轉帳時，本科目貸方余額全數轉入「政府性基金預算結轉結余」科目，借記本科目，貸記「政府性基金預算結轉結余」科目。結轉后，本科目無余額。

【例 7-4】根據國庫報來的「政府性基金預算本級收入」當日收入共計 300 萬元。

借：國庫存款　3,000,000
　貸：政府性基金預算本級收入　3,000,000

【例 7-5】年終，將「政府性基金預算本級收入」帳戶貸方余額 300 萬元轉入「政府性基金預算結轉結余」帳戶。

借：政府性基金預算本級收入　3,000,000
　貸：政府性基金預算結轉結余　3,000,000

第三節　國有資本經營預算本級收入的核算

一、國有資本經營預算本級收入的概念

國有資本經營預算本級收入是指政府財政籌集的納入本級國有資本經營預算管理的非稅收入。主要包括：①國有獨資企業按規定上繳國家的利潤；②國有控股、參股企業國有股權股份獲得的股利股息；③企業國有產權、國有股份的轉讓收入；④國有獨資企業清算淨收入，以及國有控股、參股企業國有股權股份分享的公司清算淨收入；⑤其他收入。

二、國有資本經營預算本級收入的帳務處理

設置科目「國有資本經營預算本級收入」，並根據《政府收支分類科目》中「國有資本經營預算收入科目」的規定進行明細核算。本科目的貸方余額反應國有資本經營預算本級收入的累計數。

(1) 收到款項時，根據當日預算收入日報表所列國有資本經營預算本級收入數，借記「國庫存款」等科目，貸記本科目。

(2) 年終轉帳時，本科目貸方余額全數轉入「國有資本經營預算結轉結余」科目，借記本科目，貸記「國有資本經營預算結轉結余」科目。結轉后，本科目無余額。

【例 7-6】根據國庫報來的「國有資本經營預算本級收入」當日收入共計 100 萬元。

借：國庫存款　1,000,000
　貸：國有資本經營預算本級收入　1,000,000

【例 7-7】年終，將「國有資本經營預算本級收入」帳戶貸方余額 100 萬元轉入「國有資本經營預算結轉結余」帳戶。

借：國有資本經營預算本級收入　1,000,000
　貸：國有資本經營預算結轉結余　1,000,000

第四節　財政專戶管理資金收入的核算

一、財政專戶管理資金收入的概念

財政專戶管理資金收入，是指政府財政納入財政專戶管理的教育收費等資金收入。

財政專戶，是指財政部門為履行財政管理職能，在銀行業金融機構開設用於管理核算特定資金的銀行結算帳戶。

特定資金，包括社會保險基金、國際金融組織和外國政府貸款贈款、償債準備金、待繳國庫單一帳戶的非稅收入、教育收費、彩票發行機構和銷售機構業務費、代管預算單位資金等。

銀行業金融機構，是指在中華人民共和國境內依法設立的商業銀行、城市信用合作社、農村信用合作社等吸收公眾存款的金融機構以及政策性銀行。

二、財政專戶管理

（一）開戶銀行選擇與管理

（1）財政部門應選擇同城銀行經辦機構作為財政專戶開戶銀行，不得在非銀行業金融機構、異地銀行經辦機構開設財政專戶。

（2）財政部門應採取招投標方式選擇財政專戶開戶銀行。有以下情形之一，不具備招投標條件的，應採取集體決策方式選擇開戶銀行：

①滿足資金管理核算要求的銀行數量少於 3 家；

②資金量較小，採取招投標方式成本相對較高；

③發生不可預見緊急情況，採用招投標方式所需時間不能滿足急需。

（3）採取集體決策方式選擇財政專戶開戶銀行的，應通過財政廳（局）領導辦公會議討論確定，並在會議記錄中反應採用集體決策方式的原因、對備選銀行的評比情況、會議表決情況和最后決定等。

（4）選擇財政專戶開戶銀行過程中，應採取綜合評分法對投標銀行或集體決策備選銀行進行評分，根據評分結果選擇開戶銀行。綜合評分法由評分指標和評分標準兩部分構成。

①評分指標至少包括經營狀況和服務水平兩方面，財政部門可以結合當地實際情況和管理要求設定相關具體指標。經營狀況指標主要反應開戶銀行的資產質量、

償付能力、營運能力、內部控制水平等方面。服務水平指標主要反應開戶銀行信息系統建設、對帳服務、分帳核算服務、以往提供財政服務履約情況等方面。

②評分標準主要明確各項評分指標的權重和計分公式。經營狀況指標所占權重不應低於 40%。

(5) 財政部門應根據本辦法制定財政專戶開戶銀行選擇辦法，細化開戶銀行招投標程序、集體決策程序、評分指標、評分標準等規定。地方財政專戶開戶銀行選擇辦法由省級財政部門統一制定，並報財政部備案。

(6) 財政部門應與財政專戶開戶銀行簽訂規範的銀行帳戶管理協議，全面、清晰界定雙方的權利義務關係。權利義務關係包括開戶銀行應提供的具體服務事項、違約責任的處理、財政部門和開戶銀行在保證財政專戶資金安全中的職責、協議變更和終止條件等。

(7) 財政部門應建立財政專戶開戶銀行業務綜合考評機制，定期對開戶銀行進行評估，對於評分結果不合格，或出現營運風險、內控制度不健全、管理不善的開戶銀行，應及時更換。

(二) 資金管理

(1) 財政部門應對財政專戶資金實行集中管理、分帳核算，確保資金安全，提高資金使用效益。

(2) 財政專戶中用於支出（或退付）的資金，原則上應按照預算、用款計劃、項目進度和規定程序支付，具備條件的地區可比照國庫集中支付制度支付。

(3) 財政部門應積極創造條件，實現非稅收入資金直接繳入國庫單一帳戶。暫未實現非稅收入資金直接繳入國庫單一帳戶的，應按規定時限將應上繳國庫單一帳戶的非稅收入資金足額繳庫，禁止將非稅收入資金坐支和用於調節收入進度。

通過財稅庫銀稅收收入電子繳庫橫向聯網方式收繳社會保險基金的，要及時足額將資金劃入社會保險基金財政專戶。

(4) 除依照法律法規和國務院、財政部的規定納入財政專戶管理的資金外，預算安排的資金應全部實行國庫集中支付制度，不得轉入財政專戶。禁止將非財政專戶管理的資金違規調入財政專戶，禁止將財政專戶資金借出週轉使用，禁止違規改變財政專戶資金用途，禁止利用財政專戶資金對外提供擔保質押。

(5) 除應及時繳入國庫單一帳戶的非稅收入資金以及國家另有規定外，財政專戶資金可在確保資金安全的前提下開展保值增值管理。

(6) 社會保險基金按照國家的規定採取定期存款和購買國債等方式實現保值增值。其他財政專戶資金採取定期存款、協定存款、通知存款實現保值增值。

(7) 財政專戶資金保值增值操作原則上應在開立財政專戶的銀行經辦機構進行。確需在開戶銀行經辦機構之外開展保值增值操作的，財政部門應制定具體的操作辦法，規定開展保值增值操作的代理銀行選擇方法、資金安全風險防控措施等。省級財政部門應將操作辦法報財政部核准，並將全年開展保值增值操作情況報財政部備案；省以下財政部門應將操作辦法報省級財政部門核准，並將全年開展保值增值操作情況報省級財政部門備案。

(8) 開展財政專戶資金保值增值管理的財政部門應建立財政專戶資金流量預測制度，科學預測財政專戶資金收支流量，合理確定用於保值增值管理的資金規模和期限，確保財政專戶資金支付需要。

(9) 財政專戶資金保值增值管理取得的收益（包括活期存款利息），除按照資金管理規定納入本金統一核算或已指定用途外，應按規定上繳國庫單一帳戶。對於按規定不上繳國庫單一帳戶的保值增值管理收益，財政部門應準確區分收益的資金性質，不得改變收益的專門用途。

(10) 財政部門應按照《財政總預算會計管理基礎工作規定》的有關要求規範財政專戶印鑒、票據、會計檔案和會計核算管理，嚴格執行對帳制度，完善內部控制機制。

(11) 財政部門應將財政專戶資金收付納入信息系統管理，實現資金收付各環節之間的有效制衡。

三、財政專戶管理資金收入的帳務處理

設置科目「財政專戶管理資金收入」，並按照《政府收支分類科目》中收入分類科目規定進行明細核算。同時，根據管理需要，按部門（單位）等進行明細核算。本科目的貸方余額反應財政專戶管理資金收入的累計數。

(1) 收到財政專戶管理資金時，借記「其他財政存款」科目，貸記本科目。

(2) 年終轉帳時，本科目貸方余額全數轉入「財政專戶管理資金結余」科目，借記本科目，貸記「財政專戶管理資金結余」科目。結轉后，本科目無余額。

【例 7-8】根據國庫報來的「財政專戶管理資金收入」當日收入共計 120 萬元。

借：其他財政存款　　1, 200, 000

　貸：財政專戶管理資金收入　　1, 200, 000

【例 7-9】年終，將「財政專戶管理資金收入」帳戶貸方余額 120 萬元轉入「財政專戶管理資金結余」帳戶。

借：財政專戶管理資金收入　　1, 200, 000

　貸：財政專戶管理資金結余　　1, 200, 000

【例 7-10】某市財政收到市教育局某中學交入財政專戶的普通高中學費 200, 000 元。

借：其他財政存款——未納入預算並實行財政專戶管理的資金存款

200, 000

　貸：財政專戶管理資金收入　　200, 000

再在財政專戶管理資金收入明細帳貸方登記：

——非稅收入——行政事業性收費收入——教育行政事業性收費收入

200, 000

第五節　專用基金收入的核算

一、專用基金收入的概念

專用基金收入是指政府財政根據法律法規等規定設立的各項專用基金（包括糧食風險基金等）取得的資金收入。

二、專用基金收入的帳務處理

設置科目「專用基金收入」，並按照專用基金的種類進行明細核算。本科目的貸方余額反應取得專用基金收入的累計數。

(1) 通過預算支出安排取得專用基金收入轉入財政專戶的，借記「其他財政存款」科目，貸記本科目；同時，借記「一般公共預算本級支出」等科目，貸記「國庫存款」「補助收入」等科目。退回專用基金收入時，借記本科目，貸記「其他財政存款」科目。

(2) 通過預算支出安排取得專用基金收入仍存在國庫的，借記「一般公共預算本級支出」等科目，貸記「專用基金收入」科目。

3. 年終轉帳時，本科目貸方余額全數轉入「專用基金結余」科目，借記本科目，貸記「專用基金結余」科目。結轉后，本科目無余額。

【例 7-11】收到市財政安排的專用基金收入 20,000 元。

借：其他財政存款　　20,000

　貸：專用基金收入　　20,000

【例 7-12】某市財政年終將「專用基金收入」的貸方余額 20,000 元轉入「專用基金結余」。

借：專用基金收入　　20,000

　貸：專用基金結余　　20,000

第六節　轉移性收入的核算

轉移性收入是指在各級政府財政之間進行資金調撥以及在本級政府財政不同類型資金之間調劑所形成的收入，包括補助收入、上解收入、調入資金和地區間援助收入等。

一、補助收入的核算

(一) 補助收入的概念

補助收入是指上級政府財政按照財政體制規定或因專項需要補助給本級政府財政的款項，包括稅收返還、轉移支付等。

(二) 補助收入的核算

設置科目「補助收入」，並按照不同的資金性質設置「一般公共預算補助收入」「政府性基金預算補助收入」等明細科目。本科目的貸方余額反應補助收入的累計數。

(1) 收到上級政府財政撥入的補助款時，借記「國庫存款」「其他財政存款」等科目，貸記本科目。

(2) 專項轉移支付資金實行特設專戶管理的，政府財政應當根據上級政府財政下達的預算文件確認補助收入。年度當中收到資金時，借記「其他財政存款」科目，貸記「與上級往來」等科目；年度終了，根據專項轉移支付資金預算文件，借記「與上級往來」科目，貸記本科目。

（3）從「與上級往來」科目轉入本科目時，借記「與上級往來」科目，貸記本科目。

（4）有主權外債業務的財政部門，貸款資金由本級政府財政同級部門（單位）使用，且貸款的最終還款責任由上級政府財政承擔的，本級政府財政部門收到貸款資金時，借記「其他財政存款」科目，貸記本科目；外方將貸款資金直接支付給供應商或用款單位時，借記「一般公共預算本級支出」，貸記本科目。

（5）年終與上級政府財政結算時，根據預算文件，按照尚未收到的補助款金額，借記「與上級往來」科目，貸記本科目。退還或核減補助收入時，借記本科目，貸記「國庫存款」「與上級往來」等科目。

（6）年終轉帳時，本科目貸方余額應根據不同資金性質分別轉入對應的結轉結余科目，借記本科目，貸記「一般公共預算結轉結余」「政府性基金預算結轉結余」等科目。結轉后，本科目無余額。

【例 7-13】某市收到上級撥入的一般預算補助款 6 萬元和基金預算補助款 10 萬元，並按規定存入指定銀行。

借：國庫存款　　60, 000
　貸：補助收入　　60, 000
借：其他財政存款　　100, 000
　貸：補助收入　　100, 000

二、上解收入的核算

（一）上解收入的概念

上解收入是指按照體制規定由下級政府財政上交給本級政府財政的款項。

（二）上解收入的帳務處理

設置科目「上解收入」，並按照不同資金性質設置「一般公共預算上解收入」「政府性基金預算上解收入」等明細科目。同時，還應當按照上解地區進行明細核算。本科目的貸方余額反應上解收入的累計數。

（1）收到下級政府財政的上解款時，借記「國庫存款」等科目，貸記本科目。

（2）年終與下級政府財政結算時，根據預算文件，按照尚未收到的上解款金額，借記「與下級往來」科目，貸記本科目。退還或核減上解收入時，借記本科目，貸記「國庫存款」「與下級往來」等科目。

（3）年終轉帳時，本科目貸方余額應根據不同資金性質分別轉入對應的結轉結余科目，借記本科目，貸記「一般公共預算結轉結余」「政府性基金預算結轉結余」等科目。結轉后，本科目無余額。

【例 7-14】某市收到所屬縣財政上交的上解收入 30 萬元。

借：國庫存款　　300, 000
　貸：上解收入　　300, 000

三、調入資金的核算

（一）調入資金的概念

調入資金是指政府財政為平衡某類預算收支、從其他類型預算資金及其他渠道調入的資金。

（二）調入資金的帳務處理

設置科目「調入資金」，並按照不同資金性質設置「一般公共預算調入資金」「政府性基金預算調入資金」等明細科目。本科目的貸方余額反應調入資金的累計數。

（1）從其他類型預算資金及其他渠道調入一般公共預算時，按照調入的資金金額，借記「調出資金——政府性基金預算調出資金」「調出資金——國有資本經營預算調出資金」「國庫存款」等科目，貸記本科目（一般公共預算調入資金）。

2. 從其他類型預算資金及其他渠道調入政府性基金預算時，按照調入的資金金額，借記「調出資金——一般公共預算調出資金」「國庫存款」等科目，貸記本科目（政府性基金預算調入資金）。

3. 年終轉帳時，本科目貸方余額分別轉入相應的結轉結余科目，借記本科目，貸記「一般公共預算結轉結余」「政府性基金預算結轉結余」等科目。結轉后，本科目無余額。

【例 7-15】某市財政 2016 年 3 月從地方財政附加稅費結余中調入資金 10 萬元，用於平衡預算收支。

借：國庫存款	100, 000	
貸：調入資金		100, 000
借：調出資金	100, 000	
貸：國庫存款		100, 000

四、地區間援助收入的核算

（一）地區間援助收入的概念

地區間援助收入是指受援方政府財政收到援助方政府財政轉來的可統籌使用的各類援助、捐贈等資金收入。

（二）地區間援助收入的帳務處理

設置科目「地區間援助收入」，並按照援助地區及管理需要進行相應的明細核算。本科目的貸方余額反應地區間援助收入的累計數。

（1）收到援助方政府財政轉來的資金時，借記「國庫存款」科目，貸記本科目。

（2）年終轉帳時，本科目貸方余額全數轉入「一般公共預算結轉結余」科目，借記本科目，貸記「一般公共預算結轉結余」科目。結轉后，本科目無余額。

【例 7-16】某市財政 2016 年 7 月收到援助方政府財政轉來的資金 10 萬元。

借：國庫存款	100, 000	
貸：地區間援助收入		100, 000

第七節　債務收入的核算

一、債務收入的概念

債務收入是指政府財政按照國家法律、國務院規定以發行債券等方式取得的，以及向外國政府、國際金融組織等機構借款取得的納入預算管理的債務收入。

二、債務收入的帳務處理

設置科目「債務收入」，並按照《政府收支分類科目》中「債務收入」科目的規定進行明細核算。本科目的貸方余額反應債務收入的累計數。

（1）省級以上政府財政收到政府債券發行收入時，按照實際收到的金額，借記「國庫存款」科目，按照政府債券實際發行額，貸記本科目，按照發行收入和發行額的差額，借記或貸記有關支出科目；根據債務管理部門轉來的債券發行確認文件等相關資料，按照到期應付的政府債券本金金額，借記「待償債淨資產——應付短期政府債券/應付長期政府債券」科目，貸記「應付短期政府債券」「應付長期政府債券」等科目。

（2）政府財政向外國政府、國際金融組織等機構借款時，按照借入的金額，借記「國庫存款」「其他財政存款」等科目，貸記本科目；根據債務管理部門轉來的相關資料，按照實際承擔的債務金額，借記「待償債淨資產——借入款項」科目，貸記「借入款項」科目。

（3）本級政府財政借入主權外債，且由外方將貸款資金直接支付給用款單位或供應商時，應根據以下情況分別處理：

①本級政府財政承擔還款責任，貸款資金由本級政府財政同級部門（單位）使用的，本級政府財政根據貸款資金支付相關資料，借記「一般公共預算本級支出」科目，貸記本科目；根據債務管理部門轉來的相關資料，按照實際承擔的債務金額，借記「待償債淨資產——借入款項」科目，貸記「借入款項」科目。

②本級政府財政承擔還款責任，貸款資金由下級政府財政同級部門（單位）使用的，本級政府財政根據貸款資金支付相關資料及預算指標文件，借記「補助支出」科目，貸記本科目；根據債務管理部門轉來的相關資料，按照實際承擔的債務金額，借記「待償債淨資產——借入款項」科目，貸記「借入款項」科目。

③下級政府財政承擔還款責任，貸款資金由下級政府財政同級部門（單位）使用的，本級政府財政根據貸款資金支付相關資料，借記「債務轉貸支出」科目，貸記本科目；根據債務管理部門轉來的相關資料，按照實際承擔的債務金額，借記「待償債淨資產——借入款項」科目，貸記「借入款項」科目；同時，借記「應收主權外債轉貸款」科目，貸記「資產基金——應收主權外債轉貸款」科目。

（4）年終轉帳時，本科目下「專項債務收入」明細科目的貸方余額應按照對應的政府性基金種類分別轉入「政府性基金預算結轉結余」相應明細科目，借記本科目（專項債務收入明細科目），貸記「政府性基金預算結轉結余」科目；本科目下其他明細科目的貸方余額全數轉入「一般公共預算結轉結余」科目，借記本科目（其他明細科目），貸記「一般公共預算結轉結余」科目。結轉后，本科目無余額。

【例 7-17】某省財政收到中國人民銀行國庫報來的公共財政預算收入日報表，當日共收到債券發行收入 300,000 元。

借：國庫存款　　300,000
　貸：債務收入　　300,000

第八節　債務轉貸收入的核算

一、債務轉貸收入的概念

債務轉貸收入是指省級以下（不含省級）政府財政收到上級政府財政轉貸的債務收入。

二、債務轉貸收入的帳務處理

設置科目「債務轉貸收入」，並當設置「地方政府一般債務轉貸收入」「地方政府專項債務轉貸收入」明細科目。本科目的貸方余額反應債務轉貸收入的累計數。

(1) 省級以下（不含省級）政府財政收到地方政府債券轉貸收入時，按照實際收到的金額，借記「國庫存款」科目，貸記本科目；根據債務管理部門轉來的相關資料，按照到期應償還的轉貸款本金金額，借記「待償債淨資產——應付地方政府債券轉貸款」科目，貸記「應付地方政府債券轉貸款」科目。

(2) 省級以下（不含省級）政府財政收到主權外債轉貸收入的具體帳務處理如下：

①本級財政收到主權外債轉貸資金時，借記「其他財政存款」科目，貸記本科目；根據債務管理部門轉來的相關資料，按照實際承擔的債務金額，借記「待償債淨資產——應付主權外債轉貸款」科目，貸記「應付主權外債轉貸款」科目。

②從上級政府財政借入主權外債轉貸款，且由外方將貸款資金直接支付給用款單位或供應商時，應根據以下情況分別處理：

第一，本級政府財政承擔還款責任，貸款資金由本級政府財政同級部門（單位）使用的，本級政府財政根據貸款資金支付相關資料，借記「一般公共預算本級支出」科目，貸記本科目；根據債務管理部門轉來的相關資料，按照實際承擔的債務金額，借記「待償債淨資產——應付主權外債轉貸款」科目，貸記「應付主權外債轉貸款」科目。

第二，本級政府財政承擔還款責任，貸款資金由下級政府財政同級部門（單位）使用的，本級政府財政根據貸款資金支付相關資料及預算文件，借記「補助支出」科目，貸記本科目；根據債務管理部門轉來的相關資料，按照實際承擔的債務金額，借記「待償債淨資產——應付主權外債轉貸款」科目，貸記「應付主權外債轉貸款」科目。

第三，下級政府財政承擔還款責任，貸款資金由下級政府財政同級部門（單位）使用的，本級政府財政根據轉貸資金支付相關資料，借記「債務轉貸支出」科目，貸記本科目；根據債務管理部門轉來的相關資料，按照實際承擔的債務金額，借記「待償債淨資產——應付主權外債轉貸款」科目，貸記「應付主權外債轉貸款」科目；同時，借記「應收主權外債轉貸款」科目，貸記「資產基金——應收主權外債轉貸款」科目。下級政府財政根據貸款資金支付相關資料，借記「一般公共預算本級支出」科目，貸記本科目；根據債務管理部門轉來的相關資料，按照實際承擔的債務金額，借記「待償債淨資產——應付主權外債轉貸款」科目，貸記「應付主權外債轉貸款」科目。

(3) 年終轉帳時，本科目下「地方政府一般債務轉貸收入」明細科目的貸方余額全數轉入「一般公共預算結轉結余」科目，借記本科目，貸記「一般公共預算結轉結余」科目。本科目下「地方政府專項債務轉貸收入」明細科目的貸方余額按照對應的政府性基金種類分別轉入「政府性基金預算結轉結余」相應明細科目，借記本科目，貸記「政府性基金預算結轉結余」科目。結轉后，本科目無余額。

【例 7-18】某省政府財政收到地方政府財政轉貸的債務收入 400,000 元。

借：國庫存款　　400,000

　貸：債務轉貸收入　　400,000

第九節　動用預算穩定調節基金的核算

一、動用預算穩定調節基金的概念

動用預算穩定調節基金是指政府財政為彌補本年度預算資金的不足，調用的預算穩定調節基金。

根據 2014 年新修訂的《中華人民共和國預算法》《國務院辦公廳關於進一步做好盤活財政存量資金工作的通知》以及《財政部關於推進地方盤活財政存量資金有關事項的通知》，預算穩定調節基金的來源為：

(1) 各級一般公共預算年度執行中的超收收入。

(2) 各級一般公共預算兩年及以上的結轉資金，應當作為結余資金管理，補充預算穩定調節基金。

(3) 政府性基金結轉資金規模超過該項基金當年收入的 30%的部分，應調入一般公共預算統籌使用，補充預算穩定調節基金。

(4) 各級政府預算週轉金額度超過本級政府預算支出總額的 4%的規定比例，應補充預算穩定調節基金。

(5) 各地政府批准的其他收入。

二、動用預算穩定調節基金的帳務處理

設置科目「動用預算穩定調節基金」，平時貸方余額反應動用預算穩定調節基金的累計數。

(1) 調用預算穩定調節基金時，借記「預算穩定調節基金」科目，貸記本科目。

(2) 年終轉帳時，本科目貸方余額全數轉入「一般公共預算結轉結余」科目，借記本科目，貸記「一般公共預算結轉結余」科目。結轉后，本科目無余額。

【例 7-19】某市財政 2016 年 10 月為彌補本年度預算資金的不足，調用預算穩定調節基金 15 萬元。

借：預算穩定調節基金　　150,000

　貸：動用預算穩定調節基金　　150,000

第八章
財政總預算會計支出的核算

財政總預算會計支出是指政府財政為實現政府職能，對財政資金的分配和使用，包括一般公共預算本級支出、政府性基金預算本級支出、國有資本經營預算本級支出、財政專戶管理資金支出、專用基金支出、轉移性支出、債務還本支出、債務轉貸支出等。

一般公共預算本級支出、政府性基金預算本級支出、國有資本經營預算本級支出一般應當按照實際支付的金額入帳，年末可採用權責發生制將國庫集中支付結余列支入帳。從本級預算支出中安排提取的專用基金，按照實際提取金額列支入帳。財政專戶管理資金支出、專用基金支出應當按照實際支付的金額入帳。轉移性支出應當按照財政體制的規定或實際發生的金額入帳。債務轉貸支出應當按照實際轉貸的金額入帳。債務還本支出應當按照實際償還的金額入帳。凡是屬於預撥經費的款項，到期轉列支出時，應當按本條前款規定列報口徑轉列支出。對於收回當年已列支出的款項，應衝銷當年支出。對於收回以前年度已列支出的款項，除財政部門另有規定外，應衝銷當年支出。

財政總預算會計應當加強支出管理，科學預測和調度資金，嚴格按照批准的年度預算和用款計劃辦理支出，嚴格審核撥付申請，嚴格按預算管理規定和撥付實際列報支出，不得辦理無預算、無用款計劃、超預算、超用款計劃的支出，不得任意調整預算支出科目。對於各項支出的帳務處理必須以審核無誤的國庫劃款清算憑證、資金支付憑證和其他合法憑證為依據。地方各級財政部門除國庫集中支付結余外，不得採用權責發生制列支。權責發生制列支只限於年末採用，平時不得採用。

第一節　一般公共預算本級支出的核算

一、一般公共預算本級支出的概念

一般公共預算本級支出是指政府財政管理的由本級政府使用的列入一般公共預算的支出。

(一) 範圍

1. 基本建設支出

基本建設支出反應按照國家有關規定，屬於基本建設範圍的基建有償使用支出、基建撥款支出、國家資本金、基建貸款貼息支出和專項基建支出等。

2. 企業挖潛改造資金

企業挖潛改造資金反應由國家預算撥款，用於企業挖潛、革新和改造方面的資金。

3. 地質勘探費

地質勘探費反應地質勘探機構的勘探工作費用。

4. 科技三項費用

科技三項費用反應由國家預算安排的新產品試製費、中間試驗費、重要科學研究補助費等科學技術三項費用。

5. 流動資金

流動資金反應按規定列入國家預算支出的流動資金，主要包括中央對核工業、航天航空工業企業的流動資金撥款和地方財政對用自籌資金建設的並納入預算的企業撥付的自有流動資金。

6. 支援農村生產支出

支援農村生產支出反應國家財政支援農村集體（戶）的各項生產支出。

7. 農業綜合開發支出

農業綜合開發支出反應國家財政用於農業綜合開發投資和配套資金的支出。

8. 農林水利氣象等部門的事業費

農林水利氣象等部門的事業費反應農、林、水、牧、副、漁以及鄉鎮企業等的事業費支出。

9. 工業交通等部門的事業費

工業交通等部門的事業費反應工業、交通等部門進行業務活動的各項事業費開支，如勘察設計費、幹部訓練費等。

10. 流通部門事業費

流通部門事業費反應商業、糧食、外貿等部門的各項事業費支出。

11. 文體廣播事業費

文體廣播事業費反應文化、醫療、衛生、廣播、通信等事業費支出。

12. 教育事業費

教育事業費專門用於反應各類教育部門的事業費支出，包括高等學校、中學、小學、中專、技校等的教育經費。

13. 科學事業費

科學事業費反應由各級科技行政主管部門歸口管理的事業費以及中國社會科學院系統和高技術研究計劃的經費。

14. 衛生經費

衛生經費反應衛生部及地方衛生部門的事業費。

15. 稅務等部門的事業費

稅務等部門的事業費反應稅務、統計、財政、工商管理、華僑、旅遊等事業費。

16. 撫恤和社會福利救濟費

撫恤和社會福利救濟費反應國家用於幫助城鄉人民解決生產和生活困難的各項有關預算支出，如按規定由民政部門開支的各項撫恤金和救濟費等。

17. 行政事業單位離退休經費

行政事業單位離退休經費反應實行歸口管理的行政事業單位離退休經費。

18. 社會保障補助支出

社會保障補助支出反應財政對社會保險基金不足時所給予的補貼支出、對社會保險經辦機構的經費補助以及對國有企業下崗職工基本生活保障補助支出等。

19. 國防支出

國防支出反應國防建設、民兵建設以及國家專項工程等開支。

20. 行政管理費

行政管理費反應國家為保證國家權力機關和行政管理機關領導和組織政治、經濟、文化等活動所支付的費用。

21. 公檢法司支出

公檢法司支出反應國家用於各級公安、檢察、法院、司法等經費和業務費支出。

22. 城市維護費

城市維護費反應用於城市維護的設施費，中、小學校維修補助費，公共環境衛生補助費以及城市其他公共事業的維護費等。

23. 政策性補貼支出

政策性補貼支出反應國家批准的原作為收入退庫處理的價格補貼項目，如糧、棉的價差補貼等。

24. 支援不發達地區支出

支援不發達地區支出反應國家支援不發達地區的發展資金和專項補助資金，以及邊境建設事業補助費和少數民族地區補助費支出。

25. 專項支出

專項支出反應用排污費、城市水資源、教育費附加、礦產資源補償費以及改燒油為燒煤專項收入安排的支出。

26. 其他支出

其他支出反應以上各項支出未包括的必要開支。

27. 總預備費

總預備費反應國家財政的當年后備資金，用以解決臨時急需和難以預料的開支。

28. 一般預算調撥支出

一般預算調撥支出反應各級財政之間在執行預算過程中，發生的補助或上解支出。此類支出只是財政上下級之間財政資金的轉移，而不反應預算支出的實際增加。

(二) 列報口徑

從撥付到實際耗費須經過三個階段。

第一階段為撥款階段，即財政按預算將款項從國庫中撥付給主管部門，再從主管部門撥到用款單位；

第二階段為銀行支出階段，即用款單位從銀行支出取存款，用於形成備用現金、材料儲備或暫付資金；

第三階段為實際支出階段，即用款單位直接支取款項用於消費或將材料、現金投入使用。對於已撥付到用款單位的款項，用款單位已從銀行提取的部分即使未被實際消耗，財政部門也無法重新進行分配；在實行經費包干的情況下，財政部門撥出的經費，即使用款單位未從銀行提取，也不能作為預算資金重新分配。因此，按收付實現制原則，一般預算支出的列報口徑有以下兩種：以銀行支出數為標準列報預算支出和以撥款數為標準列報預算支出。在行政事業經費普遍實行包干以后，除下述情況以外，一般預算支出以撥款數列報支出。

（1）實行限額管理的基本建設支出按用款單位銀行支出數列報。

（2）對行政事業單位的非包干支出和專項支出，平時按財政撥款列報，年終清理結算收回撥款時再衝銷已列支出。對於收回以前年度已列支出的款項，除財政部門另有規定外，衝銷當年支出。

（3）凡預算執行過程中以預算資金預算撥以后各期經費以及會計年度終了前預撥給用款單位的下年度經費，撥付時均作為預撥款處理，到期再按規定的列報口徑列報預算支出。

二、一般公共預算本級支出的帳務處理

設置科目「一般公共預算本級支出」，並根據《政府收支分類科目》中的支出功能分類科目設置明細科目。同時，根據管理需要，按照支出經濟分類科目、部門等進行明細核算。本科目的借方余額反應一般公共預算本級支出的累計數

（1）實際發生一般公共預算本級支出時，借記本科目，貸記「國庫存款」「其他財政存款」等科目。

（2）年度終了，對納入國庫集中支付管理的、當年未支而需結轉下一年度支付的款項（國庫集中支付結余），採用權責發生制確認支出時，借記本科目，貸記「應付國庫集中支付結余」科目。

（3）年終轉帳時，本科目借方余額應全數轉入「一般公共預算結轉結余」科目，借記「一般公共預算結轉結余」科目，貸記本科目。結轉后，本科目無余額。

【例 8-1】××市財政局 20×6 年發生如下經濟業務：以財政直接支付方式支付一般公共預算資金共計 525,000 元。具體支出科目如下：「一般公共服務支出——人大事務——行政運行」200,000 元；「一般公共服務支出——人大事務——一般行政管理事務」50,000 元；「一般公共服務支出——人大事務——機關服務」30,000 元；「一般公共服務支出——人大事務——人大會議」20,000 元；「公共安全支出——公安——行政運行」150,000 元；「公共安全支出——公安——一般行政管理事務」45,000 元；「公共安全支出——公安——機關服務」18,000 元；「公共安全支出——公安——刑事偵查」12,000 元。

	借方	貸方
借：一般公共預算本級支出	525,000	
貸：國庫存款		525,000

同時，在一般公共預算本級支出明細帳的借方登記如下：

一般公共服務支出——人大事務——行政運行	200,000
一般公共服務支出——人大事務——一般行政管理事務	50,000
一般公共服務支出——人大事務——機關服務	30,000
一般公共服務支出——人大事務——人大會議	20,000
公共安全支出——公安——行政運行	150,000
公共安全支出——公安——一般行政管理事務	45,000
公共安全支出——公安——機關服務	18,000
公共安全支出——公安——刑事偵查	12,000

【例 8-2】××市財政局 20×6 年發生如下經濟業務：

以財政授權支付方式支付一般公共預算資金共計 530,000 元，具體支出科目如下：「一般公共服務支出——稅收事務——行政運行」250,000 元；「一般公共服務支出——稅收事務——稅務辦案」10,000 元；「教育支出——教育管理事務——行政運行」150,000 元；「文化體育與傳媒支出——體育——體育場館」50,000 元；「城鄉社區事務支出——城鄉社區管理事務——城管執法」30,000 元；「農林水支出——農業——技術推廣」40,000 元。

借：一般公共預算本級支出　530,000

　貸：國庫存款　530,000

同時，在一般公共預算本級支出明細帳的借方登記如下：

一般公共服務支出——稅收事務——行政運行	250,000
一般公共服務支出——稅收事務——稅務辦案	10,000
教育支出——教育管理事務——行政運行	150,000
文化體育與傳媒支出——體育——體育場館	50,000
城鄉社區事務支出——城鄉社區管理事務——城管執法	30,000
農林水支出——農業——技術推廣	40,000

第二節　政府性基金預算本級支出的核算

一、政府性基金預算本級支出的概念

政府性基金預算本級支出是指政府財政管理的由本級政府使用的列入政府性基金預算的支出。

（一）範圍

（1）工業交通部門基金支出，包括三峽工程基金、電力建設基金、車輛購置費、養路費、鐵路建設基金、公路建設基金、民航基礎設施建設基金、郵電附加費、港口建設費等項支出；

（2）商貿部門基金支出，包括中央外貿發展基金支出；

（3）文教部門基金支出，包括城市教育費附加支出、農村教育費附加支出、文化事業建設費等項支出；

（4）社會保障基金支出，包括企業職工基本養老金保險基金、職工醫療保險基金、企業職工失業保險基金、企業女生育保險基金等項支出；

（5）農業部門基金支出，包括灌溉水源灌排工程補助支出、育林基金專項支出等；

（6）其他部門基金支出，包括旅遊發展基金支出、礦產資源補償費支出、排污費支出、城市水資源費支出等；

（7）地方財政稅費附加支出，包括基本建設支出、挖潛改造支出、城市維護支出、行政事業經費支出等。

（二）特點

各項基金都有特定的來源和用途，因此，總預算會計對其進行核算時應本著先

收后支、分項核算的原則。所謂先收后支是指總預算會計必須在認真確認單位調撥的項目是否有足夠的資金來源的情況下，才能予以撥款；分項核算是指總預算會計必須按國家預算基金收支科目的規定對不同基金項目進行分別核算。

二、政府性基金預算本級支出的帳務處理

設置科目「政府性基金預算本級支出」，並按照《政府收支分類科目》中的支出功能分類科目設置明細科目。同時，根據管理的需要，按照支出經濟分類科目、部門等進行明細核算。本科目的借方余額反應政府性基金預算本級支出的累計數。

(1) 實際發生政府性基金預算本級支出時，借記本科目，貸記「國庫存款」科目。

(2) 年度終了，對納入國庫集中支付管理的、當年未支而需結轉下一年度支付的款項（國庫集中支付結余），採用權責發生制確認支出時，借記本科目，貸記「應付國庫集中支付結余」科目。

(3) 年終轉帳時，本科目借方余額應全數轉入「政府性基金預算結轉結余」科目，借記「政府性基金預算結轉結余」科目，貸記本科目。結轉后，本科目無余額。

【例 8-3】××市財政局 20×6 年發生如下經濟業務：

(1) 以財政直接支付方式支付政府性基金預算資金共計 1,110,000 元。具體支出科目如下：「城鄉社區事務——政府住房基金支出——廉租住房支出」600,000 元；「商業服務業等事務——旅遊發展基金支出——宣傳促銷」100,000 元；「一般公共服務——商貿事務——貿促會收費安排的支出」20,000 元；「社會保障和就業支出——小型水庫移民扶助基金支出——移民補助」50,000 元；「農林水支出——新菜地開發建設基金支出——開發新菜地工程」40,000 元；「交通運輸支出——民航發展基金支出——民航機場建設」300,000 元。

借：政府性基金預算本級支出　　1,110,000
　貸：國庫存款　　1,110,000

同時，在政府性基金預算本級支出明細帳的借方登記如下：

城鄉社區事務——政府住房基金支出——廉租住房支出　　600,000
商業服務業等事務——旅遊發展基金支出——宣傳促銷　　100,000
一般公共服務——商貿事務——貿促會收費安排的支出　　20,000
社會保障和就業支出——小型水庫移民扶助基金支出——移民補助　　50,000
農林水支出——新菜地開發建設基金支出——開發新菜地工程　　40,000
交通運輸支出——民航發展基金支出——民航機場建設　　300,000

(2) 以財政授權支付方式支付基金預算資金共計 160,000 元，具體支出科目如下：「文化體育與傳媒——體育——車手等級認定費安排的支出」10,000 元；「科學技術——核電站乏燃料處理處置基金支出——乏燃料運輸」50,000 元；「資源勘探電力信息等事務——新型牆體材料專項基金支出——技術研發和推廣」100,000 元。

借：政府性基金預算本級支出　　160,000
　貸：國庫存款　　160,000

同時，在政府性基金預算本級支出明細帳的借方登記如下：

文化體育與傳媒——體育——車手等級認定費安排的支出　10,000
科學技術——核電站乏燃料處理處置基金支出——乏燃料運輸　50,000
資源勘探電力信息等事務——新型牆體材料專項基金支出——技術研發和推廣　100,000

(3) 年終結帳時，將「政府性基金預算本級支出」帳戶借方余額 26 億元全部轉入「政府性基金預算結轉結余」帳戶。

借：政府性基金預算結轉結余　2,600,000,000

　貸：政府性基金預算本級支出　2,600,000,000

同時，結清所有政府性基金預算本級支出科目的明細帳。

第三節　國有資本經營預算本級支出的核算

一、國有資本經營預算本級支出的概念

國有資本經營預算本級支出是指政府財政管理的由本級政府使用的列入國有資本經營預算的支出。

國有資本經營預算支出主要用於國有經濟和產業結構調整、中央企業災后恢復生產重建、中央企業重大技術創新、節能減排、境外礦產資源權益投資以及改革重組補助支出等。

二、國有資本經營預算本級支出的帳務處理

設置科目「國有資本經營預算本級支出」，並按照《政府收支分類科目》中的支出功能分類科目設置明細科目；同時，根據管理的需要，按照支出經濟分類科目、部門等進行明細核算。本科目的借方余額反應國有資本經營預算本級支出的累計數。

(1) 實際發生國有資本經營預算本級支出時，借記本科目，貸記「國庫存款」科目。

(2) 年度終了，對納入國庫集中支付管理的、當年未支而需結轉下一年度支付的款項（國庫集中支付結余），採用權責發生制確認支出時，借記本科目，貸記「應付國庫集中支付結余」科目。

(3) 年終轉帳時，本科目借方余額應全數轉入「國有資本經營預算結轉結余」科目，借記「國有資本經營預算結轉結余」科目，貸記本科目。結轉后，本科目無余額。

【例 8-4】××市財政局 20×6 年發生如下經濟業務：

(1) 根據經批准國有資本經營預算向市某國有資本經營預算資金使用單位撥付預算資金 2,000,000 元。具體支出科目如下：「農林水支出——國有資本經營預算支出——產業升級與發展支出」600,000 元；「交通運輸支出——國有資本經營預算支出——國有經濟結構調整支出」400,000 元；「商業服務業等事務支出——國有資本經營預算支出——重點項目支出」1,000,000 元。

借：國有資本經營預算本級支出　2,000,000

　貸：國庫存款　2,000,000

同時，在國有資本經營預算本級支出明細帳的借方登記如下：

農林水支出——國有資本經營預算支出——產業升級與發展支出　600,000

交通運輸支出——國有資本經營預算支出——國有經濟結構調整支出　400,000

商業服務業等事務支出——國有資本經營預算支出——重點項目支出 1,000,000

(2) 年終轉帳時，國有資本經營預算本級支出科目借方余額 7 億元全數轉入「國有資本經營預算結轉結余」科目。

借：國有資本經營預算結轉結余　700,000,000

　貸：國有資本經營預算本級支出　700,000,000

同時，結清所有國有資本經營預算本級支出科目的明細帳。

第四節　財政專戶管理資金支出的核算

一、財政專戶管理資金支出的概念

財政專戶管理資金支出是指政府財政用納入財政專戶管理的教育收費等資金安排的支出。

二、財政專戶管理資金支出的帳務處理

設置科目「財政專戶管理資金支出」，並按照《政府收支分類科目》中的支出功能分類科目設置相應明細科目；同時，根據管理的需要，按照支出經濟分類科目、部門（單位）等進行明細核算。本科目的借方余額反應財政專戶管理資金支出的累計數。

(1) 發生財政專戶管理資金支出時，借記本科目，貸記「其他財政存款」等有關科目。

(2) 年終轉帳時，本科目借方余額全數轉入「財政專戶管理資金結余」科目，借記「財政專戶管理資金結余」科目，貸記本科目。結轉后，本科目無余額。

【例 8-5】××市財政局 20×6 年發生如下經濟業務：

(1) 財政部門根據部門預算和用款申請，從財政專戶中核撥教育收費的資金 20,000 元，款項已經撥付。

借：財政專戶管理資金支出　20,000

　貸：其他財政存款——財政專戶存款　20,000

同時，在財政專戶管理資金支出明細帳戶的借方登記如下：

教育支出——普通教育——高中教育　20,000

(2) 年終轉帳時，財政專戶管理資金支出借方余額 100 萬元轉入財政專戶管理資金結余科目。

借：財政專戶管理資金結余　1,000,000

　貸：財政專戶管理資金支出　1,000,000

同時，在財政專戶管理資金支出明細帳戶的貸方登記。

【例 8-6】某市財政從預算外財政專戶撥付某福利彩票銷售機構業務費用支出 20,000 元。

借：財政專戶管理資金支出　20,000
　貸：其他財政存款——未納入預算並實行財政專戶管理的資金存款　20,000
再在財政專戶管理資金支出明細帳的借方登記：
——其他支出——彩票發行銷售機構業務費安排的支出　20,000

第五節　專用基金支出的核算

一、專用基金支出的概念

專用基金支出是指政府財政用專用基金收入安排的支出。

二、專用基金支出的帳務處理

設置科目「專用基金支出」，並根據專用基金的種類設置明細科目；同時，根據管理需要，按部門等進行明細核算。本科目的借方余額反應專用基金支出的累計數。

(1) 發生專用基金支出時，借記本科目，貸記「其他財政存款」等有關科目。退回專用基金支出時，作相反的會計分錄。

(2) 年終轉帳時，本科目借方余額全數轉入「專用基金結余」科目，借記「專用基金結余」科目，貸記本科目。結轉后，本科目無余額。

【例 8-7】××市財政局 20×6 年發生如下經濟業務：

(1) 根據項目預算和用款計劃撥出糧食風險基金支出 400,000 元。

借：專用基金支出——糧食風險基金支出　400,000
　貸：其他財政存款——專用基金存款　400,000

(2) 年終結帳時，將專用基金支出——糧食風險基金支出帳戶借方余額 380 萬元全部轉入「專用基金結余」帳戶

借：專用基金結余　3,800,000
　貸：專用基金支出——糧食風險基金支出　3,800,000

第六節　轉移性支出的核算

轉移性支出是指在各級政府財政之間進行資金調撥以及在本級政府財政不同類型資金之間調劑所形成的支出，包括補助支出、上解支出、調出資金、地區間援助支出等。

一、補助支出的核算

（一）補助支出的概念

補助支出是指本級政府財政按財政體制規定或因專項需要補助給下級政府財政的款項，包括對下級的稅收返還、轉移支付等。

（二）補助支出的帳務處理

設置科目「補助支出」，並按照不同資金性質設置「一般公共預算補助支出」「政府性基金預算補助支出」等明細科目，同時還應當按照補助地區進行明細核算。本科目的借方余額反應補助支出的累計數。

（1）發生補助支出或從「與下級往來」科目轉入時，借記本科目，貸記「國庫存款」「其他財政存款」「與下級往來」等科目。

（2）專項轉移支付資金實行特設專戶管理的，本級政府財政應當根據本級政府財政下達的預算文件確認補助支出，借記本科目，貸記「國庫存款」「與下級往來」等科目。

（3）有主權外債業務的財政部門，貸款資金由下級政府財政同級部門（單位）使用，且貸款最終還款責任由本級政府財政承擔的，本級政府財政部門支付貸款資金時，借記本科目，貸記「其他財政存款」科目；外方將貸款資金直接支付給用款單位或供應商時，借記本科目，貸記「債務收入」「債務轉貸收入」等科目；根據債務管理部門轉來的相關外債轉貸管理資料，按照實際支付的金額，借記「待償債淨資產」科目，貸記「借入款項」「應付主權外債轉貸款」等科目。

（4）年終與下級政府財政結算時，按照尚未撥付的補助金額，借記本科目，貸記「與下級往來」科目。退還或核減補助支出時，借記「國庫存款」「與下級往來」等科目，貸記本科目。

（5）年終轉帳時，本科目借方余額應根據不同資金性質分別轉入對應的結轉結余科目，借記「一般公共預算結轉結余」「政府性基金預算結轉結余」等科目，貸記本科目。結轉后，本科目無余額。

【例 8-8】××市財政局 20×6 年發生如下經濟業務：

（1）根據規定向所屬區縣財政撥付一般預算補助款項共計 600,000 元，具體科目如下：「轉移性支出——返還性支出——所得稅基數返還支出」60,000 元；「轉移性支出——一般性轉移支付——體制補助支出」500,000 元；「轉移性支出——專項轉移支付——一般公共服務」40,000 元；

借：補助支出　　600,000

　貸：國庫存款　　600,000

同時，在補助支出明細帳的借方登記如下：

返還性支出——所得稅基數返還支出　　60,000

一般性轉移支付——體制補助支出　　500,000

專項轉移支付——一般公共服務　　40,000

（2）向所屬區縣財政撥付基金預算補助款項共計 100,000 元，具體科目如下：「轉移性支出——政府性基金轉移支付——政府性基金補助支出」100,000 元。

借：補助支出　　100,000

　貸：國庫存款　　100,000

同時，在補助支出明細帳的借方登記如下：

政府性基金轉移支付——政府性基金補助支出　　100,000

（3）年終結帳時，補助支出借方余額 3,000,000 元，其中：「轉移性支出——返還性支出——所得稅基數返還支出」0.6 億元；「轉移性支出——一般性轉移支付

——體制補助支出」2 億元;「一般性轉移支付——結算補助支出 1 億元」;「轉移性支出——專項轉移支付——一般公共服務」0.4 億元;「轉移性支出——政府性基金轉移支付——政府性基金補助支出」5 億元。

借:一般公共預算結轉結余　　400,000,000
　政府性基金預算結轉結余　　500,000,000
　貸:補助支出　　900,000,000

同時,財政總預算會計應結清所有補助支出科目的明細帳。

返還性支出——所得稅基數返還支出　　60,000,000
一般性轉移支付——體制補助支出　　200,000,000
一般性轉移支付——結算補助支出　　100,000,000
專項轉移支付——一般公共服務　　40,000,000
政府性基金補助支出　　500,000,000

二、上解支出的核算

(一) 上解支出的概念

上解支出是指按照財政體制規定由本級政府財政上交給上級政府財政的款項。

(二) 上解支出的帳務處理

設置科目「上解支出」,並按照不同資金性質設置「一般公共預算上解支出」「政府性基金預算上解支出」等明細科目。本科目的借方余額反應上解支出的累計數。

(1) 發生上解支出時,借記本科目,貸記「國庫存款」「與上級往來」等科目。

(2) 年終與上級政府財政結算時,按照尚未支付的上解金額,借記本科目,貸記「與上級往來」科目。退還或核減上解支出時,借記「國庫存款」「與上級往來」等科目,貸記本科目。

(3) 年終轉帳時,本科目借方余額應根據不同資金性質分別轉入對應的結轉結余科目,借記「一般公共預算結轉結余」「政府性基金預算結轉結余」等科目,貸記本科目。結轉后,本科目無余額。

【例 8-9】××市財政局 20×6 年發生如下經濟業務:

(1) 按財政管理體制規定計算出應向上級省財政部門上解一般預算款項共計 50,000 元,款項未付。具體科目如下:「轉移性支出——一般性轉移支付——出口退稅專項上解支出」10,000 元;「轉移性支出——專項轉移支付——專項上解支出」40,000 元。

借:上解支出　　50,000
　貸:與上級往來　　50,000

同時,在上解支出明細帳的借方登記如下:

一般性轉移支付——出口退稅專項上解支出　　10,000
專項轉移支付——專項上解支出　　40,000

(2) 按財政管理體制規定計算出應向上級財政部門上解基金預算款項共計 30,000 元,款項未付。具體科目如下:「轉移性支出——政府性基金轉移支付——

政府性基金上解支出」30,000 元。

借：上解支出　　50,000

　貸：與上級往來　　50,000

同時，在上解支出明細帳的借方登記如下：

政府性基金轉移支付——政府性基金上解支出　　30,000

(3) 年終結帳時，上解支出借方余額 15 億元。其中：具體科目如下：「轉移性支出——一般性轉移支付——出口退稅專項上解支出」1 億元；「轉移性支出——專項轉移支付——專項上解支出」10 億元；「轉移性支出——政府性基金轉移支付——政府性基金上解支出」4 億元。

借：一般公共預算結轉結余　　1,100,000,000

　　政府性基金預算結轉結余　　400,000,000

　貸：上解支出　　1,500,000,000

同時，財政總預算會計應結清所有上解支出科目的明細帳。

一般性轉移支付——出口退稅專項上解支出　　100,000,000

專項轉移支付——專項上解支出　　1,000,000,000

政府性基金上解支出　　400,000,000

三、調出資金的核算

(一) 調出資金的概念

調出資金是指政府財政為平衡預算收支、從某類資金向其他類型預算調出的資金。

(二) 調出資金的帳務處理

設置科目「調出資金」，並設置「一般公共預算調出資金」「政府性基金預算調出資金」和「國有資本經營預算調出資金」等明細科目。本科目的借方余額反應調出資金的累計數。

(1) 從一般公共預算調出資金時，按照調出的金額，借記本科目（一般公共預算調出資金），貸記「調入資金」相關明細科目。

(2) 從政府性基金預算調出資金時，按照調出的金額，借記本科目（政府性基金預算調出資金），貸記「調入資金」相關明細科目。

(3) 從國有資本經營預算調出資金時，按照調出的金額，借記本科目（國有資本經營預算調出資金），貸記「調入資金」相關明細科目。

(4) 年終轉帳時，本科目借方余額分別轉入相應的結轉結余科目，借記「一般公共預算結轉結余」「政府性基金預算結轉結余」和「國有資本經營預算結轉結余」等科目，貸記本科目。結轉后，本科目無余額。

【例 8-10】××市財政局 20×6 年發生如下經濟業務：

(1) 為了平衡一般公共預算，經批准從政府性基金預算結余中調出資金 4,600,000 元到一般公共預算存款帳戶。具體科目如下：「轉移性支出——調出資金——政府性基金預算調出資金」4,600,000 元。

借：調出資金——政府性基金預算調出資金　　4,600,000

　貸：國庫存款——基金預算存款　　4,600,000

同時，在調出資金明細帳的借方登記如下：

政府性基金預算調出資金　　4,600,000

同時，

借：國庫存款——一般預算存款　　4,600,000

　貸：調入資金　　4,600,000

（2）年終結帳時，調出資金帳戶中屬於政府性基金預算調出資金借方余額 0.5 億元轉入政府性基金預算結轉結余帳戶。

借：政府性基金預算結轉結余　　50,000,000

　貸：調出資金——政府性基金預算調出資金　　50,000,000

同時，在調出資金明細帳的貸方登記如下：

政府性基金預算調出資金　　50,000,000

四、地區間援助支出的核算

（一）地區間援助支出的概念

地區間援助支出是指援助方政府財政安排用於受援方政府財政統籌使用的各類援助、捐贈等資金支出。

（二）地區間援助支出的帳務處理

設置科目「地區間援助支出」，並按照受援地區及管理需要進行相應明細核算。本科目的借方余額反應地區間援助支出的累計數。

（1）發生地區間援助支出時，借記本科目，貸記「國庫存款」科目。

（2）年終轉帳時，本科目借方余額全數轉入「一般公共預算結轉結余」科目，借記「一般公共預算結轉結余」科目，貸記本科目。結轉后，本科目無余額。

【例 8-11】××市財政局 20×6 年發生如下經濟業務：

某市財政按本級政府批准援助計劃，在一般公共預算中安排向西藏林芝地區對口援助 500 萬元。

借：地區援助支出　　5,000,000

　貸：國庫存款　　5,000,000

年終轉帳時，

借：一般公共預算結轉結余　　5,000,000

　貸：地區援助支出　　5,000,000

第七節　債務還本支出的核算

一、債務還本支出的概念

債務還本支出是指政府財政償還本級政府承擔的債務本金支出。

二、債務還本支出的帳務處理

設置科目「債務還本支出」，並根據《政府收支分類科目》中的「債務還本支出」有關規定設置明細科目。本科目的借方余額反應本級政府財政債務還本支出的累計數。

(1) 償還本級政府財政承擔的政府債券、主權外債等納入預算管理的債務本金時，借記本科目，貸記「國庫存款」「其他財政存款」等科目；根據債務管理部門轉來相關資料，按照實際償還的本金金額，借記「應付短期政府債券」「應付長期政府債券」「借入款項」「應付地方政府債券轉貸款」「應付主權外債轉貸款」等科目，貸記「待償債淨資產」科目。

(2) 償還截至2014年12月31日本級政府財政承擔的存量債務本金時，借記本科目，貸記「國庫存款」「其他財政存款」等科目。

(3) 年終轉帳時，本科目下「專項債務還本支出」明細科目的借方余額應按照對應的政府性基金種類分別轉入「政府性基金預算結轉結余」相應明細科目，借記「政府性基金預算結轉結余」科目，貸記本科目（專項債務還本支出）。本科目下其他明細科目的借方余額全數轉入「一般公共預算結轉結余」科目，借記「一般公共預算結轉結余」科目，貸記本科目（其他明細科目）。結轉后，本科目無余額。

【例8-12】××市財政局20×6年發生如下經濟業務：

(1) 償還本級政府財政承擔的政府債券、主權外債等納入預算管理的債務本金1,000萬元時：

借：債務還本支出　　10,000,000

　貸：「國庫存款」「其他財政存款」等科目　　10,000,000

根據債務管理部門轉來相關資料，按照實際償還的本金金額時：

借：「應付短期政府債券」「應付長期政府債券」「借入款項」「應付地方政府債券轉貸款」「應付主權外債轉貸款」等科目　　10,000,000

　貸：待償債淨資產　　10,000,000

(2) 償還截至2014年12月31日本級政府財政承擔的存量債務本金500萬元時：

借：債務還本支出　　5,000,000

　貸：「國庫存款」「其他財政存款」等科目　　5,000,000

(3) 年終轉帳時，本科目下「專項債務還本支出」明細科目的借方余額應按照對應的政府性基金種類分別轉入「政府性基金預算結轉結余」相應明細科目時：

借：政府性基金預算結轉結余　　40,000,000

　貸：債務還本支出——專項債務還本支出　　40,000,000

本科目下其他明細科目的借方余額2,000萬元全數轉入「一般公共預算結轉結余」科目時：

借：一般公共預算結轉結余　　20,000,000

　貸：債務還本支出（其他明細科目）　　20,000,000

結轉后，本科目無余額。

第八節　債務轉貸支出的核算

一、債務還本支出的概念

債務轉貸支出是指本級政府財政向下級政府財政轉貸的債務支出。

二、債務轉貸支出的帳務處理

設置科目「債務還本支出」，並設置「地方政府一般債務轉貸支出」「地方政府專項債務轉貸支出」明細科目，同時還應當按照轉貸地區進行明細核算。本科目的借方余額反應債務轉貸支出的累計數。

（1）本級政府財政向下級政府財政轉貸地方政府債券資金時，借記本科目，貸記「國庫存款」科目；根據債務管理部門轉來的相關資料，按照到期應收回的轉貸款本金金額，借記「應收地方政府債券轉貸款」科目，貸記「資產基金——應收地方政府債券轉貸款」科目。

（2）本級政府財政向下級政府財政轉貸主權外債資金，且主權外債最終還款責任由下級政府財政承擔的，相關帳務處理如下：

①本級政府財政支付轉貸資金時，根據轉貸資金支付相關資料，借記「債務轉貸支出」科目，貸記「其他財政存款」科目；根據債務管理部門轉來的相關資料，按照實際持有的債權金額，借記「應收主權外債轉貸款」科目，貸記「資產基金——應收主權外債轉貸款」科目。

②外方將貸款資金直接支付給用款單位或供應商時，本級政府財政根據轉貸資金支付相關資料，借記本科目，貸記「債務收入」「債務轉貸收入」科目；根據債務管理部門轉來的相關資料，按照實際持有的債權金額，借記「應收主權外債轉貸款」科目，貸記「資產基金——應收主權外債轉貸款」科目；同時，借記「待償債淨資產」科目，貸記「借入款項」「應付主權外債轉貸款」等科目。

（3）年終轉帳時，本科目下「地方政府一般債務轉貸支出」明細科目的借方余額全數轉入「一般公共預算結轉結余」科目，借記「一般公共預算結轉結余」科目，貸記「債務轉貸支出（地方政府一般債務轉貸支出）」科目。本科目下「地方政府專項債務轉貸支出」明細科目的借方余額全數轉入「政府性基金預算結轉結余」科目，借記「政府性基金預算結轉結余」科目，貸記「債務轉貸支出（地方政府專項債務轉貸支出）」科目。結轉后，本科目無余額。

【例 8-13】××市財政局 20×6 年發生如下經濟業務：

（1）本級政府財政向下級政府財政轉貸地方政府債券資金（地方政府一般債務轉貸支出）2,000 萬元時：

借：債務轉貸支出——地方政府一般債務轉貸支出　　20,000,000

　貸：國庫存款　　20,000,000

根據債務管理部門轉來的相關資料，按照到期應收回的轉貸款本金金額，

借：應收地方政府債券轉貸款　　20,000,000

　貸：資產基金——應收地方政府債券轉貸款　　20,000,000

（2）本級政府財政向下級政府財政轉貸主權外債資金 1,000 萬元，且主權外債最終還款責任由下級政府財政承擔的，相關帳務處理如下：

①本級政府財政支付轉貸資金時，根據轉貸資金支付相關資料時：

借：債務轉貸支出　10,000,000

　貸：其他財政存款　10,000,000

根據債務管理部門轉來的相關資料，按照實際持有的債權金額，

借：應收主權外債轉貸款　10,000,000

　貸：資產基金——應收主權外債轉貸款　10,000,000

②外方將貸款資金直接支付給用款單位或供應商時，本級政府財政根據轉貸資金支付相關資料時：

借：債務轉貸支出　10,000,000

　貸：「債務收入」「債務轉貸收入」科目　10,000,000

根據債務管理部門轉來的相關資料，按照實際持有的債權金額，

借：應收主權外債轉貸款　10,000,000

　貸：資產基金——應收主權外債轉貸款　10,000,000

同時，

借：待償債淨資產　10,000,000

　貸：「借入款項」「應付主權外債轉貸款」等科目　10,000,000

（3）年終轉帳時，本科目下「地方政府一般債務轉貸支出」明細科目的借方余額 5,000 萬元全數轉入「一般公共預算結轉結余」科目。

借：一般公共預算結轉結余　50,000,000

　貸：債務轉貸支出——地方政府一般債務轉貸支出　50,000,000

本科目下「地方政府專項債務轉貸支出」明細科目的借方余額 3,000 萬元全數轉入「政府性基金預算結轉結余」科目時：

借：政府性基金預算結轉結余　30,000,000

　貸：債務轉貸支出——地方政府專項債務轉貸支出　30,000,000

結轉后，本科目無余額。

第九節　安排預算穩定調節基金

一、安排預算穩定調節基金的概念

安排預算穩定調節基金是指政府財政按照有關規定安排的預算穩定調節基金。

二、安排預算穩定調節基金的帳務處理

設置科目「安排預算穩定調節基金」，平時借方余額反應安排預算穩定調節基金的累計數。

（1）補充預算穩定調節基金時，借記本科目，貸記「預算穩定調節基金」科目。

（2）年終轉帳時，本科目借方余額全數轉入「一般公共預算結轉結余」科目，借記「一般公共預算結轉結余」科目，貸記本科目。結轉后，本科目無余額。

【例 8-14】××市財政局 20×6 年發生如下經濟業務：

年度終了，根據當年可支配財力和當年一般預算超收情況，報經市政府批准，從當年財政超收收入中安排預算穩定調節基金 2,000 萬元。

借：安排預算穩定調節基金　　20,000,000

　貸：預算穩定調節基金　　20,000,000

同時，

借：一般公共預算結轉結余　　20,000,000

　貸：安排預算穩定調節基金　　20,000,000

第九章
財政總預算會計報表

財政總預算會計報表是反應政府財政預算執行結果和財務狀況的書面文件，包括資產負債表、收入支出表、一般公共預算執行情況表、政府性基金預算執行情況表、國有資本經營預算執行情況表、財政專戶管理資金收支情況表、專用基金收支情況表等會計報表和附註。

一、財政總預算報表的內容

(一) 資產負債表

資產負債表是反應政府財政在某一特定日期財務狀況的報表。資產負債表應當按照資產、負債和淨資產分類、分項列示。

(二) 收入支出表

收入支出表是反應政府財政在某一會計期間各類財政資金收支余情況的報表。收入支出表根據資金性質按照收入、支出、結轉結余的構成分類、分項列示。

(三) 一般公共預算執行情況表

一般公共預算執行情況表是反應政府財政在某一會計期間一般公共預算收支執行結果的報表，按照《政府收支分類科目》中的一般公共預算收支科目列示。

(四) 政府性基金預算執行情況表

政府性基金預算執行情況表是反應政府財政在某一會計期間政府性基金預算收支執行結果的報表，按照《政府收支分類科目》中的政府性基金預算收支科目列示。

(五) 國有資本經營預算執行情況表

國有資本經營預算執行情況表是反應政府財政在某一會計期間國有資本經營預算收支執行結果的報表，按照《政府收支分類科目》中的國有資本經營預算收支科目列示。

(六) 財政專戶管理資金收支情況表

財政專戶管理資金收支情況表是反應政府財政在某一會計期間納入財政專戶管理的財政專戶管理資金全部收支情況的報表，按照相關政府收支分類科目列示。

(七) 專用基金收支情況表

專用基金收支情況表是反應政府財政在某一會計期間專用基金全部收支情況的報表，按照不同類型的專用基金分別列示。

(八) 附註

附註是指對在會計報表中列示項目的文字描述或明細資料，以及對未能在會計報表中列示項目的說明。

二、財政總預算會計報表的編製要求

(1) 一般公共預算執行情況表、政府性基金預算執行情況表、國有資本經營預算執行情況表應當按旬、月度和年度編製，財政專戶管理資金收支情況表和專用基金收支情況表應當按月度和年度編製，收入支出表按月度和年度編製，資產負債表和附註應當至少按年度編製。旬報、月報的報送期限及編報內容應當根據上級政府財政具體要求和本行政區域預算管理的需要辦理。

(2) 財政總預算會計應當根據本制度編製並提供真實、完整的會計報表，切實做到帳表一致，不得估列代編，弄虛作假。

(3) 財政總預算會計要嚴格按照統一規定的種類、格式、內容、計算方法和編製口徑填製會計報表，以保證全國統一匯總和分析。匯總報表的單位，要把所屬單位的報表匯集齊全，防止漏報。

三、資產負債表的編製說明

表 9-1　　　　　　　　　　**資產負債表**

會財政 01 表

編製單位：　　　　　　　　＿＿年＿月＿日　　　　　　　　單位：元

資　產	年初余額	期末余額	負債和淨資產	年初余額	期末余額
流動資產：			流動負債：		
國庫存款			應付短期政府債券		
國庫現金管理存款			應付利息		
其他財政存款			應付國庫集中支付結余		
有價證券			與上級往來		
在途款			其他應付款		
預撥經費			應付代管資金		
借出款項			一年內到期的非流動負債		
應收股利			流動負債合計		
應收利息			非流動負債：		
與下級往來			應付長期政府債券		
其他應收款			借入款項		
流動資產合計			應付地方政府債券轉貸款		
非流動資產：			應付主權外債轉貸款		
應收地方政府債券轉貸款			其他負債		
應收主權外債轉貸款			非流動負債合計		

表(續)

資　產	年初余額	期末余額	負債和淨資產	年初余額	期末余額
股權投資			**負債合計**		
待發國債			一般公共預算結轉結余		
非流動資產合計			政府性基金預算結轉結余		
			國有資本經營預算結轉結余		
			財政專戶管理資金結余		
			專用基金結余		
			預算穩定調節基金		
			預算週轉金		
			資產基金		
			減：待償債淨資產		
			淨資產合計		
資產總計			**負債和淨資產總計**		

(一) 本表「年初余額」欄內各項數字的填列方法

本表「年初余額」欄內各項數字，應當根據上年末資產負債表「期末余額」欄內數字填列。如果本年度資產負債表規定的各個項目的名稱和內容同上年度不相一致，應對上年年末資產負債表各項目的名稱和數字按照本年度的規定進行調整，填入本表「年初余額」欄內。

(二) 本表「期末余額」欄各項目的內容和填列方法

1. 資產類項目。

(1)「國庫存款」項目，反應政府財政期末存放在國庫單一帳戶的款項金額。本項目應當根據「國庫存款」科目的期末余額填列。

(2)「國庫現金管理存款」項目，反應政府財政期末實行國庫現金管理業務持有的存款金額。本項目應當根據「國庫現金管理存款」科目的期末余額填列。

(3)「其他財政存款」項目，反應政府財政期末持有的其他財政存款金額。本項目應當根據「其他財政存款」科目的期末余額填列。

(4)「有價證券」項目，反應政府財政期末持有的有價證券金額。本項目應當根據「有價證券」科目的期末余額填列。

(5)「在途款」項目，反應政府財政期末持有的在途款金額。本項目應當根據「在途款」科目的期末余額填列。

(6)「預撥經費」項目，反應政府財政期末尚未轉列支出或尚待收回的預撥經費金額。本項目應當根據「預撥經費」科目的期末余額填列。

(7)「借出款項」項目，反應政府財政期末借給預算單位尚未收回的款項金額。本項目應當根據「借出款項」科目的期末余額填列。

(8)「應收股利」項目，反應政府期末尚未收回的現金股利或利潤金額。本項目應當根據「應收股利」科目的期末余額填列。

(9)「應收利息」項目，反應政府財政期末尚未收回應收利息金額。本項目應當根據「應收地方政府債券轉貸款」科目和「應收主權外債轉貸款」科目下「應收利息」明細科目的期末余額合計數填列。

(10)「與下級往來」項目，正數反應下級政府財政欠本級政府財政的款項金額；負數反應本級政府財政欠下級政府財政的款項金額。本項目應當根據「與下級往來」科目的期末余額填列，期末余額如為借方則以正數填列；如為貸方則以「-」號填列。

(11)「其他應收款」項目，反應政府財政期末尚未收回的其他應收款的金額。本項目應當根據「其他應收款」科目的期末余額填列。

(12)「應收地方政府債券轉貸款」項目，反應政府財政期末尚未收回的地方政府債券轉貸款的本金金額。本項目應當根據「應收地方政府債券轉貸款」科目下的「應收本金」明細科目的期末余額填列。

(13)「應收主權外債轉貸款」項目，反應政府財政期末尚未收回的主權外債轉貸款的本金金額。本項目應當根據「應收主權外債轉貸款」科目下的「應收本金」明細科目的期末余額填列。

(14)「股權投資」項目，反應政府期末持有的股權投資的金額。本項目應當根據「股權投資」科目的期末余額填列。

(15)「待發國債」項目，反應中央政府財政期末尚未使用的國債發行額度。本項目應當根據「待發國債」科目的期末余額填列。

2. 負債類項目

(16)「應付短期政府債券」項目，反應政府財政期末尚未償還的發行期限不超過 1 年（含 1 年）的政府債券的本金金額。本項目應當根據「應付短期政府債券」科目下的「應付本金」明細科目的期末余額填列。

(17)「應付利息」項目，反應政府財政期末尚未支付的應付利息金額。本項目應當根據「應付短期政府債券」「借入款項」「應付地方政府債券轉貸款」「應付主權外債轉貸款」科目下的「應付利息」明細科目期末余額，以及屬於分期付息到期還本的「應付長期政府債券」的「應付利息」明細科目期末余額計算填列。

(18)「應付國庫集中支付結余」項目，反應政府財政期末尚未支付的國庫集中支付結余金額。本項目應當根據「應付國庫集中支付結余」科目的期末余額填列。

(19)「與上級往來」項目，正數反應本級政府財政期末欠上級政府財政的款項金額；負數反應上級政府財政欠本級政府財政的款項金額。本項目應當根據「與上級往來」科目的期末余額填列，如為借方余額則以「-」號填列。

(20)「其他應付款」項目，反應政府財政期末尚未支付的其他應付款的金額。本項目應當根據「其他應付款」科目的期末余額填列。

(21)「應付代管資金」項目，反應政府財政期末尚未支付的代管資金金額。本項目應當根據「應付代管資金」科目的期末余額填列。

(22)「一年內到期的非流動負債」項目，反應政府財政期末承擔的 1 年以內（含 1 年）到償還期的非流動負債。本項目應當根據「應付長期政府債券」「借入款項」「應付地方政府債券轉貸款」「應付主權外債轉貸款」「其他負債」等科目的期末余額及債務管理部門提供的資料分析填列。

(23)「應付長期政府債券」項目，反應政府財政期末承擔的償還期限超過 1 年的長期政府債券的本金金額及到期一次還本付息的長期政府債券的應付利息金額。本項目應當根據「應付長期政府債券」科目的期末余額分析填列。

(24)「應付地方政府債券轉貸款」項目，反應政府財政期末承擔的償還期限超過 1 年的地方政府債券轉貸款的本金金額。本項目應當根據「應付地方政府債券轉貸款」科目下的「應付本金」明細科目的期末余額分析填列。

(25)「應付主權外債轉貸款」項目，反應政府財政期末承擔的償還期限超過 1 年的主權外債轉貸款的本金金額。本項目應當根據「應付主權外債轉貸款」科目下的「應付本金」明細科目的期末余額分析填列。

(26)「借入款項」項目，反應政府財政期末承擔的償還期限超過 1 年的借入款項的本金金額。本項目應當根據「借入款項」科目下的「應付本金」明細科目的期末余額分析填列。

(27)「其他負債」項目，反應政府財政期末承擔的償還期限超過 1 年的其他負債金額。本項目應當根據「其他負債」科目的期末余額分析填列。

3. 淨資產類項目

(28)「一般公共預算結轉結余」項目，反應政府財政期末滾存的一般公共預算結轉金額。本項目應當根據「一般公共預算結轉結余」科目的期末余額填列。

(29)「政府性基金預算結轉結余」項目，反應政府財政期末滾存的政府性基金預算結轉結余金額。本項目應當根據「政府性基金預算結轉結余」科目的期末余額填列。

(30)「國有資本經營預算結轉結余」項目，反應政府財政期末滾存的國有資本經營預算結轉結余金額。本項目應當根據「國有資本經營預算結轉結余」科目的期末余額填列。

(31)「財政專戶管理資金結余」項目，反應政府財政期末滾存的財政專戶管理資金結余金額。本項目應當根據「財政專戶管理資金結余」科目的期末余額填列。

(32)「專用基金結余」項目，反應政府財政期末滾存的專用基金結余金額。本項目應當根據「專用基金結余」科目的期末余額填列。

(33)「預算穩定調節基金」項目，反應政府財政期末預算穩定調節基金的余額。本項目應當根據「預算穩定調節基金」科目的期末余額填列。

(34)「預算週轉金」項目，反應政府財政期末預算週轉金的余額。本項目應當根據「預算週轉金」科目的期末余額填列。

(35)「資產基金」項目，反應政府財政期末持有的應收地方政府債券轉貸款、應收主權外債轉貸款、股權投資和應收股利等資產在淨資產中占用的金額。本項目應當根據「資產基金」科目的期末余額填列。

(36)「待償債淨資產」項目，反應政府財政期末因承擔應付短期政府債券、應付長期政府債券、借入款項、應付地方政府債券轉貸款、應付主權外債轉貸款、其他負債等負債相應需在淨資產中衝減的金額。本項目應當根據「待償債淨資產」科目的期末借方余額以「-」號填列。

四、收入支出表的編製說明

表 9-2　　收入支出表

會財政 02 表

編製單位：　　＿＿年＿月　　單位：元

項目	一般公共預算		政府性基金預算		國有資本經營預算		財政專戶管理資金		專用基金	
	本月數	本年累計數	本月數	本年累計數	本月數	本年累計數	本月數	本年累計數	本月數	本年累計數
年初結轉結余										
收入合計										
本級收入										
其中：來自預算安排的收入	—	—	—	—	—	—	—	—		
補助收入					—	—	—	—	—	—
上解收入					—	—	—	—	—	—
地區間援助收入			—	—	—	—	—	—	—	—
債務收入					—	—	—	—	—	—
債務轉貸收入					—	—	—	—	—	—
動用預算穩定調節基金			—	—	—	—	—	—	—	—
調入資金					—	—	—	—	—	—
支出合計										
本級支出										
其中：權責發生制列支							—	—	—	—
預算安排專用基金的支出			—	—	—	—	—	—	—	—
補助支出					—	—	—	—	—	—
上解支出					—	—	—	—	—	—
地區間援助支出			—	—	—	—	—	—	—	—
債務還本支出					—	—	—	—	—	—
債務轉貸支出					—	—	—	—	—	—
安排預算穩定調節基金			—	—	—	—	—	—	—	—
調出資金							—	—	—	—
結余轉出			—	—	—	—	—	—	—	—
其中：增設預算週轉金			—	—	—	—	—	—	—	—
年末結轉結余										

註：表中有「-」的部分不必填列。

(1) 本表「本月數」欄反應各項目的本月實際發生數。在編製年度收入支出表時，應將本欄改為「上年數」欄，反應上年度各項目的實際發生數；如果本年度收入支出表規定的各個項目的名稱和內容同上年度不一致，應對上年度收入支出表各項目的名稱和數字按照本年度的規定進行調整，填入本年度收入支出表的「上年數」欄。

本表「本年累計數」欄反應各項目自年初起至報告期末止的累計實際發生數。編製年度收入支出表時，應當將本欄改為「本年數」。

（2）本表「本月數」欄各項目的內容和填列方法：

①「年初結轉結余」項目，反應政府財政本年初各類資金結轉結余金額。其中：一般公共預算的「年初結轉結余」應當根據「一般公共預算結轉結余」科目的年初余額填列；政府性基金預算的「年初結轉結余」應當根據「政府性基金預算結轉結余」科目的年初余額填列；國有資本經營預算的「年初結轉結余」應當根據「國有資本經營預算結轉結余」科目的年初余額填列；財政專戶管理資金的「年初結轉結余」應當根據「財政專戶管理資金結余」科目的年初余額填列；專用基金的「年初結轉結余」應當根據「專用基金結余」科目的年初余額填列。

②「收入合計」項目，反應政府財政本期取得的各類資金的收入合計金額。其中：一般公共預算的「收入合計」應當根據屬於一般公共預算的「本級收入」「補助收入」「上解收入」「地區間援助收入」「債務收入」「債務轉貸收入」「動用預算穩定調節基金」和「調入資金」各行項目金額的合計填列；政府性基金預算的「收入合計」應當根據屬於政府性基金預算的「本級收入」「補助收入」「上解收入」「債務收入」「債務轉貸收入」和「調入資金」各行項目金額的合計填列；國有資本經營預算的「收入合計」應當根據屬於國有資本經營預算的「本級收入」項目的金額填列；財政專戶管理資金的「收入合計」應當根據屬於財政專戶管理資金的「本級收入」項目的金額填列；專用基金的「收入合計」應當根據屬於專用基金的「本級收入」項目的金額填列。

③「本級收入」項目，反應政府財政本期取得的各類資金的本級收入金額。其中：一般公共預算的「本級收入」應當根據「一般公共預算本級收入」科目的本期發生額填列；政府性基金預算的「本級收入」應當根據「政府性基金預算本級收入」科目的本期發生額填列；國有資本經營預算的「本級收入」應當根據「國有資本經營預算本級收入」科目的本期發生額填列；財政專戶管理資金的「本級收入」應當根據「財政專戶管理資金收入」科目的本期發生額填列；專用基金的「本級收入」應當根據「專用基金收入」科目的本期發生額填列。

④「補助收入」項目，反應政府財政本期取得的各類資金的補助收入金額。其中：一般公共預算的「補助收入」應當根據「補助收入」科目下的「一般公共預算補助收入」明細科目的本期發生額填列；政府性基金預算的「補助收入」應當根據「補助收入」科目下的「政府性基金預算補助收入」明細科目的本期發生額填列。

⑤「上解收入」項目，反應政府財政本期取得的各類資金的上解收入金額。其中：一般公共預算的「上解收入」應當根據「上解收入」科目下的「一般公共預算上解收入」明細科目的本期發生額填列；政府性基金預算的「上解收入」應當根據「上解收入」科目下的「政府性基金預算上解收入」明細科目的本期發生額填列。

⑥「地區間援助收入」項目，反應政府財政本期取得的地區間援助收入金額。本項目應當根據「地區間援助收入」科目的本期發生額填列。

⑦「債務收入」項目，反應政府財政本期取得的債務收入金額。其中：一般公

共預算的「債務收入」應當根據「債務收入」科目下除「專項債務收入」以外的其他明細科目的本期發生額填列；政府性基金預算的「債務收入」應當根據「債務收入」科目下的「專項債務收入」明細科目的本期發生額填列。

⑧「債務轉貸收入」項目，反應政府財政本期取得的債務轉貸收入金額。其中：一般公共預算的「債務轉貸收入」應當根據「債務轉貸收入」科目下「地方政府一般債務轉貸收入」明細科目的本期發生額填列；政府性基金預算的「債務轉貸收入」應當根據「債務轉貸收入」科目下的「地方政府專項債務轉貸收入」明細科目的本期發生額填列。

⑨「動用預算穩定調節基金」項目，反應政府財政本期調用的預算穩定調節基金金額。本項目應當根據「動用預算穩定調節基金」科目的本期發生額填列。

⑩「調入資金」項目，反應政府財政本期取得的調入資金金額。其中：一般公共預算的「調入資金」應當根據「調入資金」科目下「一般公共預算調入資金」明細科目的本期發生額填列；政府性基金預算的「調入資金」應當根據「調入資金」科目下「政府性基金預算調入資金」明細科目的本期發生額填列。

⑪「支出合計」項目，反應政府財政本期發生的各類資金的支出合計金額。其中：一般公共預算的「支出合計」應當根據屬於一般公共預算的「本級支出」「補助支出」「上解支出」「地區間援助支出」「債務還本支出」「債務轉貸支出」「安排預算穩定調節基金」和「調出資金」各行項目金額的合計填列；政府性基金預算的「支出合計」應當根據屬於政府性基金預算的「本級支出」「補助支出」「上解支出」「債務還本支出」「債務轉貸支出」和「調出資金」各行項目金額的合計填列；國有資本經營預算的「支出合計」應當根據屬於國有資本經營預算的「本級支出」和「調出資金」項目金額的合計填列；財政專戶管理資金的「支出合計」應當根據屬於財政專戶管理資金的「本級支出」項目的金額填列；專用基金的「支出合計」應當根據屬於專用基金的「本級支出」項目的金額填列。

⑫「補助支出」項目，反應政府財政本期發生的各類資金的補助支出金額。其中：一般公共預算的「補助支出」應當根據「補助支出」科目下的「一般公共預算補助支出」明細科目的本期發生額填列；政府性基金預算的「補助支出」應當根據「補助支出」科目下的「政府性基金預算補助支出」明細科目的本期發生額填列。

⑬「上解支出」項目，反應政府財政本期發生的各類資金的上解支出金額。其中：一般公共預算的「上解支出」應當根據「上解支出」科目下的「一般公共預算上解支出」明細科目的本期發生額填列；政府性基金預算的「上解支出」應當根據「上解支出」科目下的「政府性基金預算上解支出」明細科目的本期發生額填列。

⑭「地區間援助支出」項目，反應政府財政本期發生的地區間援助支出金額。本項目應當根據「地區間援助支出」科目的本期發生額填列。

⑮「債務還本支出」項目，反應政府財政本期發生的債務還本支出金額。其中：一般公共預算的「債務還本支出」應當根據「債務還本支出」科目下除「專項債務還本支出」以外的其他明細科目的本期發生額填列；政府性基金預算的「債務還本支出」應當根據「債務還本支出」科目下的「專項債務還本支出」明細科目的本期發生額填列。

⑯「債務轉貸支出」項目，反應政府財政本期發生的債務轉貸支出金額。其

中：一般公共預算的「債務轉貸支出」應當根據「債務轉貸支出」科目下「地方政府一般債務轉貸支出」明細科目的本期發生額填列；政府性基金預算的「債務轉貸支出」應當根據「債務轉貸支出」科目下的「地方政府專項債務轉貸支出」明細科目的本期發生額填列。

⑰「安排預算穩定調節基金」項目，反應政府財政本期安排的預算穩定調節基金金額。本項目根據「安排預算穩定調節基金」科目的本期發生額填列。

⑱「調出資金」項目，反應政府財政本期發生的各類資金的調出資金金額。其中：一般公共預算的「調出資金」應當根據「調出資金」科目下「一般公共預算調出資金」明細科目的本期發生額填列；政府性基金預算的「調出資金」應當根據「調出資金」科目下「政府性基金預算調出資金」明細科目的本期發生額填列；國有資本經營預算的「調出資金」應當根據「調出資金」科目下的「國有資本經營預算調出資金」明細科目的本期發生額填列。

⑲「增設預算週轉金」項目，反應政府財政本期設置和補充預算週轉金的金額。本項目應當根據「預算週轉金」科目的本期貸方發生額填列。

⑳「年末結轉結余」項目，反應政府財政本年末的各類資金的結轉結余金額。其中：一般公共預算的「年末結轉結余」應當根據「一般公共預算結轉結余」科目的年末余額填列；政府性基金預算的「年末結轉結余」應當根據「政府性基金預算結轉結余」科目的年末余額填列；國有資本經營預算的「年末結轉結余」應當根據「國有資本經營預算結轉結余」科目的年末余額填列；財政專戶管理資金的「年末結轉結余」應當根據「財政專戶管理資金結余」科目的年末余額填列；專用基金的「年末結轉結余」應當根據「專用基金結余」科目的年末余額填列。

五、一般公共預算執行情況表的編製說明

表 9-3　　　　　　　　**一般公共預算執行情況表**

會財政 03-1 表

編製單位：　　　　　＿＿年＿月＿旬　　　　　單位：元

項　目	本月(旬)數	本年(月)累計數
一般公共預算本級收入		
101　稅收收入		
10101 增值稅		
1010101 國內增值稅		
……		
一般公共預算本級支出		
201 一般公共服務支出		
20101 人大事務		
2010101 行政運行		
……		

(1)「一般公共預算本級收入」項目及所屬各明細項目，應當根據「一般公共預算本級收入」科目及所屬各明細科目的本期發生額填列。

(2)「一般公共預算本級支出」項目及所屬各明細項目，應當根據「一般公共預算本級支出」科目及所屬各明細科目的本期發生額填列。

六、政府性基金預算執行情況表的編製說明

表 9-4　　政府性基金預算執行情況表

會財政 03-2 表

編製單位：　　____年__月__旬　　單位：元

項　目	本月(旬)數	本年(月)累計數
政府性基金預算本級收入		
10301 政府性基金收入		
1030102 農網還貸資金收入		
103010201 中央農網還貸資金收入		
……		
政府性基金預算本級支出		
206 科學技術支出		
20610 核電站乏燃料處理處置基金支出		
2061001 乏燃料運輸		
……		

(1)「政府性基金預算本級收入」項目及所屬各明細項目，應當根據「政府性基金預算本級收入」科目及所屬各明細科目的本期發生額填列。

(2)「政府性基金預算本級支出」項目及所屬各明細項目，應當根據「政府性基金預算本級支出」科目及所屬各明細科目的本期發生額填列。

七、國有資本經營預算執行情況表的編製說明

表 9-5　　國有資本經營預算執行情況表

會財政 03-3 表

編製單位：　　____年__月__旬　　單位：元

項　目	本月(旬)數	本年(月)累計數
國有資本經營預算本級收入		
10306 國有資本經營收入		
1030601 利潤收入		
103060103 菸草企業利潤收入		
……		

表9-5(續)

項　目	本月(旬)數	本年(月)累計數
國有資本經營預算本級支出		
208 社會保障和就業支出		
20804 補充全國社會保障基金		
2080451 國有資本經營預算補充社保基金支出		
……		

(1)「國有資本經營預算本級收入」項目及所屬各明細項目，應當根據「國有資本經營預算本級收入」科目及所屬各明細科目的本期發生額填列。

(2)「國有資本經營預算本級支出」項目及所屬各明細項目，應當根據「國有資本經營預算本級支出」科目及所屬各明細科目的本期發生額填列。

八、財政專戶管理資金收支情況表的編製說明

表 9-6　　**財政專戶管理資金收支情況表**

會財政 04 表

編製單位：　　＿＿＿＿年＿＿月　　單位：元

項　目	本月數	本年累計數
財政專戶管理資金收入		
財政專戶管理資金支出		

(1)「財政專戶管理資金收入」項目及所屬各明細項目，應當根據「財政專戶管理資金收入」科目及所屬各明細科目的本期發生額填列。

(2)「財政專戶管理資金支出」項目及所屬各明細項目，應當根據「財政專戶管理資金支出」科目及所屬各明細科目的本期發生額填列。

九、專用基金收支情況表的編製說明

表 9-7　　專用基金收支情況表

會財政 05 表

編製單位:　　____年__月　　單位: 元

項　目	本月數	本年累計數
專用基金收入		
糧食風險基金		
……		
專用基金支出		
糧食風險基金		
……		

(1)「專用基金收入」項目及所屬各明細項目，應當根據「專用基金收入」科目及所屬各明細科目的本期發生額填列。

(2)「專用基金支出」項目及所屬各明細項目，應當根據「專用基金支出」科目及所屬各明細科目的本期發生額填列。

十、附註

財政總預算會計報表附註應當至少披露下列內容:

(1) 遵循《財政總預算會計制度》的聲明;

(2) 本級政府財政預算執行情況和財務狀況的說明;

(3) 會計報表中列示的重要項目的進一步說明，包括其主要構成、增減變動情況等;

(4) 或有負債情況的說明;

(5) 有助於理解和分析會計報表的其他需要說明的事項。

第三篇
行政單位會計

第十章
行政單位會計概述

一、行政單位會計的概念

行政單位會計是指各級行政黨派、政協機關核算和監督國家預算資金的取得、使用及其結果的一種非營利組織會計。這種會計的主體是中華人民共和國各級權力機關、行政機關、審判機關和檢察機關以及黨派、政協機關，客體是國家預算資金的取得、使用和結果；其職能是核算和監督國家預算資金款項的領報，目的是提高社會效益。

行政單位會計適用於以下組織：

(1) 行政機關。行政機關是指從事國家行政工作的機關，即各級人民政府及其所屬各行政部門。行政機關是國家權力機關的執行機關，通常也稱政府機關。國務院是國家最高行政機關。以某市人民政府為例，國家行政機關有財政局、稅務局、審計局、市政府辦公廳、發展和改革委員會、統計局、工商行政管理局、公安局、教育局、文化局、衛生局、科學技術局、民政局、人力資源和社會保障局、環境保護局、國有資產管理委員會等。行政機關行使國家執法權，因此也稱執法機關。

(2) 國家權力機關。國家權力機關是指行使國家權力的機關，即各級人民代表大會及其常務委員會。全國人民代表大會是國家最高權力機關。國家權力機關行使國家立法權，因此也稱立法機關。全國人民代表大會及其常務委員會制定全國通用的國家法律。憲法是國家的根本大法。地方各級人民代表大會及其常務委員會制定地方性法規。

(3) 審判機關和檢察機關。審判機關和檢察機關是指行使國家審判職能和檢察職能的機關，即各級人民法院和各級人民檢察院。最高人民法院是國家最高審判機關，最高人民檢察院是國家最高檢察機關。審判機關和檢察機關行使國家的司法權，因此也稱司法機關。

(4) 政黨組織。政黨組織是指中國共產黨、各民主黨派以及共青團、婦聯、工會等組織。中國共產黨是執政黨，是各級人民政府和全國人民的領導核心。只有在中國共產黨的領導下，國家的法律法規、依法行政和公正司法才能得到和諧統一。

以上各組織儘管名稱不同，但它們都有一個共同的特點，即這些組織都屬於非物質生產部門，它們本身並不能在市場上通過交換獲得足夠的資金來源，以滿足其開展日常業務活動的需要，財政對它們的撥付或分配的預算資金是它們主要的資金來源。這些組織屬於社會管理組織，其共同的目標是維護社會公共利益，促進社會經濟和諧、綜合、整體地向前發展。因此，對這些組織來說，執行部門預算，按照預算取得和使用財政資金，使財政資金發揮其應有的社會效益，是它們進行財務管理和組織會計核算時應當遵循的基本要求。

行政單位的會計要素有資產、負債、淨資產、收入和支出五個。行政單位的會計平衡等式是：資產=負債+淨資產。收入和支出的關係是：收入-支出=結余。結余構成淨資產的一個組成部分。

二、新行政單位會計制度的特點

為了進一步規範行政單位的會計核算，提高會計信息質量，根據《中華人民共和國會計法》和其他有關法律、行政法規、部門規章，財政部對《行政單位會計制度》進行了修訂。修訂后的《行政單位會計制度》自 2014 年 1 月 1 日起施行。

（一）進一步明晰會計核算目標

會計核算目標是向會計信息使用者提供與行政單位財務狀況、預算執行情況等有關的會計信息，反應行政單位受託責任的履行情況，從而有助於會計信息使用者進行管理、監督和決策。兼顧行政單位預算管理和財務管理的雙重需求。

（二）改進會計核算方法

原制度僅對固定資產採用「雙分錄」核算方法，新制度進一步擴大了「雙分錄」核算方法應用範圍，除固定資產外，增加了在建工程、無形資產、政府儲備物資、公共基礎設施、存貨、預付帳款、應付帳款、長期應付款等非貨幣性資產和部分負債的「雙分錄」核算。

（三）更加完整體現財政改革對會計核算的要求

對近年來出抬的有關行政單位會計核算的補充規定進行系統梳理，在新制度中增加了「零余額帳戶用款額度」「財政應返還額度」「應付職工薪酬」等核算內容，將分散的會計規定集中體現在新制度中。

（四）充實資產負債核算的內容

1. 資產方面

細化了有關資產的核算內容。比如將原來通過「暫付款」核算的資產內容，細分為應收帳款、預付帳款和其他應收款。增加了無形資產、在建工程、待處理財產損溢、受託代理資產等的核算內容。詳細規定了取得資產沒有支付對價情況下的資產計量原則。

2. 負債方面

細化了有關負債的核算內容。比如將原來通過「暫存款」核算的負債內容，細分為應付帳款、其他應付款和長期應付款。增加了應繳稅費、應付政府補貼款、受託代理負債等核算內容。

（五）新增行政單位直接負責管理的為社會提供公共服務資產的核算規定

增設了「政府儲備物資」「公共基礎設施」帳戶，單獨核算反應為社會提供公共服務資產情況，與行政單位自用資產相區分。

（六）增加固定資產折舊和無形資產攤銷的會計處理

新制度要求固定資產折舊和無形資產攤銷時衝減相關淨資產，而非計入當期支出。這種處理方法在不影響準確反應預算支出的同時，真實體現資產價值。

（七）基建會計信息要定期並入「大帳」

解決了長期以來基建會計信息未在行政單位「大帳」上反應的問題，有利於保證會計信息的完整性。其做法是：按月編製科目匯總表及科目對照表（多借多貸），並據以匯總記帳。

（八）增加了淨資產核算的內容

增設了「資產基金」和「待償債淨資產」科目。資產基金用來核算反應行政單位非貨幣性資產在淨資產中占用的金額，不能作為以后支出的資金來源。待償債淨資產用來核算反應因發生應付帳款和長期應付款而相應需在淨資產中衝減的金額，分別核算財政撥款結轉、結余和其他資金結轉結余。

（九）進一步規範收入和支出的核算

1. 收入方面

按照行政單位取得收入的資金性質設置了「財政撥款收入」和「其他收入」科目，取消了「預算外資金收入」科目。

2. 支出方面

按照行政單位支出使用主體的不同，設置了「經費支出」和「撥出經費」科目。其中，「撥出經費」科目限定為核算向所屬單位撥出的非同級財政撥款資金。但對於收入和支出的確認，仍採用收付實現制為基礎。

（十）完善財務報表體系和結構

改進了資產負債表的結構，取消了原制度資產負債表中的收入和支出項目。在收入支出表中增加了反應單位結轉結余調整變動的項目。增加財政撥款收入支出表，專門反應單位在某一會計期間財政撥款收入、支出、結轉及結余情況的報表。

三、會計信息質量要求

新制度明確提出了六個信息質量要求：可靠性、相關性、全面性、及時性、可比性、可理解性。

（1）可靠性。行政單位應當以實際發生的經濟業務或者事項為依據進行會計核算，如實反應各項會計要素的情況和結果，保證會計信息真實可靠。

（2）相關性。行政單位提供的會計信息應當與行政單位受託責任履行情況的反應、會計信息使用者的管理、監督和決策需要相關，從而有助於會計信息使用者對行政單位過去、現在或者未來的情況作出評價或者預測。

（3）全面性。行政單位應當將發生的各項經濟業務或者事項全部納入會計核算，確保會計信息能夠全面反應行政單位的財務狀況和預算執行情況等。

（4）及時性。行政單位對於已經發生的經濟業務或者事項，應當及時進行會計核算，不得提前或者延后。

（5）可比性。行政單位提供的會計信息應當具有可比性。同一行政單位不同時期發生的相同或者相似的經濟業務或者事項，應當採用一致的會計政策，不得隨意變更。確需變更的，應當將變更的內容、理由和對單位財務狀況、預算執行情況的影響在附註中予以說明。不同行政單位發生的相同或者相似的經濟業務或者事項，應當採用統一的會計政策，確保不同行政單位會計信息口徑一致、相互可比。

（6）可理解性。行政單位提供的會計信息應當清晰明瞭，便於會計信息使用者理解和使用。

四、行政單位會計組織系統

根據行政隸屬和經費申報關係，行政單位會計組織系統分為主管會計單位、二級會計單位和基層會計單位三級。

（一）主管會計單位

主管會計單位是指向同級財政部門申報經費，並發生預算管理關係，有下級會計單位的行政單位。主管會計單位的主要任務是：

（1）編製本單位預算草案，審核所屬各單位預算草案，在此基礎上編製本單位和所屬各單位匯總的部門預算草案，並按規定及時報送同級財政部門審核。

（2）根據同級財政部門轉批的部門預算，嚴格監督本單位和所屬各單位執行經批准的部門預算。

（3）編製本單位決算草案，審核所屬各單位決算草案，在此基礎上編製本單位和所屬各單位匯總的部門決算草案，並按規定及時報送同級財政部門審核。

（4）核算本單位各項資產和負債，保護國有資產的安全、完整，及時清算各項待結算款項。

（二）二級會計單位

二級會計單位是指向主管會計單位或上級會計單位申報經費，並發生預算管理關係，有下級會計單位的行政單位。二級會計單位的主要任務是：

（1）編製本單位預算草案，審核所屬各單位預算草案，在此基礎上編製本單位和所屬各單位匯總的部門預算草案，並按規定及時報送主管會計單位或上級會計單位審核。

（2）根據主管會計單位或上級會計單位轉批的部門預算，嚴格監督本單位和所屬各單位執行經批准的部門預算。

（3）編製本單位決算草案，審核所屬各單位決算草案，在此基礎上編製本單位和所屬各單位匯總的決算草案，並按規定及時報送主管會計單位或上級會計單位審核。

（4）核算本單位各項資產和負債，保護國有資產的安全、完整，及時清算各項待結算款項。

主管會計單位和二級會計單位的主要區別在經費申報和預算管理方面。二級會計單位向主管會計單位申報經費並發生預算管理關係，主管會計單位向同級財政部門申報經費並發生預算管理關係。因此，二級會計單位的經費是通過主管會計單位向同級財政部門申報取得的。二級會計單位不能直接向財政部門申報預算經費。

（三）基層會計單位

基層會計單位是指向上級會計單位申報經費，並發生預算管理關係，沒有下級會計單位的行政單位。向同級財政部門申報經費，沒有下級會計單位的，視同基層會計單位。基層會計單位的主要任務是：

（1）編製本單位預算，並按規定及時報送上級會計單位或同級財政部門審核。

（2）根據上級會計單位或財政部門轉批的部門預算，嚴格監督本單位執行經批准的部門預算。

（3）編製本單位決算草案，並按規定及時報送上級會計單位或同級財政部門審核。

(4) 核算本單位各項資產和負債，保護國有資產的安全、完整，及時清算各項待結算款項。

基層會計單位視情況可能向上級會計單位申報經費並發生預算管理關係，也可能直接向同級財政部門申報經費並發生預算管理關係。具體視基層會計單位是否有上級會計單位而定。

主管會計單位、二級會計單位和基層會計單位實行獨立的會計核算，即負責核算本單位所有的經濟業務，並編製本單位完整的會計報表。不具備獨立核算條件的行政單位實行單據報帳制度，作為報銷單位管理。

五、行政單位會計制度科目表

表 10-1

序號	科目編號	會計科目名稱
一、資產類		
1	1001	庫存現金
2	1002	銀行存款
3	1011	零余額帳戶用款額度
4	1021 102101 102102	財政應返還額度 財政直接支付 財政授權支付
5	1212	應收帳款
6	1213	預付帳款
7	1215	其他應收款
8	1301	存貨
9	1501	固定資產
10	1502	累計折舊
11	1511	在建工程
12	1601	無形資產
13	1602	累計攤銷
14	1701	待處理財產損溢
15	1801	政府儲備物資
16	1802	公共基礎設施
17	1901	受託代理資產
二、負債類		
18	2001	應繳財政款
19	2101	應繳稅費
20	2201	應付職工薪酬
21	2301	應付帳款
22	2302	應付政府補貼款
23	2305	其他應付款

表10-1(續)

序號	科目編號	會計科目名稱
24	2401	長期應付款
25	2901	受託代理負債
三、淨資產類		
26	3001	財政撥款結轉
27	3002	財政撥款結余
28	3101	其他資金結轉結余
29	3501 350101 350111 350121 350131 350141 350151 350152	資產基金 預付款項 存貨 固定資產 在建工程 無形資產 政府儲備物資 公共基礎設施
30	3502	待償債淨資產
四、收入類		
31	4001	財政撥款收入
32	4011	其他收入
五、支出類		
33	5001	經費支出
34	5101	撥出經費

第十一章
行政單位資產的核算

第一節　行政單位資產概述

一、行政單位資產的概念

資產是指行政單位佔有或者使用的能以貨幣計量的經濟資源。

佔有是指行政單位對經濟資源擁有法律上的佔有權。由行政單位直接支配，供社會公眾使用的政府儲備物資、公共基礎設施等，也屬於行政單位核算的資產。

二、行政單位資產的內容

行政單位資產包括流動資產、固定資產、在建工程、無形資產等。其中，流動資產是指可以在 1 年以內（含 1 年）變現或者耗用的資產，包括庫存現金、銀行存款、零余額帳戶用款額度、財政應返還額度、應收及預付款項、存貨等。

零余額帳戶用款額度是指實行國庫集中支付的行政單位根據財政部門批覆的用款計劃收到和支用的零余額帳戶用款額度。

財政應返還額度是指實行國庫集中支付的行政單位應收財政返還的資金額度。

應收及預付款項是指行政單位在開展業務活動中形成的各項債權，包括應收帳款、預付帳款、其他應收款等。

存貨是指行政單位在工作中為耗用而儲存的資產，包括材料、燃料、包裝物和低值易耗品等。

固定資產是指使用期限超過 1 年（不含 1 年），單位價值在規定標準以上，並且在使用過程中基本保持原有物質形態的資產。

在建工程是指行政單位已經發生必要支出，但尚未交付使用的建設工程。

無形資產是指不具有實物形態而能夠為使用者提供某種權利的非貨幣性資產。

三、行政單位資產的計量

行政單位的資產應當按照取得時實際成本進行計量。除國家另有規定外，行政單位不得自行調整其帳面價值。

應收及預付款項應當按照實際發生額計量。

以支付對價方式取得的資產，應當按照取得資產時支付的現金或者現金等價物的金額，以及所付出的非貨幣性資產的評估價值等金額計量。

取得資產時沒有支付對價的，其計量金額應當按照有關憑據註明的金額加上相關稅費、運輸費等確定；沒有相關憑據但依法經過資產評估的，其計量金額應當按照評估價值加上相關稅費、運輸費等確定；沒有相關憑據也未經評估的，其計量金額比照同類或類似資產的市場價格加上相關稅費、運輸費等確定；沒有相關憑據也未經評估，其同類或類似資產的市場價格無法可靠取得的，所取得的資產應當按照名義金額（即人民幣1元，下同）入帳。

四、行政單位資產的攤銷

行政單位應當對無形資產進行攤銷。對無形資產計提攤銷的金額，應當根據無形資產原價和攤銷年限確定。

行政單位對固定資產、公共基礎設施是否計提折舊由財政部另行規定；按照規定對固定資產、公共基礎設施計提折舊的，折舊金額應當根據固定資產、公共基礎設施原價和折舊年限確定。

第二節　流動資產的核算

一、庫存現金

（一）庫存現金的管理

行政單位的庫存現金是行政單位在預算執行過程中為保證日常開支需要而存放在財務部門的貨幣資金。行政單位對庫存現金的管理要求是：

1. 堅持「錢帳分管，互相牽制」的原則

各行政單位出納人員和會計要分別管理，要設專職或兼職的出納人員管理現金出納工作。會計和出納人員要明確分工，各負其責，互相牽制。

2. 按國家規定的範圍使用現金

根據國務院《現金管理暫行條例》的規定，除限定範圍內的開支可以用現金支付以外，其他開支必須通過銀行轉帳方式支付。按照規定，現金使用範圍包括：

（1）支付給職工個人的工資、獎金、津貼；

（2）支付給個人的勞動報酬；

（3）根據國家規定頒發給個人的科學、技術、文化、教育、衛生、體育等各種獎金；

（4）各種勞保、福利費用以及國家規定對個人的其他支出；

（5）向個人收購農副產品和其他物質的價款；

（6）支付出差人員必須隨身攜帶的差旅費；

（7）結算起點以下的零星支出；

（8）中國人民銀行確定需要支付現金的其他支出。

3. 嚴格遵守銀行核定的庫存現金的限額

行政單位為了辦理日常零星開支，需要經常保持一定數量的庫存備用金，但為了防止現金積壓，控制貨幣發行，國家銀行規定要進行限額管理，各單位的庫存現金，必須經過開戶銀行核定，除核定的庫存限額以外，其余必須存入開戶銀行，不得自行保留。庫存現金限額由單位提出計劃，報開戶銀行審查批准，需要調整庫存現金限額時，應再向開戶銀行申請報批。

4. 不準坐支現金

以本單位收入的現金直接支付支出，叫做坐支。按照銀行制度規定，行政單位每天收入的現金，必須當天送存銀行，不能直接支用，不許任意坐支。因特殊原因需要坐支的，應事先報經開戶銀行審查批准，由開戶銀行核定坐支範圍和限額，坐支單位應定期向銀行報送坐支金額和使用情況。

5. 現金收支業務必須根據合法憑證辦理

單位辦理任何現金收支，都必須以合法的原始憑證為依據。出納人員付出現金后，應當在原始單據上加蓋「現金付訖」戳記，並在當天入帳，不準以借據抵現金不入帳。收到現金后，屬於各項收入的現金，都應當開給對方收款收據。現金不準借給私人，不準以白條抵庫，不準套取現金，對收付現金的各種原始單據，應統一保管。在現金收付業務中，嚴密手續，防止漏洞。

6. 如實反應現金庫存，保證帳款相符

現金收支應及時入帳，出納人員應於每日終了后結清當天帳目，並將帳面庫存現金和實際庫存現金核對，不得以借據或白條抵頂現金庫存。若發現長款或短款，應及時查明原因，作出處理，保證帳款相符。

（二）庫存現金的核算

1. 現金的明細核算

現金的明細核算採用「現金日記帳」進行序時核算。現金收付必須根據經過審核無誤的原始憑證辦理現金收支業務，出納人員應在有關原始憑證上加蓋「收訖」或「付訖」戳記。根據已辦完收付業務的原始憑證編製記帳憑證，據以登記現金日記帳。

編製記帳憑單，原則上要求根據一項經濟業務的原始憑證編製一張記帳憑證。某些業務可將同一天內發生的同類會計事項的原始憑證合併匯總編製記帳憑證。

現金日記帳一般採用三欄式訂本帳。登記現金日記帳的要求如下：

（1）分工明確，專人負責，由出納人員登記；

（2）憑證齊全，內容完整；

（3）逐日、逐筆序時登記，不拖延積壓；

（4）連續登記，不得跳行、隔頁，不得隨便更換帳簿，不準撕毀帳頁，登記若發生錯誤，按規定方法更正；

（5）書寫工整，摘要清楚簡明，數字真實、準確；

（6）按時結帳，帳款相符。

2. 現金的總分類核算

為反應行政單位庫存現金的收支和結存情況，應設置「庫存現金」總帳科目。該科目按照實際收入和支出數記帳，借方反應庫存現金的增加，貸方反應現金的減少，本科目期末借方余額反應行政單位庫存現金的數額。每日業務終了，應計算當日的現金收入合計數、支出合計數和結余數，並將結余數與庫存現金數相核定，做到帳實相符。

【例 11-1】某行政單位從財政部門為單位開設的單位零余額帳戶提取現金 1,000 元。

借：庫存現金　1,000

　貸：零余額帳戶用款額度　1,000

【例 11-2】某行政單位用現金 500 元購買辦公用品。

借：經費支出　500

　貸：庫存現金　500

【例 11-3】該行政單位機關工作人員因公出差預支現金 400 元。

借：其他應收款　400

　貸：庫存現金　400

【例 11-4】該工作人員出差歸來報銷差旅費 350 元，退回現金 50 元。

借：經費支出　350

　　庫存現金　50

　貸：其他應收款　400

3. 現金的清查

每日業務終了，登記完現金日記帳並結出余額之后，應盤點庫存現金，並與帳面余額進行核對。核對庫存現金時發現有待查明原因的現金短缺或溢余，應通過「待處理財產損溢」科目核算。如果屬於現金短缺，應當按照實際短缺的金額，借記「待處理財產損溢」帳戶，貸記本帳戶；如果屬於現金溢余，應當按照實際溢余的金額，借記本帳戶，貸記「待處理財產損溢」帳戶。待查明原因后作如下處理：

如為現金短缺，屬於應由責任人賠償或向有關人員追回的部分，借記「其他應收款」帳戶，貸記「待處理財產損溢」帳戶；屬於無法查明原因的，根據管理權限經批准后，借記「經費支出」帳戶，貸記「待處理財產損溢」帳戶。

如為現金溢余，屬於應支付給有關人員或單位的，借記「待處理財產損溢」帳戶，貸記「其他應付款」帳戶；屬於無法查明原因的，根據管理權限經批准后，借記「待處理財產損溢」帳戶，貸記「其他收入」帳戶。

【例 11-5】某行政單位在盤點庫存現金時，發現有長款 2,000 元，原因待查。

借：庫存現金　2,000

　貸：待處理財產損溢　2,000

待查明原因后作如下帳務處理：

借：待處理財產損溢　2,000

　貸：其他應付款　2,000

　或：其他收入　2,000

若發現庫存現金出現短款 2,000 元，則帳務處理如下：

借：待處理財產損溢　2,000

　貸：庫存現金　2,000

【例 11-6】續上例，經查明，其長款為應支付給有關人員費用。

借：待處理財產損溢　2,000

　貸：其他應付款　2,000

行政單位有外幣現金的，應當分別按照人民幣、外幣種類設置「現金日記帳」進行明細核算。有現金為受託代理資產的行政單位，應當在本帳戶下設置「受託代理資產」明細帳，對單位受託代理資產中的庫存現金進行明細核算。

4. 受託代理現金的收付

收到受託代理的現金時：

借：庫存現金

　貸：受託代理負債

支付受託代理的現金時：

借：受託代理負債

　貸：庫存現金

二、銀行存款

（一）銀行存款的管理

行政單位按規定可保留必要的小額現金收付外，大量的資金都必須存入銀行或其他金融機構，辦理轉帳結算。單位在銀行開立的存款戶，只供本單位進行資金收付，不準將帳戶出租、出借給其他單位和個人使用。不準簽發空頭支票或遠期支票。

行政單位開設銀行存款帳戶，應當報同級財政部門審批，並由財務部門統一管理。銀行存款的收付業務，要根據合法的原始憑證，按照銀行結算制度的要求，認真履行各項手續。要按月和銀行對帳，保證帳帳相符、帳款相符。

（二）銀行存款的核算

行政單位應設置「銀行存款」科目。該科目用來核算行政單位存入銀行及其他金融機構的各種款項。該科目的借方登記收入的存款數額，貸方登記付出的存款數額，期末借方余額表示行政單位銀行存款的結余數額。

行政單位應當按開戶銀行和其他金融機構、存款種類及幣種等，分別設置「銀行存款日記帳」，由出納人員根據收付款憑證，按照業務的發生順序逐筆登記，每日終了應結出余額。「銀行存款日記帳」應定期與「銀行對帳單」核對，至少每月核對一次。月度終了，行政單位帳面余額與銀行對帳單余額之間如有差額，必須逐筆查明原因並進行處理，按月編製銀行存款余額調節表，調節相符。

行政單位發生外幣業務的，應當按照業務發生當日或當期期初的即期匯率，將外幣金額折算為人民幣金額記帳，並登記外幣金額和匯率。期末，各種外幣帳戶的期末余額，應當按照期末的即期匯率折算為人民幣，作為外幣帳戶期末人民幣余額。調整后的各種外幣帳戶人民幣余額與原帳面余額的差額，作為匯兌損溢計入當期支出。

有銀行存款為受託代理資產的行政單位，應當在本帳戶下設置「受託代理資產」明細帳，對單位受託代理資產中的銀行存款進行明細核算。

【例 11-7】某行政單位收到財政部門撥入專項經費 50,000 元，存入銀行。

	借	貸
借：銀行存款	50,000	
貸：財政撥款收入		50,000

【例 11-8】該行政單位從銀行轉撥下屬單位專項資金 30,000 元。

	借	貸
借：撥出經費	30,000	
貸：銀行存款		30,000

【例 11-9】某行政單位以轉帳支票購置辦公用品一批，價款 2,000 元。

借：經費支出　　2,000

　貸：銀行存款　　2,000

收到受託代理的銀行存款時：

借：銀行存款

　貸：受託代理負債

支付受託代理的銀行存款時：

借：受託代理負債

　貸：銀行存款

行政單位發生外幣業務的，應當按照業務發生當日或當期期初的即期匯率，將外幣金額折算為人民幣金額記帳，並登記外幣金額和匯率。期末，各種外幣帳戶的期末余額，應當按照期末的即期匯率折算為人民幣，作為外幣帳戶期末人民幣余額。調整后的各種外幣帳戶人民幣余額與原帳面余額的差額，作為匯兌損溢計入當期支出。

(三) 銀行存款的清查

為保證銀行存款核算準確無誤，出納人員應按月將單位的銀行存款日記帳與銀行對帳單進行核對。具體方法是：由銀行將對帳單送至開戶單位，單位經核對無誤后即將對帳單的回執聯加蓋財務章后退還銀行；如核對不符，應及時查找原因。有可能是由於存在未達帳項，而使得單位銀行帳余額與銀行對帳單余額不符，需要編製銀行存款余額調節表，以消除未達帳項的影響，進而查明雙方帳目是否相符。

未達帳項是指因結算憑證在傳遞過程中，造成單位與銀行之間入帳時間不一致，一方已經入帳而另一方尚未入帳的會計事項。一般包括以下四種情況：

(1) 單位已經收款入帳，但銀行因尚未辦妥結算劃款手續而尚未將款項記入單位帳戶；

(2) 單位已經付款入帳，但銀行因尚未辦妥結算劃款手續而尚未將款項從單位帳戶劃出；

(3) 銀行已經收款入帳，但單位因結算憑證未到而尚未將收款入帳；

(4) 銀行已經付款入帳，但單位因結算憑證未到而尚未付款入帳。

調節未達帳項，編製銀行存款余額調節表的基本方法是：分別從單位銀行帳和銀行對帳單各自的余額出發，補記上對方已入帳而自己未入帳的未達帳項，減去對方已付而自己未付的未達帳項，求得調節后的余額。如果這兩個調節后的余額相符，則表明雙方帳目相符。銀行存款余額調節表見表 11-1。

表 11-1　　銀行存款余額調節表

年　月　日　　單位：元

項目	金額	項目	金額
單位銀行存款帳面余額		銀行對帳單余額	
加：銀行已收單位未收		加：單位已收銀行未收	
減：銀行已付單位未付		減：單位已付銀行未付	
調節后余額：		調節后余額：	

【例 11-10】某行政單位 2014 年 8 月末收到開戶銀行送來對帳單一張，對帳單上的余額為 35,800 元，單位銀行存款的帳面余額為 34,300 元。經核對，發現存在下列未達帳項：

(1) 單位委託銀行收款 2,600 元，銀行已辦理入帳，單位尚未收到憑證故未入帳；

(2) 銀行已劃轉水電費 400 元，通信費 500 元，單位尚未收到結算憑證故未入帳；

(3) 單位收到支票一張已經入帳，金額 1,900 元，銀行尚未進帳；

(4) 單位簽發轉帳支票一張 1,700 元，用於支付維修費，但持票人尚未到銀行辦理轉帳劃款手續，銀行尚未入帳。

根據上述資料編製該單位銀行存款余額調節表，見表 11-2。

表 11-2 某行政單位銀行存款余額調節表

2014 年 8 月 31 日 單位：元

項目	金額	項目	金額
單位銀行存款帳面余額	34,300	銀行對帳單余額	35,800
加：銀行已收單位未收	2,600	加：單位已收銀行未收	1,900
減：銀行已付單位未付	900	減：單位已付銀行未付	1,700
調節后余額：	36,000	調節后余額：	36,000

三、零余額帳戶用款額度

(一) 零余額帳戶用款額度的概念

零余額帳戶用款額度是指實行國庫集中支付的行政單位根據財政部門批覆的用款計劃收到和支用的零余額帳戶用款額度。

在施行國庫單一帳戶制度改革后，納入財政國庫單一帳戶體系的行政單位，財政部門為其在商業銀行開設單位零余額帳戶，用於財政部門對該單位的授權支付。行政單位根據經批准的單位預算和用款計劃，自行向單位零余額帳戶的代理銀行開具支付令，從單位零余額帳戶向收款人支付款項。代理銀行在將行政單位開具的支付令與單位預算和用款計劃核對后，向收款人支付款項。代理銀行於當日通過行政單位的零余額帳戶與財政國庫單一帳戶進行資金清算，清算后行政單位零余額帳戶的余額為零。行政單位的零余額帳戶是一個過渡帳戶，不存在實存財政資金，財政預算資金全部存放於國庫單一帳戶。但是，由於行政單位可以隨時自行開具支付令在額度內使用單位零余額帳戶進行支付，因此其實質是行政單位的一項特殊流動資產。

(二) 零余額帳戶用款額度的核算

為核算行政單位在單位零余額帳戶用款額度中的財政授權支付業務，應設置「零余額帳戶用款額度」總帳科目。

收到財政授權支付額度到帳通知書時，根據該通知書所列數額，借記本帳戶，貸記「財政撥款收入」帳戶。按規定支用額度時，借記有關支出帳戶，貸記本帳戶。從零余額帳戶提取現金時，借記「庫存現金」帳戶，貸記本帳戶。本帳戶期末借方余額，反應行政單位尚未支用的零余額帳戶用款額度。年度終了註銷單位零余額帳戶用款額度后，本帳戶應無余額。

【例 11-11】某行政單位收到財政授權支付額度到帳通知書，該通知書上列示該行政單位獲得財政授權支付額度為 500, 000 元。

借：零余額帳戶用款額度　　500, 000
　貸：財政撥款收入　　500, 000

【例 11-12】某行政單位通過零余額帳戶購買一批辦公用品，花費 36, 000 元，該批辦公用品已經驗收入庫。

借：存貨　　36, 000
　貸：零余額帳戶用款額度　　36, 000

【例 11-13】某行政單位經財政部門批准，從零余額帳戶向其他銀行存款戶歸還使用其他資金墊付的款項 120, 000 元。

借：銀行存款　　120, 000
　貸：零余額帳戶用款額度　　120, 000

同時，

借：經費支出——財政撥款支出　　120, 000
　貸：經費支出——其他資金支出　　120, 000

年末，根據代理銀行提供的對帳單作銀行註銷額度的相關帳務處理，借記「財政應返還額度——財政授權支付」帳戶，貸記本帳戶。如單位本年度財政授權支付預算指標數大於財政授權支付額度下達數，根據兩者間的差額，借記「財政應返還額度——財政授權支付」帳戶，貸記「財政撥款收入」帳戶。

下年度年初，行政單位根據代理銀行提供的額度恢復到帳通知書作恢復額度的相關帳務處理，借記本帳戶，貸記「財政應返還額度——財政授權支付」帳戶。行政單位收到財政部門批覆的上年末下達零余額帳戶用款額度時，借記本帳戶，貸記「財政應返還額度——財政授權支付」帳戶。

具體核算，詳見「財政應返還額度」。

四、財政應返還額度

（一）財政應返還額度的概念

在財政國庫單一帳戶制度下，年度終了，在財政直接支付方式下，如果行政單位通過財政零余額帳戶發生的實際財政直接支付數小於財政直接支付用款額度數，行政單位就存在尚未使用的財政直接支付用款額度；在財政授權支付方式下，如果行政單位通過單位零余額帳戶發生的實際財政授權支付數小於財政授權支付額度數，行政單位就存在尚未使用的財政授權支付用款額度。

財政部門對行政單位尚未使用的財政直接支付用款額度和財政授權支付用款額度，採用先註銷后恢復的管理辦法。即年度終了，財政部門對行政單位尚未使用的用款額度進行註銷；次年初，財政部門再對行政單位尚未使用的用款額度予以恢復，即上一年尚未使用的用款額度，在次年可以繼續按計劃使用。當年尚未使用的用款額度，構成行政單位的財政應返還額度。

對於尚未納入財政國庫單一帳戶制度改革的行政單位，沒有財政應返還額度的業務內容。

（二）財政應返還額度的核算

為核算行政單位財政應返還額度的業務，應設置「財政應返還額度」總帳科目。本科目應當設置「財政直接支付」「財政授權支付」兩個明細科目，進行明細核算。本科目期末借方余額，反應行政單位尚未使用的以前年度財政資金額度。

年末，行政單位根據本年度財政直接支付預算指標數與財政直接支付實際支出數的差額，借記本帳戶（財政直接支付），貸記「財政撥款收入」帳戶。年末，財政授權支付尚未使用資金額度的帳務處理，參見「零余額帳戶用款額度」科目。下年初恢復以前年度財政資金額度的帳務處理，參見「零余額帳戶用款額度」科目。

行政單位使用以前年度財政資金額度的帳務處理：行政單位使用以前年度財政直接支付額度發生支出時，借記有關支出帳戶，貸記本帳戶（財政直接支付）。行政單位使用以前年度財政授權支付額度發生支出時的帳務處理，參見「零余額帳戶用款額度」科目。

【例 11-14】某行政單位已經納入財政國庫單一帳戶制度改革，本年度財政直接支付預算指標為 5,600,000 元，財政授權支付預算指標數為 3,500,000 元。年終，財政直接支付實際支出 5,000,000 元，財政授權支付實際支出 3,000,000 元。年末，該行政單位帳務處理如下：

借：財政應返還額度——財政直接支付　600,000
　　　　　　　　　——財政授權支付　500,000
　貸：財政撥款收入　600,000
　　　零余額帳戶用款額度　500,000

【例 11-15】續上例，次年初，該行政單位獲得財政部門批覆同意恢復上一年尚未使用的用款額度。

借：零余額帳戶用款額度　500,000
　貸：財政應返還額度　500,000

對恢復的財政直接支付用款額度，不用作會計處理。

【例 11-16】續上例，該行政單位使用恢復的直接支付額度支付辦公經費 8,000 元。

借：經費支出　8,000
　貸：財政應返還額度　8,000

（三）財政直接支付與財政授權支付核算對比

1. 取得額度時

直接支付下，不確認。

授權支付下：

借：零余額帳戶用款額度
　貸：財政撥款收入

2. 使用時

直接支付下：

借：經費支出等

貸：財政撥款收入
授權支付下：
借：經費支出等
貸：零余額用帳戶款額度
3. 年終時，對未使用的額度
直接支付下：
借：財政應返還額度
貸：財政撥款收入
授權支付下：
借：財政應返還額度
貸：零余額帳戶用款額度
4. 下年初恢復時
直接支付下，不確認。
授權支付下：
借：零余額帳戶用額額度
貸：財政應返還額度
5. 下年使用上年額度時
直接支付下：
借：經費支出等
貸：財政應返還額度
授權支付下：
借：經費支出等
貸：零余額帳戶用款額度

五、應收及預付款項

應收及預付款項是指行政單位在開展業務活動中形成的各項債權，包括應收帳款、預付帳款、其他應收款等。

（一）應收帳款

行政單位應設置「應收帳款」總帳科目。本科目用來核算行政單位出租資產、出售物資等應當收取的款項。行政單位收到的商業匯票，也通過本帳戶核算。本帳戶應當按照購貨、接受服務單位（或個人）或開出、承兌商業匯票的單位等進行明細核算。本帳戶期末借方余額，反應行政單位尚未收回的應收帳款。應收帳款應當在資產已出租或物資已出售且尚未收到款項時確認。本帳戶期末借方余額，反應行政單位尚未收回的應收帳款。

（1）出租資產發生的應收帳款。

出租資產尚未收到款項時，按照應收未收金額，借記本帳戶，貸記「其他應付款」帳戶。收回應收帳款時，借記「銀行存款」等帳戶，貸記本帳戶；同時，借記「其他應付款」帳戶，按照應繳的稅費，貸記「應繳稅費」帳戶，按照扣除應繳稅費后的淨額，貸記「應繳財政款」帳戶。

【例 11-17】某單位出租辦公用房 10 間，月租金 10 萬元，每月收一次租金，房子已出租 1 個月，但仍未收到租金。

月末，尚未收到租金時：

借：應收帳款　　100,000

貸：其他應付款　　100,000

由於國有資產出租收入應上繳財政，所以含稅租金在貸方暫記入「其他應付款」。

收到租金 10 萬元，應交 5%的營業稅。國有資產租金收入應上繳財政。

借：銀行存款　　100,000

貸：應收帳款　　100,000

借：其他應付款　　100,000

貸：應繳稅費　　5,000

應繳財政款　　95,000

（2）出售物資發生的應收帳款。

物資已發出並到達約定狀態且尚未收到款項時，按照應收未收金額，借記本帳戶，貸記「待處理財產損溢」帳戶。收回應收帳款時，借記「銀行存款」等帳戶，貸記本帳戶。

【例 11-18】某單位出售一批舊電腦 10 臺，價值 20,000 元，電腦已發出，但尚未收到款項。

電腦發出時：

借：應收帳款　　20,000

貸：待處理財產損溢　　20,000

收到價款時：

借：銀行存款　　20,000

貸：應收帳款　　20,000

（3）收到商業匯票。

出租資產收到商業匯票，按照商業匯票的票面金額，借記本帳戶，貸記「其他應付款」帳戶。出售物資收到商業匯票，按照商業匯票的票面金額，借記本帳戶，貸記「待處理財產損溢」帳戶。

商業匯票到期收回款項時，借記「銀行存款」等帳戶，貸記本帳戶。其中，出租資產收回款項的，還應當同時借記「其他應付款」帳戶，按照應繳的稅費，貸記「應繳稅費」帳戶，按照扣除應繳稅費后的淨額，貸記「應繳財政款」帳戶。核算見【例 11-17】。

行政單位應當設置商業匯票備查簿，逐筆登記每一筆應收商業匯票的種類、號數、出票日期、到期日、票面金額、交易合同號等相關信息資料。商業匯票到期結清票款或退票后，應當在備查簿內逐筆註銷。

（4）逾期 3 年或以上、有確鑿證據表明確實無法收回的應收帳款，按規定報經批准后予以核銷。核銷的應收帳款應在備查簿中保留登記。

轉入待處理財產損溢時，按照待核銷的應收帳款金額，借記「待處理財產損溢」帳戶，貸記本帳戶。

已核銷的應收帳款在以后期間收回的，借記「銀行存款」帳戶，貸記「應繳財政款」等帳戶。

【例 11-19】某行政單位處置帳齡 4 年的應收帳款一筆，金額 100,000 元。

借：待處理財產損溢　100,000

　貸：應收帳款　100,000

經批准，予以核銷時：

借：其他應付款　100,000

　貸：待處理財產損溢　100,000

由於應收帳款發生時，並未確認收入，即對應貸方科目為「其他應付款」，所以在核銷時，借「其他應付款」，予以平帳。

下年度，上筆已核銷的應收帳款又收回了。

借：銀行存款　100,000

　貸：應繳財政款　100,000

（二）預付帳款

行政單位應設置「預付帳款」總帳科目。本科目用來核算行政單位按照購貨、服務合同規定預付給供應單位（或個人）的款項。行政單位依據合同規定支付的定金，也通過本帳戶核算。行政單位支付可以收回的訂金，不通過本帳戶核算，應當通過「其他應收款」帳戶核算。本帳戶應當按照供應單位（或個人）進行明細核算。預付帳款應當在已支付款項且尚未收到物資或服務時確認。本帳戶期末借方余額，反應行政單位實際預付但尚未結算的款項。

（1）發生預付帳款時，借記本帳戶，貸記「資產基金——預付款項」帳戶；同時，借記「經費支出」帳戶，貸記「財政撥款收入」「零余額帳戶用款額度」「銀行存款」等帳戶。

（2）收到所購物資或服務時，按照相應預付帳款金額，借記「資產基金——預付款項」帳戶，貸記本帳戶；發生補付款項的，按照實際補付的款項，借記「經費支出」帳戶，貸記「財政撥款收入」「零余額帳戶用款額度」「銀行存款」等帳戶。收到物資的，同時按照收到所購物資的成本，借記有關資產帳戶，貸記「資產基金」及相關明細帳戶。

【例 11-20】某單位與某公司約定購買兩臺設備，每臺價款 100,000 元，該單位先支付 50%的預付款。該公司收到預付款后，過 3 個月將設備運抵該單位並負責調試成功，該單位於驗收合格當日支付剩余的 50%價款。

支付預付款時：

借：預付帳款　100,000

　貸：資產基金——預付款項　100,000

借：經費支出　100,000

　貸：零余額帳戶用款額度　100,000

為什麼要這樣通過雙分錄來反應呢？從上面的帳務處理可以看出：

經費支出的借方發生額，最終會導致淨資產的減少，但預付帳款的增加又形成了資產，所以資產基金的增加又剛好抵消了經費支出對淨資產造成的影響。事實上，該項業務是資產內部的此增彼減，即零余額帳戶用款額度減少、預付帳款增加，淨資產保持不變。這樣的帳務處理，既滿足了收付實現制對支出發生的確認要求，實現了會計信息反應預算執行的會計目標，又滿足對債權的及時確認，符合會計信息要反應單位財務狀況的目標。

3 個月后，收到所購設備，並支付剩余 50%的價款。

借：資產基金——預付款項　　100,000

　貸：預付帳款　　100,000

借：經費支出　　100,000

　貸：零余額帳戶用款額度　　100,000

借：固定資產　　200,000

　貸：資產基金——固定資產　　200,000

(3) 發生當年預付帳款退回的，借記「資產基金——預付款項」帳戶，貸記本帳戶；同時，借記「財政撥款收入」「零余額帳戶用款額度」「銀行存款」等帳戶，貸記「經費支出」帳戶。

發生以前年度預付帳款退回的，借記「資產基金——預付款項」帳戶，貸記本帳戶；同時，借記「財政應返還額度」「零余額帳戶用款額度」「銀行存款」等帳戶，貸記「財政撥款結轉」「財政撥款結余」「其他資金結轉結余」等帳戶。

(4) 逾期 3 年或以上、有確鑿證據表明確實無法收到所購物資和服務，且無法收回的預付帳款，按照規定報經批准后予以核銷。核銷的預付帳款應在備查簿中保留登記。

轉入待處理財產損溢時，按照待核銷的預付帳款金額，借記「待處理財產損溢」帳戶，貸記本帳戶。

已核銷的預付帳款在以后期間又收回的，借記「零余額帳戶用款額度」「銀行存款」等帳戶，貸記「財政撥款結轉」「財政撥款結余」「其他資金結轉結余」等帳戶。

(三) 其他應收款

行政單位應設置「其他應收款」總帳科目。本科目用來核算行政單位除應收帳款、預付帳款以外的其他各項應收及暫付款項，如職工預借的差旅費、撥付給內部有關部門的備用金、應向職工收取的各種墊付款項等。本帳戶期末借方余額，反應行政單位尚未收回的其他應收款。

本帳戶為新增帳戶。

(1) 發生其他應收及暫付款項時，借記本帳戶，貸記「零余額帳戶用款額度」「銀行存款」等帳戶。

【例 11-21】某行政單位人員李某出差預借差旅費 1,000 元，財務部門以現金支付。

借：其他應收款——李某　　1,000

　貸：庫存現金　　1,000

(2) 收回或轉銷上述款項時，借記「銀行存款」「零余額帳戶用款額度」或有關支出等帳戶，貸記本帳戶。

【例 11-22】續上例，該行政單位李某出差回來，報銷差旅費 800 元，交回現金 200 元。

借：庫存現金　　200

經費支出　800

貸：其他應收款——李某　1,000

(3) 行政單位內部實行備用金制度的，有關部門使用備用金以后應當及時到財務部門報銷並補足備用金。財務部門核定並發放備用金時，借記本帳戶，貸記「庫存現金」等帳戶。根據報銷數用現金補足備用金定額時，借記「經費支出」帳戶，貸記「庫存現金」等帳戶，報銷數和撥補數都不再通過本帳戶核算。

(4) 逾期3年或以上、有確鑿證據表明確實無法收回的其他應收款，按規定報經批准后予以核銷。核銷的其他應收款應在備查簿中保留登記。

轉入待處理財產損溢時，按照待核銷的其他應收款金額，借記「待處理財產損溢」帳戶，貸記本帳戶。

已核銷的其他應收款在以后期間又收回的，如屬於在核銷年度內收回的，借記「銀行存款」等帳戶，貸記「經費支出」帳戶；如屬於在核銷年度以后收回的，借記「銀行存款」等帳戶，貸記「財政撥款結轉」「財政撥款結余」「其他資金結轉結余」等帳戶。

六、存貨

本帳戶用來核算行政單位在開展業務活動及其他活動中為耗用而儲存的各種物資，包括材料、燃料、包裝物和低值易耗品及未達到固定資產標準的家具、用具、裝具等的實際成本。

行政單位接受委託人指定受贈人的轉贈物資，應當通過「受託代理資產」帳戶核算，不通過本帳戶核算。

行政單位隨買隨用的零星辦公用品等，可以在購進時直接列作支出，不通過本帳戶核算。

本帳戶應當按照存貨的種類、規格和保管地點等進行明細核算。行政單位有委託加工存貨業務的，應當在本帳戶下設置「委託加工存貨成本」帳戶。出租、出借的存貨，應當設置備查簿進行登記。

存貨應當在其到達存放地點並驗收后確認。

本帳戶期末借方余額，反應行政單位存貨的實際成本。

(1) 存貨在取得時，應當按照其實際成本入帳。

①購入的存貨，其成本包括購買價款、相關稅費、運輸費、裝卸費、保險費以及其他使得存貨達到目前場所和狀態所發生的支出。

購入的存貨驗收入庫，按照確定的成本，借記本帳戶，貸記「資產基金——存貨」帳戶；同時，按照實際支付的金額，借記「經費支出」帳戶，貸記「財政撥款收入」「零余額帳戶用款額度」「銀行存款」等帳戶；對於尚未付款的，應當按照應付未付的金額，借記「待償債淨資產」帳戶，貸記「應付帳款」帳戶。

②置換換入的存貨，其成本按照換出資產的評估價值，加上支付的補價或減去收到的補價，加上為換入存貨支付的其他費用（運輸費等）確定。

換入的存貨驗收入庫，按照確定的成本，借記本帳戶，貸記「資產基金——存貨」帳戶；同時，按實際支付的補價、運輸費等金額，借記「經費支出」帳戶，貸記「財政撥款收入」「零余額帳戶用款額度」「銀行存款」等帳戶。

③接受捐贈、無償調入的存貨，其成本按照有關憑據註明的金額加上相關稅費、運輸費等確定；沒有相關憑據可供取得，但依法經過資產評估的，其成本應當按照評估價值加上相關稅費、運輸費等確定；沒有相關憑據可供取得、也未經評估的，其成本比照同類或類似存貨的市場價格加上相關稅費、運輸費等確定；沒有相關憑據也未經評估，其同類或類似存貨的市場價格無法可靠取得，該存貨按照名義金額入帳。

接受捐贈、無償調入的存貨驗收入庫，按照確定的成本，借記本帳戶，貸記「資產基金——存貨」帳戶；同時，按實際支付的相關稅費、運輸費等金額，借記「經費支出」帳戶，貸記「財政撥款收入」「零余額帳戶用款額度」「銀行存款」等帳戶。

④委託加工的存貨，其成本按照未加工存貨的成本加上加工費用和往返運輸費等確定。

委託加工的存貨出庫，借記本帳戶下的「委託加工存貨成本」明細帳戶，貸記本帳戶下的相關明細帳戶。支付加工費用和相關運輸費等時，借記「經費支出」帳戶，貸記「財政撥款收入」「零余額帳戶用款額度」「銀行存款」等帳戶；同時，按照相同的金額，借記本帳戶下的「委託加工存貨成本」明細帳戶，貸記「資產基金——存貨」帳戶。委託加工完成的存貨驗收入庫時，按照委託加工存貨的成本，借記本帳戶下的相關明細帳戶，貸記本帳戶下的「委託加工存貨成本」明細帳戶。

（2）存貨發出時，應當根據實際情況採用先進先出法、加權平均法或者個別計價法確定發出存貨的實際成本。計價方法一經確定，不得隨意變更。

①開展業務活動等領用、發出存貨，按照領用、發出存貨的實際成本，借記「資產基金——存貨」帳戶，貸記本帳戶。

②經批准對外捐贈、無償調出存貨時，按照對外捐贈、無償調出存貨的實際成本，借記「資產基金——存貨」帳戶，貸記本帳戶。

對外捐贈、無償調出存貨發生由行政單位承擔的運輸費等支出，借記「經費支出」帳戶，貸記「財政撥款收入」「零余額帳戶用款額度」「銀行存款」等帳戶。

（3）經批准對外出售、置換換出的存貨，應當轉入待處理財產損溢，按照相關存貨的實際成本，借記「待處理財產損溢」帳戶，貸記本帳戶。

【例 11-23】某行政單位購入材料 100,000 元，當日收到貨物並驗收合格入庫價款採用財政授權支付方式支付。兩個月后，該單位領用這批材料中的一半。

收到材料並驗收入庫時：

	借方	貸方
借：存貨	100,000	
貸：資產基金——存貨		100,000
借：經費支出	100,000	
貸：零余額帳戶用款額度		100,000

根據收付實現制確認的基礎，在實際發生時，全部作為支出入帳。這樣雙分錄的帳務處理等同於「預付帳款」的帳務處理原理，這裡不再贅述。

兩個月后，領用材料 50,000 元。

	借方	貸方
借：資產基金——存貨	50,000	
貸：存貨		50,000

由於存貨在購入時已經同時全部記入了支出，所以在實際領用時，不再記支出。

【例 11-24】某行政單位辦公樓維修，從倉庫領用維修材料 100 千克，加權平均單價 10 元。

借：資產基金——存貨　　1,000

　貸：存貨——庫存材料　　1,000

【例 11-25】某行政單位先后購進 A 材料，第一批 40 件，單價 200 元/件，第二批 100 件，單價 180 元/件。以先進先出法進行計價。單位某部門領用 A 材料 100 件。

領用材料成本 = 40×200+60×180 = 18,080（元）

借：資產基金——存貨　　18,080

　貸：存貨——A 材料　　18,080

【例 11-26】某行政單位採用加權平均法進行計價，2012 年 5 月購入、發出、結存材料情況見表 11-3。

表 11-3

日期	摘要	入庫			出庫			結存		
		數量（件）	單價（元）	金額（元）	數量（件）	單價（元）	金額（元）	數量（件）	單價（元）	金額（元）
5.1	期初庫存							100	100	10,000
5.5	購入材料	200	115	23,000				300	110	33,000
5.15	領用材料				150			150		

當月材料加權平均單價 =（10,000+23,000）÷（100+200）

= 110（元）

當月領用材料成本 = 150×110 = 16,500（元）

帳務處理如下：

借：資產基金——存貨　　16,500

　貸：存貨——×材料　　16,500

【例 11-27】某行政單位對外出售一批 C 材料，原成本為 120,000 元，所得價款 150,000元，款項存入銀行。

借：待處理財產損溢　　120,000

　貸：存貨——C 材料　　120,000

實現出售時，承擔運費 400 元，以現金支付。

借：資產基金——存貨　　120,000

　貸：待處理財產損溢——資產處置價值　　120,000

借：銀行存款　　150,000

　貸：待處理財產損溢——處置淨收入　　150,000

借：待處理財產損溢——處置淨收入　　400

　貸：庫存現金　　400

出售完畢時：

借：待處理財產損溢——處置淨收入　　149,600
　貸：應繳財政款　　149,600

(3) 報廢、毀損的存貨，應當轉入待處理財產損溢，按照相關存貨的帳面余額，借記「待處理財產損溢」帳戶，貸記本帳戶。

(4) 行政單位的存貨應當定期進行清查盤點，每年至少盤點一次。對於發生的存貨盤盈、盤虧，應當及時查明原因，按規定報經批准后進行帳務處理。

①盤盈的存貨，按照取得同類或類似存貨的實際成本確定入帳價值；沒有同類或類似存貨的實際成本，按照同類或類似存貨的市場價格確定入帳價值；同類或類似存貨的實際成本或市場價格無法可靠取得，按照名義金額入帳。

盤盈的存貨，按照確定的入帳價值，借記本帳戶，貸記「待處理財產損溢」帳戶。

②盤虧的存貨，轉入待處理財產損溢時，按照其帳面余額，借記「待處理財產損溢」帳戶，貸記本帳戶。

【例 11-28】某行政單位月末盤點，發現甲材料盤虧 5 千克，單價 20 元，原因待查。

借：待處理財產損溢　　100
　貸：存貨——庫存材料　　100

【例 11-29】接上例，經批准予以核銷。

借：資產基金——存貨　　100
　貸：待處理財產損溢　　100

第三節　固定資產的核算

一、固定資產的標準

固定資產是指使用期限超過 1 年（不含 1 年）、單位價值在 1,000 元以上（其中，專用設備單位價值在 1,500 元以上），並在使用過程中基本保持原有物質形態的資產。單位價值雖未達到規定標準，但是耐用時間超過 1 年（不含 1 年）的大批同類物資，應當作為固定資產核算。

固定資產一般分為如下六類：

(1) 房屋及構築物；

(2) 通用設備；

(3) 專用設備；

(4) 文物和陳列品；

(5) 圖書、檔案；

(6) 家具、用具、裝具及動植物。

二、固定資產核算的有關說明

本帳戶核算行政單位各類固定資產的原價。

（1）固定資產的各組成部分具有不同的使用壽命、適用不同折舊率的，應當分別將各組成部分確認為單項固定資產。

（2）購入需要安裝的固定資產，應當先通過「在建工程」帳戶核算，安裝完畢交付使用時再轉入本帳戶核算。

（3）行政單位的軟件，如果其構成相關硬件不可缺少的組成部分，應當將該軟件的價值包括在所屬的硬件價值中，一併作為固定資產，通過本帳戶進行核算；如果其不構成相關硬件不可缺少的組成部分，應當將該軟件作為無形資產，通過「無形資產」帳戶核算。

（4）行政單位購建房屋及構築物不能夠分清支付價款中的房屋及構築物與土地使用權部分的，應當全部作為固定資產，通過本帳戶核算；能夠分清支付價款中的房屋及構築物與土地使用權部分的，應當將其中的房屋及構築物部分作為固定資產，通過本帳戶核算，將其中的土地使用權部分作為無形資產，通過「無形資產」帳戶核算；境外行政單位購買具有所有權的土地，作為固定資產，通過本帳戶核算。

（5）行政單位借入、以經營租賃方式租入的固定資產，不通過本帳戶核算，應當設置備查簿進行登記。

行政單位應當根據固定資產定義、有關主管部門對固定資產的統一分類，結合本單位的具體情況，制定適合本單位的固定資產目錄、具體分類方法，作為進行固定資產核算的依據。

行政單位應當設置「固定資產登記簿」和「固定資產卡片」，按照固定資產類別、項目和使用部門等進行明細核算。出租、出借的固定資產，應當設置備查簿進行登記。

三、固定資產的確認條件

（1）購入、換入、無償調入、接受捐贈不需安裝的固定資產，在固定資產驗收合格時確認。

（2）購入、換入、無償調入、接受捐贈需要安裝的固定資產，在固定資產安裝完成交付使用時確認。

（3）自行建造、改建、擴建的固定資產，在建造完成交付使用時確認。

四、固定資產的帳務處理

固定資產的主要帳務處理如下：

（1）取得固定資產時，應當按照其成本入帳。

第一，購入的固定資產，其成本包括實際支付的購買價款、相關稅費、使固定資產交付使用前所發生的可歸屬於該項資產的運輸費、裝卸費、安裝費和專業人員服務費等。

以一筆款項購入多項沒有單獨標價的固定資產，按照各項固定資產同類或類似固定資產市場價格的比例對總成本進行分配，分別確定各項固定資產的入帳價值。

購入不需安裝的固定資產，按照確定的固定資產成本，借記本帳戶，貸記「資產基金——固定資產」帳戶；同時，按照實際支付的金額，借記「經費支出」帳戶，貸記「財政撥款收入」「零余額帳戶用款額度」「銀行存款」等帳戶。

購入需要安裝的固定資產，先通過「在建工程」帳戶核算。安裝完工交付使用時，借記本帳戶，貸記「資產基金——固定資產」帳戶；同時，借記「資產基金——在建工程」帳戶，貸記「在建工程」帳戶。

購入固定資產分期付款或扣留質量保證金的，在取得固定資產時，按照確定的固定資產成本，借記本帳戶（不需安裝）或「在建工程」帳戶（需要安裝），貸記「資產基金——固定資產、在建工程」帳戶；同時，按照已實際支付的價款，借記「經費支出」帳戶，貸記「財政撥款收入」「零余額帳戶用款額度」「銀行存款」等帳戶；按照應付未付的款項或扣留的質量保證金等金額，借記「待償債淨資產」帳戶，貸記「應付帳款」或「長期應付款」帳戶。

【例 11-30】本單位通過政府採購購買小汽車一輛，車款 129,800 元，車輛購置稅 11,033 元，共計 140,833 元，款項由財政直接支付。

借：固定資產——小汽車　140,833
　貸：資產基金——固定資產　140,833
借：經費支出——基本支出（公用支出）（交通工具購置費）　140,833
　貸：財政撥款收入——財政直接支付　140,833

【例 11-31】本單位通過政府採購購買業務用計算機 5 臺，價款總計 73,100 元，驗收合格，交付使用，款項由財政直接支付。

借：經費支出——基本支出（公用支出）（專用設備購置費）　73,100
　貸：財政撥款收入——財政直接支付（基本支出撥款）　73,100
借：固定資產　73,100
　貸：資產基金——固定資產　73,100

【例 11-32】開出財政授權支付憑證，購買文件櫃 5 個，計 2,300 元，驗收合格，交付使用。

借：經費支出——基本支出（公用支出）（辦公設備購置費）　2,300
　貸：零余額帳戶用款額度　2,300
借：固定資產——文件櫃　2,300
　貸：資產基金——固定資產　2,300

【例 11-33】某行政單位購入一臺需安裝的設備，設備價款 350,000 元，安裝費用 8,000 元，已安裝完成交付使用。以單位零余額帳戶用款額度支付。

買入時：
借：在建工程　350,000
　貸：資產基金——在建工程　350,000
借：經費支出　350,000
　貸：零余額帳戶用款額度　350,000
安裝時：
借：在建工程　8,000
　貸：資產基金——在建工程　8,000
借：經費支出　8,000
　貸：零余額帳戶用款額度　8,000
安裝完成交付使用時：

借：固定資產　358,000
　貸：資產基金——固定資產　358,000
借：資產基金——在建工程　358,000
　貸：在建工程　358,000

第二，自行建造的固定資產，其成本包括建造該項資產至交付使用前所發生的全部必要支出。

固定資產的各組成部分需要分別核算的，按照各組成部分固定資產造價確定其成本；沒有各組成部分固定資產造價的，按照各組成部分固定資產同類或類似固定資產市場造價的比例對總造價進行分配，確定各組成部分固定資產的成本。

工程完工交付使用時，按照自行建造過程中發生的實際支出，借記本帳戶，貸記「資產基金——固定資產」帳戶；同時，借記「資產基金——在建工程」帳戶，貸記「在建工程」帳戶；已交付使用但尚未辦理竣工決算手續的固定資產，按照估計價值入帳，待確定實際成本后再進行調整。

【例 11-34】某行政單位採用出包方式建造房屋：

①用單位零余額帳戶用款額度預付工程款 3,000,000 元。

借：在建工程　3,000,000
　貸：資產基金——在建工程　3,000,000
借：經費支出　3,000,000
　貸：零余額帳戶用款額度　3,000,000

②工程完工，用零余額帳戶用款額度補付工程款 1,000,000 元。

借：在建工程　1,000,000
　貸：資產基金——在建工程　1,000,000
借：經費支出　1,000,000
　貸：零余額帳戶用款額度　1,000,000

③固定資產交付使用。

借：固定資產　4,000,000
　貸：資產基金——固定資產　4,000,000
借：資產基金——在建工程　4,000,000
　貸：在建工程　4,000,000

第三，自行繁育的動植物，其成本包括在達到可使用狀態前所發生的全部必要支出。

①購入需要繁育的動植物，按照購入的成本，借記本帳戶（未成熟動植物），貸記「資產基金——固定資產」帳戶；同時，按照實際支付的金額，借記「經費支出」帳戶，貸記「財政撥款收入」「零余額帳戶用款額度」「銀行存款」等帳戶。

②發生繁育費用，按照實際支付的金額，借記本帳戶（未成熟動植物），貸記「資產基金——固定資產」帳戶；同時，借記「經費支出」帳戶，貸記「財政撥款收入」「零余額帳戶用款額度」「銀行存款」等帳戶。

③動植物達到可使用狀態時，借記本帳戶（成熟動植物），貸記本帳戶（未成熟動植物）。

購入需要繁育的動植物時：

借：固定資產（未成熟動植物）
　貸：資產基金——固定資產
同時，
借：經費支出
　貸：零余額帳戶用款額度等
發生繁育費用時：
借：固定資產（未成熟動植物）
　貸：資產基金——固定資產
同時，
借：經費支出
　貸：零余額帳戶用款額度等
動植物達到可使用狀態時：
借：固定資產（成熟動植物）
　貸：固定資產（未成熟動植物）

第四，在原有固定資產基礎上進行改建、擴建、修繕的固定資產，其成本按照原固定資產的帳面價值（「固定資產」帳戶帳面余額減去「累計折舊」帳戶帳面余額后的淨值）加上改建、擴建、修繕發生的支出，再扣除固定資產拆除部分帳面價值后的金額確定。

將固定資產轉入改建、擴建、修繕時，按照固定資產的帳面價值，借記「在建工程」帳戶，貸記「資產基金——在建工程」帳戶；同時，按照固定資產的帳面價值，借記「資產基金——固定資產」帳戶，按照固定資產已計提折舊，借記「累計折舊」帳戶，按照固定資產的帳面余額，貸記本帳戶。

工程完工交付使用時，按照確定的固定資產成本，借記本帳戶，貸記「資產基金——固定資產」帳戶；同時，借記「資產基金——在建工程」帳戶，貸記「在建工程」帳戶。

【例 11-35】某行政單位對一棟房屋進行重新裝修，該幢房屋帳面余額 1,200,000元，累計折舊 400,000 元，支付裝修費 50,000 元，以銀行存款支付，裝修完后交付使用。

借：在建工程	600,000	
貸：資產基金——在建工程		600,000
借：資產基金——固定資產	800,000	
累計折舊	400,000	
貸：固定資產		1,200,000

支付裝修費時：

借：在建工程	50,000	
貸：資產基金——在建工程		50,000
借：經費支出	50,000	
貸：銀行存款		50,000

交付使用時：

借：固定資產	850,000	

貸：資產基金——固定資產　850,000
借：資產基金——在建工程　850,000
貸：在建工程　850,000

第五，置換取得的固定資產，其成本按照換出資產的評估價值加上支付的補價或減去收到的補價，加上為換入固定資產支付的其他費用（運輸費等）確定，借記本帳戶（不需安裝）或「在建工程」帳戶（需安裝），貸記「資產基金——固定資產、在建工程」帳戶；按照實際支付的補價、相關稅費、運輸費等，借記「經費支出」帳戶，貸記「財政撥款收入」「零余額帳戶用款額度」「銀行存款」等帳戶。

第六，接受捐贈、無償調入的固定資產，其成本按照有關憑據註明的金額加上相關稅費、運輸費等確定；沒有相關憑據可供取得，但依法經過資產評估的，其成本應當按照評估價值加上相關稅費、運輸費等確定；沒有相關憑據可供取得、也未經評估的，其成本比照同類或類似固定資產的市場價格加上相關稅費、運輸費等確定；沒有相關憑據也未經評估，其同類或類似固定資產的市場價格無法可靠取得，所取得的固定資產應當按照名義金額入帳。

接受捐贈、無償調入的固定資產，按照確定的成本，借記本帳戶（不需安裝）或「在建工程」帳戶（需要安裝），貸記「資產基金——固定資產、在建工程」帳戶；按照實際支付的相關稅費、運輸費等，借記「經費支出」帳戶，貸記「財政撥款收入」「零余額帳戶用款額度」「銀行存款」等帳戶。

（2）固定資產計提折舊在預計使用壽命內，按照確定的方法對應折舊金額進行系統分攤。設置「累計折舊」帳戶，按月計提固定資產折舊時，按照實際計提的金額，借記「資產基金——固定資產」帳戶，貸記「累計折舊」帳戶。本帳戶期末貸方余額，反應行政單位計提的固定資產折舊累計數。

有關說明如下：

①行政單位應當根據固定資產的性質和實際使用情況，合理確定其折舊年限。省級以上財政部門、主管部門對行政單位固定資產折舊年限作出規定的，從其規定。

②行政單位一般應當採用年限平均法或工作量法計提固定資產折舊。

③行政單位固定資產的應折舊金額為其成本，計提固定資產折舊不考慮預計淨殘值。

④行政單位一般應當按月計提固定資產折舊。當月增加的固定資產，當月不提折舊，從下月起計提折舊；當月減少的固定資產，當月照提折舊，從下月起不提折舊。

⑤固定資產提足折舊后，無論能否繼續使用，都不再計提折舊；提前報廢的固定資產，也不再補提折舊；已提足折舊的固定資產，可以繼續使用的，應當繼續使用，規範管理。

⑥固定資產因改建、擴建或修繕等原因而提高使用效能或延長使用年限的，應當按照重新確定的固定資產成本以及重新確定的折舊年限，重新計算折舊額。

【例 11-36】某行政單位對某一設備按月計提折舊，當月計提金額 2,000 元。
借：資產基金——固定資產　2,000
貸：累計折舊　2,000

【例 11-37】某行政單位 2014 年 1 月經批准，通過政府採購購置複印機一臺，貨款 21,000 元，增值稅為 3,570 元，驗收交付使用。款項由財政直接支付。預計使用年限 5 年，計算每月應計提折舊。

借：經費支出——基本支出（公用支出）（專用設備購置費）　24,570
　貸：財政撥款收入——財政直接支付（基本支出撥款）　24,570
借：固定資產——專用設備　24,570
　貸：資產基金——固定資產　24,570

從 2014 年 2 月開始該複印機每月應計提折舊：24,570÷（12×5）= 409.50（元）

借：資產基金——固定資產　409.50
　貸：累計折舊　409.50

需要注意的是，行政單位對下列固定資產不計提折舊：

①文物及陳列品；

②圖書、檔案；

③動植物；

④以名義金額入帳的固定資產；

⑤境外行政單位持有的能夠與房屋及構築物區分、擁有所有權的土地。

（3）與固定資產有關的后續支出，分以下兩種情況處理：

第一，為增加固定資產使用效能或延長其使用壽命而發生的改建、擴建或修繕等后續支出，應當計入固定資產成本，通過「在建工程」帳戶核算，完工交付使用時轉入本帳戶。有關帳務處理參見「在建工程」帳戶。

第二，為維護固定資產正常使用而發生的日常修理等后續支出，應當計入當期支出但不計入固定資產成本，借記「經費支出」帳戶，貸記「財政撥款收入」「零余額帳戶用款額度」「銀行存款」等帳戶。

（4）出售、置換換出固定資產。

經批准出售、置換換出的固定資產轉入待處理財產損溢時，按照固定資產的帳面價值，借記「待處理財產損溢」帳戶，按照已計提折舊，借記「累計折舊」帳戶，按照固定資產的帳面余額，貸記本帳戶。

【例 11-38】某行政單位經批准將一輛閒置汽車出售，帳面余額 150,000 元，累計折舊 30,000 元，出售取得價款 100,000 元，款項存入銀行。

借：待處理財產損溢——資產處置價值　120,000
　　累計折舊　30,000
　貸：固定資產　150,000

實現出售時：

借：資產基金——固定資產　120,000
　貸：待處理財產損溢——資產處置價值　120,000
借：銀行存款　100,000
　貸：待處理財產損溢——處置淨收入　100,000
借：待處理財產損溢——處置淨收入　100,000
　貸：應繳財政款　100,000

（5）無償調出、對外捐贈固定資產。

經批准無償調出、對外捐贈固定資產時，按照固定資產的帳面價值，借記「資產基金——固定資產」帳戶，按照已計提折舊，借記「累計折舊」帳戶，按照固定資產的帳面余額，貸記本帳戶。

無償調出、對外捐贈固定資產發生由行政單位承擔的拆除費用、運輸費等，按照實際支付的金額，借記「經費支出」帳戶，貸記「財政撥款收入」「零余額帳戶用款額度」「銀行存款」等帳戶。

(6) 報廢、毀損固定資產。

報廢、毀損的固定資產轉入待處理財產損溢時，按照固定資產的帳面價值，借記「待處理財產損溢」帳戶，按照已計提折舊，借記「累計折舊」帳戶，按照固定資產的帳面余額，貸記本帳戶。

【例 11-39】某行政單位經批准報廢一臺計算機，原價 8,000 元，累計折舊 5,000 元，變價收入現金 800 元，報廢過程中發生清理費用 100 元。

①對固定資產進行銷帳時：

	借方	貸方
借：待處理財產損溢——處置資產價值	3,000	
累計折舊	5,000	
貸：固定資產		8,000

②批准處置時：

	借方	貸方
借：資產基金——固定資產	3,000	
貸：待處理財產損溢——處置資產價值		3,000

③支付清理費用時：

	借方	貸方
借：待處理財產損溢——處置淨收入	100	
貸：庫存現金		100

④收到價款時：

	借方	貸方
借：庫存現金	800	
貸：待處理財產損溢——處置淨收入		800

⑤報廢處置完后：

	借方	貸方
借：待處理財產損溢——處置淨收入	700	
貸：應繳財政款		700

(7) 盤盈、盤虧固定資產。

行政單位的固定資產應當定期進行清查盤點，每年至少盤點一次。對於固定資產發生盤盈、盤虧的，應當及時查明原因，按照規定報經批准后進行帳務處理。

第一，盤盈的固定資產，按照取得同類或類似固定資產的實際成本確定入帳價值；沒有同類或類似固定資產的實際成本，按照同類或類似固定資產的市場價格確定入帳價值；同類或類似固定資產的實際成本或市場價格無法可靠取得，按照名義金額入帳。

盤盈的固定資產，按照確定的入帳價值，借記本帳戶，貸記「待處理財產損溢」帳戶。

第二，盤虧的固定資產，按照盤虧固定資產的帳面價值，借記「待處理財產損溢」帳戶，按照已計提折舊，借記「累計折舊」帳戶，按照固定資產帳面余額，貸記本帳戶。

【例 11-40】某行政單位年終對固定資產進行盤點時，盤虧一臺打印機，帳面價值 1,000 元，未提取折舊。按規定程序批准后予以銷帳。

借：待處理財產損溢　　1,000
　貸：固定資產　　1,000

批准予以銷帳時：

借：資產基金——固定資產　　1,000
　貸：待處理財產損溢　　1,000

第四節　在建工程的核算

一、在建工程的概念

在建工程是指已經發生必要支出，但尚未達到交付使用狀態的建設工程。

在建工程達到交付使用狀態時，應當按照規定辦理工程竣工財務決算和資產交付使用。

設置「在建工程」科目，核算行政單位已經發生必要支出，但尚未完工交付使用的各種建築（包括新建、改建、擴建、修繕等）、設備安裝工程和信息系統建設工程的實際成本。不能夠增加固定資產、公共基礎設施使用效能或延長其使用壽命的修繕、維護等，不通過本帳戶核算。

本帳戶應當按照具體工程項目等進行明細核算；需要分攤計入不同工程項目的間接工程成本，應當通過本帳戶下設置的「待攤投資」明細科目核算。

行政單位的基本建設投資應當按照國家有關規定單獨建帳、單獨核算，同時按照本制度的規定至少按月並入本帳戶及其他相關帳戶反應。

行政單位應當在本帳戶下設置「基建工程」明細科目，核算由基建帳套並入的在建工程成本。

在建工程應當在屬於在建工程的成本發生時確認。

本帳戶期末借方余額，反應行政單位尚未完工的在建工程的實際成本。

二、在建工程（非基本建設項目）的主要帳務處理

（一）建築工程

（1）將固定資產轉入改建、擴建或修繕等時，按照固定資產的帳面價值，借記本帳戶，貸記「資產基金——在建工程」帳戶；同時，按照固定資產的帳面價值，借記「資產基金——固定資產」帳戶，按照固定資產已計提折舊，借記「累計折舊」帳戶，按照固定資產的帳面余額，貸記「固定資產」帳戶。

【例 11-41】為改善辦公條件，決定對一幢舊房進行改建，該舊房原價 500,000 元，累計折舊 200,000 元。

借：資產基金——固定資產　　300,000
　　累計折舊　　200,000
　貸：固定資產　　500,000

借：在建工程　　　　　　　　　　　　　　　　　　　300,000

　貸：資產基金——在建工程　　　　　　　　　　　　　　300,000

（2）將改建、擴建或修繕的建築部分拆除時，按照拆除部分的帳面價值（沒有固定資產拆除部分的帳面價值的，比照同類或類似固定資產的實際成本或市場價格及其拆除部分占全部固定資產價值的比例確定），借記「資產基金——在建工程」帳戶，貸記本帳戶。

借：資產基金——在建工程

　貸：在建工程

改建、擴建或修繕的建築部分拆除獲得殘值收入時，借記「銀行存款」等帳戶，貸記「經費支出」帳戶；同時，借記「資產基金——在建工程」帳戶，貸記本帳戶。本帳戶為新增帳戶。

借：銀行存款

　貸：經費支出

借：資產基金——在建工程

　貸：在建工程

（3）根據工程進度支付工程款時，按照實際支付的金額，借記「經費支出」帳戶，貸記「財政撥款收入」「零余額帳戶用款額度」「銀行存款」等帳戶；同時按照相同的金額，借記本帳戶，貸記「資產基金——在建工程」帳戶。

根據工程價款結算帳單與施工企業結算工程價款時，按照工程價款結算帳單上列明的金額（扣除已支付的金額），借記本帳戶，貸記「資產基金——在建工程」帳戶；同時，按照實際支付的金額，借記「經費支出」帳戶，貸記「財政撥款收入」「零余額帳戶用款額度」「銀行存款」等帳戶，按照應付未付的金額，借記「待償債淨資產」帳戶，貸記「應付帳款」帳戶。

借：經費支出

　貸：財政撥款收入/零余額帳戶用款額度等

借：在建工程

　貸：資產基金——在建工程

（4）支付工程價款結算帳單以外的款項時，借記本帳戶，貸記「資產基金——在建工程」帳戶；同時，借記「經費支出」帳戶，貸記「財政撥款收入」「零余額帳戶用款額度」「銀行存款」等帳戶。

借：在建工程

　貸：資產基金——在建工程

借：經費支出

　貸：財政撥款收入/零余額帳戶用款額度等

（5）工程項目結束，需要分攤間接工程成本的，按照應當分攤到該項目的間接工程成本，借記本帳戶（××項目），貸記本帳戶（待攤投資）。

借：在建工程（××項目）

　貸：在建工程（待攤投資）

（6）建築工程項目完工交付使用時，按照交付使用工程的實際成本，借記「資產基金——在建工程」帳戶，貸記本帳戶；同時，借記「固定資產」「無形資產」

帳戶（交付使用的工程項目中有能夠單獨區分成本的無形資產），貸記「資產基金——固定資產、無形資產」帳戶。

借：資產基金——在建工程

貸：在建工程

借：固定資產/無形資產

貸：資產基金——固定資產/無形資產

（7）建築工程項目完工交付使用時扣留質量保證金的，按照扣留的質量保證金金額，借記「待償債淨資產」帳戶，貸記「長期應付款」等帳戶。

借：待償債淨資產

貸：長期應付款

（8）為工程項目配套而建成的、產權不歸屬本單位的專用設施，將專用設施產權移交其他單位時，按照應當交付專用設施的實際成本，借記「資產基金——在建工程」帳戶，貸記本帳戶。

借：資產基金——在建工程

貸：在建工程

（9）工程完工但不能形成資產的項目，應當按照規定報經批准后予以核銷。轉入待處理財產損溢時，按照不能形成資產的工程項目的實際成本，借記「待處理財產損溢」帳戶，貸記本帳戶。

借：待處理財產損溢

貸：在建工程

（二）設備安裝

（1）購入需要安裝的設備，按照購入的成本，借記本帳戶，貸記「資產基金——在建工程」帳戶；同時，按照實際支付的金額，借記「經費支出」帳戶，貸記「財政撥款收入」「零余額帳戶用款額度」「銀行存款」等帳戶。

借：在建工程

貸：資產基金——在建工程

同時，按照實際支付的金額：

借：經費支出

貸：財政撥款收入/零余額帳戶用款額度等

（2）發生安裝費用時，按照實際支付的金額，借記本帳戶，貸記「資產基金——在建工程」帳戶；同時，借記「經費支出」帳戶，貸記「財政撥款收入」「零余額帳戶用款額度」「銀行存款」等帳戶。

借：在建工程

貸：資產基金——在建工程

同時，

借：經費支出

貸：財政撥款收入/零余額帳戶用款額度等

（3）設備安裝完工交付使用時，按照交付使用設備的實際成本，借記「資產基金——在建工程」帳戶，貸記本帳戶；同時，借記「固定資產」「無形資產」帳戶（交付使用的設備中有能夠單獨區分成本的無形資產），貸記「資產基金——固定資產、無形資產」帳戶。

借：資產基金——在建工程

貸：在建工程

借：固定資產/無形資產

貸：資產基金——固定資產、無形資產

（三）信息系統建設

（1）發生各項建設支出時，按照實際支付的金額，借記本帳戶，貸記「資產基金——在建工程」帳戶；同時，借記「經費支出」帳戶，貸記「財政撥款收入」「零余額帳戶用款額度」「銀行存款」等帳戶。

借：在建工程

貸：資產基金——在建工程

同時，

借：經費支出

貸：零余額帳戶用款額度

（2）信息系統建設完成交付使用時，按照交付使用信息系統的實際成本，借記「資產基金——在建工程」帳戶，貸記本帳戶；同時，借記「固定資產」「無形資產」帳戶，貸記「資產基金——固定資產、無形資產」帳戶。

借：資產基金——在建工程

貸：在建工程

同時，

借：固定資產/無形資產

貸：資產基金——固定資產/無形資產

（四）在建工程的毀損

毀損的在建工程成本，應當轉入「待處理財產損溢」帳戶進行處理。轉入待處理財產損溢時，借記「待處理財產損溢」帳戶，貸記本帳戶。

借：待處理財產損溢

貸：在建工程

三、行政單位基建工程並帳

（一）基本要求

行政單位在單獨核算基本建設投資的同時，將基建帳相關數據並入單位設置的會計帳（「大帳」）。單位應在「在建工程」科目下設「基建工程」明細科目，核算由基建帳並入的在建工程成本。並帳時，有些科目需要分析計算，特殊情況需要先對基建帳調整（本期有完工工程）。

並帳分為兩部分：

（1）初始並帳（2013 年 12 月 31 日）。

（2）定期並帳（至少按月並帳）。

（二）基建並帳——初始並帳（余額並帳）

將 2013 年 12 月 31 日基建帳中相關科目余額並入「大帳」（假設基建帳「應收生產單位投資借款」無余額或有余額但與「待衝基建支出」余額相等）。

1. 資產類

表 11-4

序號	「大帳」科目	基建帳科目
1	庫存現金	現金
	銀行存款	銀行存款
	零余額帳戶用款額度	零余額帳戶用款額度
	財政應返還額度	財政應返還額度
2	應收帳款	應收有償調出器材及工程款
		應收票據
3	其他應收款	其他應收款
		撥付所屬投資借款
		有價證券
4	固定資產	固定資產
5	累計折舊	累計折舊
6	在建工程——基建工程	建築安裝工程投資
		設備投資
		待攤投資
		其他投資
		器材採購
		採購保管費
		庫存設備
		庫存材料
		材料成本差異
		委託加工器材
		預付備料款
		預付工程款
7	待處理財產損溢	固定資產清理
		待處理財產損失

2. 負債類

表 11-5

序號	「大帳」科目	基建帳科目
8	應繳財政款	應交基建包干節余（應交財政部分）
		應交基建收入（應交財政部分）
		其他應交款（應交財政部分）
9	應繳稅費	應交稅金
10	應付職工薪酬	應付工資
		應付福利費
11	應付帳款	應付器材款
		應付工程款（1年以內償還的）
		應付有償調入器材及工程款
		應付票據
12	其他應付款	其他應付款
		其他應交款（非應交財政部分）
13	長期應付款	應付工程款（超過1年償還的）
		基建投資借款
		上級撥入投資借款
		其他借款

應交基建包干節余、應交基建收入、其他應交款科目貸方余額中屬於應交財政部分，貸記「大帳」中「應繳財政款」科目；其余部分貸記「大帳」中「其他應付款」科目。

3. 淨資產類

表 11-6

序號	「大帳」科目	基建帳科目
14	待償債淨資產	根據相關科目分析計算 應付器材款、應付工程款、應付有償調入器材及工程款、應付票據、基建投資借款、其他借款、上級撥入投資借款科目的貸方余額之和減尚未使用的借款金額（實行貸轉存辦法） 並入大帳「應付帳款」+並入大帳「長期應付款」-未使用的借款 方向相反
15	資產基金——固定資產	根據相關科目分析計算 固定資產（借方余額）-累計折舊（貸方余額）

表11-6(續)

序號	「大帳」科目	基建帳科目
16	資產基金——在建工程	根據相關科目分析計算 建築安裝工程投資、設備投資、待攤投資、其他投資、器材採購、採購保管費、庫存設備、庫存材料、材料成本差異、委託加工器材、預付備料款、預付工程款的借方余額合計 並入大帳「在建工程」數額 方向相反
17	財政撥款結轉	基建撥款（余額中屬同級財政撥款結轉的部分）
		留成收入（余額中屬同級財政撥款結轉的部分）
18	財政撥款結余	留成收入（余額中屬同級財政撥款結余的部分）
19	其他資金結轉結余	按照上述（1）至（18）中「大帳」科目的借方合計金額減去貸方合計金額后的差額，貸記或借記「大帳」中「其他資金結轉結余」科目。

二、基建並帳——按月並帳（發生額並帳）

執行新制度后，應當至少按月將基建帳中相關科目的發生額按照以下方法並入「大帳」。

（一）編製基建帳衝銷的會計分錄，調整基建帳（假設本期有完工工程）

1. 將本期交付使用資產等科目金額與相關工程投資科目金額對沖

將「交付使用資產」「待核銷基建支出」「轉出投資」等科目借方發生額，與「建築安裝工程投資」「設備投資」「待攤投資」科目貸方對應的發生額進行衝銷。

借：交付使用資產　（紅字）
　　待核銷基建支出　（紅字）
　　轉出投資　（紅字）
　貸：建築安裝工程投資　（紅字）
　　　設備投資　（紅字）
　　　待攤投資　（紅字）

2. 將「應收生產單位投資借款」與「待衝基建支出」科目金額衝銷

對本期交付使用資產中使用的基建投資借款進行內部轉帳時而產生的「應收生產單位投資借款」與「待衝基建支出」科目的發生額進行衝銷。

借：應收生產單位投資借款　（紅字）
　貸：待衝基建支出　（紅字）

（二）將調整后的基建帳並入大帳

1. 資產、負債、淨資產類

根據「大帳」科目和基建帳科目的對應關係，按照基建帳中相關科目本期發生額的借方淨額，借記「大帳」中的對應科目；按照基建帳中相關科目本期發生額的貸方淨額，貸記「大帳」中的對應科目。

對於當期發生基本建設結余資金交回業務。

「基建撥款」帳戶借方發生額歸屬於同級財政撥款的部分轉入「財政撥款結轉/財政撥款結余」借方;「基建撥款」科目借方發生額中其余部分注入「其他資金結轉結余」借方。

表 11-7

序號	「大帳」科目	基建帳科目
1	庫存現金	現金
	銀行存款	銀行存款
	零余額帳戶用款額度	零余額帳戶用款額度
	財政應返還額度	財政應返還額度
2	應收帳款	應收有償調出器材及工程款
		應收票據
3	其他應收款	其他應收款
		撥付所屬投資借款
		有價證券
4	固定資產	固定資產
5	累計折舊	累計折舊
6	在建工程	建築安裝工程投資
		設備投資
		待攤投資
		其他投資
		器材採購
		採購保管費
		庫存設備
		庫存材料
		材料成本差異
		委託加工器材
		預付備料款
		預付工程款
7	待處理財產損溢	固定資產清理
		待處理財產損失

表11-7(續)

序號	「大帳」科目	基建帳科目
8	應繳財政款	應交基建包干節余（應交財政部分）
		應交基建收入（應交財政部分）
		其他應交款（應交財政部分）
9	應繳稅費	應交稅金
10	應付職工薪酬	應付工資
		應付福利費
11	應付帳款	應付器材款
		應付工程款（1年以內償還的）
		應付有償調入器材及工程款
		應付票據
12	其他應付款	其他應付款
		其他應交款（非應交財政部分）
13	長期應付款	應付工程款（超過1年償還的）
		基建投資借款
		上級撥入投資借款
		其他借款
14	財政撥款結轉	基建撥款（本期借方發生額中屬於交回同級財政的結轉資金）
		留成收入（屬於同級財政撥款形成的部分）
15	財政撥款結余	基建撥款（本期借方發生額中屬於交回同級財政的結余資金）
		留成收入（屬於同級財政撥款形成的部分）
16	其他資金結轉結余	基建撥款（本期借方發生額中屬於交回的非同級財政結余資金）
		留成收入（屬於非同級財政撥款形成的部分）
17	資產基金——固定資產	根據相關科目分析計算 =「固定資產」發生額借方淨額-「累計折舊」發生額貸方淨額
18	資產基金——在建工程	根據相關科目分析計算 =基建帳並入大帳「在建工程」的數額 方向相反
19	待償債淨資產	根據相關科目分析計算

待償債淨資產=並入大帳的「應付帳款和長期應付款」數額+本期用基建借款

支付的在建工程款（基建借款期初貸方余額+基建借款本期貸方發生額-未使用的基建借款）-本期用基建撥款歸還的基建借款（基建借款借方發生額-用應繳款項和尚未使用的借入款償還的基建借款）

「基建借款」包括以下基建帳科目：基建投資借款、上級撥入投資借款、其他借款。

如果沒有基建借款，待償債淨資產＝並入大帳的「應付帳款和長期應付款」數額，方向相反。

2. 收入、支出類

表 11-8

「大帳」科目	基建帳科目
四、收入類	
財政撥款收入	基建撥款（本期貸方發生額中屬於同級財政撥款的部分）
其他收入	基建撥款（本期貸方發生額中屬於非同級財政撥款的部分）
	上級撥入資金
五、支出類	
經費支出	根據相關科目分析計算

經費支出＝並入大帳的「在建工程」科目借方數額-並入大帳的「待償債淨資產」科目借方數額，方向相同。

分析計算時需要注意：

（1）使用基建帳上投資科目的發生額；

（2）基建帳上投資科目發生額的重複反應事項要扣除；

（3）考慮應付款項歸還形成的支出。

基建經費支出＝在建工程發生額淨額（借減貸）-應付帳款和長期應付款發生額淨額（貸減借）-本期用基建借款支付的在建工程款（基建借款期初貸方余額+基建借款本期貸方發生額-未使用的基建借款）+本期用基建撥款歸還的基建借款（基建借款借方發生額-用應繳款項和尚未使用的借入款償還的基建借款）

3. 案例

某行政單位基建帳 2014 年 1 月份科目發生額見表 11-9（假設沒有從「大帳」結轉到基建帳的發生額，也沒有已在「大帳」同時登記過的發生額。假設基建撥款一半是本級財政給，一半是非本級財政給。假設本期沒有完工工程、基建借款）。

表 11-9　**基建帳會計科目發生額情況表**

（2014. 1. 1—2014. 1. 31）　單位：元

科目編碼	科目名稱	本期借方發生額	本期貸方發生額	本期發生額淨額（借方為正）
101	建築安裝工程投資	9, 839, 234. 21		9, 839, 234. 21
102	設備投資	636, 990. 91		636, 990. 91

表11-9(續)

科目編碼	科目名稱	本期借方發生額	本期貸方發生額	本期發生額淨額（借方為正）
103	待攤投資	201, 936. 66		201, 936. 66
213	庫存設備	8, 000. 00	8, 000. 00	0. 00
232	銀行存款	5, 000, 000. 00		5, 000, 000. 00
235	零余額帳戶用款額度	5, 000, 000. 00	19, 748, 161. 78	-14, 748, 161. 78
242	預付工程款	8, 500, 000. 00		8, 500, 000. 00
252	其他應收款	70, 000. 00		70, 000. 00
301	基建撥款		10, 000, 000. 00	-10, 000, 000. 00
332	應付工程款	1, 000, 000. 00	500, 000. 00	500, 000. 00
總計		30, 256, 161. 78	30, 256, 161. 78	-

(1) 按照基建帳中「銀行存款」本期發生額的借方淨額，借記「大帳」中的「銀行存款」。

「銀行存款」科目借方發生額=5, 000, 000 元。

(2) 按照基建帳中「零余額帳戶用款額度」的本期發生額的貸方淨額，貸記「大帳」中的「零余額帳戶用款額度」。

「零余額帳戶用款額度」科目貸方發生額= 14, 748, 161. 78 元。

(3) 按照基建帳中「其他應收款」的本期發生額的借方淨額，借記「大帳」中的「其他應收款」。

「其他應收款」科目借方發生額=70, 000 元。

(4) 按照相關科目本期發生額的借方淨額，借記「大帳」中的「在建工程」。

「在建工程」科目借方發生額=基建帳「建築安裝工程投資」9, 839, 234. 21 元+「設備投資」636, 990. 91 元 +「待攤投資」201, 936. 66 元 +「預付工程款」8, 500, 000. 00元= 19, 178, 161. 78 元。

同時，應確認「資產基金——在建工程」貸方發生額 19, 178, 161. 78 元。

(5) 按照基建帳中「應付工程款」的本期發生額的借方淨額，借記「大帳」中的「應付帳款」。

「應付帳款」科目借方發生額=500, 000 元，

同時，應確認「待償債淨資產」科目貸方發生額=500, 000 元。

(6) 按照基建帳中「基建撥款」的本期發生額的貸方淨額，貸記「大帳」中的「財政撥款收入」和「其他收入」。

「財政撥款收入」科目貸方發生額=5, 000, 000 元，

「其他收入」科目貸方發生額=5, 000, 000 元。

(7) 按新制度的支出確認標準，計算本期基本建設支出金額，借記「大帳」的「經費支出」。

經費支出=並入大帳「在建工程」科目借方數額（19, 178, 161. 78 元）-並入大帳「待償債淨資產」科目借方數額（-500, 000. 00 元）= 19, 678, 161. 78 元。

借：銀行存款　5,000,000.00
　　經費支出　19,678,161.78
　　在建工程　19,178,161.78
　　應付帳款　500,000
　　其他應收款　70,000
　貸：零余額帳戶用款額度　14,748,161.78
　　　財政撥款收入　5,000,000.00
　　　其他收入　5,000,000.00
　　　資產基金——在建工程　19,178,161.78
　　　待償債淨資產　500,000

注意：

行政單位如有從「大帳」中「經費支出」科目列支轉入基建帳的資金，還應當在並帳后將已列支金額部分予以衝銷。

借：其他收入
　貸：經費支出

如果行政單位已在「大帳」中核算基建資金收支，不用並帳。

第五節　無形資產的核算

一、無形資產的概念

無形資產是指不具有實物形態而能夠為行政單位提供某種權利的非貨幣性資產，包括土地使用權、著作權、專利權、非專利技術等。行政單位購入的不構成相關硬件不可缺少組成部分的軟件，應當作為無形資產核算。

土地使用權，以前行政單位的土地使用權都是國家無償劃撥的，不需要支付任何的費用，也不反應土地價值。現在土地也成了一種商品，取得土地使用權需繳納一定費用。按照有關資料，土地使用權屬於無形資產。

著作權，是指行政單位依法享有的在一定年限內發表、製作、出版和發行其作品的專有權利。

專利權，是指經國家專利管理機關審定並授予行政單位在一定年限內對其成果的使用和出售的專門權利。

非專利技術，是指發明者未申請專利或不夠申請專利的條件而未經公開的先進技術。

本帳戶應當按照無形資產的類別、項目等進行明細核算。無形資產應當在完成對其權屬的規定登記或其他證明單位取得無形資產時確認。

本帳戶主要核算行政單位各項無形資產的原價，期末借方余額，反應行政單位無形資產的原價。

二、無形資產的帳務處理

(1) 取得無形資產時，應當按照其實際成本入帳。

第一，外購的無形資產，其成本包括實際支付的購買價款、相關稅費以及可歸屬於該項資產達到預定用途所發生的其他支出。

購入的無形資產，按照確定的成本，借記本帳戶，貸記「資產基金——無形資產」帳戶；同時，按照實際支付的金額，借記「經費支出」帳戶，貸記「財政撥款收入」「零余額帳戶用款額度」「銀行存款」等帳戶。

購入無形資產尚未付款的，取得無形資產時，按照確定的成本，借記本帳戶，貸記「資產基金——無形資產」帳戶；同時，按照應付未付的款項金額，借記「待償債淨資產」帳戶，貸記「應付帳款」帳戶。

【例 11-42】某行政單位購入一項專利權，雙方協商確認的價值為 500, 000 元，以零余額帳戶用款額度支付。

借：無形資產　　500, 000
　貸：資產基金——無形資產　　500, 000
借：經費支出　　500, 000
　貸：零余額帳戶用款額度　　500, 000

第二，委託軟件公司開發軟件，視同外購無形資產進行處理。

①軟件開發前按照合同約定預付開發費用時，借記「預付帳款」帳戶，貸記「資產基金——預付款項」帳戶；同時，借記「經費支出」帳戶，貸記「財政撥款收入」「零余額帳戶用款額度」「銀行存款」等帳戶。

②軟件開發完成交付使用，並支付剩余或全部軟件開發費用時，按照軟件開發費用總額，借記本帳戶，貸記「資產基金——無形資產」帳戶；按照實際支付的金額，借記「經費支出」帳戶，貸記「財政撥款收入」「零余額帳戶用款額度」「銀行存款」等帳戶；按照衝銷的預付開發費用，借記「資產基金——預付款項」帳戶，貸記「預付帳款」帳戶。

【例 11-43】某行政單位委託軟件公司開發一套軟件。

①以銀行存款預付開發費用 30, 000 元。

借：預付帳款　　30, 000
　貸：資產基金——預付款項　　30, 000
借：經費支出　　30, 000
　貸：銀行存款　　30, 000

②軟件開發完成，以銀行存款補付開發費用 20, 000 元。

借：經費支出　　20, 000
　貸：銀行存款　　20, 000
借：資產基金——預付款項　　30, 000
　貸：預付帳款　　30, 000

③該行政單位驗收完畢，軟件交付使用。

借：無形資產　　50, 000
　貸：資產基金——無形資產　　50, 000

第三，自行開發並按法律程序申請取得的無形資產，按照依法取得時發生的註冊費、聘請律師費等費用確定成本。

取得無形資產時，按照確定的成本，借記本帳戶，貸記「資產基金——無形資產」帳戶；同時，按照實際支付的金額，借記「經費支出」帳戶，貸記「財政撥款收入」「零余額帳戶用款額度」「銀行存款」等帳戶。

依法取得前所發生的研究開發支出，應當於發生時直接計入當期支出，但不計入無形資產的成本。借記「經費支出」帳戶，貸記「財政撥款收入」「零余額帳戶用款額度」「財政應返還額度」「銀行存款」等帳戶。

第四，置換取得的無形資產，其成本按照換出資產的評估價值加上支付的補價或減去收到的補價，加上為換入無形資產支付的其他費用（登記費等）確定。

置換取得的無形資產，按照確定的成本，借記本帳戶，貸記「資產基金——無形資產」帳戶；按照實際支付的補價、相關稅費等，借記「經費支出」帳戶，貸記「財政撥款收入」「零余額帳戶用款額度」「銀行存款」等帳戶。

第五，接受捐贈、無償調入的無形資產，其成本按照有關憑據註明的金額加上相關稅費確定；沒有相關憑據可供取得，但依法經過資產評估的，其成本應當按照評估價值加上相關稅費確定；沒有相關憑據可供取得，也未經評估的，其成本比照同類或類似資產的市場價格加上相關稅費確定；沒有相關憑據也未經評估，其同類或類似無形資產的市場價格無法可靠取得，所取得的無形資產應當按照名義金額入帳。

接受捐贈、無償調入無形資產時，按照確定的無形資產成本，借記本帳戶，貸記「資產基金——無形資產」帳戶；按照發生的相關稅費，借記「經費支出」帳戶，貸記「零余額帳戶用款額度」「銀行存款」等帳戶。

（2）按月計提無形資產攤銷時，按照應計提的金額，借記「資產基金——無形資產」帳戶，貸記「累計攤銷」帳戶。

攤銷是指在無形資產使用壽命內，按照確定的方法對應攤銷金額進行系統分攤。根據制度規定，行政單位應當對無形資產進行攤銷，以名義金額計量的無形資產除外。

行政單位應當採用年限平均法計提無形資產攤銷，應攤銷金額為其成本。行政單位應當自無形資產取得當月起，按月計提攤銷；無形資產減少的當月，不再計提攤銷。無形資產提足攤銷后，無論能否繼續帶來服務潛力或經濟利益，都不再計提攤銷；核銷的無形資產，如果未提足攤銷，也不再補提攤銷。因發生后續支出而增加無形資產成本的，應當按照重新確定的無形資產成本，重新計算攤銷額。

無形資產攤銷年限按照以下原則確定：

第一，法律規定了有效年限的，以法律規定的有效年限作為攤銷年限；

第二，法律沒有規定有效年限的，以相關合同或單位申請書中的受益年限作為攤銷年限；

第三，法律沒有規定有效年限、相關合同或單位申請書也沒有規定受益年限的，按照不少於 10 年的期限攤銷。

第四，非大批量購入、單價小於 1,000 元的無形資產，可以於購買的當期，一次將成本全部攤銷。

【例 11-44】某行政單位對單位擁有的一項無形資產按月進行攤銷，當月攤銷金額 8,000 元。

借：資產基金——無形資產　　8,000
　貸：累計攤銷　　8,000

(3) 與無形資產有關的后續支出，分以下幾種情況處理：

第一，為增加無形資產使用效能而發生的后續支出，如對軟件進行升級改造或擴展其功能等所發生的支出，應當計入無形資產的成本，借記本帳戶，貸記「資產基金——無形資產」帳戶；同時，借記「經費支出」帳戶，貸記「財政撥款收入」「零余額帳戶用款額度」「銀行存款」等帳戶。

第二，為維護無形資產的正常使用而發生的后續支出，如對軟件進行的漏洞修補、技術維護等所發生的支出，應當計入當期支出但不計入無形資產的成本，借記「經費支出」帳戶，貸記「財政撥款收入」「零余額帳戶用款額度」「銀行存款」等帳戶。

【例 11-45】某行政單位為增加軟件的效能，對軟件進行了升級，以銀行存款支付升級費用 15,000 元。

借：無形資產　　15,000
　貸：資產基金——無形資產　　15,000
借：經費支出　　15,000
　貸：銀行存款　　15,000

【例 11-46】某行政單位為維護軟件的正常使用，對軟件進行漏洞補修，以銀行存款支付維護費用 500 元。

借：經費支出　　500
　貸：銀行存款　　500

(4) 報經批准出售、置換換出無形資產轉入待處理財產損溢時，按照待出售、置換換出無形資產的帳面價值，借記「待處理財產損溢」帳戶，按照已計提攤銷，借記「累計攤銷」帳戶，按照無形資產的帳面余額，貸記本帳戶。

【例 11-47】某行政單位經批准出售一項無形資產，收取價款 120,000 元，以銀行存款支付相關稅費 5,000 元。該項無形資產原始價值 200,000 元，累計攤銷 60,000元。

批准出售時：
借：待處理財產損溢——處置資產價值　　140,000
　　累計攤銷　　60,000
　貸：無形資產　　200,000
實現出售時：
借：資產基金——無形資產　　140,000
　貸：待處理財產損溢——處置資產價值　　140,000
借：銀行存款　　120,000
　貸：待處理財產損溢——處置淨收入　　120,000
借：待處理財產損溢——處置淨收入　　5,000
　貸：銀行存款　　5,000

出售完畢時：

借：待處理財產損溢——處置淨收入　　115,000

　貸：應繳財政款　　115,000

(5) 報經批准無償調出、對外捐贈無形資產，按照無償調出、對外捐贈無形資產的帳面價值，借記「資產基金——無形資產」帳戶，按照已計提攤銷，借記「累計攤銷」帳戶，按照無形資產的帳面余額，貸記本帳戶。無償調出、對外捐贈無形資產發生由行政單位承擔的相關費用支出等，按照實際支付的金額，借記「經費支出」帳戶，貸記「財政撥款收入」「零余額帳戶用款額度」「銀行存款」等帳戶。

(6) 無形資產預期不能為行政單位帶來服務潛力或經濟利益的，應當按規定報經批准后將無形資產的帳面價值予以核銷。

待核銷的無形資產轉入待處理財產損溢時，按照待核銷無形資產的帳面價值，借記「待處理財產損溢」帳戶，按照已計提攤銷，借記「累計攤銷」帳戶，按照無形資產的帳面余額，貸記本帳戶。

第六節　待處理財產損溢的核算

一、待處理財產損溢的概念

「待處理財產損溢」是用來反應核算行政單位待處理財產的價值及財產處理損溢。行政單位財產的處理包括資產的出售、報廢、毀損、盤盈、盤虧，以及貨幣性資產損失核銷等。

待處理財產損溢應當按照待處理財產項目進行明細核算；對於在財產處理過程中取得收入或發生相關費用的項目，還應當設置「待處理財產價值」「處理淨收入」明細帳戶，進行明細核算。

行政單位財產的處理，一般應當先記入本科目，按照規定報經批准后及時進行相應的帳務處理。年終結帳前一般應處理完畢。期末如為借方余額，反應尚未處理完畢的各種財產的價值及淨損失；期末如為貸方余額，反應尚未處理完畢的各種財產淨溢余。年度終了，報經批准處理后，本帳戶一般應無余額。

二、待處理財產損溢的主要帳務處理

(1) 按照規定報經批准處理無法查明原因的現金短缺或溢余。

①屬於無法查明原因的現金短缺，報經批准核銷的，借記「經費支出」帳戶，貸記本帳戶。

借：經費支出

　貸：待處理財產損溢

②屬於無法查明原因的現金溢余，報經批准后，借記本帳戶，貸記「其他收入」帳戶。

借：待處理財產損溢

　貸：其他收入

(2) 按照規定報經批准核銷無法收回的應收帳款、其他應收款。

①轉入待處理財產損溢時，借記本帳戶，貸記「應收帳款」「其他應收款」帳戶。

借：待處理財產損溢

　貸：應收帳款/其他應收款

②報經批准對無法收回的其他應收款予以核銷時，借記「經費支出」帳戶，貸記本帳戶。

借：經費支出

　貸：待處理財產損溢

對無法收回的應收帳款予以核銷時，借記「其他應付款」等帳戶，貸記本帳戶。

借：其他應付款

　貸：待處理財產損溢

(3) 按照規定報經批准核銷預付帳款、無形資產。

①轉入待處理財產損溢時，借記本帳戶（核銷無形資產的，還應借記「累計攤銷」帳戶），貸記「預付帳款」「無形資產」帳戶。

借：待處理財產損溢

　　累計攤銷（核銷無形資產時用）

　貸：無形資產/預付帳款

②報經批准予以核銷時，借記「資產基金——預付款項、無形資產」帳戶，貸記本帳戶。

借：資產基金——無形資產、預付款項

　貸：待處理財產損溢

(4) 出售、置換換出存貨、固定資產、無形資產、政府儲備物資等。

①轉入待處理財產損溢時，借記本帳戶（待處理財產價值）（出售、置換換出固定資產的，還應當借記「累計折舊」帳戶；出售、置換換出無形資產的，還應當借記「累計攤銷」帳戶），貸記「存貨」「固定資產」「無形資產」「政府儲備物資」等帳戶。

借：待處理財產損溢（待處理財產價值）

　　累計折舊/累計攤銷

　貸：存貨、固定資產、無形資產、政府儲備物資

②實現出售、置換換出時，借記「資產基金」及相關明細帳戶，貸記本帳戶（待處理財產價值）。

借：資產基金及相關明細帳戶

　貸：待處理財產損溢（待處理財產價值）

③出售、置換換出資產過程中收到價款、補價等收入，借記「庫存現金」「銀行存款」等帳戶，貸記本帳戶（處理淨收入）。

借：庫存現金/銀行存款

　貸：待處理財產損溢（處理淨收入）

④出售、置換換出資產過程中發生相關費用，借記本帳戶（處理淨收入），貸

記「庫存現金」「銀行存款」「應繳稅費」等帳戶。

借：待處理財產損溢（處理淨收入）

　貸：庫存現金、銀行存款、應繳稅費

⑤出售、置換換出完畢並收回相關的應收帳款后，按照處置收入扣除相關稅費后的淨收入，借記本帳戶（處理淨收入），貸記「應繳財政款」。如果處置收入小於相關稅費的，按照相關稅費減去處置收入后的淨支出，借記「經費支出」帳戶，貸記本帳戶（處理淨收入）。

借：待處理財產損溢（處理淨收入）

　貸：應繳財政款

借：經費支出

　貸：待處理財產損溢（處理淨收入）

（5）盤虧、毀損、報廢各種實物資產。

①轉入待處理財產損溢時，借記本帳戶（待處理財產價值）（處置固定資產、公共基礎設施的，還應當借記「累計折舊」帳戶），貸記「存貨」「固定資產」「在建工程」「政府儲備物資」「公共基礎設施」等帳戶。

借：待處理財產損溢（待處理財產價值）

　　累計折舊

　貸：固定資產等帳戶

②報經批准予以核銷時，借記「資產基金」及相關明細帳戶，貸記本帳戶（待處理財產價值）。

借：資產基金及相關明細帳戶

　貸：待處理財產損溢（待處理財產價值）

③毀損、報廢各種實物資產過程中取得的殘值變價收入、發生相關費用，以及取得的殘值變價收入扣除相關費用后的淨收入或淨支出的帳務處理。

（6）核銷不能形成資產的在建工程成本。

轉入待處理財產損溢時，借記本帳戶，貸記「在建工程」帳戶。報經批准予以核銷時，借記「資產基金——在建工程」帳戶，貸記本帳戶。

借：待處理財產損溢

　貸：在建工程

借：資產基金——在建工程

　貸：待處理財產損溢

（7）盤盈存貨、固定資產、政府儲備物資等實物資產。

轉入待處理財產損溢時，借記「存貨」「固定資產」「政府儲備物資」等帳戶，貸記本帳戶。報經批准予以處理時，借記本帳戶，貸記「資產基金」及相關明細帳戶。

借：存貨、固定資產、政府儲備物資等

　貸：待處理財產損溢

借：待處理財產損溢

　貸：資產基金及相關明細帳戶

第七節　政府儲備物資的核算

一、政府儲備物資的概念

政府儲備物資是指行政單位直接儲存管理的各項政府應急或救災儲備物資等。「政府儲備物資」帳戶的期末借方余額，反應行政單位管理的政府儲備物資的實際成本。

負責採購並擁有儲備物資調撥權力的行政單位（簡稱「採購單位」）將政府儲備物資交由其他行政單位（簡稱「代儲單位」）代為儲存的，由採購單位通過本帳戶核算政府儲備物資，代儲單位將受託代儲的政府儲備物資作為受託代理資產核算。

政府儲備物資應當在其到達存放地點並驗收時確認，並按照政府儲備物資的種類、品種、存放地點等進行明細核算。

二、政府儲備物資的主要帳務處理

（1）取得政府儲備物資時，應當按照其成本入帳。

①購入的政府儲備物資，其成本包括購買價款、相關稅費、運輸費、裝卸費、保險費以及其他使政府儲備物資達到目前場所和狀態所發生的支出；單位支付的政府儲備物資保管費、倉庫租賃費等日常儲備費用，不計入政府儲備物資的成本。

購入的政府儲備物資驗收入庫，按照確定的成本，借記本帳戶，貸記「資產基金——政府儲備物資」帳戶；同時，按實際支付的金額，借記「經費支出」帳戶，貸記「財政撥款收入」「零余額帳戶用款額度」「銀行存款」等帳戶。

借：政府儲備物資

　貸：資產基金——政府儲備物資

借：經費支出

　貸：零余額帳戶用款額度等

【例 11-48】某行政單位購入一批 A 產品，價款 100,000 元，相關費用 1,000 元，以單位零余額帳戶用款額度支付。材料已經驗收入庫，用作單位應急儲備物資。

借：政府儲備物資——A 產品	101,000	
貸：資產基金——政府儲備物資		101,000
借：經費支出	101,000	
貸：零余額帳戶用款額度		101,000

②接受捐贈、無償調入的政府儲備物資，其成本按照有關憑據註明的金額加上相關稅費、運輸費等確定；沒有相關憑據可供取得，但依法經過資產評估的，其成本應當按照評估價值加上相關稅費、運輸費等確定；沒有相關憑據可供取得、也未經評估的，其成本比照同類或類似政府儲備物資的市場價格加上相關稅費、運輸費等確定。

接受捐贈、無償調入的政府儲備物資驗收入庫，按照確定的成本，借記本帳戶，貸記「資產基金——政府儲備物資」帳戶，由行政單位承擔運輸費用等的，按實際支付的相關稅費、運輸費等金額，借記「經費支出」帳戶，貸記「財政撥款收入」

「零余額帳戶用款額度」「銀行存款」等帳戶，可比照存貨進行核算。

【例 11-49】某行政單位無償調入一批 B 產品，價值 100,000 元，用庫存現金支付運費 500 元。材料已經驗收入庫，用作單位應急儲備物資。

借：政府儲備物資——B 產品　100,500
　貸：資產基金——政府儲備物資　100,500
借：經費支出　500
　貸：庫存現金　500

（2）政府儲備物資發出時，應當根據實際情況採用先進先出法、加權平均法或者個別計價法確定發出政府儲備物資的實際成本。計價方法一經確定，不得隨意變更。

①經批准對外捐贈、無償調出政府儲備物資時，按照對外捐贈、無償調出政府儲備物資的實際成本，借記「資產基金——政府儲備物資」帳戶，貸記本帳戶。

對外捐贈、無償調出政府儲備物資發生由行政單位承擔的運輸費等支出時，借記「經費支出」帳戶，貸記「財政撥款收入」「零余額帳戶用款額度」「銀行存款」等帳戶。

借：資產基金——政府儲備物資
　貸：政府儲備物資

②行政單位報經批准將不需儲備的物資出售時，應當轉入待處理財產損溢，按照相關儲備物資的帳面余額，借記「待處理財產損溢」帳戶，貸記本帳戶。

【例 11-50】某行政單位按規定將應急儲備物資 A 產品出售，原成本為 101,000 元，收到價款 80,000 元，存入銀行。

借：待處理財產損溢　101,000
　貸：政府儲備物資——A 產品　101,000
借：資產基金——政府儲備物資　101,000
　貸：待處理財產損溢　101,000
借：銀行存款　80,000
　貸：待處理財產損溢　80,000
借：待處理財產損溢　80,000
　貸：應繳財政款　80,000

（3）盤盈、盤虧或報廢、毀損政府儲備物資。

行政單位管理的政府儲備物資應當定期進行清查盤點，每年至少盤點一次。對於發生的政府儲備物資盤盈、盤虧或者報廢、毀損，應當及時查明原因，按規定報經批准后進行帳務處理。

①盤盈的政府儲備物資，按照取得同類或類似政府儲備物資的實際成本確定入帳價值；沒有同類或類似政府儲備物資的實際成本，按照同類或類似政府儲備物資的市場價格確定入帳價值。

盤盈的政府儲備物資，按照確定的入帳價值，借記本帳戶，貸記「待處理財產損溢」帳戶。

②盤虧或者報廢、毀損的政府儲備物資，轉入待處理財產損溢時，按照其帳面余額，借記「待處理財產損溢」帳戶，貸記本帳戶。

第八節　公共基礎設施的核算

一、公共基礎設施的概念

公共基礎設施是由行政單位佔有並直接負責維護管理、供社會公眾使用的工程性公共基礎設施資產，包括城市交通設施、公共照明設施、環保設施、防災設施、健身設施、廣場及公共構築物等其他公共設施。

與公共基礎設施配套使用的修理設備、工具器具、車輛等動產，作為管理公共基礎設施的行政單位的固定資產核算，不通過本帳戶核算。

與公共基礎設施配套、供行政單位在公共基礎設施管理中自行使用的房屋構築物等，能夠與公共基礎設施分開核算的，作為行政單位的固定資產核算，不通過本帳戶核算。

行政單位應當按照公共基礎設施的類別和項目進行明細核算，結合本單位的具體情況，制定適合於本單位管理的公共基礎設施目錄、分類方法，作為進行公共基礎設施核算的依據，並在對其取得佔有權利時確認。期末借方余額，反應行政單位管理的公共基礎設施的實際成本。本帳戶為新增帳戶，採用「雙分錄」核算。

二、公共基礎設施的主要帳務處理

（1）公共基礎設施在取得時，應當按照其成本入帳。

①行政單位自行建設的公共基礎設施，其成本包括建造該公共基礎設施至交付使用前所發生的全部必要支出。

公共基礎設施的各組成部分需要分別核算的，按照各組成部分公共基礎設施造價確定其成本；沒有各組成部分公共基礎設施造價的，按照各組成部分公共基礎設施同類或類似市場造價的比例對總造價進行分配，確定各組成部分公共基礎設施的成本。

公共基礎設施建設完工交付使用時，按照確定的成本，借記本帳戶，貸記「資產基金——公共基礎設施」帳戶；同時，借記「資產基金——在建工程」帳戶，貸記「在建工程」帳戶。已交付使用但尚未辦理竣工決算手續的公共基礎設施，按照估計價值入帳，待確定實際成本后再進行調整。

借：公共基礎設施

　貸：資產基金——公共基礎設施

借：資產基金——在建工程

　貸：在建工程

②接受其他單位移交的公共基礎設施，其成本按照公共基礎設施的原帳面價值確認，借記本帳戶，貸記「資產基金——公共基礎設施」帳戶。

借：公共基礎設施

　貸：資產基金——公共基礎設施

(2) 公共基礎設施的后續支出。

與公共基礎設施有關的后續支出，分為以下幾種情況處理：

①為增加公共基礎設施使用效能或延長其使用壽命而發生的改建、擴建或大型修繕等后續支出，應當計入公共基礎設施成本，通過「在建工程」帳戶核算，完工交付使用時轉入本帳戶。

②為維護公共基礎設施的正常使用而發生的日常修理等后續支出，應當計入當期支出，借記有關支出帳戶，貸記「財政撥款收入」「零余額帳戶用款額度」「銀行存款」等帳戶。

(3) 公共基礎設施的處置。

行政單位管理的公共基礎設施向其他單位移交、毀損、報廢時，應當按照規定報經批准后進行帳務處理。

①經批准向其他單位移交公共基礎設施時，按照移交公共基礎設施的帳面價值，借記「資產基金——公共基礎設施」帳戶，按照已計提折舊，借記「累計折舊」帳戶，按照公共基礎設施的帳面余額，貸記本帳戶。

借：資產基金——公共基礎設施

　　累計折舊

　貸：公共基礎設施

②報廢、毀損的公共基礎設施，轉入待處理財產損溢時，按照待處理公共基礎設施的帳面價值，借記「待處理財產損溢」帳戶，按照已計提折舊，借記「累計折舊」帳戶，按照公共基礎設施的帳面余額，貸記本帳戶。

借：待處理財產損溢

　　累計折舊

　貸：公共基礎設施

第九節　受託代理資產的核算

一、受託代理資產的概念

受託代理資產是指行政單位接受委託方委託管理的各項資產，包括受託指定轉贈的物資、受託儲存管理的物資等。

行政單位收到受託代理資產為現金和銀行存款的，不通過本帳戶核算，應當通過「庫存現金」「銀行存款」帳戶進行核算。

受託代理資產應當按照資產的種類和委託人進行明細核算；屬於轉贈資產的，還應當按照受贈人進行明細核算，並在行政單位收到受託代理的資產時確認。本帳戶為新增帳戶，期末借方余額，反應單位受託代理資產中實物資產的價值。

二、受託代理資產的主要帳務處理

(一) 受託轉贈物資

(1) 接受委託人委託需要轉贈給受贈人的物資，其成本按照有關憑據註明的金額確定；沒有相關憑據可供取得的，其成本比照同類或類似物資的市場價格確定。

借：受託代理資產

　貸：受託代理負債

接受委託轉贈的物資驗收入庫，按照確定的成本，借記本帳戶，貸記「受託代理負債」帳戶；受託協議約定由行政單位承擔相關稅費、運輸費等的，還應當按照實際支付的相關稅費、運輸費等金額，借記「經費支出」帳戶，貸記「銀行存款」等帳戶。

借：經費支出

　貸：銀行存款

(2) 將受託轉贈物資交付受贈人時，按照轉贈物資的成本，借記「受託代理負債」帳戶，貸記本帳戶。

借：受託代理負債

　貸：受託代理資產

(3) 轉贈物資的委託人取消了對捐贈物資的轉贈要求，且不再收回捐贈物資的，應當將轉贈物資轉為存貨或固定資產，按照轉贈物資的成本，借記「受託代理負債」帳戶，貸記本帳戶；同時，借記「存貨」「固定資產」帳戶，貸記「資產基金——存貨、固定資產」帳戶。

借：受託代理負債

　貸：受託代理資產

借：存貨/固定資產

　貸：資產基金——存貨、固定資產

【例 11-51】某行政單位接受委託人的委託，代理需要轉贈給受贈人的一批物資，價值 200,000 元，運輸費 1,000 元，受託協議約定由行政單位承擔，以銀行存款支付。物資已驗收入庫。

借：受託代理資產　200,000

　貸：受託代理負債　200,000

借：經費支出　1,000

　貸：銀行存款　1,000

【例 11-52】續上例，行政單位將受託轉贈物資交付受贈人。

借：受託代理負債　200,000

　貸：受託代理資產　200,000

【例 11-53】續上例，如果委託人取消了對捐贈物資的轉贈要求，且不再收回捐贈物資。

借：受託代理負債　200,000

　貸：受託代理資產　200,000

借：存貨　200,000

　貸：資產基金——存貨　200,000

【例 11-54】某行政單位受託轉贈一筆資金，收到委託轉贈的資金 1,000,000 元。

借：銀行存款——受託代理資產　1,000,000

貸：受託代理負債　　1,000,000

該單位將受託轉贈資金交付指定的受贈人時：

借：受託代理負債　　1,000,000

貸：銀行存款——受託代理資產　　1,000,000

(二) 受託儲存管理物資

(1) 接受委託人委託儲存管理的物資，其成本按照有關憑據註明的金額確定。

接受委託儲存的物資驗收入庫，按照確定的成本，借記本帳戶，貸記「受託代理負債」帳戶。

借：受託代理資產

貸：受託代理負債

(2) 支付由受託單位承擔的與受託儲存管理的物資相關的運輸費、保管費等費用時，按照實際支付的金額，借記「經費支出」帳戶，貸記「銀行存款」等帳戶。

借：經費支出

貸：銀行存款

(3) 根據委託人要求交付受託儲存管理的物資時，按照儲存管理物資的成本，借記「受託代理負債」帳戶，貸記本帳戶。

借：受託代理負債

貸：受託代理資產

第十二章
行政單位負債與淨資產的核算

行政單位負債與企業負債並無實質上的區別，但從內容上看有較為明顯的差異。由於行政單位不得借款，因此它的負債不是由借貸業務產生的，絕大部分是應向國家財政上繳的資金。行政單位的淨資產同樣具有其特殊性，除計算與企業所有者權益一致外，結構和性質均截然不同。行政單位的資金供應者提供資金的目的不在於獲取收益，也不準備收回資金，因此不存在對行政單位索取本金和報酬的權利。

第一節　行政單位負債的核算

一、行政單位負債概述

負債是行政單位承擔的能以貨幣計量，需要以資產償付的債務，包括應繳財政款、應繳稅費、應付職工薪酬、應付帳款、應付政府補貼款、其他應付款、長期應付款等。

行政單位的負債按照償還時間的要求，分為短期負債和長期負債。

短期負債是指要求在 1 年以內（含 1 年）償還的負債，包括應繳財政款、應繳稅費、應付職工薪酬、應付帳款、應付政府補貼款、其他應付款等。

長期負債是指要求在 1 年以后（不含 1 年）償還的負債，包括長期應付款等。

二、應繳財政款

（一）應繳財政款的內容

「應繳財政款」帳戶用來核算行政單位取得的按規定應當上繳財政的款項，包括罰沒收入、行政事業性收費、政府性基金、國有資產處置和出租收入等。行政單位按照國家稅法等有關規定應當繳納的各種稅費，通過「應繳稅費」帳戶核算，不在本帳戶核算。

罰沒收入，是指行政單位依據國家法律法規，對公民、法人和其他組織實施經濟處罰所取得的各項罰款、沒收款、沒收財物變價款以及行政單位取得的無主財物變價款等。

行政事業性收費，是指行政單位在行使管理職能的過程中，依據國家法律法規向公民、法人和其他組織收取的行政性費用，如各級公安、司法、民政、工商行政管理等行政單位為發放各種證照、簿冊等而向有關單位個和個人收取的工本費、手續費、商標註冊費、企業登記註冊費、公證費等費用。

政府性基金，是指行政單位根據法律法規以及中共中央、國務院有關文件規定，向公民、法人和其他組織無償徵收的具有專項用途的財政資金，如鐵路建設基金、能源建設基金、三峽工程建設基金、民航機場管理建設費等。

國有資產處置和出租收入，是指行政單位將國有資產處置所得的處置淨收入，以及將國有資產出租所取得的租金收入，如行政單位按規定有償調出儲備物資取得的淨收入，出售、置換換出庫存材料、儲備物資、固定資產、無形資產取得的處置淨收入。

（二）應繳財政款的核算

行政單位應設置「應繳財政款」總帳科目。本科目應當按照應繳財政款項的類別進行明細核算，具體參見現行《政府收支分類科目》。本科目的貸方余額，反應行政單位應當上繳財政但尚未繳納的款項。年終清繳后，本科目一般應無余額。

取得按照規定應當上繳財政的款項時，借記「銀行存款」等帳戶，貸記本帳戶。處置資產取得應當上繳財政的處置淨收入的帳務處理，參見「待處理財產損溢」帳戶。出租資產取得租金時，借記「銀行存款」等帳戶，貸記本帳戶；發生有關資產出租的費用時，借記本帳戶，貸記「銀行存款」等帳戶。

上繳應繳財政的款項時，按照實際上繳的金額，借記本帳戶，貸記「銀行存款」帳戶。

【例 12-1】某行政單位按規定將一沒收財物變價出售，變價收入 36,000 元。該單位將款項存入銀行。

借：銀行存款　　36,000

　貸：應繳財政款　　36,000

同時，在應繳財政款明細帳登記：

非稅收入——罰沒收入——一般罰沒收入　　36,000

【例 12-2】某行政單位收到企業註冊登記費 12,000 元，該單位將款項存入開戶銀行。

借：銀行存款　　12,000

　貸：應繳財政款　　12,000

同時，在應繳財政款明細帳登記：

非稅收入——行政事業性收費收入——工商行政事業性收費收入——企業註冊登記費　　12,000

【例 12-3】某行政單位按規定收到地方教育附加收入 150,000 元，該行政單位將款項存入銀行。

借：銀行存款　　150,000

　貸：應繳財政款　　150,000

同時，在應繳財政款明細帳登記：

非稅收入——政府性基金收入——地方教育附加收入　　150,000

【例 12-4】某行政單位將一固定資產對外出租，收取租金 7,000 元，款項存入銀行。

借：銀行存款　　7,000

　貸：應繳財政款　　7,000

【例 12-5】某行政單位按要求，在月末將應繳財政款 860,000 元上繳財政國庫。

借：應繳財政款　　860,000

　貸：銀行存款　　860,000

同時，結清應繳財政款的明細帳。

三、應繳稅費

（一）應繳稅費的內容

「應繳稅費」帳戶用來核算行政單位按照稅法等規定應當繳納的各種稅費，包括營業稅、城市維護建設稅、教育費附加、房產稅、車船稅、城鎮土地使用稅等。行政單位代扣代繳的個人所得稅，也通過本帳戶核算。

（二）應繳稅費的核算

行政單位應設置「應繳稅費」總帳科目。本科目應當按照應繳納的稅費種類進行明細核算。本科目的期末貸方余額，反應行政單位應繳未繳的稅費金額。

（1）因資產處置等發生營業稅、城市維護建設稅、教育費附加等繳納義務的，按照稅法等規定計算的應繳稅費金額，借記「待處理財產損溢」帳戶，貸記本帳戶；實際繳納時，借記本帳戶，貸記「銀行存款」等帳戶。

（2）因出租資產等發生營業稅、城市維護建設稅、教育費附加等繳納義務的，按照稅法等規定計算的應繳稅費金額，借記「應繳財政款」等帳戶，貸記本帳戶；實際繳納時，借記本帳戶，貸記「銀行存款」等帳戶。

（3）代扣代繳個人所得稅，按照稅法等規定計算的應代扣代繳的個人所得稅金額，借記「應付職工薪酬」帳戶（從職工工資中代扣個人所得稅）或「經費支出」帳戶（從勞務費中代扣個人所得稅），貸記本帳戶。實際繳納時，借記本帳戶，貸記「財政撥款收入」「零余額帳戶用款額度」「銀行存款」等帳戶。

【例 12-6】某行政單位處置某項資產，拍賣價格 3,000,000 元，發生營業稅 150,000元，城市維護建設稅及教育費附加 15,000 元。

發生繳納義務時：

借：待處理財產損溢——處置淨收入　　165,000

　貸：應繳稅費——營業稅　　150,000

　　　　　　——城市維護建設稅及教育費附加　　15,000

實際繳納時：

借：應繳稅費——營業稅　　150,000

　　　　　——城市維護建設稅及教育費附加　　15,000

　貸：銀行存款　　165,000

【例 12-7】某行政單位出租一套設備，需繳納營業稅 500 元。

發生繳納義務時：

借：應繳財政款　　500

　貸：應繳稅費——營業稅　　500

實際繳納時：

借：應繳稅費——營業稅　　500

貸：銀行存款 500

四、應付職工薪酬

（一）應付職工薪酬的內容

「應付職工薪酬」帳戶用來核算行政單位按照有關規定應付給職工及為職工支付的各種薪酬，包括基本工資、獎金、國家統一規定的津貼補貼、社會保險費、住房公積金等。

本帳戶應當根據國家有關規定按照「工資（離退休費）」「地方（部門）津貼補貼」「其他個人收入」以及「社會保險費」「住房公積金」等進行明細核算。應付職工薪酬應當在規定支付職工薪酬的時間確認。

（二）應付職工薪酬的核算

第一種情形：

（1）發生應付職工薪酬時，按照計算出的應付職工薪酬金額，借記「經費支出」帳戶，貸記本帳戶。

（2）向職工支付工資、津貼補貼等薪酬時，按照實際支付的金額，借記本帳戶，貸記「財政撥款收入」「零余額帳戶用款額度」「銀行存款」等帳戶。

從應付職工薪酬中代扣為職工墊付的水電費、房租等費用時，按照實際扣除的金額，借記本帳戶（工資），貸記「其他應收款」等帳戶。

從應付職工薪酬中代扣代繳個人所得稅，按照代扣代繳的金額，借記本帳戶（工資），貸記「應繳稅費」帳戶。

從應付職工薪酬中代扣代繳社會保險費和住房公積金，按照代扣代繳的金額，借記本帳戶（工資），貸記「其他應付款」帳戶。

（3）繳納單位為職工承擔的社會保險費和住房公積金時，借記本帳戶（社會保險費、住房公積金），貸記「財政撥款收入」「零余額帳戶用款額度」「銀行存款」等帳戶。

第二種情形：

（1）發生應付職工薪酬時，按照計算出的應付職工薪酬金額，借記「淨資產抵減」帳戶，貸記本帳戶。

（2）向職工支付工資、津貼補貼等薪酬時，按照實際支付的金額，借記本帳戶，貸記「淨資產抵減」帳戶；同時，借記「經費支出」帳戶，貸記「財政撥款收入」「零余額帳戶用款額度」「銀行存款」等帳戶。

從應付職工薪酬中代扣已為職工墊付的水電費、房租等費用的，按照實際扣除的金額，借記本帳戶（工資），貸記「淨資產抵減」帳戶；同時，借記「經費支出」帳戶，貸記「其他應收款」等帳戶。

從應付職工薪酬中代扣代繳個人所得稅，代扣時按照代扣代繳的金額，借記本帳戶（工資），貸記「應繳稅費」帳戶；代繳時，借記「經費支出」帳戶，貸記「財政撥款收入」「零余額帳戶用款額度」「銀行存款」等帳戶，同時，借記「應繳稅費」帳戶，貸記「淨資產抵減」帳戶。

從應付職工薪酬中代扣代繳社會保險費和住房公積金，代扣時按照代扣代繳的金額，借記本帳戶（工資），貸記「淨資產抵減」帳戶，同時，借記「經費支出」

帳戶，貸記「其他應付款」帳戶；代繳時，借記「其他應付款」帳戶，貸記「財政撥款收入」「零余額帳戶用款額度」「銀行存款」等帳戶。

（3）繳納單位為職工承擔的社會保險費和住房公積金時，借記本帳戶（社會保險費、住房公積金），貸記「淨資產抵減」帳戶；同時，借記「經費支出」帳戶，貸記「財政撥款收入」「零余額帳戶用款額度」「銀行存款」等帳戶。

【例 12-8】某行政單位某月應付職工薪酬 58,000 元。

借：經費支出　58,000
　貸：應付職工薪酬　58,000

【例 12-9】續上例，該單位向職工支付薪酬 58,000 元，代扣代繳個人所得稅 600 元，代扣代繳社會保險費和住房公積金 5,000 元。以銀行存款支付。

借：應付職工薪酬　52,400
　貸：銀行存款　52,400

發生代扣代繳個人所得稅時：

借：應付職工薪酬　600
　貸：應繳稅費——個人所得稅　600

發生代扣代繳社會保險費和住房公積金時：

借：應付職工薪酬　5,000
　貸：其他應付款　5,000

代繳納個人所得稅時：

借：應繳稅費——個人所得稅　600
　貸：銀行存款　600

代繳社會保險費和住房公積金時：

借：其他應付款　5,000
　貸：銀行存款　5,000

五、應付帳款和應付政府補貼款

應付帳款是指行政單位因購買物資或服務等而承擔的償還期限不超過 1 年（含）的款項。

應付政府補貼款是指負責發放政府補貼的行政單位，按照規定應當支付給政府補貼接受者的各種政府補貼款。

行政單位應設置「應付帳款」和「應付政府補貼款」總帳科目。

（一）應付帳款的核算

「應付帳款」帳戶應當按照債權單位（或個人）進行明細核算。應付帳款應當在收到所購物資或服務、完成工程時確認。

收到所購物資或服務、完成工程但尚未付款時，按照應付未付款項的金額，借記「待償債淨資產」帳戶，貸記本帳戶。

償付應付帳款時，借記本帳戶，貸記「待償債淨資產」帳戶；同時，借記「經費支出」帳戶，貸記「財政撥款收入」「零余額帳戶用款額度」「銀行存款」等帳戶。

無法償付或債權人豁免償還的應付帳款，應當按照規定報經批准后進行帳務處理。經批准核銷時，借記本帳戶，貸記「待償債淨資產」帳戶。核銷的應付帳款應在備查簿中保留登記。

【例 12-10】某行政單位向甲企業購買一批材料，價款 420,000 元。另供應商墊付運輸費 2,000 元，材料已經驗收入庫，款項還沒支付。

借：存貨　　422,000

　貸：資產基金——存貨　　422,000

借：待償債淨資產　　422,000

　貸：應付帳款——甲企業　　422,000

為什麼不直接借記「庫存材料」，貸記「應付帳款」呢？

從以上帳務處理可以看出，庫存材料的增加，是對淨資產資金來源的占用，為滿足真實反應財務狀況的目標，所以貸記資產基金。但同時，這一筆資產基金的資金來源尚未取得，所以就出現了「待償債淨資產」這一淨資產的抵減項，以平衡淨資產總額。這是典型的以負債雙分錄反應的業務核算。

日后，財政部門以財政直接支付償付應付款時：

借：應付帳款——甲企業　　422,000

　貸：待償債淨資產　　422,000

借：經費支出　　422,000

　貸：財政撥款收入　　422,000

如果上述甲企業豁免該單位償還應付帳款，經批准核銷時：

借：應付帳款——甲企業　　422,000

　貸：待償債淨資產　　422,000

同時，將核銷的應付帳款應在備查簿中保留登記。

(二) 應付政府補貼款的核算

「應付政府補貼款」帳戶應當按照應支付的政府補貼種類進行明細核算。行政單位還應當按照補貼接受者建立備查簿，進行相應明細核算。應付政府補貼款應當在規定發放政府補貼的時間確認。

發生應付政府補貼時，按照規定計算出的應付政府補貼金額，借記「經費支出」帳戶，貸記本帳戶。

支付應付的政府補貼款時，借記本帳戶，貸記「零余額帳戶用款額度」「銀行存款」等帳戶。

【例 12-11】某負責發放政府補貼的行政單位期末存在應當發放的政府補貼 300,000元。

期末登記時：

借：經費支出　　300,000

　貸：應付政府補貼款　　300,000

【例 12-12】續上例，該單位發放應付政府補貼款，共計 300,000 元，以銀行存款發放。

借：應付政府補貼款　　300,000

　貸：銀行存款　　300,000

六、其他應付款和長期應付款

其他應付款是指行政單位除應繳財政款、應繳稅費、應付職工薪酬、應付政府補貼款、應付帳款以外的其他各項償還期在 1 年以內（含 1 年）的應付及暫存款項，如收取的押金、保證金、未納入行政單位預算管理的轉撥資金、代扣代繳職工社會保險費和住房公積金等。

長期應付款是指行政單位發生的償還期限超過 1 年（不含 1 年）的應付款項，如跨年度分期付款購入固定資產的價款等。

行政單位應設置「長期應付款」和「其他應付款」總帳帳戶。

（一）其他應付款的核算

「其他應付款」是負債類帳戶。本帳戶應當按照其他應付款的類別以及債權單位（或個人）進行明細核算。本帳戶的期末貸方余額，反應行政單位尚未支付的其他應付款。

（1）發生其他各項應付及暫存款項時，借記「銀行存款」等帳戶，貸記本帳戶。

（2）支付其他各項應付及暫存款項時，借記本帳戶，貸記「銀行存款」等帳戶。

（3）因故無法償付或債權人豁免償還的其他應付款項，應當按規定報經批准后進行帳務處理。經批准核銷時，借記本帳戶，貸記「其他收入」帳戶。核銷的其他應付款應在備查簿中保留登記。

【例 12-13】某行政單位經批准將一項固定資產出租給甲企業，收取押金 3,000 元，款項存入銀行。

借：銀行存款　　3,000

　貸：其他應付款——甲企業　　3,000

（二）長期應付款的核算

「長期應付款」是負債類帳戶。本帳戶應當按照長期應付款的類別以及債權人進行明細核算。本帳戶的期末貸方余額，反應行政單位尚未支付的各種長期應付款。

長期應付款應當按照以下條件確認：

（1）因購買物資、服務等發生的長期應付款，應當在收到所購物資或服務時確認。

（2）因其他原因發生的長期應付款，應當在承擔付款義務時確認。

具體核算要求如下：

（1）發生長期應付款時，按照應付未付的金額，借記「待償債淨資產」帳戶，貸記本帳戶。

（2）償付長期應付款時，借記「經費支出」帳戶，貸記「財政撥款收入」「零余額帳戶用款額度」「銀行存款」等帳戶；同時，借記本帳戶，貸記「待償債淨資產」帳戶。

（3）無法償付或債權人豁免償還的長期應付款，應當按照規定報經批准后進行帳務處理。經批准核銷時，借記本帳戶，貸記「待償債淨資產」帳戶。核銷的長期應付款應在備查簿中保留登記。

【例 12-14】某行政單位於 2014 年 1 月 1 日向甲企業購入了一批材料，價款 1,000,000元，約定 2 年后付款，年利率為 8%，單利計息，利息同價款到期一併支付。材料已經驗收入庫。

借：存貨　1,000,000
　貸：資產基金——存貨　1,000,000
借：待償債淨資產　1,000,000
　貸：長期應付款——甲企業　1,000,000
2014 年 12 月 31 日，單位計提利息時：
借：待償債淨資產　80,000
　貸：長期應付款——甲企業　80,000
2015 年 12 月 31 日，單位以銀行存款償還價款和利息時：
借：待償債淨資產　80,000
　貸：長期應付款——甲企業　80,000
借：經費支出　1,160,000
　貸：銀行存款　1,160,000
借：長期應付款——甲企業　1,160,000
　貸：待償債淨資產　1,160,000

七、受託代理負債

受託代理負債與受託代理資產相對應，它核算行政單位接受委託，獲得受託管理資產時形成的負債。與受託代理資產性質一樣，受託代理負債不是行政單位真正承擔的負債，行政單位只是受託方。但是為了反應行政單位受託負債情況，應設置「受託代理負債」科目進行核算。

第二節　行政單位淨資產的核算

一、行政單位淨資產的內容

淨資產是指行政單位資產扣除負債后的余額。行政單位的淨資產包括財政撥款結轉、財政撥款結余、其他資金結轉結余、資產基金、待償債淨資產等。

二、財政撥款結轉與財政撥款結余

（一）財政撥款結轉與財政撥款結余的概念

財政撥款結轉是指行政單位當年預算已執行但尚未完成，或因故未執行，下一年度需要按照原用途繼續使用的財政撥款滾存資金，包括基本支出結轉、項目支出結轉。

財政撥款結余是指行政單位當年預算工作目標已完成，或因故終止，剩余的財政撥款滾存資金。

結轉資金在規定使用年限未使用或者未使用完的，視為結余資金。財政撥款結轉和結余的管理，應當按照同級財政部門的規定執行。

（二）財政撥款結轉的核算

行政單位設置「財政撥款結轉」科目，用來核算行政單位的財政撥款結轉資金。本科目的期末貸方余額，反應行政單位滾存的財政撥款結轉資金數額。本科目應當設置「基本支出結轉」「項目支出結轉」兩個明細科目；在「基本支出結轉」明細科目下按照「人員經費」和「日常公用經費」進行明細核算，在「項目支出結轉」明細科目下按照具體項目進行明細核算；本科目還應當按照《政府收支分類科目》中「支出功能分類科目」的項級科目進行明細核算。

有公共財政預算撥款、政府性基金預算撥款等兩種或兩種以上財政撥款的行政單位，還應當按照財政撥款種類分別進行明細核算。

本科目還可以根據管理需要按照財政撥款結轉變動原因，設置「收支轉帳」「結余轉帳」「年初余額調整」「歸集上繳」「歸集調入」「單位內部調劑」「剩余結轉」等明細科目，進行明細核算。

具體核算如下：

1. 調整以前年度財政撥款結轉

因發生差錯更正，以前年度支出收回等原因，需要調整財政撥款結轉的，按照實際調增財政撥款結轉的金額，借記有關帳戶，貸記本帳戶（年初余額調整）；按照實際調減財政撥款結轉的金額，借記本帳戶（年初余額調整），貸記有關帳戶。

【例 12-15】某行政單位收回上一年的項目支出 15,000 元，按規定需要調增財政撥款結轉年初余額。

借：銀行存款　　15,000
　貸：財政撥款結轉（年初余額調整）　　15,000

2. 從其他單位調入財政撥款結余資金

按照規定從其他單位調入財政撥款結余資金時，按照實際調增的額度數額或調入的資金數額，借記「零余額帳戶用款額度」「銀行存款」等帳戶，貸記本帳戶（歸集調入）及其明細。

【例 12-16】某行政單位從其他單位調入財政撥款結余 300,000 元，轉入零余額帳戶用款額度。

借：零余額帳戶用款額度　　300,000
　貸：財政撥款結轉（歸集調入）　　300,000

3. 上繳財政撥款結轉

按照規定上繳財政撥款結轉資金時，按照實際核銷的額度數額或上繳的資金數額，借記本帳戶（歸集上繳）及其明細，貸記「財政應返還額度」「零余額帳戶用款額度」「銀行存款」等帳戶。

【例 12-17】某行政單位按規定上繳財政撥款結轉資金，共計 300,000 元。

借：財政撥款結轉（歸集上繳）　　300,000
　貸：銀行存款　　300,000

4. 單位內部調劑結余資金

經財政部門批准對財政撥款結余資金改變用途，調整用於其他未完成項目等，按照調整的金額，借記「財政撥款結余」帳戶（單位內部調劑）及其明細，貸記本帳戶（單位內部調劑）及其明細。

【例 12-18】某行政單位經批准將「財政撥款結轉——基本支出——一般公共服務——人大事務——行政運行」90,000 元改變用途，用作「財政撥款結轉——項目支出——一般公共服務——人大事務——人大立法」。

借：財政撥款結余（單位內部調劑）　90,000

　貸：財政撥款結轉（單位內部調劑）　90,000

5. 結轉本年財政撥款收入和支出

（1）年末，將財政撥款收入本年發生額轉入本帳戶，借記「財政撥款收入——基本支出撥款、項目支出撥款」帳戶及其明細，貸記本帳戶（收支轉帳——基本支出結轉、項目支出結轉）及其明細。

（2）年末，將財政撥款支出本年發生額轉入本帳戶，借記本帳戶（收支轉帳——基本支出結轉、項目支出結轉）及其明細，貸記「經費支出——財政撥款支出——基本支出、項目支出」帳戶及其明細。

【例 12-19】年末，某行政單位有關本年收支情況如下：財政撥款收入「基本支出——一般公共服務——工商行政管理事務」210,000 元，「項目支出——一般公共服務——工商行政管理事務」150,000 元。財政撥款支出「基本支出——一般公共服務——工商行政管理事務——行政運行」180,000 元，「項目支出——一般公共服務——工商行政管理事務」120,000 元。該行政單位將本年財政撥款收支結轉。

將收入結轉時：

借：財政撥款收入——基本支出撥款　210,000

　　　　　　　——項目支出撥款　150,000

　貸：財政撥款結轉——收支轉帳——基本支出結轉　210,000

　　　　　　　　　——項目支出結轉　150,000

同時，在財政撥款收入明細帳借方登記：

　　基本支出撥款——一般公共服務——工商行政管理事務　210,000

　　項目支出撥款——一般公共服務——工商行政管理事務　150,000

同時，在財政撥款結轉明細帳貸方登記：

　　基本支出結轉——一般公共服務——工商行政管理事務　210,000

　　項目支出結轉——一般公共服務——工商行政管理事務　150,000

將支出結轉時：

借：財政撥款結轉——收支轉帳——基本支出結轉　180,000

　　　　　　　　　　　　——項目支出結轉　120,000

　貸：經費支出——財政撥款支出——基本支出　180,000

　　　　　　　　　　　　　——項目支出　120,000

同時，在財政撥款結轉明細帳借方登記：

　　基本支出結轉——一般公共服務——工商行政管理事務　180,000

　　項目支出結轉——一般公共服務——工商行政管理事務　120,000

同時，在經費支出明細帳貸方登記：

　　基本支出——一般公共服務——工商行政管理事務　180,000

　　項目支出——一般公共服務——工商行政管理事務　120,000

6. 將完成項目的結轉資金轉入財政撥款結余

年末完成上述財政撥款收支轉帳后，對各項目執行情況進行分析，按照有關規定將符合財政撥款結余性質的項目余額轉入財政撥款結余，借記本帳戶（結余轉帳——項目支出結轉）及其明細，貸記「財政撥款結余」（結余轉帳——項目支出結余）帳戶及其明細。

【例 12-20】續上例，年末項目已完成，該單位按有關規定將項目余額轉入撥款結余。

借：財政撥款結轉——結余轉帳——項目支出結轉　　30,000

　貸：財政撥款結余——結余轉帳——項目支出結余　　30,000

同時，在財政撥款結余轉帳明細帳借方登記：

　　項目支出結轉——一般公共服務——工商行政管理事務　　30,000

同時，在財政撥款結余轉帳明細帳貸方登記：

　　項目支出結余——一般公共服務——工商行政管理事務　　30,000

7. 年末衝銷有關明細帳戶余額

年末收支轉帳后，將本帳戶所屬「收支轉帳」「結余轉帳」「年初余額調整」「歸集上繳」「歸集調入」「單位內部調劑」等明細帳戶余額轉入「剩余結轉」明細帳戶；轉帳后，本帳戶除「剩余結轉」明細帳戶外，其他明細帳戶應無余額。

【例 12-21】續【例 12-15】至【例 12-20】，年末，該單位將財政撥款結轉余額轉入「剩余結轉」。

借：財政撥款結轉——年初余額調整　　15,000

　　　　　　　——歸集調入　　300,000

　　　　　　　——單位內部調劑　　90,000

　　　　　　　——收支轉帳　　30,000

　貸：財政撥款結轉——歸集上繳　　300,000

　　　　　　　　——剩余結轉　　135,000

（三）財政撥款結余的核算

財政撥款結余用來核算行政單位滾存的財政撥款項目支出結余資金。應當按照具體項目、《政府收支分類帳戶》中「支出功能分類帳戶」的項級帳戶等進行明細核算。

有公共財政預算撥款、政府性基金預算撥款兩種或兩種以上財政撥款的行政單位，還應當按照財政撥款的種類分別進行明細核算。

「財政撥款結余」帳戶還可以根據管理需要按照財政撥款結余變動原因，設置「結余轉帳」「年初余額調整」「歸集上繳」「單位內部調劑」「剩余結余」等明細帳戶，進行明細核算。

具體帳務處理如下：

1. 調整以前年度財政撥款結余

因發生差錯更正、以前年度支出收回等原因，需要調整財政撥款結余的，按照實際調增財政撥款結余的金額，借記有關帳戶，貸記本帳戶（年初余額調整）；按照實際調減財政撥款結余的金額，借記本帳戶（年初余額調整），貸記有關帳戶。

【例 12-22】某行政單位因上一年記帳錯誤，「項目支出——一般公共服務——發展與改革事務」少計支出 40,000 元，上一年項目已完成，並結轉財政撥款。

借：財政撥款結余（年初余額調整）　　40,000

　貸：銀行存款　　40,000

同時，在財政撥款結余（年初余額調整）明細帳借方登記：

項目支出——一般公共服務——發展與改革事務　　40,000

2. 上繳財政撥款結余

按照規定上繳財政撥款結余時，按照實際核銷的額度數額或上繳的資金數額，借記本帳戶（歸集上繳）及其明細，貸記「財政應返還額度」「零余額帳戶用款額度」「銀行存款」等帳戶。

【例 12-23】某行政單位「出入境檢驗檢疫技術支持」項目獲財政撥款 800,000 元，項目已完成，「項目支出——一般公共服務——質量技術監督與檢驗檢疫事務——出入境檢驗檢疫技術支持」700,000 元，該單位按規定將余款通過「零余額帳戶用款額度」上繳。

借：財政撥款結余（歸集上繳）　　100,000

　貸：零余額帳戶用款額度　　100,000

同時，在財政撥款結余（歸集上繳）明細帳借方登記：

項目支出——一般公共服務——質量技術監督與檢驗檢疫事務——出入境檢驗檢疫技術支持　　100,000

3. 單位內部調劑結余資金

經財政部門批准將本單位完成項目結余資金調整用於基本支出或其他未完成項目支出時，按照批准調劑的金額，借記本帳戶（單位內部調劑）及其明細，貸記「財政撥款結轉」（單位內部調劑）帳戶及其明細。

【例 12-24】某行政單位經批准，將已完成項目「項目支出——一般公共服務——質量技術監督與檢驗檢疫事務——質量技術監督技術支持」的結余資金 150,000元用於「基本支出——一般公共服務——質量技術監督與檢驗檢疫事務——機關服務」。

借：財政撥款結余（單位內部調劑）　　150,000

　貸：財政撥款結轉（單位內部調劑）　　150,000

同時，在財政撥款結余（單位內部調劑）明細帳借方登記：

項目支出——一般公共服務——質量技術監督與檢驗檢疫事務——質量技術監督技術支持　　150,000

在財政撥款結轉（單位內部調劑）明細帳貸方登記：

基本支出——一般公共服務——質量技術監督與檢驗檢疫事務——機關服務　　150,000

4. 將完成項目的結轉資金轉入財政撥款結余。

年末，對財政撥款各項目執行情況進行分析，按照有關規定將符合財政撥款結余性質的項目余額轉入本帳戶，借記「財政撥款結轉」（結余轉帳——項目支出結轉）帳戶及其明細，貸記本帳戶（結余轉帳——項目支出結余）及其明細。

5. 年末衝銷有關明細帳戶余額

年末，將本帳戶所屬「結余轉帳」「年初余額調整」「歸集上繳」「單位內部調劑」等明細帳戶余額轉入「剩余結余」明細帳戶；轉帳后，本帳戶除「剩余結余」明細帳戶外，其他明細帳戶應無余額。

【例 12-25】續【例 12-22】至【例 12-24】，年末該單位衝銷有關明細帳余額。

借：財政撥款結余（剩余結余）　　290,000
　貸：財政撥款結余（年初余額調整）　　40,000
　　財政撥款結余（歸集上繳）　　100,000
　　財政撥款結余（單位內部調劑）　　150,000

三、其他資金結轉結余

其他資金結轉結余是指行政單位除財政撥款收支以外的其他各項收支相抵后剩余的滾存資金。

「其他資金結轉結余」帳戶應當設置「項目結轉」和「非項目結余」明細帳戶，分別對項目資金和非項目資金進行明細核算。對於項目結轉，還應當按照具體項目進行明細核算。

本帳戶還可以根據管理需要按照其他資金結轉結余變動原因，設置「收支轉帳」「年初余額調整」「結余調劑」「剩余結轉結余」等明細帳戶，進行明細核算。

（一）調整以前年度其他資金結轉結余

因發生差錯更正、以前年度支出收回等原因，需要調整其他資金結轉結余的，按照實際調增的金額，借記有關帳戶，貸記本帳戶（年初余額調整）及其相關明細。按照實際調減的金額，借記本帳戶（年初余額調整）及其相關明細，貸記有關帳戶。

【例 12-26】某行政單位收回以前年度已核銷的預付帳款 30,000 元，存入銀行帳戶。

借：銀行存款　　30,000
　貸：其他資金結轉結余（年初余額調整）　　30,000

（二）結轉本年其他收入和支出

（1）年末，將其他收入中的項目資金收入本年發生額轉入本帳戶，借記「其他收入」帳戶及其明細，貸記本帳戶（項目結轉——收支轉帳）及其明細；將其他收入中的非項目資金收入本年發生額轉入本帳戶，借記「其他收入」帳戶及其明細，貸記本帳戶（非項目結余——收支轉帳）。

（2）年末，將其他資金支出中的項目支出本年發生額轉入本帳戶，借記本帳戶（項目結轉——收支轉帳）及其明細，貸記「經費支出——其他資金支出」帳戶（項目支出）及其明細、「撥出經費」帳戶（項目支出）及其明細；將其他資金支出中的基本支出本年發生額轉入本帳戶，借記本帳戶（非項目結余——收支轉帳），貸記「經費支出——其他資金支出」：

【例 12-27】年末，某行政單位結轉本年度其他收入和支出。其他收入情況：庫存現金溢余 1,000 元，后勤服務收入 16,000 元，「項目支出——一般公共服務——財政事務——信息化建設」銀行存款利息收入 7,000 元。經費支出情況：「經費支出（其他資金支出）——項目支出——一般公共服務——財政事務——信息化建設」18,000元，「經費支出（其他資金支出）——基本支出——一般公共服務——財政事務——行政運行」5,000 元。

結轉其他收入本期發生額時：

借：其他收入——庫存現金溢余　1,000
——后勤服務收入　16,000
貸：其他資金結轉結余——收支轉帳——非項目結余　17,000
借：其他收入——銀行存款利息收入　7,000
貸：其他資金結轉結余——收支轉帳——項目結余　7,000
同時，在其他資金結余明細帳貸方登記：
項目支出——一般公共服務——財政事務——信息化建設　7,000
結轉其他資金支出本期發生額時：
借：其他資金結轉結余——收支轉帳——項目結余　18,000
貸：經費支出——其他資金支出（項目支出）　18,000
同時，在其他資金結余明細帳借方登記：
經費支出(其他資金支出）——項目支出——一般公共服務——財政事務——信息化建設　18,000
借：其他資金結轉結余——收支轉帳——非項目結余　5,000
貸：經費支出——其他資金支出（基本支出）　5,000

（三）繳回或轉出項目結余

完成上述轉帳后，對本年末各項目執行情況進行分析，區分年末已完成項目和尚未完成項目，在此基礎上，對完成項目的剩余資金根據不同情況進行帳務處理。

（1）需要繳回原項目資金出資單位的，按照繳回的金額，借記本帳戶（項目結轉——結余調劑）及其明細，貸記「銀行存款」「其他應付款」等帳戶。

（2）將項目剩余資金留歸本單位用於其他非項目用途的，按照剩余的項目資金金額，借記本帳戶（項目結轉——結余調劑）及其明細，貸記本帳戶（非項目結余——結余調劑）。

（四）用非項目資金結余補充項目資金

按照實際補充項目資金的金額，借記本帳戶（非項目結余——結余調劑），貸記本帳戶（項目結轉——結余調劑）及其明細。

（五）年末衝銷有關明細帳戶余額

年末收支轉帳后，將本帳戶所屬「收支轉帳」「年初余額調整」「結余調劑」等明細帳戶余額轉入「剩余結轉結余」明細帳戶；轉帳后，本帳戶除「剩余結轉結余」明細帳戶外，其他明細帳戶應無余額。

【例 12-28】續【例 12-26】【例 12-27】，年末，該單位衝銷有關明細帳戶余額。

借：其他資金結轉結余——年初余額調整　30,000
——收支轉帳　24,000
貸：其他資金結轉結余——收支轉帳　23,000
——剩余結轉結余　31,000

四、資產基金

行政單位設置「資產基金」科目，用來核算行政單位的預付帳款、存貨、固定資產、在建工程、無形資產、政府儲備物資、公共基礎設施等非貨幣性資產在淨資產中占用的金額。

「資產基金」帳戶應當設置「預付款項」「存貨」「固定資產」「在建工程」「無形資產」「政府儲備物資」「公共基礎設施」等明細帳戶，進行明細核算。

具體帳務處理如下：

(1) 資產基金應當在發生預付帳款，取得存貨、固定資產、在建工程、無形資產、政府儲備物資、公共基礎設施時確認。

①發生預付帳款時，按照實際發生的金額，借記「預付帳款」帳戶，貸記本帳戶（預付款項）；同時，按照實際支付的金額，借記「經費支出」帳戶，貸記「財政撥款收入」「零余額帳戶用款額度」「銀行存款」等帳戶。

【例 12-29】某行政單位購入一設備，預付價款 1,000,000 元，設備尚未收到。

借：預付帳款	1,000,000	
貸：資產基金——預付款項		1,000,000
借：經費支出	1,000,000	
貸：銀行存款		1,000,000

②取得存貨、固定資產、在建工程、無形資產、政府儲備物資、公共基礎設施等資產時，按照取得資產的成本，借記「存貨」「固定資產」「在建工程」「無形資產」「政府儲備物資」「公共基礎設施」等帳戶，貸記本帳戶（存貨、固定資產、在建工程、無形資產、政府儲備物資、公共基礎設施）；同時，按照實際發生的支出，借記「經費支出」帳戶，貸記「財政撥款收入」「零余額帳戶用款額度」「銀行存款」等帳戶。

【例 12-30】數據同上例，假設是錢貨兩清。

借：固定資產	1,000,000	
貸：資產基金——固定資產		1,000,000
借：經費支出	1,000,000	
貸：銀行存款		1,000,000

(2) 收到預付帳款購買的物資或服務時，應當相應衝減資產基金。

按照相應的預付帳款金額，借記本帳戶（預付款項），貸記「預付帳款」帳戶。

【例 12-31】續【例 12-29】，收到設備。

借：固定資產	1,000,000	
貸：資產基金——固定資產		1,000,000
借：資產基金——預付款項	1,000,000	
貸：預付帳款		1,000,000

(3) 領用和發出存貨、政府儲備物資時，應當相應衝減資產基金。

領用和發出存貨、政府儲備物資時，按照領用和發出存貨、政府儲備物資的成本，借記本帳戶（存貨、政府儲備物資），貸記「存貨」「政府儲備物資」帳戶。

(4) 計提固定資產折舊、公共基礎設施折舊、無形資產攤銷時，應當衝減資產基金。

計提固定資產折舊、公共基礎設施折舊、無形資產攤銷時，按照計提的折舊、攤銷金額，借記本帳戶（固定資產、公共基礎設施、無形資產），貸記「累計折舊」「累計攤銷」帳戶。

（5）無償調出、對外捐贈存貨、固定資產、無形資產、政府儲備物資、公共基礎設施時，應當衝減該資產對應的資產基金。

①無償調出、對外捐贈存貨、政府儲備物資時，按照存貨、政府儲備物資的帳面余額，借記本帳戶及其明細，貸記「存貨」「政府儲備物資」等帳戶。

②無償調出、對外捐贈固定資產、公共基礎設施、無形資產時，按照相關固定資產、公共基礎設施、無形資產的帳面價值，借記本帳戶及其明細，按照已計提折舊、已計提攤銷的金額，借記「累計折舊」「累計攤銷」帳戶，按照固定資產、公共基礎設施、無形資產的帳面余額，貸記「固定資產」「公共基礎設施」「無形資產」帳戶。

（6）通過「待處理財產損溢」帳戶核算的資產處置，有關本帳戶的帳務處理參見「待處理財產損溢」帳戶。

五、待償債淨資產

「待償債淨資產」帳戶用來核算行政單位因發生應付帳款和長期應付款而相應需在淨資產中衝減的金額。

（1）發生應付帳款、長期應付款時，按照實際發生的金額，借記本帳戶，貸記「應付帳款」「長期應付款」等帳戶。

【例 12-32】某行政單位購入一固定資產，價款 1,000,000 元，分期償付，購買時已支付 200,000 元，固定資產已收到。

借：固定資產　1,000,000
　貸：資產基金——固定資產　1,000,000
借：經費支出　200,000
　貸：銀行存款　200,000
借：待償債淨資產　800,000
　貸：長期應付款　800,000

（2）償付應付帳款、長期應付款時，按照實際償付的金額，借記「應付帳款」「長期應付款」等帳戶，貸記本帳戶；同時，按照實際支付的金額，借記「經費支出」帳戶，貸記「財政撥款收入」「零余額帳戶用款額度」「銀行存款」等帳戶。

【例 12-33】承上例，償還上述余款。

借：長期應付款　800,000
　貸：待償債淨資產　800,000
借：經費支出　800,000
　貸：銀行存款　800,000

（3）因債權人原因，核銷確定無法支付的應付帳款、長期應付款時，按照報經批准核銷的金額，借記「應付帳款」「長期應付款」帳戶，貸記本帳戶。

第十三章
行政單位收入與支出的核算

行政單位的收支與企業的收支存在較大的差別。企業取得收入是成本的補償和獲取利潤的途徑，而行政單位取得收入與補償行為無關，只是國家維持行政單位履行職能能力的手段。企業的支出在於獲取收入，最終取得利潤；而行政單位的支出是指為開展業務活動所發生的各項資金耗費及損失。

第一節　行政單位收入的核算

一、行政單位收入概述

（一）行政單位收入的概念

行政單位收入是指行政單位依法取得的非償還性資金。行政單位收入包括財政撥款收入和其他收入。

財政撥款收入是指行政單位從同級財政部門取得的財政預算資金。

其他收入是指行政單位依法取得的除財政撥款收入以外的各項收入，如有償服務收入、有價證券、銀行存款利息收入及其他不必上繳財政的零星雜項收入。

（二）行政單位收入的特點

（1）從資金性質上看，財政撥款收入屬於財政資金，其他收入不屬於財政資金。

（2）從資金來源渠道和核撥發方式上看，財政撥款來源於國庫，是從政府預算收入中對行政單位安排的撥款；其他收入則不經過財政部門，直接納入單位預算。

（3）從預算核定方法上看，財政撥款收入和其他收入均應由財政部門核定，但它們的核定方法有所不同。財政撥款主要根據單位的工作性質、工作任務和規定的開支範圍、開支標準及預算定額，應結合政府財力狀況予以確定；其他收入主要依據單位上報數和有關政策予以確定。

（4）從預算調整審批權限上看，在年度預算執行中，經財政預算核撥的收入，原則上不予調整。因特殊情況確需調整的，需按照程序報財政部門審批。其他收入發生變化，則由單位自行調整，同時報財政部門備案。

（三）行政單位收入的管理

行政單位的各項收入必須統一管理。行政單位各項收入的取得，應當符合國家規定，及時入帳，並按照財務管理的要求，分項如實填報。行政單位依法取得的應當納入財政預算的罰沒收入、行政性收費收入和基金以及應當繳入財政專戶的預算外資金，不屬於行政單位的收入，必須及時足額上繳。

二、財政撥款收入

（一）財政撥款收入的概念和管理

財政撥款收入是指行政單位從同級財政部門取得的財政預算資金。

1. 傳統的經費撥款方式

行政單位應根據經上級主管部門或財政部門核定的季度（或分月）用款計劃，按經費預報關係向上級主管部門或同級財政部門申請撥款。財政部門根據預算單位的申請，簽發撥款憑證，通知國庫將財政存款直接劃撥到申請單位開戶銀行的存款帳戶內，行政單位在收到撥入的款項后，再向所屬的單位撥轉經費。在這種方式下，財政預算資金分散在各級行政單位的銀行帳戶中。

2. 新的資金預算管理方式

在新的資金預算管理方式下，行政單位獲取預算經費的方式是行政單位根據預算獲得對經費的使用權，經費並不撥入各行政單位的銀行帳戶，而是保留在財政部門的國庫單一帳戶中。只有在財政部門接到一級會計核算單位審核匯總的各所屬行政單位財政直接支付申請后，才能向水平或勞務部門供應者直接支付，或按照批准的以及預算單位用款計劃中各基層單位的月度財政授權支付額度簽發支付額度后，資金可供基層預算單位支取。在這種方式下，財政資金集中在國庫中。

（二）財政撥款收入的核算

行政單位應設置「財政撥款收入」科目。該科目用來核算行政單位從同級財政部門取得的各類財政預算資金。年終結帳后，本帳戶應無余額。

本帳戶應當設置「基本支出撥款」和「項目支出撥款」兩個明細帳戶，分別核算行政單位取得用於基本支出和項目支出的財政撥款資金；同時，本帳戶還要按照《政府收支分類科目》中「支出功能分類」的相關科目進行明細核算；在「基本支出撥款」明細科目下按照「人員經費」和「日常公用經費」進行明細核算，在「項目支出撥款」明細科目下按照具體項目進行明細核算。見表 13-1。

表 13-1

201	一般公共服務支出	一般公共服務支出
20101	人大事務	一般公共服務支出——人大事務
20102	政協事務	一般公共服務支出——政協事務
20103	政府辦公廳（室）及相關機構事務	一般公共服務支出——政府辦公廳（室）及相關機構事務
20104	發展與改革事務	一般公共服務支出——發展與改革事務
20105	統計信息事務	一般公共服務支出——統計信息事務
20106	財政事務	一般公共服務支出——財政事務
20107	稅收事務	一般公共服務支出——稅收事務
20108	審計事務	一般公共服務支出——審計事務
20109	海關事務	一般公共服務支出——海關事務

表13-1(續)

20110	人力資源事務	一般公共服務支出——人力資源事務
20111	紀檢監察事務	一般公共服務支出——紀檢監察事務
20113	商貿事務	一般公共服務支出——商貿事務
20114	知識產權事務	一般公共服務支出——知識產權事務
20115	工商行政管理事務	一般公共服務支出——工商行政管理事務
20117	質量技術監督與檢驗檢疫事務	一般公共服務支出——質量技術監督與檢驗檢疫事務
20123	民族事務	一般公共服務支出——民族事務
20124	宗教事務	一般公共服務支出——宗教事務
20125	港澳臺僑事務	一般公共服務支出——港澳臺僑事務
20126	檔案事務	一般公共服務支出——檔案事務
20128	民主黨派及工商聯事務	一般公共服務支出——民主黨派及工商聯事務
20129	群眾團體事務	一般公共服務支出——群眾團體事務
20131	黨委辦公廳（室）及相關機構事務	一般公共服務支出——黨委辦公廳（室）及相關機構事務
20132	組織事務	一般公共服務支出——組織事務
20133	宣傳事務	一般公共服務支出——宣傳事務
20134	統戰事務	一般公共服務支出——統戰事務
20135	對外聯絡事務	一般公共服務支出——對外聯絡事務
20136	其他共產黨事務支出	一般公共服務支出——其他共產黨事務支出
20199	其他一般公共服務支出	一般公共服務支出——其他一般公共服務支出
202	外交支出	外交支出
20201	外交管理事務	外交支出——外交管理事務
20202	駐外機構	外交支出——駐外機構
20203	對外援助	外交支出——對外援助
20204	國際組織	外交支出——國際組織
20205	對外合作與交流	外交支出——對外合作與交流
20206	對外宣傳	外交支出——對外宣傳
20207	邊界勘界聯檢	外交支出——邊界勘界聯檢
20299	其他外交支出	外交支出——其他外交支出
203	國防支出	國防支出
20301	現役部隊	國防支出——現役部隊
20304	國防科研事業	國防支出——國防科研事業
20305	專項工程	國防支出——專項工程
20306	國防動員	國防支出——國防動員
20399	其他國防支出	國防支出——其他國防支出

表13-1(續)

204	公共安全支出	公共安全支出
20401	武裝警察	公共安全支出——武裝警察
20402	公安	公共安全支出——公安
20403	國家安全	公共安全支出——國家安全
20404	檢察	公共安全支出——檢察
20405	法院	公共安全支出——法院
20406	司法	公共安全支出——司法
20407	監獄	公共安全支出——監獄
20408	強制隔離戒毒	公共安全支出——強制隔離戒毒
20409	國家保密	公共安全支出——國家保密
20410	緝私警察	公共安全支出——緝私警察
20499	其他公共安全支出	公共安全支出——其他公共安全支出
205	教育支出	教育支出
20501	教育管理事務	教育支出——教育管理事務
20502	普通教育	教育支出——普通教育
20503	職業教育	教育支出——職業教育
20504	成人教育	教育支出——成人教育
20505	廣播電視教育	教育支出——廣播電視教育
20506	留學教育	教育支出——留學教育
20507	特殊教育	教育支出——特殊教育
20508	進修及教育	教育支出——進修及教育
20509	教育費附加安排的支出	教育支出——教育費附加安排的支出
20510	地方教育附加安排的支出	教育支出——地方教育附加安排的支出
20551	國有資本經營預算支出	教育支出——國有資本經營預算支出
20599	其他教育支出	教育支出——其他教育支出
206	科學技術支出	科學技術支出
20601	科學技術管理事務	科學技術支出——科學技術管理事務
20602	基礎研究	科學技術支出——基礎研究
20603	應用研究	科學技術支出——應用研究
20604	技術研究與開發	科學技術支出——技術研究與開發
20605	科技條件與服務	科學技術支出——科技條件與服務
20606	社會科學	科學技術支出——社會科學
20607	科學技術普及	科學技術支出——科學技術普及
20608	科技交流與合作	科學技術支出——科技交流與合作
20609	科技重大專項	科學技術支出——科技重大專項
20610	核電站乏燃料處理處置基金支出	科學技術支出——核電站乏燃料處理處置基金支出

表13-1(續)

20651	國有資本經營預算支出	科學技術支出——國有資本經營預算支出
20699	其他科學技術支出	科學技術支出——其他科學技術支出
207	文化體育與傳媒支出	文化體育與傳媒支出
20701	文化	文化體育與傳媒支出——文化
20702	文物	文化體育與傳媒支出——文物
20703	體育	文化體育與傳媒支出——體育
20704	廣播影視	文化體育與傳媒支出——廣播影視

說明：本表未完，余下內容略。

有公共財政預算撥款、政府性基金預算撥款等兩種或兩種以上財政預算撥款的行政單位，還應當按照財政撥款的種類分別進行明細核算。

（1）財政直接支付方式下，行政單位根據財政國庫支付執行機構委託代理銀行轉來的財政直接支付入帳通知書及原始憑證，借記有關支出帳戶，貸記本帳戶。

年末，行政單位根據本年度財政直接支付預算指標數與財政直接支付實際支出數的差額，借記「財政應返還額度——財政直接支付」帳戶，貸記本帳戶。

【例13-1】某行政單位收到財政部門委託代理銀行轉來的財政直接支付入帳通知書，財政部門為行政單位支付「基本支出——一般公共服務——政府辦公廳（室）及相關機構事務——行政運行」經費35,000元。

借：經費支出　35,000
　貸：財政撥款收入　35,000

同時，在經費支出明細帳借方登記：

基本支出——一般公共服務——政府辦公廳（室）
　　及相關機構事務——行政運行　35,000

在財政撥款收入明細帳貸方登記：

基本支出撥款（日常公用經費）——一般公共
　　服務——政府辦公廳（室）及相關機構事務——行政運行
　　35,000

【例13-2】某行政單位收到財政部門委託代理銀行轉來的財政直接支付入帳通知書，財政部門為行政單位支付「基本支出——一般公共服務——政府辦公廳（室）及相關機構事務——行政運行」職工薪酬經費80,000元。

借：經費支出　80,000
　貸：應付職工薪酬　80,000

同時，在經費支出明細帳借方登記：

基本支出——一般公共服務——政府辦公廳（室）
　　及相關機構事務——行政運行　80,000

在財政撥款收入明細帳貸方登記：

基本支出撥款（人員經費）——一般公共服務——政府
　　辦公廳（室）及相關機構事務——行政運行　80,000

【例 13-3】某行政單位收到財政部門委託代理銀行轉來的財政直接支付入帳通知書，財政部門為行政單位支付「項目支出——一般公共服務——政府辦公廳（室）及相關機構事務——專項業務活動」經費 120,000 元。

借：經費支出　120,000

　貸：財政撥款收入　120,000

同時，在經費支出明細帳借方登記：

項目支出——一般公共服務——政府辦公廳（室）

及相關機構事務——專項業務活動　120,000

在財政撥款收入明細帳貸方登記：

項目支出撥款——一般公共服務——政府辦公廳（室）

及相關機構事務——專項業務活動　120,000

（2）財政授權支付方式下，行政單位根據收到的財政授權支付額度到帳通知書，借記「零余額帳戶用款額度」等帳戶，貸記本帳戶。

年末，如單位本年度財政授權支付預算指標數大於財政授權支付額度下達數，根據兩者間的差額，借記「財政應返還額度——財政授權支付」帳戶，貸記本帳戶。

【例 13-4】某行政單位收到財政部門代理銀行發來的財政授權支付到帳通知書，收到用款額度 500,000 元，用於「基本支出——教育——普通教育——初中教育」。

借：零余額帳戶用款額度　500,000

　貸：財政撥款收入　500,000

同時，在財政撥款收入明細帳貸方登記：

基本支出撥款（日常公用經費）

——教育——普通教育——初中教育　500,000

【例 13-5】某行政單位收到財政部門代理銀行發來的財政授權支付到帳通知書，收到用款額度 800,000 元，用於「項目支出——教育——普通教育——高中教育」。

借：零余額帳戶用款額度　800,000

　貸：財政撥款收入　800,000

同時，在財政撥款收入明細帳貸方登記：

項目支出撥款——教育——普通教育——高中教育　800,000

【例 13-6】續上例，該行政單位開具支付令，支付「項目支出——教育——普通教育——高中教育」400,000 元。

借：經費支出　400,000

　貸：零余額帳戶用款額度　400,000

同時，在經費支出明細帳借方登記：

項目支出——教育——普通教育——高中教育　400,000

（3）其他方式下，實際收到財政撥款收入時，借記「銀行存款」等帳戶，貸記本帳戶。

【例 13-7】某行政單位尚未納入財政國庫單一帳戶制度改革。該單位收到財政部門撥入的預算經費 140,000 元。用於「基本支出——科學技術——應用研究——機構運行」。

借：銀行存款　　140,000
　貸：財政撥款收入　　140,000
同時，在財政撥款收入明細帳貸方登記：
　　基本支出撥款——科學技術——應用研究——機構運行　　140,000

【例 13-8】某行政單位尚未納入財政國庫單一帳戶制度改革，收到上級主管單位轉撥的預算經費 220,000 元，用於「項目支出——科學技術——應用研究——專項科研試製」。

借：銀行存款　　220,000
　貸：財政撥款收入　　220,000
同時，在財政撥款收入明細帳貸方登記：
　　項目支出撥款——科學技術——應用研究——專項科研試製 220,000

（4）本年度財政直接支付的資金收回時，借記本帳戶，貸記「經費支出」等帳戶。年末，將本帳戶的本期發生額轉入財政撥款結轉，借記本帳戶，貸記「財政撥款結轉」帳戶。

【例 13-9】續【例 13-3】，項目實際支出 100,000 元，剩余 20,000 元轉回。

借：財政撥款收入　　20,000
　貸：經費支出　　20,000
同時，在財政撥款收入明細帳借方登記：
　　項目支出撥款——一般公共服務——政府辦公廳（室）
　　　及相關機構事務——專項業務活動　　20,000
在經費支出明細帳貸方登記：
　　項目支出——一般公共服務——政府辦公廳（室）
　　　及相關機構事務——專項業務活動　　20,000

【例 13-10】續【例 13-7】【例 13-8】，年末，該單位將財政撥款轉入財政撥款結轉。

借：財政撥款收入　　360,000
　貸：財政撥款結轉　　360,000
同時，在財政撥款收入明細帳借方登記：
　　基本支出撥款——科學技術——應用研究——機構運行　　140,000
　　項目支出撥款——科學技術——應用研究——專項科研試製 220,000
在財政撥款結轉明細帳貸方登記：
　　基本支出結轉——科學技術——應用研究——機構運行　　140,000
　　項目支出結轉——科學技術——應用研究——專項科研試製 220,000

三、其他收入的核算

（一）其他收入的概念

其他收入用來核算行政單位取得的除財政撥款收入以外的其他各項收入，如從非同級財政部門、上級主管部門等取得的用於完成項目或專項任務的資金、庫存現金溢余等。行政單位從非同級財政部門、上級主管部門等取得指定轉給其他單位且未納入本單位預算管理的資金，不通過本帳戶核算，應當通過「其他應付款」帳戶核算。

「其他收入」帳戶應當按照其他收入的類別、來源單位、項目資金和非項目資金進行明細核算。對於項目資金收入，還應當按照具體項目進行明細核算。

（二）其他收入的管理

其他收入也應納入行政單位預算，統籌使用，作為財政資金的補充。其他收入的取得必須符合國家有關規定，嚴禁行政單位經商辦企業。行政單位實現的其他收入必須及時入帳，嚴格銀行帳戶的管理，防止私設「小金庫」，要按預算管理的要求，對單位的其他收入如實按項進行填報，不得隱瞞、少報和虛報。

（三）其他收入的帳務處理

（1）收到屬於其他收入的各種款項時，按照實際收到的金額，借記「銀行存款」「庫存現金」等帳戶，貸記本帳戶。

（2）年末，將本帳戶本年發生額轉入其他資金結轉結余時，借記本帳戶，貸記「其他資金結轉結余」帳戶。

【例 13-11】某行政單位經批准，對無法查明原因的盤盈的庫存現金 300 元進行處理。

借：待處理財產損溢　　300
　貸：其他收入　　300

【例 13-12】某行政單位收到銀行存款利息收入 8,000 元。

借：銀行存款　　8,000
　貸：其他收入——利息收入　　8,000

【例 13-13】續【例 13-11】【例 13-12】，年末結轉其他收入。

借：其他收入　　8,300
　貸：其他資金結轉結余　　8,300

第二節　行政單位支出的核算

一、行政單位支出概述

（一）行政單位支出的概念與內容

行政單位支出是指行政單位為保障機構正常運轉和完成工作任務所發生的資金耗費和損失。行政單位支出可以按不同的標誌進行分類：

1. 按支出性質不同，分為經費支出和撥出經費

（1）經費支出是指行政單位自身開展業務活動使用各項資金發生的基本支出和項目支出。

（2）撥出經費是指行政單位向所屬單位撥出的納入單位預算管理的非同級財政撥款資金。

2. 按支出的用途不同，分為人員經費支出和日常公用經費支出

（1）人員經費支出是指用於行政單位工作人員為了開展公務活動而發生的用於個人方面的開支，主要包括工資、福利費、津貼、社會保障繳費、離退休費、住房

補貼等開支。

(2) 日常公用經費支出是指行政單位為了完成行政工作任務而用於公務活動方面的開支，主要包括公務費、業務費、日常維護費、一般設備購置費等。它主要是為了日常公務需要而發生的各種支出和購買物資的支出。

3. 按部門預算的要求不同，分為基本支出和項目支出

(1) 基本支出是指行政單位為維持正常運轉和完成日常工作任務而發生的各項支出，如基本工資、津貼，辦公費、勞務費、交通費等。如果沒有基本支出作為保證，行政單位就無法維持正常的運轉，也無法完成日常的行政工作任務。

(2) 項目支出是指行政單位為完成專項工作或特定任務而發生的各項支出，如專項會議支出、房屋建築物構建支出、基礎設施建設支出、專項大型修繕支出、專項任務支出等。行政單位的項目支出一般有專項資金來源，如果沒有專項資金來源，一般作基本支出處理。

4. 按資金來源不同，分為財政撥款支出和其他資金支出

(1) 財政撥款支出是指行政單位使用財政撥入經費而發生的經費支出。

(2) 其他資金支出是指行政單位使用除財政撥入經費以外的資金而發生的支出。

(二) 行政單位支出的管理要求

(1) 行政單位應當建立健全各項支出的管理制度。各項支出由單位財務部門按照批准的預算和有關規定審核辦理。防止多頭審批和無計劃開支。重大支出項目，應當集體討論決定。各項資金的安排使用情況，應當按照財政部門的要求分別反應。

(2) 行政單位的支出，應當嚴格執行國家規定的開支範圍及開支標準，保證人員經費和單位正常運轉必需的開支，並對節約潛力大、管理薄弱的支出項目實行重點管理和控制。行政單位用於職工待遇方面的支出，不得超出國家規定的範圍和標準。

(3) 行政單位的專項支出，應當按照批准的項目和用途使用，並按照規定向主管預算單位或者財政部門報送專項支出情況表和文字報告，接受有關部門的檢查、監督。實行專款專用原則，不得將專項經費挪作他用。

二、經費支出的核算

(一) 經費支出的內容

「經費支出」科目用來核算行政單位在開展業務活動中發生的各項支出。

本帳戶應當分別按照「財政撥款支出」和「其他資金支出」「基本支出」和「項目支出」等分類進行明細核算；並按照《政府收支分類帳戶》中「支出功能分類帳戶」的項級帳戶進行明細核算；「基本支出」和「項目支出」明細帳戶下應當按照《政府收支分類科目》中「支出經濟分類科目」的款級科目進行明細核算。同時在「項目支出」明細科目下按照具體項目進行明細核算。見表 13-2。

表 13-2

301	工資福利支出	反應單位開支的在職職工和編製外長期聘用人員的各類勞動報酬，以及為上述人員繳納的各項社會保險費等。
30101	基本工資	反應按規定發放的基本工資，包括公務員的職務工資、級別工資；機關工人的崗位工資、技術等級工資；事業單位工作人員的崗位工資、薪級工資；各類學校畢業生試用期（見習期）工資、新參加工作工人學徒期、熟練期工資；軍隊（武警）軍官、文職幹部的職務（專業技術等級）工資、軍銜（級別）工資、基礎工資和軍齡工資；軍隊士官的軍銜等級工資、基礎工資和軍齡工資等。
30102	津貼補貼	反應經國家批准建立的機關事業單位艱苦邊遠地區津貼、機關工作人員地區附加津貼、機關工作人員崗位津貼、事業單位工作人員特殊崗位津貼補貼。
30103	獎金	反應機關工作人員年終一次性獎金。
30104	社會保障繳費	反應單位為職工繳納的基本養老、基本醫療、失業、工傷、生育等社會保險費，殘疾人就業保障金，軍隊（含武警）為軍人繳納的傷亡、退役醫療等社會保險費。
30105	伙食費	反應軍隊、武警義務兵、供給制學員伙食費和幹部、士官灶差補助等支出。
30106	伙食補助費	反應單位發給職工的伙食補助費，如誤餐補助等。
30107	績效工資	反應事業單位工作人員的績效工資。
30199	其他工資福利支出	反應上述項目未包括的人員支出，如各種加班工資、病假兩個月以上期間的人員工資、編製外長期聘用人員，公務員及參照和依照公務員制度管理的單位工作人員轉入企業工作並按規定參加企業職工基本養老保險后給予的一次性補貼等。
302	商品和服務支出	反應單位購買商品和服務的支出（不包括用於購置固定資產的支出、戰略性和應急儲備支出，但軍事方面的耐用消費品和設備的購置費、軍事性建設費以及軍事建築物的購置費等在本科目中反應。）
30201	辦公費	反應單位購買按財務會計制度規定不符合固定資產確認標準的日常辦公用品、書報雜誌等支出。
30202	印刷費	反應單位的印刷費支出。
30203	諮詢費	反應單位諮詢方面的支出。
30204	手續費	反應單位支付的各類手續費支出。
30205	水費	反應單位支付的水費、污水處理費等支出。

表13-2(續)

30206	電費	反應單位的電費支出。
30207	郵電費	反應單位開支的信函、包裹、貨物等物品的郵寄費及電話費、電報費、傳真費、網路通訊費等。
30208	取暖費	反應單位取暖用燃料費、熱力費、爐具購置費、鍋爐臨時工的工資、節煤獎以及由單位支付的在職職工和離退休人員宿舍取暖費等。
30209	物業管理費	反應單位開支的辦公用房、職工及離退休人員宿舍等的物業管理費，包括綜合治理、綠化、衛生等方面的支出。
30211	差旅費	反應單位工作人員出差的住宿費、旅費、伙食補助費、雜費，幹部及大中專學生調遣費，調干家屬旅費補助等。
30212	因公出國（境）費用	反應單位工作人員公務出國（境）的住宿費、旅費、伙食補助費、雜費、培訓費等支出。
30213	維修（護）費	反應單位日常開支的固定資產（不包括車船等交通工具）修理和維護費用，網路信息系統運行與維護費用，以及按規定提取的修購基金。
30214	租賃費	反應租賃辦公用房、宿舍、專用通訊網以及其他設備等方面的費用。
30215	會議費	反應會議中按規定開支的房租費、伙食補助費以及文件資料的印刷費、會議場地租用費等。
30216	培訓費	反應各類培訓支出。按標準提取的「職工教育經費」也在本科目中反應。
30217	公務接待費	反應單位按規定開支的各類公務接待（含外賓接待）費用。
30218	專用材料費	反應單位購買日常專用材料的支出。具體包括藥品及醫療耗材，農用材料，獸醫用品，實驗室用品，專用服裝，消耗性體育用品，專用工具和儀器，藝術部門專用材料和用品，廣播電視臺發射臺發射機的電力、材料等方面的支出。
30219	裝備購置費	反應軍隊（含武警）購置裝備的支出。
30220	工程建設費	反應軍隊（含武警）工程建設方面的支出。
30221	作戰費	反應軍隊（含武警）作戰、防衛方面的支出。
30222	軍用油料費	反應軍隊（含武警）軍事裝備的油料費支出。

30223	軍隊其他運行維護費	反應軍隊（含武警）的其他運行維護費。
30224	被裝購置費	反應法院、檢察院、政府各部門以及軍隊（含武警）的被裝購置支出。
30225	專用燃料費	反應用作業務工作設備的車、船設施等的油料支出。
30226	勞務費	反應支付給單位和個人的勞務費用，如臨時聘用人員、鐘點工工資，稿費、翻譯費，評審費等。
30227	委託業務費	反應因委託外單位辦理業務而支付的委託業務費。
30228	工會經費	反應單位按規定提取的工會經費。
30229	福利費	反應單位按規定提取的福利費。
30231	公務用車運行維護費	反應公務用車租用費、燃料費、維修費、過橋過路費、保險費、安全獎勵費用等支出。
30239	其他交通費用	反應單位除公務用車運行維護費以外的其他交通費用。如飛機、船舶等的燃料費、維修費、過橋過路費、保險費、出租車費用等。
30240	稅金及附加費用	反應單位提供勞務或銷售產品應負擔的稅金及附加費用。包括營業稅、消費稅、城市維護建設稅、資源稅和教育費附加等。
30299	其他商品和服務支出	反應上述科目未包括的日常公用支出。如行政賠償費和訴訟費、國內組織的會員費、來訪費、廣告宣傳、其他勞務費及離休人員特需費、公用經費等。
303	對個人和家庭的補助	反應政府用於對個人和家庭的補助支出。
30301	離休費	反應行政事業單位和軍隊移交政府安置的離休人員的離休費、護理費和其他補貼。
30302	退休費	反應行政事業單位和軍隊移交政府安置的退休人員的退休費和其他補貼。
30303	退職（役）費	反應行政事業單位退職人員的生活補貼，一次性支付給職工或軍官、軍隊無軍籍退職職工、運動員的退職補助，一次性支付給軍官、文職幹部、士官、義務兵的退役費，按月支付給自主擇業的軍隊轉業幹部的退役金。
30304	撫恤金	反應按規定開支的烈士遺屬、犧牲病故人員遺屬的一次性和定期撫恤金，傷殘人員的撫恤金，離退休人員等其他人員的各項撫恤金。

表13-2(續)

30305	生活補助	反應按規定開支的優撫對象定期定量生活補助費，退役軍人生活補助費，行政事業單位職工和遺屬生活補助，因公負傷等住院治療、住療養院期間的伙食補助費，長期贍養人員補助費，由於國家實行退耕還林禁牧舍飼政策補償給農牧民的現金、糧食支出，對農村黨員、復員軍人以及村幹部的補助支出，看守人員和犯人的伙食費、藥費等。
30306	救濟費	反應按規定開支的城鄉貧困人員、災民、歸僑、外僑及其他人員的生活救濟費，包括城市居民的最低生活保障費，隨同資源枯竭礦山破產但未參加養老保險統籌的礦山所屬集體企業退休人員按最低生活保障標準發放的生活費，農村五保供養對象、貧困戶、麻風病人的生活救濟費，精簡退職老弱殘職工救濟費，福利、救助機構發生的收養費以及救助支出等。實物形式的救濟也在此科目反應。
30307	醫療費	反應行政事業單位在職職工、離退休人員的醫療費，軍隊移交政府安置的離退休人員的醫療費，學生醫療費，優撫對象醫療補助，以及按國家規定資助農民參加新型農村合作醫療和城鎮居民參加城鎮居民基本醫療保險的支出和對城鄉貧困家庭的醫療救助支出。
30308	助學金	反應各類學校學生助學金、獎學金、學生貸款、出國留學（實習）人員生活費，青少年業余體校學員伙食補助費和生活費補貼，按照協議由我方負擔或享受我方獎學金的來華留學生、進修生生活費等。
30309	獎勵金	反應政府各部門的獎勵支出，如對個體私營經濟的獎勵、計劃生育目標責任獎勵、獨生子女父母獎勵等。
30310	生產補貼	反應各種對個人發放的生產補貼支出，如國家對農民發放的農機具購置補貼、良種補貼、糧食直補以及發放給殘疾人的各種生產經營補貼等。
30311	住房公積金	反應行政事業單位按人事部和財政部規定的基本工資和津貼補貼以及規定比例為職工繳納的住房公積金。
30312	提租補貼	反應按房改政策規定的標準，行政事業單位向職工（含離退休人員）發放的租金補貼。
30313	購房補貼	反應按房改政策規定，行政事業單位向符合條件職工（含離退休人員）、軍隊（含武警）向轉役復員離退休人員發放的用於購買住房的補貼。

表13-2(續)

30399	其他對個人和家庭的補助支出	反應未包括在上述科目的對個人和家庭的補助支出，如嬰幼兒補貼、職工探親旅費、退職人員及隨行家屬路費、符合條件的退役回鄉義務兵一次性建房補助、符合安置條件的城鎮退役士兵自謀職業的一次性經濟補助費、對農戶的生產經營補貼等。
304	對企事業單位的補貼	反應政府對各類企業、事業單位及民間非營利組織的補貼。
30401	企業政策性補貼	反應對企業的政策性補貼。
30402	事業單位補貼	反應對事業單位的補貼支出。
30403	財政貼息	反應國家財政對國家重點支持的企業和項目給予的貸款利息補助。
30404	國有資本經營預算費用性支出	反應用國有資本經營預算彌補國有企業改革成本等方面的費用性支出。
30499	其他對企事業單位的補貼支出	反應除上述項目以外其他對企事業單位的補貼支出。
305	轉移性支出	反應政府的轉移性支出。
30501	不同級政府間轉移性支出	反應不同級政府間的轉移性支出。
30502	同級政府間轉移性支出	反應同級政府間的轉移性支出。
306	贈予	反應對國內、外政府、組織等提供的援助、捐贈以及交納國際組織會費等方面的支出。
30601	對國內的贈予	反應對國內組織、政府等提供的捐贈支出。
30602	對國外的贈予	反應對國際組織、國外政府等提供的雙邊援助，交納的會費以及有關捐贈方面的支出。
307	債務利息支出	反應政府和單位的債務利息支出。
30701	國內債務付息	反應當年用於償還國內債務利息的支出。
30702	向國家銀行借款付息	反應向國家銀行借款的付息支出。
30703	其他國內借款付息	反應向其他國內借款的付息支出。
30704	向外國政府借款付息	反應當年用於償還向外國政府借款的利息支出。
30705	向國際組織借款付息	反應當年用於償還向國際組織借款的利息支出。
30706	其他國外借款付息	反應當年用於償還其他國外借款的利息支出。
308	債務還本支出	反應政府和單位歸還各類借款本金方面的支出。債務利息列入「債務利息支出」，不在此科目反應。
30801	國內債務還本	反應歸還各類國內借款本金方面的支出。

表13-2(續)

30802	國外債務還本	反應歸還各類國外借款本金方面的支出。
309	基本建設支出	反應各級發展與改革部門集中安排的一般預算財政撥款（不包括政府性基金、預算外資金以及各類拼盤自籌資金等）用於購置固定資產、戰略性和應急性儲備、土地和無形資產，以及購建基礎設施、大型修繕所發生的支出。
30901	房屋建築物購建	反應用於購買、自行建造辦公用房、倉庫、職工生活用房、教學科研用房、學生宿舍、食堂等建築物（含附屬設施，如電梯、通訊線路、水氣管道等）的支出。
30902	辦公設備購置★	反應用於購置並按財務會計制度規定納入固定資產核算範圍的辦公家具和辦公設備的支出，以及按規定提取的修購基金。
30903	專用設備購置★	反應用於購置具有專門用途、並按財務會計制度規定納入固定資產核算範圍的各類專用設備的支出。如通信設備、發電設備、交通監控設備、衛星轉發器、氣象設備、進出口監管設備等，以及按規定提取的修購基金。
30905	基礎設施建設	反應用於農田設施、道路、鐵路、橋樑、水壩和機場、車站、碼頭等公共基礎設施建設方面的支出。
30906	大型修繕	反應按財務會計制度規定允許資本化的各類設備、建築物、公共基礎設施等大型修繕的支出。
30907	信息網路及軟件購置更新	反應政府用於信息網路方面的支出。如計算機硬件、軟件購置、開發、應用支出等，如果購建的計算機硬件、軟件等不符合財務會計制度規定的固定資產確認標準的，不在此科目反應。
30908	物資儲備	反應政府、軍隊為應付戰爭、自然災害或意料不到的突發事件而提前購置的具有特殊重要性的軍事用品、石油、醫藥、糧食等戰略性和應急性物質儲備支出。
30913	公務用車購置	反應公務用車車輛購置支出（含車輛購置稅）。
30919	其他交通工具購置	反應單位除公務用車外的其他各類交通工具（如船舶、飛機等）購置支出（含車輛購置稅）。
30999	其他基本建設支出	反應著作權、商標權、專利權等無形資產購置支出，以及其他上述科目中未包括的資本性支出。如娛樂、文化和藝術原作的使用權、購買國內外影片播映權、購置圖書等。

表13-2(續)

310	其他資本性支出	反應非各級發展與改革部門集中安排的用於購置固定資產、戰略性和應急性儲備、土地和無形資產，以及購建基礎設施、大型修繕和財政支持企業更新改造所發生的支出。
31001	房屋建築物購建	反應用於購買、自行建造辦公用房、倉庫、職工生活用房、教學科研用房、學生宿舍、食堂等建築物（含附屬設施，如電梯、通訊線路、水氣管道等）的支出。
31002	辦公設備購置★	反應用於購置並按財務會計制度規定納入固定資產核算範圍的辦公家具和辦公設備的支出，以及按規定提取的修購基金。
31003	專用設備購置★	反應用於購置具有專門用途、並按財務會計制度規定納入固定資產核算範圍的各類專用設備的支出。如通信設備、發電設備、交通監控設備、衛星轉發器、氣象設備、進出口監管設備等，以及按規定提取的修購基金。
31005	基礎設施建設	反應用於農田設施、道路、鐵路、橋樑、水壩和機場、車站、碼頭等公共基礎設施建設方面的支出。
31006	大型修繕	反應按財務會計制度規定允許資本化的各類設備、建築物、公共基礎設施等大型修繕的支出。
31007	信息網路及軟件購置更新	反應政府用於信息網路方面的支出。如計算機硬件、軟件購置、開發、應用支出等，如果購建的計算機硬件、軟件等不符合財務會計制度規定的固定資產確認標準的，不在此科目反應。
31008	物資儲備	反應政府、軍隊為應付戰爭、自然災害或意料不到的突發事件而提前購置的具有特殊重要性的軍事用品、石油、醫藥、糧食等戰略性和應急性物質儲備支出。
31009	土地補償	反應地方人民政府在徵地和收購土地過程中支付的土地補償費。
31010	安置補助	反應地方人民政府在徵地和收購土地過程中支付的安置補助費。
31011	地上附著物和青苗補償	反應地方人民政府在徵地和收購土地過程中支付的地上附著物和青苗補償費。
31012	拆遷補償	反應地方人民政府在徵地和收購土地過程中支付的拆遷補償費。
31013	公務用車購置	反應公務用車車輛購置支出（含車輛購置稅）。
31019	其他交通工具購置	反應單位除公務用車外的其他各類交通工具（如船舶、飛機等）購置支出（含車輛購置稅）。

表13-2(續)

31099	其他資本性支出	反應著作權、商標權、專利權等無形資產購置支出，以及其他上述科目中未包括的資本性支出。如娛樂、文化和藝術原作的使用權、購買國內外影片播映權、購置圖書等。
311	貸款轉貸及產權參股	反應政府部門發放的貸款和向企業參股投資方面的支出。
31101	國內貸款	反應政府部門向國內有關單位發放的貸款(如農業開發資金中有償使用部分在此科目反應)。
31102	國外貸款	反應政府部門向國際組織和國外政府提供的貸款（如援外支出中的有償使用部分在此科目反應)。
31103	國內轉貸	中央與地方共用科目。反應政府部門向外國政府、國外金融機構或上級政府借款轉貸給下級政府、相關部門和企業的款項。
31104	國外轉貸	反應政府部門向外國政府、國內金融機構借款轉貸給國外有關機構和企業的款項。
31105	產權參股	反應政府購買國際組織股權和對企業投資參股的支出。由於政策性原因對其給予補貼，不在此科目反應。
31106	國有資本經營預算資本性支出	反應用國有資本經營預算向新設企業注入國有資本、向現有企業補充國有資本和認購有限責任公司、股份有限公司股權（股份）等資本性支出。
31199	其他貸款轉貸及產權參股支出	反應除上述項目以外其他用於貸款轉貸及產權參股方面的支出。
399	其他支出	財政部門或有預算分配權的部門專用科目。反應不能劃分到上述經濟科目的其他支出。
39901	預備費	財政部門專用。
39902	預留	有預算分配權的部門專用。
39903	補充全國社會保障基金	反應由國有股減持收入和其他財政資金補充全國社會保障基金的支出。
39904	未劃分的項目支出	反應未按上述科目細分的項目支出。
39905	國有資本經營預算其他支出	反應用國有資本經營預算收入安排的除資本性支出和費用性支出以外的支出。
39999	其他支出	反應除上述項目以外的其他支出。

有公共財政預算撥款、政府性基金預算撥款等兩種或兩種以上財政撥款的行政單位，還應當按照財政撥款的種類分別進行明細核算。

(二) 報銷經費支出的規定

行政單位的各項支出按實際支出數列報。不能以撥代報，也不能按預算數列報。

為了準確地核算行政單位的經費支出，在列報經費支出時，應按下列要求辦理：

(1) 發給個人的工資、津貼、補貼和撫恤救濟等，應根據實有人數的和實發金額，取得本人簽發的憑證列報，不能以編製金額或預算數字列支。

(2) 購入辦公用品和行政用的零星材料，一般按購入數直接列為支出；數量大宗的，應通過材料核算，使用時按領用數列報支出。

(3) 行政單位支付的工會經費和其他按規定提取的經費，按提取數經經辦人員簽收后列報。

(4) 凡應由個人負擔的罰款或其他費用，不得由單位支付。

(5) 財務制度另有規定的，按財務制度規定辦理。

(三) 經費支出的核算

設置「經費支出」科目，用以核算行政單位開展業務活動發生的支出。

(1) 計提單位職工薪酬時，按照計算出的金額，借記本帳戶，貸記「應付職工薪酬」帳戶。

【例 13-14】某行政單位計提單位職工薪酬 120,000 元。按支出功能分類屬於「醫療衛生——公共衛生——衛生監督機構」，按支出經濟分類屬於「工資福利支出——基本工資」。

借：經費支出——財政撥款支出　　120,000

　貸：應付職工薪酬　　120,000

在支出功能分類經費支出明細帳借方登記：

基本支出（人員支出）——醫療衛生——公共衛生

——衛生監督機構　　120,000

同時，在按支出經濟分類經費支出明細帳借方登記：

工資福利支出——基本工資　　120,000

(2) 支付外部人員勞務費，按照應當支付的金額，借記本帳戶，按照代扣代繳個人所得稅的金額，貸記「應繳稅費」帳戶，按照扣稅后實際支付的金額，貸記「財政撥款收入」「零余額帳戶用款額度」「銀行存款」等帳戶。

【例 13-15】某行政單位支付單位以外人員勞務費 20,000 元。按支出功能分類屬於「醫療衛生——公共衛生——衛生監督機構」，按支出經濟分類屬於「商品和服務支出——勞務費」。

借：經費支出——財政撥款支出　　20,000

　貸：銀行存款　　20,000

在支出功能分類經費支出明細帳借方登記：

基本支出（日常公用經費）——醫療衛生——公共衛生

——衛生監督機構　　20,000

同時，在支出經濟分類經費支出明細帳，借方登記：

商品和服務支出——勞務費　　20,000

(3) 支付購買存貨、固定資產、無形資產、政府儲備物資和工程結算的款項，按照實際支付的金額，借記本帳戶，貸記「財政撥款收入」「零余額帳戶用款額度」「銀行存款」等帳戶；同時，按照採購或工程結算成本，借記「存貨」「固定資產」「無形資產」「在建工程」「政府儲備物資」等帳戶，貸記「資產基金」及其明細帳戶。

【例 13-16】某行政單位以其他資金購入一批材料，價款 8,000 元。按支出功能分類屬於「醫療衛生——公共衛生——衛生監督機構」，按支出經濟分類屬於「商品和服務支出——專用材料費」。

借：存貨　8,000

　貸：資產基金——存貨　8,000

借：經費支出——其他資金支出　8,000

　貸：銀行存款　8,000

在支出功能分類經費支出明細帳借方登記：

基本支出（日常公用經費）——醫療衛生——公共衛生——衛生監督機構　8,000

同時，在支出經濟分類經費支出明細帳借方登記：

商品和服務支出——專用材料費　8,000

【例 13-17】某行政單位為某項目購入專用設備，價款 230,000 元。按支出功能分類屬於「醫療衛生——公共衛生——衛生監督機構」，按支出經濟分類屬於「基本建設支出——專用設備購置」。

借：固定資產　230,000

　貸：資產基金——固定資產　230,000

借：經費支出——財政撥款支出　230,000

　貸：銀行存款　230,000

在支出功能分類經費支出明細帳借方登記。

項目支出——醫療衛生——公共衛生——衛生監督機構　230,000

同時，在支出經濟分類經費支出明細帳，借方登記：

基本建設支出——專用設備購置　230,000

（4）發生預付帳款的，按照實際預付的金額，借記本帳戶，貸記「財政撥款收入」「零余額帳戶用款額度」「銀行存款」等帳戶；同時，借記「預付帳款」帳戶，貸記「資產基金——預付款項」帳戶。

【例 13-18】某行政單位為某項目購入專用設備，預付價款 40,000 元，設備尚未收到。按支出功能分類屬於「醫療衛生——公共衛生——衛生監督機構」，按支出經濟分類屬於「基本建設支出——專用設備購置」。

借：預付帳款　40,000

　貸：資產基金——預付款項　40,000

借：經費支出——財政撥款支出　40,000

　貸：銀行存款　40,000

在支出功能分類經費支出明細帳借方登記：

項目支出——醫療衛生——公共衛生——衛生監督機構　40,000

同時，在按支出經濟分類經費支出明細帳借方登記：

基本建設支出——專用設備購置　40,000

（5）償還應付款項時，按照實際償付的金額，借記本帳戶，貸記「財政撥款收入」「零余額帳戶用款額度」「銀行存款」等帳戶；同時，借記「應付帳款」「長期應付款」帳戶，貸記「待償債淨資產」帳戶。

【例 13-19】某行政單位償還欠 A 企業商品款 50,000 元。按支出功能分類屬於「醫療衛生——公共衛生——衛生監督機構」，按支出經濟分類屬於「商品和服務支出——專用材料費」。

借：應付帳款——A 企業　　50,000

　貸：待償債淨資產　　50,000

借：經費支出——財政撥款支出　　50,000

　貸：銀行存款　　50,000

在支出功能分類經費支出明細帳借方登記：

基本支出（日常公用經費）——醫療衛生——公共衛生——衛生監督機構　　50,000

同時，在支出經濟分類經費支出明細帳借方登記：

商品和服務支出——專用材料費　　50,000

(6) 發生其他各項支出時，按照實際支付的金額，借記本帳戶，貸記「財政撥款收入」「零余額帳戶用款額度」「銀行存款」等帳戶。

(7) 行政單位因退貨等原因發生支出收回的，屬於當年支出收回的，借記「財政撥款收入」「零余額帳戶用款額度」「銀行存款」等帳戶，貸記本帳戶；屬於以前年度支出收回的，借記「財政應返還額度」「零余額帳戶用款額度」「銀行存款」等帳戶，貸記「財政撥款結轉」「財政撥款結余」「其他資金結轉結余」等帳戶。

【例 13-20】續上例，該行政單位退回年初向 A 企業購入的部分商品，收回貨款15,000元。

借：銀行存款　　15,000

　貸：經費支出——財政撥款支出　　15,000

同時，在支出功能分類經費支出明細帳貸方登記：

基本支出（日常公用經費）——醫療衛生——公共衛生——衛生監督機構　　15,000

同時，在支出經濟分類經費支出明細帳貸方登記：

商品和服務支出——專用材料費　　15,000

如果該批商品是以前年度購入的：

借：銀行存款　　15,000

　貸：財政撥款結余　　150,000

(8) 年末，將本帳戶本年發生額分別轉入財政撥款結轉和其他資金結轉結余時，借記「財政撥款結轉」「其他資金結轉結余」帳戶，貸記本帳戶。

第十四章
行政單位會計報表

行政單位的會計報表是根據日常核算帳簿提供的資料編製，反應行政單位財務狀況和預算執行情況等的書面文件。其內容、結構、性質均與企業的會計報表有較大區別，包括資產負債表、收入支出表、財政撥款收入支出表、經費支出明細表，以及相關附表和報表附註。

第一節　行政單位會計報表的意義和種類

一、行政單位會計報表的意義

（一）行政單位會計報表的概念

編製會計報表，是行政單位會計工作的一項重要內容，也是日常會計核算工作的總結階段。行政單位通過大量日常會計工作，從取得並審核原始憑證，編製記帳憑證，到登記總分類帳簿和明細分類帳簿，提供了單位預算資金和其他資金活動的大量數據資料。但是這些資料零星地分散在憑證和帳簿中，不能集中、總括地反應各單位資金活動的全貌。為了使財政、上級機關和本單位領導能瞭解、掌握單位預算執行情況和財務活動的全面狀況，以便指導單位的財務管理和會計工作，有必要定期將日常會計核算資料進行綜合、分析、匯總，編製成具有完整指標體系的會計報表。

會計報表是反應行政單位財務狀況和預算執行情況等的書面文件，包括資產負債表、收入支出表、財政撥款收入支出表，以及相關附表和報表附註。

（二）行政單位會計報表的作用

行政單位會計報表綜合、全面、系統地反應了行政單位預算執行結果的書面文件。對於加強預算管理和單位財務管理具有重要作用，它提供行政單位資金供給者及行政單位管理層監督、管理所需的會計信息。其主要作用表現在以下幾個方面：

（1）利用會計報表有關資料，可以分析和檢查行政單位預算執行情況，發現預算管理和財務管理工作中存在的問題，以便採取有效措施，改進預算管理工作，提高財務管理水平，並為編製下期計劃和預算提供資料。

（2）各級主管部門利用下級單位的會計報表，可以考核各單位執行國家有關方針政策的情況，督促各單位認真遵守財經制度和法規，維護財經紀律。主管部門匯總全系統的會計報表，還可以分析和檢查全系統的預算執行情況，提高全系統預算管理水平。

(3) 財政機關利用行政單位上報的會計報表，便於掌握各單位的預算執行進度，正確地核算預算支出，瞭解各單位執行預算的情況和存在和問題，從而提高預算管理質量。

二、行政單位會計報表的種類

(一) 按照會計報表編製的時間，分為月報、季報和年報

月報，是反應行政單位截至報告月度資金活動和經費收支情況的報表。季報，是分析、檢查行政單位季度資金活動情況和經費收支情況的報表，應在月報的基礎上較詳細地反應單位經費收支的全貌。年報（年度決算），是全面反應年度資金活動和經費收支執行結果的報表。年度決算報表種類和要求等，按照財政部門和上級單位下達的有關決算編審規定組織執行。

(二) 按照會計報表的內容，分為資產負債表、收入支出表、財政撥款收入支出表以及相關附表和報表附註

資產負債表是反應行政單位在某一特定日期財務狀況的報表。資產負債表應當按照資產、負債和淨資產分類、分項列示。收入支出表是反應行政單位在某一會計期間全部收支情況的報表。收入支出表應當按照收入、支出的構成和結轉結余情況分類、分項列示。財政撥款收入支出表是反應行政單位在某一會計期間財政撥款收入、支出、結轉及結余情況的報表。

(三) 按照會計報表編報的層次，分為本級報表和匯總報表

本級報表是反應各行政單位預算執行情況和資金活動情況的報表。匯總報表是各主管部門對本單位和所屬單位的報表進行匯總后編製的會計報表。

第二節　編製報表前年終清理結算和結帳

為了總結一定時期內會計帳戶記錄的情況，以便編製能夠如實反應財務收支情況和財務狀況的會計報表，各行政單位在年度終了前，應根據財政部門或主管部門的決算編審工作要求，對各項收支帳目、往來款項、貨幣資金和財產物資進行全面的清理結算。並在此基礎上辦理年度結帳，編報決算。

一、年終清理結算

年終清理結算是行政單位是在會計結帳前，對各項經費收支、往來款項、貨幣資金和財產物資進行全面的清理結算，核定和結算有關帳目，是編製行政單位會計報表的一項重要準備工作。年終清理主要包括以下幾項內容：

(一) 清理、核對年度預算收支數字和各項繳撥款，保證上下級之間的年度預算數和領撥經費數一致

為了準確反應各項收支數額，凡屬本年度的應撥款項，應當在 12 月 31 日前匯達對方。主管會計單位對所屬各單位的預算撥款和預算外資金撥款，截至 12 月 25 日，逾期一般不再下撥。凡屬預撥下年度的款項，應註明款項所屬年度，以免造成

跨年錯帳。

凡屬本年的各項收入，都要及時入帳。本年的各項應繳預算款和應繳財政專戶的預算外資金，要在年終前全部上繳。屬於本年的各項支出，要按規定的支出渠道如實列報。年度單位支出決算，一律以基層用款單位截至 12 月 31 日止的本年實際支出數為準，不得將年終前預撥下級單位的下年預算撥款列入本年的支出，也不得以上級會計單位的撥款數代替基層會計單位的實際支出數。

（二）清理、核定各往來款項

行政單位的往來款項，年終前應盡量清理完畢。按照有關規定應當轉作各項收入或各項支出的往來款項要及時轉入各有關帳戶，編入本年決算。主管單位收到財政專戶核算的預算外資金屬於應返還所屬單位的部分應及時轉撥所屬單位，不得在「暫存款」掛帳。屬於應轉列有關收入和支出的往來款項，一定要及時轉入收入、支出帳戶，不得在往來帳上長期掛帳，影響收入、支出數字不實。清理中，如發現呆帳、壞帳或付不出去的應付款項，要報告單位領導，經批示后按規定處理。

（三）清理、核對貨幣資金和財產物資

行政單位年終要及時同開戶銀行對帳，在銀行開戶的零余額帳戶帳面余額、銀行存款帳面余額要同銀行對帳單的余額核對相符。要註銷零余額帳戶的用款額度。現金帳面余額，要同庫存現金核對相符。有價證券帳面數字，要同實存的有價證券實際成本核對相符。年終前，應對各項財產物資進行清理盤點，發生盤盈、盤虧的，要及時查明原因，按規定作出處理，調整帳務，做到帳實相符、帳帳相符。

二、年終結帳

行政單位在年終清理結算的基礎上，將各種帳簿中的數字加以總結、結轉並結束舊帳、過入新帳的過程稱為年終結帳。年終結帳包括年終轉帳、結清舊帳和轉入新帳三個環節，其中年終轉帳是中心環節。

（一）年終轉帳

帳目核對無誤后，首先計算出各帳戶借方或貸方的 12 月份合計數和全年累計數，結出 12 月末的余額。然后，編製結帳前的資產負債表，試算平衡后，再將應對沖結轉的各個收支帳戶的余額按年終轉帳辦法，填製 12 月 31 日的記帳憑單辦理結帳衝轉。

年終轉帳的具體步驟如下：

（1）進行 12 月份的月結，結出各帳戶 12 月份借、貸方發生額合計數與全年累計發生額，並結出 12 月末的余額。

（2）編製結帳前的資產負債表，進行試算平衡。

（3）辦理年終衝銷轉帳，即根據年終決算的有關規定，編製 12 月 31 日的記帳憑證，將各個收入、支出帳戶的余額轉入「結余」帳戶。

（4）編製結帳后的資產負債表。

（二）結清舊帳

結清舊帳就是最后的年末結帳工作，結計出全年發生額累計數和全年最后余額。具體方法是：將轉帳后無余額的帳戶結出全年總累計數，然后在下面劃雙紅線，表示本帳戶全部結清。對年終轉帳后仍有余額的帳戶，在「全年累計數」下行的「摘要」欄內註明「結轉下年」字樣，再在下面劃雙紅線，表示年終余額轉入新帳，舊帳結束。

（三）轉入新帳

根據本年度各帳戶余額，編製年終決算的資產負債表和有關明細表。將表列各帳戶的年終余額數（不編製記帳憑單），直接記入新年度相應的各有關帳戶，並在「摘要」欄註明「上年結轉」字樣，以區別新年度發生數。

行政單位的決算經財政部門或上級單位審核批覆后，需調整決算數字時，應作相應調整。年終清理和結帳完畢，即可編製年終決算報表。

第三節　行政單位會計報表的編製

一、行政單位會計報表的編製要求

（一）按時編製

行政單位資產負債表和財政撥款收入支出表應當至少按照年度編製，收入支出表應當至少按照月度和年度編製。

（二）真實、完整

行政單位的會計報表應當根據登記完整、核對無誤的帳簿記錄和其他有關資料編製，要做到數字真實、計算準確、內容完整、報送及時。

（三）格式、會計口徑符合要求

行政單位應當根據《行政單位會計制度》編製並提供真實、完整的會計報表。行政單位不得違反規定，隨意改變規定的會計報表格式、編製依據和方法，不得隨意改變規定的會計報表有關數據的會計口徑。

（四）其他要求

行政單位按照財政部門或主管部門要求，編製《行政單位會計制度》規定以外的會計報表，應當根據規定登記的帳簿記錄、其他有關資料和財政部門或主管部門要求的編報規定編製。

有基本建設投資的行政單位，應當將基本建設投資會計核算編製的報表，按照規定的口徑調整相關收入、支出、資產、負債、淨資產項目，並入《行政單位會計制度》規定的會計報表。

二、資產負債表的編製

（一）資產負債表的意義

行政單位的資產負債表是反應單位在某一特定日期（月末、季末、年末）財務狀況的報表。它是行政單位最基本、最重要的報表。它提供的資料包括行政單位在某一特定日期的資產、負債、淨資產以及收入、支出等。

它按照「資產=負債+淨資產」的會計方程式說明行政單位的財務狀況，從而揭示行政單位在一定日期資產、負債和淨資產的構成情況及三者之間的關係。主要包括以下內容：

(1) 行政單位所擁有的各種經濟資源（資產）;
(2) 行政單位所負擔的債務（負債），以及行政單位的償債能力（包括短期與長期的償債能力）;
(3) 行政單位各種淨資產內容。
(二) 資產負債表的結構
資產負債表的格式有兩種基本類型，即帳戶式和垂直式。行政單位資產負債表和企業一樣，一般採用帳戶式。資產負債表的結構見表 14-1。

表 14-1　　**資產負債表**

會行政 01 表

編製單位:　　年　月　日　　單位：元

資產	年初余額	期末余額	負債和淨資產	年初余額	期末余額
流動資產:			流動負債:		
庫存現金			應繳財政款		
銀行存款			應繳稅費		
財政應返還額度			應付職工薪酬		
應收帳款			應付帳款		
預付帳款			應付政府補貼款		
其他應收款			其他應付款		
存貨			一年內到期的非流動負債		
流動資產合計			流動負債合計		
固定資產			非流動負債:		
固定資產原價			長期應付款		
減：固定資產累計折舊			受託代理負債		
在建工程			負債合計		
無形資產					
無形資產原價					
減：累計攤銷					
待處理財產損溢			財政撥款結轉		
政府儲備物資			財政撥款結余		
公共基礎設施			其他資金結轉結余		
公共基礎設施原價			其中：項目結轉		
減：公共基礎設施累計折舊			資產基金		

表14-1(續)

資產	年初余額	期末余額	負債和淨資產	年初余額	期末余額
公共基礎設施在建工程			待償債淨資產		
受託代理資產			淨資產合計		
資產總計			負債和淨資產總計		

(三) 年度資產負債表的編製方法

(1) 本表「年初余額」欄內各項數字, 應當根據上年年末資產負債表「期末余額」欄內數字填列。如果本年度資產負債表規定的各個項目的名稱和內容同上年度不相一致, 應對上年年末資產負債表各項目的名稱和數字按照本年度的規定進行調整, 填入本表「年初余額」欄內。

(2) 本表「期末余額」欄各項目的內容和填列方法。

資產類項目:

①「庫存現金」項目, 反應行政單位期末庫存現金的金額。本項目應當根據「庫存現金」帳戶的期末余額填列; 期末庫存現金中有屬於受託代理現金的, 本項目應當根據「庫存現金」帳戶的期末余額減去其中屬於受託代理的現金金額后的余額填列。

②「銀行存款」項目, 反應行政單位期末銀行存款的金額。本項目應當根據「銀行存款」帳戶的期末余額填列; 期末銀行存款中有屬於受託代理存款的, 本項目應當根據「銀行存款」帳戶的期末余額減去其中屬於受託代理的存款金額后的余額填列。

③「財政應返還額度」項目, 反應行政單位期末財政應返還額度的金額。本項目應當根據「財政應返還額度」帳戶的期末余額填列。

④「應收帳款」項目, 反應行政單位期末尚未收回的應收帳款金額。本項目應當根據「應收帳款」帳戶的期末余額填列。

⑤「預付帳款」項目, 反應行政單位預付給物資或者服務提供者款項的金額。本項目應當根據「預付帳款」帳戶的期末余額填列。

⑥「其他應收款」項目, 反應行政單位期末尚未收回的其他應收款余額。本項目應當根據「其他應收款」帳戶的期末余額填列。

⑦「存貨」項目, 反應行政單位期末為開展業務活動耗用而儲存的存貨的實際成本。本項目應當根據「存貨」帳戶的期末余額填列。

⑧「固定資產」項目, 反應行政單位期末各項固定資產的帳面價值。本項目應當根據「固定資產」帳戶的期末余額減去「累計折舊」帳戶中「固定資產累計折舊」明細帳戶的期末余額后的金額填列。

「固定資產原價」項目, 反應行政單位期末各項固定資產的原價。本項目應當根據「固定資產」帳戶的期末余額填列。

「固定資產累計折舊」項目, 反應行政單位期末各項固定資產的累計折舊金額。本項目應當根據「累計折舊」帳戶中「固定資產累計折舊」明細帳戶的期末余額填列。

⑨「在建工程」項目，反應行政單位期末除公共基礎設施在建工程以外的尚未完工交付使用的在建工程的實際成本。本項目應當根據「在建工程」帳戶中屬於非公共基礎設施在建工程的期末余額填列。

⑩「無形資產」項目，反應行政單位期末各項無形資產的帳面價值。本項目應當根據「無形資產」帳戶的期末余額減去「累計攤銷」帳戶的期末余額后的金額填列。

「無形資產原價」項目，反應行政單位期末各項無形資產的原價。本項目應當根據「無形資產」帳戶的期末余額填列。

「累計攤銷」項目，反應行政單位期末各項無形資產的累計攤銷金額。本項目應當根據「累計攤銷」帳戶的期末余額填列。

⑪「待處理財產損溢」項目，反應行政單位期末待處理財產的價值及處理損溢。本項目應當根據「待處理財產損溢」帳戶的期末借方余額填列；如「待處理財產損溢」帳戶期末為貸方余額，則以「-」號填列。

⑫「政府儲備物資」項目，反應行政單位期末儲存管理的各種政府儲備物資的實際成本。本項目應當根據「政府儲備物資」帳戶的期末余額填列。

⑬「公共基礎設施」項目，反應行政單位期末佔有並直接管理的公共基礎設施的帳面價值。本項目應當根據「公共基礎設施」帳戶的期末余額減去「累計折舊」帳戶中「公共基礎設施累計折舊」明細帳戶的期末余額后的金額填列。

「公共基礎設施原價」項目，反應行政單位期末佔有並直接管理的公共基礎設施的原價。本項目應當根據「公共基礎設施」帳戶的期末余額填列。

「公共基礎設施累計折舊」項目，反應行政單位期末佔有並直接管理的公共基礎設施的累計折舊金額。本項目應當根據「累計折舊」帳戶中「公共基礎設施累計折舊」明細帳戶的期末余額填列。

⑭「公共基礎設施在建工程」項目，反應行政單位期末尚未完工交付使用的公共基礎設施在建工程的實際成本。本項目應當根據「在建工程」帳戶中屬於公共基礎設施在建工程的期末余額填列。

⑮「受託代理資產」項目，反應行政單位期末受託代理資產的價值。本項目應當根據「受託代理資產」帳戶的期末余額（扣除其中受託儲存管理物資的金額）加上「庫存現金」「銀行存款」帳戶中屬於受託代理資產的現金余額和銀行存款余額的合計數填列。

負債類項目：

⑯「應繳財政款」項目，反應行政單位期末按規定應當上繳財政的款項（應繳稅費除外）。本項目應當根據「應繳財政款」帳戶的期末余額填列。

⑰「應繳稅費」項目，反應行政單位期末應繳未繳的各種稅費。本項目應當根據「應繳稅費」帳戶的期末貸方余額填列；如「應繳稅費」帳戶期末為借方余額，則以「-」號填列。

⑱「應付職工薪酬」項目，反應行政單位期末尚未支付給職工的各種薪酬。本項目應當根據「應付職工薪酬」帳戶的期末余額填列。

⑲「應付帳款」項目，反應行政單位期末尚未支付的償還期限在 1 年以內（含 1 年）的應付帳款的金額。本項目應當根據「應付帳款」帳戶的期末余額填列。

⑳「應付政府補貼款」項目，反應行政單位期末尚未支付的應付政府補貼款的金額。本項目應當根據「應付政府補貼款」帳戶的期末余額填列。

㉑「其他應付款」項目，反應行政單位期末尚未支付的其他各項應付及暫收款項的金額。本項目應當根據「其他應付款」帳戶的期末余額填列。

㉒「一年內到期的非流動負債」項目，反應行政單位期末承擔的1年以內（含1年）到償還期的非流動負債。本項目應當根據「長期應付款」等帳戶的期末余額分析填列。

㉓「長期應付款」項目，反應行政單位期末承擔的償還期限超過1年的應付款項。本項目應當根據「長期應付款」帳戶的期末余額減去其中1年以內（含1年）到償還期的長期應付款金額后的余額填列。

㉔「受託代理負債」項目，反應行政單位期末受託代理負債的金額。本項目應當根據「受託代理負債」帳戶的期末余額（扣除其中受託儲存管理物資對應的金額）填列。

淨資產類項目：

㉕「財政撥款結轉」項目，反應行政單位期末滾存的財政撥款結轉資金。本項目應當根據「財政撥款結轉」帳戶的期末余額填列。

㉖「財政撥款結余」項目，反應行政單位期末滾存的財政撥款結余資金。本項目應當根據「財政撥款結余」帳戶的期末余額填列。

㉗「其他資金結轉結余」項目，反應行政單位期末滾存的除財政撥款以外的其他資金結轉結余的金額。本項目應當根據「其他資金結轉結余」帳戶的期末余額填列。

「項目結轉」項目，反應行政單位期末滾存的非財政撥款未完成項目結轉資金。本項目應當根據「其他資金結轉結余」帳戶中「項目結轉」明細帳戶的期末余額填列。

㉘「資產基金」項目，反應行政單位期末預付帳款、存貨、固定資產、在建工程、無形資產、政府儲備物資、公共基礎設施等非貨幣性資產在淨資產中占用的金額。本項目應當根據「資產基金」帳戶的期末余額填列。

㉙「待償債淨資產」項目，反應行政單位期末因應付帳款和長期應付款等負債而相應需在淨資產中衝減的金額。本項目應當根據「待償債淨資產」帳戶的期末借方余額以「-」號填列。

（四）月度資產負債表的編製方法

(1) 月度資產負債表應在資產部分「銀行存款」項目下增加「零余額帳戶用款額度」項目。

(2)「零余額帳戶用款額度」項目，反應行政單位期末零余額帳戶用款額度的金額。本項目應當根據「零余額帳戶用款額度」帳戶的期末余額填列。

(3)「財政撥款結轉」項目。本項目應當根據「財政撥款結轉」帳戶的期末余額，加上「財政撥款收入」帳戶本年累計發生額，減去「經費支出——財政撥款支出」帳戶本年累計發生額后的余額填列。

(4)「其他資金結轉結余」項目。本項目應當根據「其他資金結轉結余」帳戶的期末余額，加上「其他收入」帳戶本年累計發生額，減去「經費支出——其他資金支出」帳戶本年累計發生額，再減去「撥出經費」帳戶本年累計發生額后的余額填列。

「項目結轉」項目。本項目應當根據「其他資金結轉結余」帳戶中「項目結轉」明細帳戶的期末余額，加上「其他收入」帳戶中項目收入的本年累計發生額，減去「經費支出——其他資金支出」帳戶中項目支出本年累計發生額，再減去「撥出經費」帳戶中項目支出本年累計發生額后的余額填列。

（5）月度資產負債表其他項目的填列方法與年度資產負債表的填列方法相同。

三、收入支出表的編製

（一）收入支出表的意義和結構

收入支出表是反應行政單位在某一會計期間全部收支情況的報表。收入支出表應當按照收入、支出的構成和結轉結余情況分類、分項列示。具體結構見表 14-2。

表 14-2　　收入支出表

會行政 02 表

編製單位：　　年　月　　單位：元

項目	本期數	本期累計數
一、年初各項資金結轉結余		
（一）年初財政撥款結轉結余		
1. 財政撥款結轉		
2. 財政撥款結余		
（二）年初其他資金結轉結余		
二、各項資金結轉結余調整及變動		
（一）財政撥款結轉結余調整及變動		
（二）其他資金結轉結余調整及變動		
三、收入合計		
（一）財政撥款收入		
1. 基本支出撥款		
2. 項目支出撥款		
（二）其他資金收入		
1. 非項目收入		
2. 項目收入		
四、支出合計		
（一）財政撥款支出		
1. 基本支出		
2. 項目支出		

表14-2(續)

項目	本期數	本期累計數
(二) 其他資金支出		
1. 非項目支出		
2. 項目支出		
五、本期收支差額		
(一) 財政撥款收支差額		
(二) 其他資金收支差額		
六、年末各項資金結轉結余		
(一) 年末財政撥款結轉結余		
1. 財政撥款結轉		
2. 財政撥款結余		
(二) 年末其他資金結轉結余		

(二) 收入支出表的編製方法

本表「本月數」欄反應各項目的本月實際發生數。在編製年度收入支出表時，應當將本欄改為「上年數」欄，反應上年度各項目的實際發生數；如果本年度收入支出表規定的各個項目的名稱和內容同上年度不一致，應對上年度收入支出表各項目的名稱和數字按照本年度的規定進行調整，填入本年度收入支出表的「上年數」欄。

本表「本年累計數」欄反應各項目自年初起至報告期末止的累計實際發生數。編製年度收入支出表時，應當將本欄改為「本年數」。

本表「本月數」欄各項目的內容和填列方法：

(1)「年初各項資金結轉結余」項目及其所屬各明細項目，反應行政單位本年初所有資金結轉結余的金額。各明細項目應當根據「財政撥款結轉」「財政撥款結余」「其他資金結轉結余」及其明細帳戶的年初余額填列。本項目及其所屬各明細項目的數額，應當與上年度收入支出表中「年末各項資金結轉結余」中各明細項目的數額相等。

(2)「各項資金結轉結余調整及變動」項目及其所屬各明細項目，反應行政單位因發生需要調整以前年度各項資金結轉結余的事項，以及本年因調入、上繳或交回等導致各項資金結轉結余變動的金額。

①「財政撥款結轉結余調整及變動」項目，根據「財政撥款結轉」「財政撥款結余」帳戶下的「年初余額調整」「歸集上繳」「歸集調入」明細帳戶的本期貸方發生額合計數減去本期借方發生額合計數的差額填列；如為負數，以「-」號填列。

②「其他資金結轉結余調整及變動」項目，根據「其他資金結轉結余」帳戶下的「年初余額調整」「結余調劑」明細帳戶的本期貸方發生額合計數減去本期借方發生額合計數的差額填列；如為負數，以「-」號填列。

(3)「收入合計」項目，反應行政單位本期取得的各項收入的金額。本項目應當根據「財政撥款收入」帳戶的本期發生額加上「其他收入」帳戶的本期發生額的合計數填列。

①「財政撥款收入」項目及其所屬明細項目，反應行政單位本期從同級財政部門取得的各類財政撥款的金額。本項目應當根據「財政撥款收入」帳戶及其所屬明細帳戶的本期發生額填列。

②「其他資金收入」項目及其所屬明細項目，反應行政單位本期取得的各類非財政撥款的金額。本項目應當根據「其他收入」帳戶及其所屬明細帳戶的本期發生額填列。

(4)「支出合計」項目，反應行政單位本期發生的各項資金支出金額。本項目應當根據「經費支出」和「撥出經費」帳戶的本期發生額的合計數填列。

①「財政撥款支出」項目及其所屬明細項目，反應行政單位本期發生的財政撥款支出金額。本項目應當根據「經費支出——財政撥款支出」帳戶及其所屬明細帳戶的本期發生額填列。

②「其他資金支出」項目及其所屬明細項目，反應行政單位本期使用各類非財政撥款資金發生的支出金額。本項目應當根據「經費支出——其他資金支出」和「撥出經費」帳戶及其所屬明細帳戶的本期發生額的合計數填列。

(5)「本期收支差額」項目及其所屬各明細項目，反應行政單位本期發生的各項資金收入和支出相抵后的余額。

①「財政撥款收支差額」項目，反應行政單位本期發生的財政撥款資金收入和支出相抵后的余額。本項目應當根據本表中「財政撥款收入」項目金額減去「財政撥款支出」項目金額后的余額填列；如為負數，以「-」號填列。

②「其他資金收支差額」項目，反應行政單位本期發生的非財政撥款資金收入和支出相抵后的余額。本項目應當根據本表中「其他資金收入」項目金額減去「其他資金支出」項目金額后的余額填列；如為負數，以「-」號填列。

(6)「年末各項資金結轉結余」項目及其所屬各明細項目，反應行政單位截至本年末的各項資金結轉結余金額。各明細項目應當根據「財政撥款結轉」「財政撥款結余」「其他資金結轉結余」帳戶的年末余額填列。

上述「年初各項資金結轉結余」「年末各項資金結轉結余」項目及其所屬各明細項目，只在編製年度收入支出表時填列。

四、財政撥款收入支出表的編製

(一) 財政撥款收入支出表的意義和結構

財政撥款收入支出表是反應行政單位在某一會計期間全部收支情況的報表。具體結構見表 14-3。

表 14-3　　　　　　　　財政撥款收入支出表

會行政 03 表

編製單位：　　　　　　　　　　年度　　　　　　　　　　單位：元

項目	年初財政撥款結轉結余		調整年初財政撥款結轉結余	歸集調入或上繳	單位內部調劑		本年財政撥款收入	本年財政撥款支出	年末財政撥款結轉結余	
	結轉	結余			結轉	結余			結轉	結余
一、公共財政預算資金										
(一) 基本支出										
1. 人員經費										
2. 日常公用經費										
(二) 項目支出										
1. ××項目										
2. ××項目										
………										
二、政府性基金預算資金										
(一) 基本支出										
1. 人員經費										
2. 日常公用經費										
(二) 項目支出										
1. ××項目										
2. ××項目										
………										
總計										

(二) 財政撥款收入支出表的編製

本表「項目」欄內各項目，應當根據行政單位取得的財政撥款種類分項設置。其中：「項目支出」下，根據每個項目設置；行政單位取得除公共財政預算撥款和政府性基金預算撥款以外的其他財政撥款的，應當按照財政撥款種類增加相應的資金項目及其明細項目。

本表各欄及其對應項目的內容和填列方法：

(1)「年初財政撥款結轉結余」欄中各項目，反應行政單位年初各項財政撥款結轉和結余的金額。各項目應當根據「財政撥款結轉」「財政撥款結余」及其明細帳戶的年初余額填列。本欄目中各項目的數額，應當與上年度財政撥款收入支出表中「年末財政撥款結轉結余」欄中各項目的數額相等。

(2)「調整年初財政撥款結轉結余」欄中各項目，反應行政單位對年初財政撥款結轉結余的調整金額。各項目應當根據「財政撥款結轉」「財政撥款結余」帳戶中「年初余額調整」帳戶及其所屬明細帳戶的本年發生額填列。如調整減少年初財政撥款結轉結余，以「-」號填列。

(3)「歸集調入或上繳」欄中各項目，反應行政單位本年取得主管部門歸集調入的財政撥款結轉結余資金和按規定實際上繳的財政撥款結轉結余資金金額。各項目應當根據「財政撥款結轉」「財政撥款結余」帳戶中「歸集上繳」和「歸集調入」帳戶及其所屬明細帳戶的本年發生額填列。對歸集上繳的財政撥款結轉結余資金，以「-」號填列。

(4)「單位內部調劑」欄中各項目，反應行政單位本年財政撥款結轉結余資金在內部不同項目之間的調劑金額。各項目應當根據「財政撥款結轉」和「財政撥款結余」帳戶中的「單位內部調劑」及其所屬明細帳戶的本年發生額填列。對單位內部調劑減少的財政撥款結轉結余項目，以「-」號填列。

(5)「本年財政撥款收入」欄中各項目，反應行政單位本年從同級財政部門取得的各類財政預算撥款金額。各項目應當根據「財政撥款收入」帳戶及其所屬明細帳戶的本年發生額填列。

(6)「本年財政撥款支出」欄中各項目，反應行政單位本年發生的財政撥款支出金額。各項目應當根據「經費支出」帳戶及其所屬明細帳戶的本年發生額填列。

(7)「年末財政撥款結轉結余」欄中各項目，反應行政單位年末財政撥款結轉結余的金額。各項目應當根據「財政撥款結轉」「財政撥款結余」帳戶及其所屬明細帳戶的年末余額填列。

五、報表附註

行政單位的報表附註應當至少披露下列內容：

(1) 遵循《行政單位會計制度》的聲明；

(2) 單位整體財務狀況、預算執行情況的說明；

(3) 會計報表中列示的重要項目的進一步說明，包括其主要構成、增減變動情況等；

(4) 重要資產處置、資產重大損失情況的說明；

(5) 以名義金額計量的資產名稱、數量等情況，以及以名義金額計量理由的說明；

(6) 或有負債情況的說明、1年以上到期負債預計償還時間和數量的說明；

(7) 以前年度結轉結余調整情況的說明；

(8) 有助於理解和分析會計報表的其他需要說明事項。

第四節　行政單位會計報表的審核和匯總

一、會計報表的審核

會計報表特別是年終決算會計報表編製完成之后，要認真進行審核，確認無誤后才能上報。上級單位對所屬單位上報的會計報表還要再一次進行審核。

會計報表的審核包括政策性審核和技術性審核兩個方面。

(一) 政策性審核

政策性審核主要審查會計報表中反應的預算執行情況和資金收支是否符合國家政策、法規、制度，以及有無違反財經紀律的現象。

(1) 預算執行情況的審核。有無截留應撥給所屬單位的經費；本單位經費支出是否嚴格控制，有無不合理支出。比如有無把預算經費挪用進行高檔裝修、進行大規模的職工福利工程。是否有隨意提高開支標準，擴大開支範圍的情況；人員經費和公用經費的基本比例是否有大幅度改動等。

(2) 專項經費使用情況的審核。專項經費是否用到了指定的項目，是否堅持了專款專用原則；是否做到了單獨核算，專項結報；專項支出是否有損失浪費情況等。

(3) 各項收入、支出的審核。各項收入的取得是否合法合規，是否完成了收入預算；各項支出是否合理；是否堅持了「收支平衡，略有節余」的原則。

(4) 往來款項的財產物資的審核。往來款項是否符合國家政策規定，比如有無單位之間大量資金互借情況，有無個人長期借用公款現象；往來款項是否及時進行了清理結算；材料物資有無積壓浪費現象。

(二) 技術性審核

技術性審核主要是審核會計報表的數字是否正確，規定的報表是否齊全，表內項目是否按規定填報，有無漏報、錯報情況，報送是否及時，報表上各項簽章是否齊全等。

報表數字的審核主要從以下幾個方面進行：

(1) 審核上下級單位之間預算撥款和專項資金的撥出、撥入數，其他資金的上繳、下撥數是否一致。

(2) 審核上下年度有關數字是否一致。主要報告年度的年初數與上年決算報表的年末數應該一致。

(3) 審核各個報表之間的勾稽關係。資產負債表與其他報表存在著密切的數字勾稽關係，有關數字必須一致。

(4) 審核各個報表數字計算是否正確。有的報表，或者由於編表人責任心不強、疏忽大意，或者由於業務素質不高，常常出現數字計算有誤，甚至出現資產負債不平的現象，這些問題必須消滅在報出之前。

(5) 審核會計報表中的數字與業務部門提供的數字是否一致。基本數字表中的數字大部分應由業務部門提供，必須保持兩者一致。

各單位只有經過認真審核的會計報表，才能簽章上報；上級主管部門只有對所屬單位的會計報表進行了認真審核之后，才能進行匯總。

二、會計報表的匯總

主管會計單位和二級會計單位，為了反應全系統的預算執行情況和財務狀況，應對審核過的所屬單位的會計報表及本單位的會計報表進行匯總，編製匯總會計報表。匯總會計報表的種類、格式均與基層單位會計報表相同。

匯總會計報表的編製方法，原則上是將相同項目的金額加計總數后填列。但在匯編月份和季度報表時，上下級單位間資金往來應先衝銷后再匯總，以免重複計算。

第四篇　事業單位與民間非營利組織會計

第十五章
事業單位會計概述

第一節　事業單位會計的概念和特點

本章主要介紹事業單位會計的概念、特點、目標、通用的會計科目、憑證、帳簿等內容。

一、非營利組織的概念

非營利組織，是指不具有物質產品生產和國家行政管理職能，主要以精神產品或各種服務形式向社會公眾提供服務，不以營利為目的的各類組織機構。在中國，非營利組織包括公立的事業單位和民間非營利組織。

（一）政府單位和非營利組織的特徵

（1）資財的提供者提供的各種資源既不指望返還也不企求取得經濟上的回報；

（2）對外提供服務或商品不以營利或某種營利等價物作為目的；

（3）不存在可以出售、轉讓、贖買或一旦清算可以分享一份剩余資財的明確的所有者權益。

（二）非營利組織的界定

「非營利組織」有廣義和狹義之分。廣義的非營利組織包括政府組織在內。在中國，傳統的預算會計主要包括財政總預算會計、事業單位會計和行政單位會計三個部分。改革后，財政及行政單位會計合併為政府會計，而公立事業單位會計則為非營利組織會計。

非營利組織按其具體的業務性質主要包括以下五類：

（1）公共服務部門，如科學、教育、衛生、體育、廣播電視等；

（2）公益性事業單位，如環保、氣象局等；

（3）社會福利、救濟事業單位，如養老院、孤兒院、慈善機構等；

（4）宗教組織等；

（5）基金會，如教育基金會、希望工程基金會等。

（三）非營利組織與營利組織的區別

（1）營運目的不同。非營利組織營運的目的主要不是為追求利潤或利潤等同物，而是提供產品或服務。雖然有的非營利組織的業務收支也有差額，但總體上不是以微觀的經濟效益而是以宏觀的社會效益為目的。

(2) 資財的來源不同。美國財務會計準則委員會在歸納非營利組織的特徵時，指出非營利組織「大部分資財來源於資財的供給者，他們不期望收回或據以取得經濟上的利益」。在中國，非營利組織所需要的資財，全部或部分來自政府預算撥款、單位收支結余以及接受捐贈等，政府或捐贈人並不期望按期收回所提供的資財，也不約定按所提供資財的一定比例獲得經濟上的利益。

(3) 所有者權益不同。非營利組織不存在可以明確界定並可以出售、轉讓、贖買的所有者權益，即使非營利組織解體，資財提供者也沒有分享剩余資產的明確的所有者權益。

二、事業單位會計概念及特點

事業單位會計是以貨幣為主要計量單位，用於確認、計量、記錄和報告各類事業單位財務收支活動及其受託責任履行情況的專業會計。其組織系統分為主管會計單位、二級會計單位和基層會計單位。凡是向同級財政部門領報經費並發生預算管理關係，下面有所屬會計單位的，為主管會計單位；凡是向主管會計單位或上級單位領報經費並發生預算管理關係，下面有所屬會計單位的，為二級會計單位；凡是向上級單位領報經費並發生預算管理關係，下面沒有所屬會計單位的，為基層會計單位。以上三級會計單位實行獨立會計核算，負責組織管理本部門、本單位的全部會計工作。不具備獨立核算條件、實行單據報帳制度的單位為「報銷單位」。

(一) 中國事業單位會計的特點

(1) 事業單位的經濟來源除依賴財政部門外，還可以有自己創收的收入。

(2) 以核算收支余超為主，有經營活動的事業單位還要進行成本核算。

(3) 事業單位會計核算一般採用收付實現制，但經營性收支業務核算可以採用權責發生制。

(4) 事業單位可以舉辦經濟實體，進行對外投資，會發生對內對外投資和投資收益的核算。

(5) 事業單位的會計核算按其所處的行業不同，又有著較細的分類，如醫院、學校、文化、科研等。

事業單位會計的性質和具體任務與政府財政、行政單位會計不同，與之相比，它還具有以下特點：

(1) 核算對象不同。事業單位會計，不僅要核算預算資金的領取、創收、使用及執行結果，又要核算經營資金活動過程及其結果。

(2) 核算基礎雙重性。事業單位會計的核算內容，決定它的結帳基礎既可採用「收付實現制」，又可採用「權責發生制」。在同一單位可同時採用兩種核算基礎。對非成本核算單位的預算資金收付，採用收付實現制。這是因為：一是可以正確反應預算收支執行情況；二是落實財政結余；三是及時編製會計報表。對實行成本核算的單位，為了正確核算當期成本費用，計算收益或虧損，滿足經濟核算要求，則採用權責發生製作為核算基礎。

(3) 會計科目設置、會計報表種類不同。事業單位會計科目設置，必須根據事業單位財務管理要求，滿足會計核算需要。會計科目設置上，既有預算資金收支科目，又有成本費用科目。例如，在資產類科目中，有「應收票據」「應收帳款」「存貨」等；負債類會計科目中，有「短期借款」「應付帳款」等；在淨資產類科目中，有「經營結余」「事業基金」等。

事業單位會計報表有事業支出明細表、經營支出明細表等。

三、事業單位會計的目標

事業單位的經營目的在於社會利益而不是單個人或組織的經濟利益，其最大特徵是不以營利為目標。具體地說，事業單位的基本特徵是：

（1）不以營利為目標；

（2）取之於民，用之於民；

（3）承擔資源的受託經濟責任；

（4）重視預算管理。

事業單位的上述特點將是決定其會計目標的決定性因素。因為決定目標的基本因素有兩個：一是事業單位的主要利益主體對會計信息的需求，二是事業單位會計在信息供給上的能力。按新的《事業單位會計準則》規定，事業單位會計核算的目標是向會計信息使用者提供與事業單位財務狀況、事業成果、預算執行等有關的會計信息，反應事業單位受託責任的履行情況，有助於會計信息使用者進行社會管理、作出經濟決策。

第二節　事業單位會計科目、憑證和帳簿

一、事業單位會計準則及事業單位會計制度內容

目前，對事業單位的會計核算進行規範的是《事業單位會計準則》和《事業單位會計制度》。

（一）事業單位會計準則

為了適應社會主義市場經濟體制和社會事業發展的需要，規範事業單位會計核算行為，強化事業單位會計的管理與監督職能，財政部制定了新的《事業單位會計準則》。該準則自 2013 年 1 月 1 日起試行。

該準則共分為九章 49 項條款，分別對制定事業單位會計準則的目的、適用範圍、核算範圍及對象、遵循的基本前提、記帳方法和記錄使用的文字進行了規範。中國事業單位會計準則中規定的會計信息質量要求包括真實性原則、相關性原則、可比性原則、一致性原則、及時性原則、明晰性原則等。對事業單位各會計要素進行了界定，並規範了確認、計量及帳務處理原則。規範了會計報表的內容及編製要求。

（二）事業單位會計制度

為了貫徹《事業單位會計準則》，規範事業單位會計核算，財政部制定新制度，並規定於 2013 年 1 月 1 日起在全國範圍內實施。

該制度共包括五個部分，對會計制度的適用範圍、事業單位的會計組織系統、科目的使用規範等做了詳細的說明。介紹對事業單位適用的會計科目及使用說明。

對各科目的核算內容和使用方法進行了規範。同時對會計報表的種類和編製要求進行了規範，對財務報表的編製內容方法提出了明確要求。

二、新事業單位會計準則、會計制度的特點

(1) 明確事業單位會計核算目標是向會計信息使用者提供與事業單位財務狀況、事業成果、預算執行等有關的會計信息，反應事業單位受託責任的履行情況，有助於會計信息使用者進行社會管理、作出經濟決策。

(2) 重新界定會計基礎，一般採用收付實現制。部分經濟業務或事項採用權責發生制核算的由財政部在會計制度中具體規定。行業事業單位的會計核算採用權責發生制的由財政部在相關會計制度中規定。

(3) 首次建立「費用」要素，將支出要素修改為「支出或者費用」。

(4) 增加對會計信息質量的要求，強調會計信息的全面性，要求將各項經濟業務或事項統一納入會計核算。

(5) 資產和負債均按流動性劃分，如資產中劃分短期投資、長期投資；負債劃分短期借款、長期借款。

(6) 首次引入在建工程、累計折舊、累計攤銷科目。

(7) 增設「應付職工薪酬」科目，用來核算事業單位應付未付的職工工資和津貼補貼等。

(8) 將原「固定基金」改為「非流動資產基金」。

(9) 增加了財政補助結轉結余、非財政補助結轉結余等淨資產內容。財政補助結轉結余是指事業單位各項財政補助收入與其相關支出相抵后剩余滾存的、須按規定管理和使用的結轉與結余資金。非財政補助結轉結余是指事業單位除財政補助收支以外的各項收入與各項支出相抵后的余額。

(10) 首次在事業單位引入財務會計報告概念，包括會計報表、其他應披露信息、資料及附註。

三、事業單位會計科目的意義及設置原則

所謂會計科目是對會計對象的具體內容進行分類核算的項目。各科目所反應的經濟內容，既有嚴格的界線又有內在的聯繫，不能相互混淆。設置會計科目是會計核算的一種專門方法。

在實際工作中，會計科目是通過會計制度預先規定的，它是設置帳戶、處理帳務所必須遵循的規則和依據，是正確進行核算的一個重要條件。

設置會計科目應遵循以下原則：

(一) 結合會計要素的特點，全面反應會計要素的內容

會計科目作為對會計對象具體內容即會計要素進行分類核算的項目，其設置應能保證全面、系統地反應會計要素的全部內容，不能有任何遺漏。同時，會計科目的設置還必須反應會計要素的特點。

(二) 統一性與靈活性相結合

所謂統一性，是指在設置會計科目時，應根據提供會計信息的要求，按照《事業單位會計制度》對一些主要會計科目的設置及其核算內容所做的統一規定，以保

證會計核算指標在一個部門乃至全國範圍內綜合匯總，分析利用。所謂靈活性，是指在保證提供統一核算指標的前提下，各會計主體可以根據本單位的具體情況和核算要求，做必要的增補。

（三）會計科目要簡明、適用

每一個會計科目都應有特定的核算內容，各科目之間既有聯繫又要有明確的界限，不能含糊不清。所以，在設置會計科目時，對每一個科目的特定核算內容必須嚴格、明確地界定。會計科目的名稱應與其核算的內容相一致，含義明確，通俗易懂。

四、會計科目的設置

（一）總帳科目設置及分類

會計對象按其經濟特徵分類即為會計要素。事業單位會計要素分為資產、負債、淨資產、收入、支出或者費用五大類。但各會計要素的內涵和具體內容又有其特點，因而在總帳科目設置上，必須適應事業單位會計核算特點，滿足事業單位資金管理需要。其最突出的特點是，既有經費收支會計科目，又有經營收支、費用、經營結余與經營結余分配等總帳科目。但又不完全照搬企業成本核算會計科目，如未設置「材料採購」和「材料成本差異」科目。

為了規範事業單位會計核算，其會計科目參照中國現行的《事業單位會計制度》制定。《事業單位會計制度》中規定的會計科目是各級各類事業單位的通用會計科目，是總帳會計科目。由於事業單位包括的範圍較廣，不同類別的事業單位的業務有其特殊性，因此，國家在通用會計制度的基礎上，又分教育、衛生、科研等類事業單位，分別制定了高等學校會計制度、醫院會計制度、科學事業單位會計制度。各單位應根據其業務的內容和繁簡程度，選擇合適的總帳科目，並據此設置總帳。

（二）明細科目的設置

表 15-1 所列會計科目是總帳科目，它提供預算資金和經營資金活動的總括資料。為了滿足預算管理需要以及會計核算要求，還應設置明細科目，以提供預算資金或經營資金活動的詳細資料。

事業單位明細科目設置的依據一般有如下六種情況：

（1）對預算收支，按國家預算收支科目設置明細科目。

（2）對債權債務，按債權債務單位、個人或類別設置明細科目。如「應付帳款」，按供應單位名稱；「其他應付款」，按應付、暫收款項類別或單位、個人名稱設置明細科目。

（3）對支出、費用，按支出種類設置明細科目。

（4）對基金，按資產投資者或基金來源設置明細科目。

（5）對收入，按收入種類設置明細科目。

（6）對財產物資，按實物類別設置明細科目。如「固定資產」「無形資產」等均應按其分類及不同規格進行明細核算。

總帳科目是設置總分類帳的依據，明細科目是設置明細分類帳的依據。總帳科目是明細科目的綜合，起控製作用；明細科目是總帳科目的內容說明，起分析、補充作用。它們相互聯繫、互相補充，共同構成一個完整的事業單位會計科目體系。

（三）事業單位通用會計科目表（見表15-1）

表15-1 通用會計科目

序號	科目編號	科目名稱
一、資產類		
1	1001	庫存現金
2	1002	銀行存款
3	1011	零余額帳戶用款額度
4	1101	短期投資
5	1201	財政應返還額度
	120101	財政直接支付
	120102	財政授權支付
6	1211	應收票據
7	1212	應收帳款
8	1213	預付帳款
9	1215	其他應收款
10	1301	存 貨
11	1401	長期投資
12	1501	固定資產
13	1502	累計折舊
14	1511	在建工程
15	1601	無形資產
16	1602	累計攤銷
17	1701	待處理資產損溢
二、負債類		
18	2001	短期借款
19	2101	應繳稅費
20	2102	應繳國庫款
21	2103	應繳財政專戶款
22	2201	應付職工薪酬
23	2301	應付票據
24	2302	應付帳款
25	2303	預收帳款
26	2305	其他應付款
27	2401	長期借款
28	2402	長期應付款
三、淨資產類		
29	3001	事業基金
30	3101	非流動資產基金
	310101	長期投資

表15-1(續)

序號	科目編號	科目名稱
	310102	固定資產
	310103	在建工程
	310104	無形資產
31	3201	專用基金
32	3301	財政補助結轉
	330101	基本支出結轉
	330102	項目支出結轉
33	3302	財政補助結余
34	3401	非財政補助結轉
35	3402	事業結余
36	3403	經營結余
37	3404	非財政補助結余分配
四、收入類		
38	4001	財政補助收入
39	4101	事業收入
40	4201	上級補助收入
41	4301	附屬單位上繳收入
42	4401	經營收入
43	4501	其他收入
五、支出類		
44	5001	事業支出
45	5101	上繳上級支出
46	5201	對附屬單位補助支出
47	5301	經營支出
48	5401	其他支出

五、會計憑證

事業單位會計憑證按其填製程序和手續不同，可以分為原始憑證和記帳憑證。

(1) 原始憑證。其具體內容參見本書第二章第二節。

(2) 記帳憑證。記帳憑證的種類和格式詳見本書第二章第二節。

其編製方法和要求如下：

第一，應根據經審核無誤的原始憑證，歸類整理和編製記帳憑證。記帳憑證可以根據每一張原始憑證填製，或根據若干張同類原始憑證匯總編製，也可以根據原始憑證匯總表填製。但是，不得將不同內容和類別的原始憑證匯總填製在一張記帳憑證上。

第二，記帳憑證的各項內容必須填列齊全。制證人必須簽名或蓋章。同時，應由指定人員復核，並經會計主管人員簽章后據以記帳。記帳憑證的內容主要包括：

填製憑證的日期、憑證編號、經濟業務摘要、會計科目、金額、所附原始憑證張數，填製憑證人員、稽核人員、記帳人員、會計機構負責人或會計主管人員的簽字（或蓋章）等。

第三，除結帳和更正錯誤外，記帳憑證必須附有原始憑證。一張原始憑證涉及幾張記帳憑證的，可以把原始憑證附在主要的一張記帳憑證后面，並在其他記帳憑證上註明附有原始憑證的記帳憑證的編號。結帳和更正錯誤的記帳憑證，可以不附原始憑證，但應經主管會計人員簽章。

第四，記帳憑證必須清晰、工整，不得潦草。

第五，填製記帳憑證時，應按照會計事項發生日期的順序對記帳憑證進行連續編號。一筆經濟業務需要填製多張記帳憑證的，可以採用「分數編號法」編號。

第六，在記帳憑證上填完有關內容后，如有空行，應在金額欄自最后一筆金額數字下的空行處至合計數之上的空行處劃線註銷。

第七，記帳憑證每月應按順序號整理，連同所附的原始憑證加具封面，裝訂成冊保管。記帳憑證封面的樣式見表 15-2。

表 15-2　　記帳憑證封面

時間	年　月
冊數	本月共　冊　本冊是第　冊
張數	本冊自第　號至第　號

會計主管：　　　　　　裝訂人：

六、會計帳簿

會計帳簿是在會計核算過程中，以會計憑證為依據，運用帳戶全面、系統、連續地記錄核算事業單位資金運動和結果的簿籍。

按照事業單位會計帳簿的用途，可以將會計帳簿分為序時帳和分類帳兩大類。總帳通常採用三欄式帳簿。明細帳可採用三欄式或多欄式帳簿。

事業單位的明細帳通常包括以下幾種：

（一）收入明細帳

收入明細帳包括財政補助收入明細帳、事業收入明細帳、經營收入明細帳、撥入專款明細帳等。

（二）支出明細帳

支出明細帳包括撥出經費明細帳、撥出專款明細帳、專項資金支出明細帳、事業支出明細帳、經營支出明細帳等。

（三）往來款項明細帳

往來款項明細帳包括應收帳款明細帳、其他應收款明細帳、應付帳款明細帳、其他應付款明細帳等。

（四）材料明細帳（內容略）

（五）固定資產明細帳（內容略）

七、記帳程序

記帳程序（或稱帳務處理程序）是指從審核、整理原始憑證開始，到登記帳簿、編製會計報表為止的整個工作順序。事業單位通常採用科目匯總表帳務處理程序。其記帳程序可歸納如下：

（1）根據審核無誤的原始憑證，填製記帳憑證。

（2）根據原始憑證和記帳憑證，登記現金日記帳、銀行存款日記帳和明細帳。

（3）根據記帳憑證，定期編製科目匯總表。

（4）根據記帳憑證或科目匯總表，登記總帳；記帳憑證不多的事業單位，可以不編製科目匯總表，直接根據記帳憑證登記總帳。

（5）根據總帳和明細帳編製會計報表。

第十六章
事業單位資產的核算

第一節　資產概述

一、資產的含義

資產是指事業單位佔有或者使用的能以貨幣計量的經濟資源，包括各種財產、債權和其他權利。

它具有以下特徵：

（1）作為事業單位的資產屬於經濟資源；

（2）為事業單位所佔有或使用；

（3）能以貨幣計量；

（4）預期能帶來經濟利益。

二、資產的分類

資產可以按照不同的標準進行分類，比較常見的是按照流動性和按有無實物形態進行分類。

按照流動性對資產進行分類，可以分為流動資產和非流動資產。流動資產主要包括現金、各種存款、應收及預付款項、存貨、對外短期投資；非流動性資產包括對外長期投資、固定資產、無形資產等。

按是否具有實物形態，可以分為有形資產和無形資產。如存貨、固定資產等屬於有形資產，因為它們具有物質實體。專利權、著作權等屬於無形資產，因為它們沒有物質實體，而是表現為某種法定權利。

第二節　流動資產的核算

一、貨幣資金的核算

（一）現金的核算

1. 現金概述

現金是指事業單位庫存的現金，包括庫存的人民幣和外幣。根據國家現金管理制度和結算制度的規定，事業單位收支的各種款項必須按照國務院頒發的《現金管理暫行條例》的規定辦理，在規定的範圍內使用現金。

（1）現金管理原則

①遵守庫存現金限額。事業單位的庫存現金限額由開戶行銀行核定。開戶銀行核定時，一般以不超過事業單位 3~5 天日常零星開支所需要的現金為準。邊遠地區和交通不便的地區可以多於 5 天，但最多不能超過 15 天。事業單位應當嚴格遵守開戶銀行核定的庫存現金限額，對於超過限額的部分，應當及時送存銀行。

②嚴格現金收付手續。事業單位辦理任何現金收支，都必須以合法的原始憑證為依據。出納人員付出現金時，應當在原始單據上加蓋「現金付訖」戳記；收取現金時，應當開給對方收款收據。

③不得坐支現金。坐支現金是指用收入的現金直接辦理現金支出。事業單位收入的現金，應當於當日或規定的時間內及時送存開戶銀行，需要支付現金時，從庫存現金限額中支付，或者從銀行提取現金后支付，不得直接從現金收入中支付。因特殊原因確需坐支現金的，應當事先報經開戶銀行審查批准，由開戶銀行核定坐支範圍和限額，並由開戶銀行進行監督。

④會計與出納分開。為了保證現金的安全，防止各種錯誤和弊端的發生，現金的收付、結算、審核和登記等工作不能由一人兼管。事業單位應當實行會計管帳不管錢、出納管錢不管帳的管理制度，以加強對現金的內部控制。

⑤日清月結，如實反應現金的庫存數額。事業單位對於收付的現金應當及時入帳。每日業務終了，出納人員應當結出現金的帳面余額，並與現金實際庫存數額核對相符。

（2）現金使用範圍

按照《現金管理暫行條例》的規定，事業單位使用現金結算的範圍包括：

①職工工資、獎金、津貼；

②個人勞務報酬；

③根據國家規定頒發給個人的科學技術、文化藝術、體育等各種獎金；

④各種勞保、福利費用以及國家規定的對個人的其他支出；

⑤向個人收購農副產品和其他物資的價款；

⑥出差人員必須隨身攜帶的差旅費；

⑦結算起點（1,000 元）以下的零星支出；

⑧中國人民銀行確定的需要支付現金的其他支出。

屬於上述現金結算範圍的支出，事業單位可以根據需要向銀行提取現金支付；不屬於上述現金結算範圍的款項支付，一律通過銀行進行轉帳結算。

（3）現金內部控制

在事業單位所擁有的資產中，現金的流動性最強，同時也最容易被經管人員挪用或侵吞。因此，必須特別重視對現金的管理，加強對現金的核算，以提高其使用效率，保證其安全和完整。加強現金的管理，主要是建立健全現金管理的內部控制制度。

2. 現金業務的核算

（1）科目設置

為了總括地核算、反應事業單位庫存現金的收支及其結存情況，應設置「庫存現金」科目。該科目屬於資產類科目。其借方登記庫存現金的增加，貸方登記庫存現金的減少；余額在借方，表示庫存現金余額。

為了加強對現金的管理，隨時掌握現金收付的動態和庫存余額，保證現金的安全，事業單位還應設置「現金日記帳」，對庫存現金進行明細核算。「現金日記帳」由出納人員根據審核過的原始憑證或記帳憑證（即現金收款憑證、現金付款憑證、銀行存款付款憑證），按照現金收付業務的先后，逐日逐筆序時登記。每日終了，應結算出當日現金收入合計數、支出合計數和結余數，並將帳面結余數與實際庫存數進行核對，做到帳實相符。月末終了，「現金日記帳」余額應與「庫存現金」總帳科目的余額核對相符。

現金收入業務較多，單獨設有收款部門的單位，收款部門的收款員應將每天所收到的現金連同收款收據副聯編製現金收入日報表，送會計部門的出納人員核收；或者將所收現金直接送存開戶銀行后，將收款收據副聯、現金收入日報表和向銀行送存現金的憑證一併交會計部門的會計人員核收記帳。

有外幣現金收支業務的事業單位，應當按照人民幣現金、外幣現金的幣種設置現金帳戶進行明細核算。

（2）帳務處理

事業單位現金收入的主要途徑是：從銀行提取現金；收取轉帳起點以下的小額現金；職工交回的預借差旅費剩余款。企業收入現金時，應根據審核無誤的原始憑證借記「庫存現金」帳戶，貸記有關帳戶。

事業單位支出現金必須遵守國家的現金管理制度的規定，在現金使用範圍內辦理現金支出業務。企業支出現金時，應根據審核無誤的原始憑證，借記有關帳戶，貸記「庫存現金」帳戶。

【例 16-1】某大學 3 月 2 日開出現金支票，到銀行提取現金 4,000 元。

借：庫存現金　　4,000

　貸：銀行存款　　4,000

【例 16-2】教師張新借 5,000 元赴華東師大讀研究生的學費及差旅費等。

借：其他應收款——張新　　5,000

　貸：庫存現金　　5,000

【例 16-3】張新回來報銷 4,500 元，並交回多余款 500 元。

借：事業支出　　4,500

　　庫存現金　　500

　貸：其他應收款——張新　　5,000

【例 16-4】某大學的師資科購買辦公用品 240 元，憑發票向財務部報銷。

借：事業支出　　240

　貸：庫存現金　　240

如發現現金溢余，屬於應支付給有關人員或單位的部分，借記本帳戶，貸記「其他應付款」帳戶；屬於無法查明原因的部分，借記本帳戶，貸記「其他收入」帳戶。如發現現金短缺，屬於應由責任人賠償的部分，借記「其他應收款」帳戶，貸記本帳戶；屬於無法查明原因的部分，報經批准后，借記「其他支出」帳戶，貸記本帳戶。

(二) 銀行存款

1. 銀行存款帳戶的開立和管理

銀行存款是指事業單位存入銀行或其他金融機構的貨幣資金，包括人民幣存款和外幣存款。

按照國家《銀行結算辦法》的規定，事業單位應在銀行開立帳戶，以辦理存款、取款和轉帳等結算。凡是在銀行開立存款帳戶的事業單位，必須遵守中國人民銀行頒布的《銀行帳戶管理辦法》的各項規定。事業單位應由會計部門統一在銀行開戶，避免多頭開戶。

2. 銀行轉帳結算方式

根據中國人民銀行總行發布的《銀行結算辦法》的規定，現行銀行結算方式主要包括銀行匯票、銀行本票、商業匯票、支票、匯兌、委託收款、異地托收承付共七種結算方式。

(1) 銀行匯票

銀行匯票是指匯款人將款項交存當地出票銀行，由出票銀行簽發的，由其在見票時，按照實際結算金額無條件支付給收款人或持票人的票據。銀行匯票具有使用靈活、票隨人到、兌現性強等特點，適用於先收款后發貨或錢貨兩清的商品交易。單位和個人各種款項結算，均可使用銀行匯票。

銀行匯票可以用於轉帳，填明「現金」字樣的銀行匯票也可以用於支取現金。銀行匯票的付款期限為自出票日起 1 個月內。超過付款期限提示付款不獲付款的，持票人須在票據權利時效內向出票銀行作出說明，並提供本人身分證件或單位證明，持銀行匯票和解訖通知向出票銀行請求付款。

事業單位支付購貨款等款項時，應向出票銀行填寫銀行匯票申請書，填明收款人名稱、支付金額、申請人、申請日期等事項並簽章，簽章為其預留銀行的印鑒。銀行受理銀行匯票申請書，收妥款項后簽發銀行匯票，並用壓數機壓印出票金額，然后將銀行匯票和解訖通知一併交給匯款人。

申請人取得銀行匯票后即可持銀行匯票向填明的收款單位辦理結算。銀行匯票的收款人可以將銀行匯票背書轉讓給他人。背書轉讓以不超過出票金額的實際結算金額為限，未填寫實際結算金額或實際結算金額超過出票金額的銀行匯票不得背書轉讓。

收款單位在收到付款單位送來的銀行匯票時，應在出票金額以內，根據實際需要的款項辦理結算，並將實際結算金額和多余金額準確、清晰地填入銀行匯票和解訖通知的有關欄內，銀行匯票的實際結算金額低於出票金額的，其多余金額由出票銀行退交申請人。

(2) 銀行本票

銀行本票是指由銀行簽發的，承諾自己在見票時無條件支付確定的金額給收款人或者持票人的票據。無論單位或個人，在同一票據交換區域支付各種款項，都可以使用銀行本票。銀行本票可以用於轉帳，註明「現金」字樣的銀行本票可以用於支取現金。

銀行本票分定額本票和不定額本票。定額本票面值分別為 1,000 元、5,000 元、10,000元和 50,000 元。

銀行本票的付款期限為自出票日起最長不超過 2 個月，在付款期內銀行本票見票即付。超過提示付款期限不獲付款的，在票據權利時效內向出票銀行作出說明，並提供本人身分證或單位證明，可持銀行本票向銀行請求付款。

事業單位支付購材料款等款項時，應向銀行提交銀行本票申請書，填明收款人名稱、申請人名稱、支付金額、申請日期等事項並簽章。申請人或收款人為單位的，銀行不予簽發現金銀行本票。出票銀行受理銀行本票申請書后，收妥款項簽發銀行本票。不定額銀行本票用壓數機壓印出票金額，出票銀行在銀行本票上簽章后交給申請人。

申請人取得銀行本票后，即可向填明的收款單位辦理結算。收款單位可以根據需要在票據交換區域內背書轉讓銀行本票。收款企業在收到銀行本票時，應該在提示付款時在本票背面「持票人向銀行提示付款簽章」處加蓋預留銀行印鑒，同時填寫進帳單，連同銀行本票一併交開戶銀行轉帳。

(3) 商業匯票

商業匯票是指由出票人簽發的，委託付款人在指定日期無條件支付確定的金額給收款人或者持票人的票據。在銀行開立存款帳戶的法人以及其他組織之間須具有真實的交易關係或債權債務關係，才能使用商業匯票。商業匯票的付款期限由交易雙方商定，但最長不得超過 6 個月。商業匯票的提示付款期限自匯票到期日起 10 日內。

商業匯票可以由付款人簽發並承兌，也可以由收款人簽發交由付款人承兌。定日付款或者出票后定期付款的商業匯票，持票人應當在匯票到期日前向付款人提示承兌；見票后定期付款的匯票，持票人應當自出票日起 1 個月內向付款人提示承兌。匯票未按規定期限提示承兌的，持票人喪失對其前手的追索權。付款人應當自收到提示承兌的匯票之日起 3 日內承兌或者拒絕承兌。付款人拒絕承兌的，必須出具拒絕承兌的證明。

商業匯票可以背書轉讓。符合條件的商業承兌匯票的持票人可持未到期的商業承兌匯票連同貼現憑證，向銀行申請貼現。

商業匯票按承兌人不同，分為商業承兌匯票和銀行承兌匯票兩種。

①商業承兌匯票。商業承兌匯票由銀行以外的付款人承兌。商業承兌匯票按交易雙方約定，由付款人或收款人簽發，但由付款人承兌。承兌時，付款人應在匯票正面記載「承兌」字樣和承兌日期並簽章。承兌不得附有條件，否則視為拒絕承兌。匯票到期時，付款人的開戶銀行憑票將票款劃給收款人或貼現銀行。收款人應在提示付款期限內通過開戶銀行委託收款或直接向付款人提示付款。匯票到期時，如果付款人的存款不足以支付票款，開戶銀行應將匯票退還收款人，銀行不負責付款。

②銀行承兌匯票。銀行承兌匯票是由收款人或承兌申請人簽發，並由承兌申請人向開戶銀行申請，經銀行審查同意承兌的票據。承兌銀行按票面金額向出票人收取萬分之五的手續費。

需要辦理銀行承兌匯票結算時，由承兌申請人持銀行承兌匯票和購銷合同向其開戶銀行申請承兌，銀行按照有關規定審查，符合承兌條件的，與承兌申請人簽訂承兌協議，並在銀行承兌匯票上蓋章，用壓數機壓印匯票金額后，將銀行承兌匯票和解訖通知交給承兌申請人轉交收款人。收款人或被背書人應在銀行承兌匯票到期時，將銀行承兌匯票、解訖通知連同進帳單交開戶銀行辦理轉帳。承兌銀行憑票將款項付給收款人、被背書人。

承兌申請人應於銀行承兌匯票到期前將票款足額交存其承兌銀行。到期未能足額交存票款時，承兌銀行除憑票向收款人、被背書人（或貼現銀行）無條件支付外，並根據承兌協議規定對承兌申請人執行扣款，並對尚未扣回的承兌金額每天按萬分之五計收罰息。採用銀行承兌匯票結算方式，收款單位憑銀行蓋章的進帳通知編製收款憑證，付款單位憑銀行承兌匯票委託書存根聯編製付款憑證。

(4) 支票

支票是指由單位或個人簽發的，委託辦理支票存款業務的銀行在見票時無條件支付確定的金額給收款人或者持票人的票據。

支票結算方式是同城結算中應用比較廣泛的一種結算方式。單位和個人在同一票據交換區域的各種款項結算，均可以使用支票。支票由銀行統一印製，支票上印有「現金」字樣的為現金支票。支票上印有「轉帳」字樣的為轉帳支票，轉帳支票只能用於轉帳。未印有「現金」或「轉帳」字樣的為普通支票，普通支票可以用於支取現金，也可以用於轉帳。在普通支票左上角劃兩條平行線的，為劃線支票，劃線支票只能用於轉帳，不得支取現金。

支票的提示付款期限為自出票日起 10 日內，中國人民銀行另有規定的除外。超過提示付款期限的，持票人開戶銀行不予受理，付款人不予付款。轉帳支票可以根據需要在票據交換區域內背書轉讓。

存款人領購支票，必須填寫票據和結算憑證領用單並加蓋預留銀行印鑒。存款帳戶結清時，必須將剩余的空白支票全部交回銀行註銷。

簽發支票，不能超過銀行存款的余額，超過的即為「空頭支票」，銀行除退票外，還按票面金額處以 5%但不低於 1,000 元的罰款。持票人有權要求出票人賠償支票金額 2%的賠償金。簽發支票時，應使用藍黑墨水或碳素墨水，將支票上的各要素填寫齊全，並在支票上加蓋其預留銀行印鑒。出票人預留銀行的印鑒是銀行審核支票付款的依據。銀行也可以與出票人約定使用支付密碼，作為銀行審核支付支票金額的條件。

(5) 匯兌

匯兌是指由匯款人委託銀行將其款項支付給異地收款人的結算方式。單位和個人的各種款項的結算，均可使用匯兌結算方式。

匯兌分為信匯、電匯兩種。信匯是指匯款人委託銀行通過郵寄方式款項劃轉給收款人。電匯是指匯款人委託銀行通過電報將款項劃給收款人。這兩種匯兌方式由匯款人根據需要選擇使用。匯兌結算方式適用於異地之間的各種款項結算。這種結算方式劃撥款項簡便、靈活。

採用匯兌結算方式時，付款單位匯出款項時，應填寫銀行印發的匯款憑證，列明收款單位名稱、匯款金額及匯款的用途等項目，送達開戶銀行，委託銀行將款項匯往收匯銀行。收匯銀行將匯款收進單位存款戶后，向收款單位發出收款通知。

(6) 委託收款

委託收款是指由收款人委託銀行向付款人收取款項的結算方式。無論是單位還是個人都可憑已承兌商業匯票、債券、存單等付款人債務證明辦理款項收取同城或異地款項。委託收款還適用於收取電費、電話費等付款人眾多、分散的公用事業費等有關款項。

委託收款結算款項劃回的方式分為郵寄和電報兩種。

收款人委託開戶銀行收款時，應填寫銀行印製的委託收款憑證，提供有關的債務證明。在委託收款憑證中寫明付款單位的名稱、收款單位名稱、帳號及開戶銀行，委託收款金額的大小寫，款項內容，委託收款憑據名稱及附寄單證張數等。開戶銀行受理委託收款后，將委託收款憑證寄交付款單位開戶銀行，由付款單位開戶銀行審核，並通知付款單位。

付款單位收到銀行交給的委託收款憑證及債務證明，應簽收並在 3 天之內審查債務證明是否真實，是不是本單位的債務，確認之后通知銀行付款。

付款單位應在收到委託收款的通知次日起 3 日內，主動通知銀行是否付款。如果不通知銀行，銀行視同企業同意付款並在第 4 日從單位帳戶中付出此筆委託收款款項。

付款人在 3 日內審查有關債務證明后，認為債務證明或與此有關的事項符合拒絕付款的規定，應出具拒絕付款理由書和委託收款憑證第五聯及持有的債務證明，向銀行提出拒絕付款。

（7）托收承付

托收承付是指由根據購銷合同由收款人發貨后委託銀行向異地付款人收取款項，由付款人向銀行承認付款的結算方式。使用托收承付結算方式的收款單位和付款單位，必須是國有企業、供銷合作社以及經營管理較好，並經開戶銀行審查同意的城鄉集體所有制工業企業。辦理托收承付結算的款項，必須是商品交易，以及因商品交易而產生的勞務供應的款項。代銷、寄銷、賒銷商品的款項，不得辦理托收承付結算。

托收承付款項劃回方式分為郵寄和電報兩種，由收款人根據需要選擇使用；收款單位辦理托收承付，必須具有商品發出的證件或其他證明。托收承付結算每筆的金額起點為 10,000 元。新華書店系統每筆金額起點為 1,000 元。

採用托收承付結算方式時，購銷雙方必須簽有符合《中華人民共和國合同法》的購銷合同，並在合同上寫明使用托收承付結算方式。收款單位按照購銷合同發貨后，填寫托收承付憑證，蓋章后連同發運證件（包括鐵路、航運、公路等運輸部門簽發運單、運單副本和郵局包裹回執）或其他符合托收承付結算的有關證明和交易單證送交開戶銀行辦理托收手續。

付款單位收到托收承付結算憑證和所附單據后，應立即審核是否符合訂貨合同的規定。按照《支付結算辦法》的規定，承付貨款分為驗單付款與驗貨付款兩種，這在雙方簽訂合同時約定。驗單付款是指付款單位根據經濟合同對銀行轉來的托收結算憑證、發票帳單、托運單及代墊運雜費等單據進行審查無誤后，即可承認付款。為了便於付款單位對憑證的審核和籌措資金，結算辦法規定承付期為 3 天，從付款人開戶銀行發出承付通知的次日算起（承付期內遇法定休假日順延）。付款單位在承付期內，未向銀行表示拒絕付款，銀行即視作承付，並在承付期滿的次日（法定休假日順延）上午銀行開始營業時，將款項主動從付款人的帳戶內付出，按照收款單位指定的劃款方式，劃給收款方。驗貨付款是指付款單位待貨物運達后，對其進行檢驗與合同完全相符后才承認付款。為了滿足付款方組織驗貨的需要，結算辦法規定承付期為 10 天，從運輸部門向購貨方發出提貨通知的次日算起。承付期內購貨方未表示拒絕付款的，銀行視為同意承付，於 10 天期滿的次日上午銀行開始營業時，將款項劃給收款人。為滿足購貨企業組織驗貨的需要，對收付雙方在合同中明確規定，並在托收憑證上註明驗貨付款期限的，銀行從其規定。

付款單位拒絕付款，要填寫托收承付結算拒付理由書，銀行要審查拒付理由，不準無理拒付。

上述各種結算方式的運用，需以加強結算紀律為保證。中國人民銀行發布的《支付結算辦法》中規定了銀行結算紀律，即不準簽發沒有資金保證的票據或遠期支票，套取銀行信用；不準簽發、取得和轉讓沒有真實交易和債權債務的票據，套取銀行和他人資金；不準無理拒絕付款，任意占用他人資金；不準違反規定開立和使用帳戶等。企業必須嚴格遵守銀行支付結算辦法規定的結算紀律，保證結算業務的正常進行。

事業單位在銀行開立帳戶后，可以向開戶銀行購買各種銀行往來憑證（如進帳單、現金支票、轉帳支票等），用以辦理銀行存款的收付款項業務。事業單位除了按規定留存的庫存現金以外，所有貨幣資金都必須存入銀行。與其他單位之間的一切收付款項，除按規定可用現金支付的部分外，都必須通過銀行辦理轉帳結算，即由銀行按照事先規定的結算方式，將款項從付款單位的帳戶劃出，轉入收款單位的帳戶。

事業單位通過銀行帳戶辦理資金收付時，必須遵守國家有關法律法規和《銀行結算辦法》的各項規定，遵守結算紀律：不準出租、出借帳戶；不準簽發空頭支票和遠期支票；不準套取銀行信用。

3. 銀行存款的核算

（1）科目設置

為了總括地反應銀行存款的收支和結存情況，事業單位應設置「銀行存款」科目。該科目屬於資產類帳戶。其借方登記收入的存款數額，貸方登記支出的存款數額；余額在借方，表示事業單位銀行存款的結余數額。

事業單位還應該按開戶銀行或其他金融機構的名稱、存款種類、貨幣種類分別設置「銀行存款日記帳」，由出納員根據審核無誤的原始憑證或記帳憑證（即銀行存款收款憑證、銀行存款付款憑證、現金付款憑證）逐日逐筆序時登記，每日業務終了應結出當日發生額及余額。「銀行存款日記帳」必須及時與銀行對帳單核對。月份終了，帳面余額與銀行對帳單余額之間如有差額，必須逐筆查明原因進行處理，屬於未達帳項，應編製銀行存款余額調節表，調節相符。

有外幣存款的事業單位，應在本帳戶下分別按人民幣、各種外幣設置「銀行存款日記帳」進行明細核算。

發生外幣銀行存款業務時，必須將有關外幣金額折合人民幣記帳，並同時登記外國貨幣金額和折合率。所有外幣帳戶的增加、減少，一律按國家外匯牌價折合為人民幣記帳。外幣金額折合為人民幣記帳時，可按業務發生時國家外匯牌價（原則上採用中間價，下同）作為折合率，也可按業務發生當期期初的國家外匯牌價，作為折合率。月份（或季度、年度）終了，應將外幣帳戶的余額按期末國家外匯牌價折合為人民幣，作為外幣帳戶的期末人民幣余額。調整后的各外幣帳戶的人民幣余額與原帳面余額的差額，作為匯兌損益列入事業支出。

（2）帳務處理

事業單位將款項存入銀行或其他金融機構時，應借記「銀行存款」帳戶，貸記「事業收入」「經營收入」「庫存現金」等帳戶；提取和支出款項時，應借記「事業支出」「經營支出」等帳戶，貸記「銀行存款」帳戶。

【例 16-5】某大學將現金 4,000 元送存銀行。

借：銀行存款	4,000	
貸：庫存現金		4,000

【例 16-6】某大學收到財政機關撥入的當年事業預算經費 800,000 元。

借：銀行存款	800,000	
貸：財政補助收入		800,000

【例 16-7】某大學收到學生繳納的學費 3,000,000 元，存入銀行。

借：銀行存款	3,000,000	
貸：事業收入		3,000,000

【例 16-8】某大學從銀行提取現金 100,000 元備發工資。

借：庫存現金	100,000	
貸：銀行存款		100,000

4. 銀行存款的對帳

為了防止銀行存款帳項發生差錯，準確掌握銀行存款實際結余情況，事業單位應定期進行銀行存款日記帳的對帳工作。

（1）銀行存款日記帳核對的三個主要環節

①銀行存款日記帳與銀行存款收、付款憑證互相核對，做到帳證相符。在核對時，既要根據業務發生的先后順序逐筆檢查帳證是否相符，還要檢查每筆銀行存款收、付款憑證與所附的原始憑證是否相符，也要檢查每一張收、付款憑證的金額、借貸方向是否相符。如果有差錯，應立即進行更正。

②銀行存款日記帳與銀行存款總帳互相核對，做到帳帳相符。每月結帳之后，總分類帳各個帳戶本期發生額或余額試算平衡后，還要將總帳中銀行存款的借方、貸方發生額和余額分別同銀行存款日記帳的借方、貸方發生額和余額相核對，檢查帳帳之間是否相符。如果發現差錯，應立即進行更正。

③銀行存款日記帳與銀行對帳單互相核對，以便準確地掌握事業單位可動用的銀行存款的實有金額。事業單位應按期與銀行對帳，至少每月核對一次。核對時，如果發現雙方余額不一致，要及時查找原因，屬於記帳差錯的，應立即更正。

（2）未達帳項的四種情況

銀行存款日記帳余額與銀行對帳單余額不一致，除記帳錯誤外，還可能是由於未達帳項引起的。

未達帳項是指事業單位與銀行之間，由於憑證傳遞上的時間差，一方已入帳，而另一方尚未入帳的款項。未達帳項有下列四種情況：

①事業單位已收款入帳，而銀行未入帳的款項。如事業單位將收到的其他單位

簽發的轉帳支票送存銀行，事業單位已作存款增加，而銀行尚未作帳務處理。

②事業單位已付款入帳，而銀行尚未入帳的款項。如事業單位簽發轉帳支票一張，事業單位已入帳，減少銀行存款，由於持票人尚未到銀行辦理轉帳手續，銀行尚未付款入帳。

③銀行已經收款入帳，而事業單位尚未入帳的款項。如銀行將已收妥的委託收款主動存入事業單位的帳戶，但是事業單位還未接到銀行的通知，尚未入帳。

④銀行已經付款入帳，而事業單位尚未入帳的款項。如銀行代事業單位支付的水電費等，銀行已經付款入帳，而事業單位未接到銀行的通知，故尚未入帳。

注意：銀行存款余額調節表主要是用來核對事業單位與銀行雙方的記帳是否錯誤，不能作為記帳的依據（不能據此進行帳務處理），應待有關結算憑證到達后方可進行帳務處理並登記入帳。

（三）零余額帳戶用款額度

實行國庫集中支付的事業單位根據財政部門批覆的用款計劃收到和支用的零余額帳戶用款額度。

在財政授權支付方式下，收到代理銀行蓋章的授權支付到帳通知書時，根據通知書所列數額，借記本帳戶，貸記「財政補助收入」帳戶。按規定支用額度時，借記有關帳戶，貸記本帳戶。從零余額帳戶提取現金時，借記「庫存現金」帳戶，貸記本帳戶。因購貨退回等發生國庫授權支付額度退回的，屬於以前年度支付的款項，按照退回金額，借記本帳戶，貸記「財政補助結轉」「財政補助結余」「存貨」等有關帳戶；屬於本年度支付的款項，按照退回金額，借記本帳戶，貸記「事業支出」「存貨」等有關帳戶。

年度終了，依據代理銀行提供的對帳單作註銷額度的相關帳務處理，借記「財政應返還額度——財政授權支付」帳戶，貸記本帳戶。事業單位本年度財政授權支付預算指標數大於零余額帳戶用款額度下達數的，根據未下達的用款額度，借記「財政應返還額度——財政授權支付」帳戶，貸記「財政補助收入」帳戶。

下年初，事業單位依據代理銀行提供的額度恢復到帳通知書作恢復額度的相關帳務處理，借記本帳戶，貸記「財政應返還額度——財政授權支付」帳戶。事業單位收到財政部門批覆的上年末未下達零余額帳戶用款額度的，借記本帳戶，貸記「財政應返還額度——財政授權支付」帳戶。本帳戶期末借方余額，反應事業單位尚未支用的零余額帳戶用款額度。本帳戶年末應無余額。

【例 16-9】某事業單位在財政授權支付方式下，收到銀行授權支付到帳通知書所列款 100,000 元。

借：零余額帳戶用款額度　　100,000

　貸：財政補助收入　　100,000

【例 16-10】某事業單位在財政授權支付方式下，購買存貨 8,000 元，採用零余額帳戶用款額度支付。

借：存貨　　8,000

　貸：零余額帳戶用款額度　　8,000

二、應收款項

(一) 應收款項概述

1. 應收款項的概念

應收款項是指事業單位應收而未收、暫時墊付或預付給有關單位（或個人）的資金，包括應收票據、應收帳款、其他應收款、預付帳款等。

2. 應收款項的確認

應收款項應當按實際發生額記帳。

3. 應收款項的管理

(1) 嚴格控制應收款的數額；

(2) 嚴格控制回收時間，採取有效措施，積極組織催收，減少資金占用；

(3) 各項應收款項應當定期與債務人對帳核實，及時清算、催收。

(二) 應收票據的核算

應收票據是指事業單位因從事經營活動銷售產品而收到的商業匯票。商業匯票是指由收款人（或付款人）簽發的，由承兌人（付款人或付款人的委託銀行）承兌的，並於到期日向收款人（或被背書人）支付款項的票據。商業匯票按其承兌人的不同，可分為商業承兌匯票和銀行承兌匯票。

應收票據應於收到或簽發並經承兌時，以其票面金額入帳。

1. 科目設置

為了反應事業單位應收票據的取得和兌現，應設置「應收票據」科目。事業單位收到應收票據時，按應收票據的票面金額借記「應收票據」帳戶，貸記「經營收入」等有關帳戶；票據到期時，按到期收回的票面金額借記「銀行存款」帳戶，貸記「應收票據」帳戶。

事業單位持有的應收票據，在票據到期前可以向銀行申請貼現。貼現時，按實際收到的金額（到期金額扣除貼現利息后的淨額）借記「銀行存款」帳戶，按應收票據的票面金額與貼現時實際收到的金額（對於不帶息票據，其金額就是貼現利息）借記「經營支出」帳戶，按應收票據的票面金額貸記「應收票據」帳戶，按其差額借記「經營支出」或「其他收入」；余額在借方，表示期末持有的應收票據的票面金額。

事業單位還應設置「應收票據備查簿」，逐筆登記每一筆應收票據的種類、號數、出票日期、交易合同號、付款人、承兌人、背書人、到期日期、利率、貼現日期、貼現率、貼現淨額、收款日期、收回金額等。應收票據到期結清票款后，應在備查簿內逐筆註銷。

2. 應收票據業務的帳務處理

(1) 不帶息應收票據

不帶息應收票據的到期金額等於應收票據的面額。

【例 16-11】某醫院銷售給醫藥公司制劑一批，價款為 50,000 元。藥品已發出，醫藥公司開出商業承兌匯票一張。醫院編製會計分錄：

借：應收票據　　　　50,000

　貸：經營收入——制劑收入　　　　50,000

【例 16-12】商業承兌匯票到期，醫藥公司如期付款。醫院編製會計分錄：

借：銀行存款　　50,000

　貸：應收票據　　50,000

（2）帶息應收票據

第一，應收票據利息的計算。對於帶息應收票據到期，應當計算票據利息。其計算公式如下：

應收票據利息＝應收票據票面金額×利率×期限

式中：利率一般以年利率表示；「期限」指簽發日至到期日的時間間隔。票據的期限用月或日表示，在實際業務中，為了計算方便，常把一年定為 360 天。

①應收票據到期日按月計算。票據期限按月表示時，應以到期月份中與出票日相同的那一天為到期日。如 3 月 5 日簽發的兩個月票據，到期日應為 5 月 5 日。月末簽發的票據，不論月份大小，以到期月份的月末那一天為到期日。與此同時，計算利息使用的利率要換算成月利率。

利息的計算公式為：

應收票據利息＝應收票據票面金額×票據期限×年利率/12

②應收票據到期日按日計算。票據期限按日表示時，應從出票日起按實際經歷天數計算，通常出票日和到期日，只能算其中的一天，即「算尾不算頭」（或算頭不算尾）。

例如，4 月 15 日簽發的 90 天票據，其到期日應為 7 月 14 日［90 天－4 月份剩余天數－5 月份實有天數－6 月份實有天數＝90－（30－15）－31－30＝14］。同時，計算利息使用的利率，要換算成日利率（年利率÷360）。

第二，應收票據利息收入的確認。應收票據的利息收入，一般可在實際收款時確認，並列入「其他收入」帳戶（或衝減經營支出）。但是，如果利息額較大，應按權責發生制在期末確認。

第三，帳務處理。對於帶息票據，應在收到商業匯票時按票面金額記入「應收票據」帳戶的借方；到期收回的票面金額和利息，分別記入「應收票據」帳戶和「其他收入」（或「經營支出」）帳戶的貸方。

【例 16-13】承前例，醫院收到醫藥公司開出的期限為 6 個月的帶息商業承兌匯票一張，年利率為 3%。商業匯票到期，醫院收到票款 50,000 元和利息 750 元。

利息＝50,000×3%×6÷12＝750（元）

應收票據到期金額＝50,000+750＝50,750（元）

借：銀行存款　　50,750

　貸：應收票據　　50,000

　　　其他收入　　750

3. 應收票據的貼現

事業單位持有的應收票據在到期前，如果出現資金短缺，可以持未到期的票據向其開戶銀行申請貼現，以便獲得所需資金。貼現是指票據持有人將未到期的票據在背書后送交銀行，銀行受理后從票據到期金額中扣除按銀行貼現率計算確定的貼現利息，然后將貼現余額付給持票人，作為銀行對事業單位的短期貸款的行為。所謂背書，是指持票人在票據背面簽字。簽字人即為背書人。背書人對票據的到期付款負連帶責任。

票據貼現的計算步驟如下：

(1) 計算票據的到期價值

票據到期價值=票據面值×（1+年利率× 票據到期天數÷360）

或票據到期價值=票據面值×（1+年利率× 票據到期月數÷12）

對於無息票據來說，票據的到期價值就是面值。

(2) 計算貼現期限

貼現天數=貼現日至票據到期日實際天數-1

(3) 計算貼現息

貼現息=票據到期價值×貼現率×貼現天數÷360

(4) 計算貼現淨額

貼現淨額=票據到期值-貼現息=票據到期值×（1-貼現率×貼現期限）

4. 應收票據貼現的帳務處理

【例 16-14】6 月 5 日，某醫藥公司向某醫院購買制劑一批，合同約定醫藥公司簽發並向銀行申請承兌一張面值 50,000 元、期限 3 個月、不帶息的銀行承兌匯票。某醫院因急需資金，於 8 月 5 日持票據向銀行申請貼現，月貼現率為 9.15‰。醫院編製會計分錄：

①收到銀行承兌匯票：

借：應收票據	50,000	
貸：經營收入		50,000

②貼現時：

貼現息=50,000×9.15‰×1=457.5（元）

貼現實收金額=50,000-457.5=49,542.5（元）

借：銀行存款	49,542.5	
經營支出	457.5	
貸：應收票據		50,000

【例 16-15】將上例的不帶息商業承兌匯票改為帶息票據，票面年利息率為 10%。則：

票據到期金額=50,0 00（1+10%×3/12）= 51,250（元）

貼現利息= 51,250×9.15‰×1=468.94（元）

貼現余額=51,250-468.94=50,781.06（元）

編製會計分錄如下：

①賒銷時：

借：應收票據	50,000	
貸：經營收入		50,000

②貼現時：

借：銀行存款	50,781.06	
貸：應收票據		50,000
其他收入		781.06

(三) 應收帳款的核算

應收帳款是指事業單位因提供勞務、開展有償服務及銷售產品等業務應收取的款項。

1. 科目設置

為了反應事業單位應收帳款的發生、收回和結存情況，應設置「應收帳款」科目。事業單位發生賒銷款時，應按賒銷額借記「應收帳款」帳戶，貸記「經營收入」「其他收入」等帳戶；收回款項時，應按實際收到的金額借記「銀行存款」帳戶，貸記「應收帳款」帳戶；將應收帳款轉作商業匯票結算時，應按其帳面金額借記「應收票據」帳戶，貸記「應收帳款」帳戶；余額在借方，表示尚未收回的款項。

事業單位還應按不同的購貨單位（或接受勞務的單位）、個人設置明細帳，進行明細核算。

目前，國家還不允許事業單位對應收帳款、應收票據提取壞帳準備。對於無法收回的應收帳款採用「直接轉銷法」於確認壞帳時直接列入「經營支出」帳戶中。

2. 應收帳款的確認和帳務處理

應收帳款應在商品已經交付（或勞務已經提供），合同已經履行，銷售手續已經完備時，確認其入帳金額並入帳。在一般情況下，事業單位銷售商品（或提供勞務）時，應按買賣雙方在成交時的實際發生額（即確定的總金額）入帳。

【例 16-16】3 月 2 日，某一非營利科研機構向 A 公司提供諮詢服務，應向其收取諮詢費 20,000 元。

借：應收帳款——A 公司　　20,000

　貸：事業收入　　20,000

【例 16-17】3 月 15 日，該科研機構收到諮詢費 20,000 元，已辦理轉帳。

借：銀行存款　　20,000

　貸：應收帳款——A 公司　　20,000

3. 對現金折扣的帳務處理

現金折扣是指債權人為鼓勵債務人在規定的期限內付款，而向債務人提供的債務扣除。現金折扣通常發生在以賒銷方式銷售商品及提供勞務的交易中。為了鼓勵客戶提前償付貨款，通常與債務人達成協議，債務人在不同期限內付款可享受不同比例的折扣。

現金折扣一般用符號「折扣/付款期限」表示。例如，買方在 10 天內付款可按售價給予 2%的折扣，用符號「2/10」表示；在 20 天內付款按售價給予 1%的折扣，用符號「1/20」表示；在 30 天內付款，則不給折扣，用符號「n/30」表示。

在存在現金折扣的情況下，應收帳款入帳金額的確認有兩種方法：一種是總價法，另一種是淨價法。目前，中國採用總價法。以下重點介紹總價法的核算。

總價法是將未減去現金折扣前的金額作為實際售價，記作應收帳款的入帳價值。現金折扣只有客戶在折扣期內支付貨款時，才予以確認。在這種方法下，銷售方把給予客戶的現金折扣視為融資的理財費用，會計上作為經營支出處理。

【例 16-18】某科研所向大華公司銷售自己研製開發的產品一批，銷售金額為 23,400元（含增值稅）。規定的現金折扣條件為「2/10，n/30」。上述款項在賒銷後的第 7 天收到。

賒銷時：

借：應收帳款——大華公司　　23,400

貸：經營收入 23,400

在第7天收到貨款時：

借：銀行存款 22,932

經營支出 468

貸：應收帳款——大華公司 23,400

假如在第15天收到貨款：

借：銀行存款 23,400

貸：應收帳款——大華公司 23,400

（四）預付帳款

預付帳款是指事業單位按照購貨、勞務合同規定預先支付給供應單位的款項。

1. 科目設置

為了反應和監督預付貨款的支付和結算情況，可以設置「預付帳款」科目。該科目屬於資產類帳戶。事業單位向供應單位預付貨款和補付貨款時，按實際支付的金額借記「預付帳款」帳戶，貸記「銀行存款」帳戶；收到所購物品或接受勞務時，按發票帳單等所列金額借記「材料」等帳戶，貸記「預付帳款」帳戶；收回多付的款項時，按實際收到的金額借記「銀行存款」帳戶，貸記「預付帳款」帳戶。余額可能在借方，也可能在貸方。借方余額表示向供應單位已預付但尚未結算的款項，貸方余額則表示預付款小於收到的貨款（或接受的勞務款）即應付帳款。

預付帳款不多的事業單位，可以不設置「預付帳款」帳戶，而將預付的款項記入「應收帳款」帳戶的借方；收到物品或接受勞務時，再將結算額記入「應收帳款」帳戶的貸方予以轉銷。

2. 帳務處理

【例16-19】4月10日，某大學一科研機構向B公司訂購甲材料，按合同約定預付30,000元定金，用轉帳支票支付。25日，收到該公司的甲材料和發票帳單，含增值稅的貨款為53,000元。20日，開出轉帳支票，補付貨款23,000元。

①預付貨款時：

借：預付帳款 30,000

貸：銀行存款 30,000

②收到甲材料時：

借：存貨 53,000

貸：預付帳款 53,000

③補付貨款時：

借：預付帳款 23,000

貸：銀行存款 23,000

【例16-20】某大學2003年6月8日按合同規定預付給北京某出版社購置圖書款80,000元。

借：預付帳款——北京某出版社 80,000

貸：銀行存款 80,000

（五）其他應收款

其他應收款是指除應收票據、應收帳款、預收帳款以外的應收、暫付款項。它包括職工預借的差旅費、預付給內部單位（或個人）的備用金、應收保險公司（或其他單位和個人）的各種賠款、應收的各種罰款、存出的保證金、應向職工收取的各種墊支款項、應收暫付上下級單位的款項等。

其他應收款應按實際發生額入帳。

1. 科目設置

為了反應各種其他應收款的發生、收回和結存情況，應設置「其他應收款」科目。該科目屬於資產類帳戶。事業單位發生各種其他應收款項時，按應收金額借記「其他應收款」帳戶，貸記有關帳戶；按收回金額和結轉的款項借記「銀行存款」「事業支出」「經營支出」等帳戶；余額在借方，表示尚未結算的其他應收款項。

同時，事業單位還應按其他應收款項目和債務人設置明細帳。

2. 帳務處理

【例 16-21】7 月 10 日，招生辦主任張林預借差旅費 2,000 元。15 日，張林出差回校報銷差旅費 1,500 元，並交回多余現金 500 元。

①預借差旅費時：

	借方	貸方
借：其他應收款——張林	2,000	
貸：庫存現金		2,000

②報銷差旅費時：

	借方	貸方
借：事業支出	1,500	
庫存現金	500	
貸：其他應收款——張林		2,000

三、存貨

存貨是指事業單位在業務活動過程中為耗用或者銷售而持有的各種資產，包括材料、產成品、庫存商品等。它是事業單位流動資產中最重要的組成部分。凡是法定所有權屬於單位的一切材料、產成品、庫存商品，無論其存放何處，都應視為該單位的存貨。「存貨」帳戶用來核算事業單位在開展業務活動及其他活動中為耗用而儲存的各種材料、燃料、包裝物、低值易耗品及達不到固定資產標準的用具、裝具、動植物等的實際成本。

事業單位隨買隨用的零星辦公用品，可以在購進時直接列作支出，不通過本帳戶核算。事業單位應當通過明細核算或輔助登記方式，登記取得存貨成本的資金來源（區分財政補助資金、非財政專項資金和其他資金）。

發生自行加工存貨業務的事業單位，應當在本帳戶下設置「生產成本」明細科目，歸集核算自行加工存貨所發生的實際成本（包括耗用的直接材料費用、發生的直接人工費用和分配的間接費用）。

（1）存貨在取得時，應當按照其實際成本入帳。

①購入的存貨，其成本包括購買價款、相關稅費、運輸費、裝卸費、保險費以及其他使得存貨達到目前場所和狀態所發生的其他支出。事業單位按照稅法規定屬於增值稅一般納稅人的，其購進非自用（如用於生產對外銷售的產品）材料所支付的增值稅款不計入材料成本。

購入的存貨驗收入庫，按確定的成本，借記本帳戶，貸記「銀行存款」「應付帳款」「財政補助收入」「零余額帳戶用款額度」等帳戶。

屬於增值稅一般納稅人的事業單位購入非自用材料的，按確定的成本（不含增值稅進項稅額），借記本帳戶，按增值稅專用發票上註明的增值稅額，借記「應繳稅費——應繳增值稅（進項稅額）」帳戶，按實際支付或應付的金額，貸記「銀行存款」「應付帳款」等帳戶。

②自行加工的存貨，其成本包括耗用的直接材料費用、發生的直接人工費用和按照一定方法分配的與存貨加工有關的間接費用。

自行加工的存貨在加工過程中發生各種費用時，借記本帳戶（生產成本），貸記本帳戶（領用材料相關的明細帳戶）、「應付職工薪酬」「銀行存款」等帳戶。

加工完成的存貨驗收入庫，按照所發生的實際成本，借記本帳戶（相關明細帳戶），貸記本帳戶（生產成本）。

③接受捐贈、無償調入的存貨，其成本按照有關憑據註明的金額加上相關稅費、運輸費等確定；沒有相關憑據的，其成本比照同類或類似存貨的市場價格加上相關稅費、運輸費等確定；沒有相關憑據、同類或類似存貨的市場價格也無法可靠取得的，該存貨按照名義金額（即人民幣 1 元，下同）入帳。相關財務制度僅要求進行實物管理的除外。

接受捐贈、無償調入的存貨驗收入庫，按照確定的成本，借記本帳戶，按照發生的相關稅費、運輸費等，貸記「銀行存款」等帳戶，按照其差額，貸記「其他收入」帳戶。

按照名義金額入帳的情況下，按照名義金額，借記本帳戶，貸記「其他收入」帳戶；按照發生的相關稅費、運輸費等，借記「其他支出」帳戶，貸記「銀行存款」等帳戶。

（2）存貨在發出時，應當根據實際情況採用先進先出法、加權平均法或者個別計價法確定發出存貨的實際成本。計價方法一經確定，不得隨意變更。低值易耗品的成本於領用時一次攤銷。

①開展業務活動等領用、發出存貨，按領用、發出存貨的實際成本，借記「事業支出」「經營支出」等帳戶，貸記本帳戶。

②對外捐贈、無償調出存貨，轉入待處理資產時，按照存貨的帳面余額，借記「待處理資產損溢」帳戶，貸記本帳戶。

屬於增值稅一般納稅人的事業單位對外捐贈、無償調出購進的非自用材料，轉入待處理資產時，按照存貨的帳面余額與相關增值稅進項稅額轉出金額的合計金額，借記「待處理資產損溢」帳戶，按存貨的帳面余額，貸記本帳戶，按轉出的增值稅進項稅額，貸記「應繳稅費——應繳增值稅（進項稅額轉出）」帳戶。

實際捐出、調出存貨時，按照「待處理資產損溢」帳戶的相應余額，借記「其他支出」帳戶，貸記「待處理資產損溢」帳戶。

（3）事業單位的存貨應當定期進行清查盤點，每年至少盤點一次。對於發生的存貨盤盈、盤虧或者報廢、毀損，應當及時查明原因，按規定報經批准后進行帳務處理。

①盤盈的存貨，按照同類或類似存貨的實際成本或市場價格確定入帳價值；同類或類似存貨的實際成本、市場價格均無法可靠取得的，按照名義金額入帳。

盤盈的存貨，按照確定的入帳價值，借記本帳戶，貸記「其他收入」帳戶。

②盤虧或者毀損、報廢的存貨，轉入待處理資產時，按照待處理存貨的帳面余額，借記「待處理資產損溢」帳戶，貸記本帳戶。

屬於增值稅一般納稅人的事業單位購進的非自用材料發生盤虧或者毀損、報廢的，轉入待處理資產時，按照存貨的帳面余額與相關增值稅進項稅額轉出金額的合計金額，借記「待處理資產損溢」帳戶，按存貨的帳面余額，貸記本帳戶，按轉出的增值稅進項稅額，貸記「應繳稅費——應繳增值稅（進項稅額轉出）」帳戶。

報經批准予以處理時，按照「待處理資產損溢」帳戶的相應余額，借記「其他支出」帳戶，貸記「待處理資產損溢」帳戶。

處理存貨過程中所取得的收入、發生的費用，以及處理收入扣除相關處理費用后的淨收入的帳務處理，參見「待處理資產損溢」帳戶。本帳戶期末借方余額，反應事業單位存貨的實際成本。

（四）帳務處理

1. 取得存貨的核算

【例 16-22】某高校購買試驗用甲材料一批，貨款 3,000 元，運雜費 400 元，貨款及運雜費已以存款支付，材料已驗收入庫。按發票、運雜費收據、入庫單編製會計分錄：

借：存貨——甲材料　　3,400
　貸：銀行存款　　3,400

【例 16-23】某科研單位（一般納稅人），採購非自用材料一批，增值稅專用發票上註明材料款為 4,500 元，增值稅為 225 元。憑發票入庫單編製會計分錄：

借：存貨　　4,500
　　應交稅費——應交增值稅（進項稅額）　　225
　貸：銀行存款　　4,725

【例 16-24】某科研單位接受捐贈存貨一批價值 20,000 元，以銀行存款支付運費 100 元。

借：存貨　　21,000
　貸：其他收入　　20,000
　　　銀行存款　　1,000

【例 16-25】某科研單位本月完工產品 4 臺，經驗收合格入庫，每臺實際成本為 80,000元。根據產品成本計算單、入庫單，編製會計分錄：

借：存貨——甲產品　　320,000
　貸：存貨——生產成本　　320,000

2. 發出存貨的核算

事業單位領用的存貨用於非經營性活動時，借記「事業支出」等帳戶，貸記「存貨」。領用的材料用於經營活動時，借記「經營支出」或「成本費用」等帳戶，貸記「存貨」帳戶。

【例 16-26】某高校科研課題組領用乙材料一批，該批材料實際成本（不含稅價）570 元。編製會計分錄：

借：事業支出——×科研項目　　570

貸：存貨——乙材料 570

【例 16-27】某高校實驗室使用丙材料 100 斤，單價 3.4 元，計 340 元。根據領料單編製會計分錄：

借：事業支出——業務費 340

貸：存貨——丙材料 340

【例 16-28】某事業單位將產品銷售給大華公司 2 臺，按加權平均法計算每臺成本 94,000 元。根據發貨票記帳聯、提貨單回執編製會計分錄：

借：事業支出 188,000

貸：存貨——甲產品 188,000

3. 存貨期末清查

事業單位的存貨每年至少盤點一次，發現盤盈、盤虧等情況，要進行帳務處理。

盤盈時：

借：存貨

貸：其他收入

盤虧時：

借：待處理資產損溢

貸：存貨

報經上級批准后作如下處理：

借：其他支出

貸：待處理資產損溢

【例 16-29】某科研單位年終盤點，查明乙產品盤盈 2 臺，價值 4,000 元；丙產品盤虧 1 架，價值 2,000 元。編製會計分錄：

盤盈：

借：存貨——乙產品 8,000

貸：其他收入 8,000

盤虧：

借：待處理資產損溢 2,000

貸：存貨——丙產品 2,000

報經上級批准后作其他支出：

借：其他支出 2,000

貸：待處理資產損溢 2,000

第三節　對外投資的核算

一、事業單位對外投資概述

對外投資是指事業單位利用貨幣資金、實物、無形資產等方式向其他單位的投資。它是事業單位利用正常專業業務活動及輔助活動、經營活動中的閒置資金，用於購買其他企業（或單位）的債券，或直接對其他企業（或單位）出資，以獲得經濟利益的行為。事業單位應當嚴格遵守國家法律、行政法規以及財政部門、主管部門有關事業單位對外投資的規定。

事業單位的對外投資可以按照不同的標準進行分類。

(一) 按時間長短，可將對外投資分為短期投資和長期投資

短期投資是事業單位依法取得的，持有時間不超過1年（含1年）的投資，主要是國債投資。

長期投資是事業單位依法取得的，持有時間超過1年（不含1年）的股權和債權性質的投資。

(二) 按照投資對象的不同，可將對外投資分為債券投資、股權投資和其他投資

債券投資是指事業單位購入其他單位發行的各種債券（包括國庫券、國家重點建設債券、金融債券和公司債券等）的方式所進行的對外投資。事業單位對外購入債券，表明事業單位擁有被投資單位的債權，享有到期收回本金和定期收取利息的權利。但是，事業單位既無權參與被投資單位的經營管理，也無權分享資本增值的收益。

股權投資是指事業單位可以用自有資金購買上市公司股份進行投資。

其他投資是股票和債券投資以外的其他投資。如以固定資產、材料、無形資產等與其他單位進行聯營投資，按投資額多少和接受投資單位經營狀況、獲利水平獲得收益。資產投出后，除合同到期或接受投資單位解散外，一般不得撤回投資。

(三) 按照投資方式的不同，可將對外投資分為貨幣資金投資、實物資產投資和無形資產投資等

二、對外投資的入帳時間和入帳金額

(一) 對外投資的入帳時間

按規定，事業單位應以付款（或投出資產）的時間作為投資確立的入帳時間。

如果採用債券投資方式時，付款后暫時尚未收到債券，可在備查簿中進行登記。

(二) 對外投資的入帳金額

以貨幣資金方式對外投資的，應當按實際支付的款項入帳。如使用貨幣資金進行債券投資時，應按實際支付的買價、經紀人佣金和手續費等有關各項費用入帳。

以實物或無形資產方式對外投資的，事業單位應當按資產評估機構依法評估確定的價值入帳，也可以按投資各方協商確定的價值入帳。

事業單位對外投資所使用的貨幣資金、實物資產和無形資產，原則上應以不影響本單位完成正常的事業計劃為前提。尤其是將非經營性資產轉作經營性投資活動的，不能動用財政補助收入、上級補助收入和為維持事業單位正常發展、保證事業單位計劃完成的各項資產進行對外投資。

三、對外投資的帳務處理

(一) 短期投資

為了反應和監督對外不超過一年的投資發生和收回情況，應設置「短期投資」科目。該科目屬於資產類帳戶。

短期投資在取得時，應當按照其實際成本（包括購買價款以及稅金、手續費等相關稅費）作為投資成本，借記本帳戶，貸記「銀行存款」等帳戶。短期投資持有期間收到利息時，按實際收到的金額，借記「銀行存款」帳戶，貸記「其他收入——投資收益」帳戶。出售短期投資或到期收回短期國債本息，按照實際收到的金額，借記「銀行存款」帳戶，按照出售或收回短期國債的成本，貸記本帳戶，按其差額，貸記或借記「其他收入——投資收益」帳戶。本帳戶期末借方余額，反應事業單位持有的短期投資成本。

該帳戶還應按對外投資的種類設置明細帳，進行明細分類核算。

【例 16-30】某事業單位用銀行存款購買短期國債 100,000 元。

借：短期投資　　100,000
　貸：銀行存款　　100,000

【例 16-31】續上例，上述事業單位持有的短期投資到期收回本金 100,000 元，利息 2,800 元。

借：銀行存款　　102,800
　貸：短期投資　　100,000
　　　其他收入——投資收益　　2,800

（二）長期投資

長期投資應當按照投資的種類和被投資單位等進行明細核算。

1. 長期股權投資

在取得時，應當按照其實際成本作為投資成本。

（1）以貨幣資金取得的長期股權投資，按照實際支付的全部價款（包括購買價款以及稅金、手續費等相關稅費）作為投資成本，借記本帳戶，貸記「銀行存款」等帳戶；同時，按照投資成本金額，借記「事業基金」帳戶，貸記「非流動資產基金——長期投資」帳戶。

（2）以固定資產取得的長期股權投資，按照評估價值加上相關稅費作為投資成本，借記本帳戶，貸記「非流動資產基金——長期投資」帳戶，按發生的相關稅費，借記「其他支出」帳戶，貸記「銀行存款」「應繳稅費」等帳戶；同時，按照投出固定資產對應的非流動資產基金，借記「非流動資產基金——固定資產」帳戶，按照投出固定資產已計提折舊，借記「累計折舊」帳戶，按照投出固定資產的帳面余額，貸記「固定資產」帳戶。

（3）以已入帳無形資產取得的長期股權投資，按照評估價值加上相關稅費作為投資成本，借記本帳戶，貸記「非流動資產基金——長期投資」帳戶，按照發生的相關稅費，借記「其他支出」帳戶，貸記「銀行存款」「應繳稅費」等帳戶；同時，按照投出無形資產對應的非流動資產基金，借記「非流動資產基金——無形資產」帳戶，按照投出無形資產已計提攤銷，借記「累計攤銷」帳戶，按照投出無形資產的帳面余額，貸記「無形資產」帳戶。

以未入帳無形資產取得的長期股權投資，按照評估價值加上相關稅費作為投資成本，借記本帳戶，貸記「非流動資產基金——長期投資」帳戶，按發生的相關稅費，借記「其他支出」帳戶，貸記「銀行存款」「應繳稅費」等帳戶。

長期股權投資持有期間，收到利潤等投資收益時，按照實際收到的金額，借記

「銀行存款」等帳戶，貸記「其他收入——投資收益」帳戶。

轉讓長期股權投資，轉入待處理資產時，按照待轉讓長期股權投資的帳面余額，借記「待處理資產損溢——處理資產價值」帳戶，貸記本帳戶。實際轉讓時，按照所轉讓長期股權投資對應的非流動資產基金，借記「非流動資產基金——長期投資」帳戶，貸記「待處理資產損溢——處理資產價值」帳戶。

轉讓長期股權投資過程中取得價款、發生相關稅費，以及轉讓價款扣除相關稅費后的淨收入的帳務處理，參見「待處理資產損溢」帳戶。

因被投資單位破產清算等原因，有確鑿證據表明長期股權投資發生損失，按規定報經批准后予以核銷。將待核銷長期股權投資轉入待處理資產時，按照待核銷的長期股權投資帳面余額，借記「待處理資產損溢」帳戶，貸記本帳戶。

報經批准予以核銷時，借記「非流動資產基金——長期投資」帳戶，貸記「待處理資產損溢」帳戶。

【例 16-32】某科研所用創收收入 300,000 元，向某企業投資，並以銀行存款支付了投資款。

	借	貸
借：長期投資——某企業	300,000	
貸：銀行存款		300,000
借：事業基金	300,000	
貸：非流動資產基金——長期投資		300,000

【例 16-33】某大學以一臺設備對外投資，該設備原價 200,000 元，已提折舊 4,000 元，評估確認價值 150,000 元。

	借	貸
借：長期投資	150,000	
貸：非流動資產基金——長期投資		150,000
借：非流動資產基金	196,000	
累計折舊	4,000	
貸：固定資產		200,000

【例 16-34】某科研單位以一項專利技術對外投資，價值 200,000 元，無形資產已攤銷 8,000 元。無形資產評估價值 240,000 元。

	借	貸
借：長期投資	240,000	
貸：非流動資產基金——長期投資		240,000
借：非流動資產基金	192,000	
累計攤銷	8,000	
貸：無形資產		200,000

2. 長期債券投資

（1）長期債券投資在取得時，應當按照其實際成本作為投資成本。以貨幣資金購入的長期債券投資，按照實際支付的全部價款（包括購買價款以及稅金、手續費等相關稅費）作為投資成本，借記本帳戶，貸記「銀行存款」等帳戶；同時，按照投資成本金額，借記「事業基金」帳戶，貸記「非流動資產基金——長期投資」帳戶。

（2）長期債券投資持有期間收到利息時，按照實際收到的金額，借記「銀行存款」等帳戶，貸記「其他收入——投資收益」帳戶。

（3）對外轉讓或到期收回長期債券投資本息，按照實際收到的金額，借記「銀行存款」等帳戶，按照收回長期投資的成本，貸記本帳戶，按照其差額，貸記或借記「其他收入——投資收益」帳戶；同時，按照收回長期投資對應的非流動資產基金，借記「非流動資產基金——長期投資」帳戶，貸記「事業基金」帳戶。

【例 16-35】2002 年 1 月 1 日某大學購入光源公司發行的 5 年期債券，面額為 80,000 元，年利率為 12%，到期還本付息，該大學開出轉帳支票 80,000 元支付上述款項。

①購入債券時：

借：長期投資——光源公司債券	80,000	
貸：銀行存款		80,000
借：事業基金	80,000	
貸：非流動資產基金——長期投資		80,000

②債券到期，收回本息：

借：銀行存款	128,000	
貸：長期投資——光源公司債券		80,000
其他收入		48,000
借：非流動資產基金——長期投資	80,000	
貸：事業基金		80,000

第四節　固定資產的核算

固定資產是指使用年限在一年以上，單位價值在規定的標準以上，並在使用過程中基本保持原來物質形態的資產，包括房屋和建築物、專用設備、一般設備、文物和陳列品、圖書、其他固定資產等。單位價值雖然不足規定標準，但耐用時間在一年以上的大批同類資產，也應作為固定資產核算。

一、固定資產的分類

事業單位的固定資產一般分為六類：①房屋及構築物；②專用設備；③通用設備；④文物和陳列品；⑤圖書、檔案；⑥家具、用具、裝具及動植物。

對於應用軟件，如果其構成相關硬件不可缺少的組成部分，應當將該軟件價值包括在所屬硬件價值中，一併作為固定資產進行核算；如果其不構成相關硬件不可缺少的組成部分，應當將該軟件作為無形資產核算。事業單位以經營租賃租入的固定資產，不作為固定資產核算，應當另設備查簿進行登記。購入需要安裝的固定資產，應當先通過「在建工程」帳戶核算，安裝完畢交付使用時再轉入本帳戶核算。

為了加強固定資產管理，正確地進行固定資產核算，必須對固定資產進行合理的分類。事業單位的固定資產一般可分為以下六類：

（一）*房屋和建築物*

它是指事業單位擁有佔有權、控制權的房屋、建築物及其附屬設施。其中，房屋包括辦公用房、業務用房、庫房、職工宿舍用房、職工食堂、鍋爐房等；建築物包括道路、圍牆、水塔等；附屬設施包括房屋和建築物內的電梯、通信線路、輸電線路、水氣管道等。

（二）專用設備

它是指事業單位根據業務工作的實際需要購置的各種具有專門性能和專門用途的設備，如科研單位的科研儀器、學校的教學儀器、醫院的醫療器械等。

（三）通用設備

它是指事業單位用於業務工作的通用性設備，如辦公用的家具、交通工具等。

（四）文物和陳列品

它是指博物館、展覽館、紀念館等事業單位的各種文物和陳列品，如古物、字畫、紀念物品等。

（五）圖書

它是指專業圖書館、文化館貯藏的書籍，以及事業單位貯藏的統一管理使用的業務用書，如單位圖書館（室）和閱覽室的圖書等。

（六）其他固定資產

它是指除上述五類以外的其他各項固定資產，如用具、家具及動植物等。

根據各事業單位固定資產的實際情況，可增設類別，各類事業單位應根據規定的固定資產標準和分類，結合本單位情況，制定《固定資產目錄》，作為核算依據。

二、固定資產的取得與計價

固定資產的價值構成是指固定資產價值所包括的範圍，即固定資產的入帳金額。由於固定資產的來源渠道不同，其價值構成的具體內容也有所差異。

（一）購入的固定資產

購入的固定資產，其成本包括購買價款、相關稅費以及固定資產交付使用前所發生的可歸屬於該項資產的運輸費、裝卸費、安裝調試費和專業人員服務費等。

（二）自行建造的固定資產

對於自行建造的固定資產，其成本包括建造該項資產至交付使用前所發生的全部必要支出。按建造過程中實際發生的全部支出（工、料、費）作為原價計價入帳。固定資產借款利息和有關費用，以及外幣借款的匯兌差額，在固定資產辦妥竣工決算手續之后發生的，計入當期支出或費用。

（三）在原有固定資產的基礎上進行改建、擴建的固定資產

對於在原有固定資產的基礎上進行改建、擴建的固定資產，其成本按照原固定資產帳面價值（「固定資產」帳戶帳面余額減去「累計折舊」帳戶帳面余額后的淨值）加上改建、擴建、修繕發生的支出，再扣除固定資產拆除部分的帳面價值后的金額確定。

（四）融資租入的固定資產

對於融資租入的固定資產，其成本按照租賃協議或者合同確定的租賃價款、相關稅費以及固定資產交付使用前所發生的可歸屬於該項資產的運輸費、途中保險費、安裝調試費等確定。

（五）接受捐贈、無償調入的固定資產

接受捐贈、無償調入的固定資產，其成本按照有關憑據註明的金額加上相關稅

費、運輸費等確定；沒有相關憑據的，其成本比照同類或類似固定資產的市場價格加上相關稅費、運輸費等確定；沒有相關憑據、同類或類似固定資產的市場價格也無法可靠取得的，該固定資產按照名義金額入帳。

（六）盤盈的固定資產

對於盤盈的固定資產，按照同類或類似固定資產的市場價格確定入帳價值；同類或類似固定資產的市場價格無法可靠取得的，按照名義金額入帳。

事業單位已經入帳的固定資產，除發生下列情況外，不得任意變動、調整固定資產的帳面價值：①根據國家規定對固定資產價值重新估價；②增加補充設備或改良裝置；③將固定資產的一部分拆除；④根據實際價值調整原來的暫估價值；⑤發現原記固定資產價值有錯誤。

事業單位固定資產核算的特點是：事業單位固定資金來源主要是國家財政撥款且一般不進行成本核算。即使實行內部成本核算的單位，與企業相比，事業單位內部成本核算在內容上是不完整的。有些費用項目可能沒有發生，有些項目內容發生了但又無法進行準確的成本核算；在核算方法上是不嚴格的成本核算，它一般不具備真正意義的成本核算條件，各種成本費用的界限無法劃分，計算分配方法也難以嚴格；從核算形式上，它是內部的成本核算，主要目的不是營利，而是為了加強事業單位的內部管理，正確反應單位財務狀況和事業成果，提高單位成本核算意識和資金使用效益。

三、固定資產增加的核算

（一）固定資產增加的來源

（1）撥入專項資金增加的固定資產；

（2）收支結余與接受捐贈增加的固定資產；

（3）其他單位投資轉入或無償調入的固定資產；

（4）融資租入的固定資產；

（5）盤盈增加的固定資產。

2. 固定資產增加的入帳憑證

（1）購置不需安裝的固定資產，根據驗收單、發貨票、收據等入帳。

（2）基建完工移交增加的固定資產，根據竣工驗收單、工程決算清單入帳。

（3）接受捐贈的固定資產，根據驗收單、發貨票或固定資產清單入帳。

（4）其他單位投資轉入或調入增加的固定資產，根據驗收單、調撥單、固定資產投資清冊、資產評估報告或投資合同、協議等入帳。

（5）融資租入增加的固定資產，根據租賃合同、驗收單入帳。

（6）盤盈的固定資產，根據固定資產盤點表入帳。

（二）固定資產核算使用的科目

事業單位固定資產核算應使用的科目主要有「固定資產」「累計折舊」等。

1.「固定資產」科目

該科目用來核算事業單位固定資產原價的增減變化情況。該科目屬於資產類帳戶。其借方登記事業單位增加的固定資產原價，貸方登記減少的固定資產原價，余額在借方，表示現有固定資產的原價。

為了反應和監督各項不同性能、不同用途的固定資產的增減變化情況，除了進行總分類核算外，還應設置「固定資產卡片」和「固定資產登記簿」進行固定資產的明細分類核算。

「固定資產卡片」是進行固定資產明細分類核算的帳簿，應以每一個獨立的固定資產項目為對象分別設置，一個獨立的固定資產項目設置一張卡片，並按固定資產的類別和保管、使用單位順序排列。在每一張卡片中，應載明該項固定資產的編號、名稱、規格、技術特徵、使用單位、開始使用日期、原價、預計使用年限、停用以及大修理等詳細資料（如果計提固定資產折舊，還應載明折舊率）。

凡是增加固定資產，都應設置新的卡片；凡是有關大修理、停用、在事業單位內部改變使用單位、進行清理或售出等，都應在卡片內進行登記；凡是減少的固定資產，都應將卡片抽出，另行保管。

固定資產登記簿應按固定資產類別開設帳頁，每個帳頁內按使用單位設專欄。年初，分別按固定資產類別和使用單位登記固定資產原值的年初余額；每月按固定資產增減的日期序時登記，反應各類、各部門固定資產原價的增減變動。月末，應結出余額。

固定資產登記簿、固定資產卡片和「固定資產」總帳帳戶的余額要定期核對。

臨時租入的固定資產，應另設固定資產備查簿進行登記，不在「固定資產」帳戶內核算。

2.「累計折舊」科目

該科目用來核算事業單位固定資產計提的累計折舊。按月計提固定資產折舊時，按照應計提折舊金額，借記「非流動資產基金——固定資產」帳戶，貸記本帳戶。

固定資產處理時，按照所處理固定資產的帳面價值，借記「待處理資產損溢」帳戶，按照已計提折舊，借記本帳戶，按照固定資產的帳面余額，貸記「固定資產」帳戶。本帳戶期末貸方余額，反應事業單位計提的固定資產折舊累計數。

應當按照所對應固定資產的類別、項目等進行明細核算。事業單位應當對除下列各項資產以外的其他固定資產計提折舊：

（1）文物和陳列品；

（2）動植物；

（3）圖書、檔案；

（4）以名義金額計量的固定資產。

折舊是指在固定資產使用壽命內，按照確定的方法對應折舊金額進行系統分攤。有關說明如下：

（1）事業單位應當根據固定資產的性質和實際使用情況，合理確定其折舊年限。省級以上財政部門、主管部門對事業單位固定資產折舊年限作出規定的，從其規定。

（2）事業單位一般應當採用年限平均法或工作量法計提固定資產折舊。

（3）事業單位固定資產的應折舊金額為其成本，計提固定資產折舊不考慮預計淨殘值。

（4）事業單位一般應當按月計提固定資產折舊。當月增加的固定資產，當月不提折舊，從下月起計提折舊；當月減少的固定資產，當月照提折舊，從下月起不提折舊。

（5）固定資產提足折舊后，無論能否繼續使用，都不再計提折舊；提前報廢的固定資產，也不再補提折舊。已提足折舊的固定資產，可以繼續使用的，應當繼續使用，規範管理。

（6）計提融資租入固定資產折舊時，應當採用與自有固定資產相一致的折舊政策。能夠合理確定租賃期屆滿時將會取得租入固定資產所有權的，應當在租入固定資產尚可使用年限內計提折舊；無法合理確定租賃期屆滿時能夠取得租入固定資產所有權的，應當在租賃期與租入固定資產尚可使用年限兩者中較短的期間內計提折舊。

（7）固定資產因改建、擴建或修繕等原因而延長其使用年限的，應當按照重新確定的固定資產的成本以及重新確定的折舊年限，重新計算折舊額。

4. 固定資產增加的帳務處理

固定資產增加的帳務處理，因其取得途徑不同而異。

（1）購入的固定資產

以一筆款項購入多項沒有單獨標價的固定資產，按照各項固定資產同類或類似資產市場價格的比例對總成本進行分配，分別確定各項固定資產的入帳成本。

購入不需安裝的固定資產，按照確定的固定資產成本，借記本帳戶，貸記「非流動資產基金——固定資產」帳戶；同時，按照實際支付金額，借記「事業支出」「經營支出」「專用基金——修購基金」等帳戶，貸記「財政補助收入」「零余額帳戶用款額度」「銀行存款」等帳戶。

購入需要安裝的固定資產，先通過「在建工程」帳戶核算。安裝完工交付使用時，借記本帳戶，貸記「非流動資產基金——固定資產」帳戶；同時，借記「非流動資產基金——在建工程」帳戶，貸記「在建工程」帳戶。

購入固定資產扣留質量保證金的，應當在取得固定資產時，按照確定的成本，借記本帳戶（不需安裝）或「在建工程」帳戶（需要安裝），貸記「非流動資產基金——固定資產、在建工程」帳戶。同時，取得固定資產全款發票的，應當同時按照構成資產成本的全部支出金額，借記「事業支出」「經營支出」「專用基金——修購基金」等帳戶，按照實際支付金額，貸記「財政補助收入」「零余額帳戶用款額度」「銀行存款」等帳戶，按照扣留的質量保證金，貸記「其他應付款」（扣留期在 1 年以內）或「長期應付款」（扣留期超過 1 年）帳戶；取得的發票金額不包括質量保證金的，應當同時按照不包括質量保證金的支出金額，借記「事業支出」「經營支出」「專用基金——修購基金」等帳戶，貸記「財政補助收入」「零余額帳戶用款額度」「銀行存款」等帳戶。質保期滿支付質量保證金時，借記「其他應付款」「長期應付款」帳戶，或借記「事業支出」「經營支出」「專用基金——修購基金」等帳戶，貸記「財政補助收入」「零余額帳戶用款額度」「銀行存款」等帳戶。

【例 16-36】小張以銀行存款 25,000 元去 A 公司購惠普服務器一臺，設備已驗收入庫，交付使用。

①支付貨款時：

借：事業支出　　25,000

　貸：銀行存款　　25,000

②驗收后：

借：固定資產　25,000

　貸：非流動資產基金——固定資產　25,000

【例 16-37】某大學用修購基金購入 1 臺設備，含增值稅的貨款為 10,000 元，運費 500 元，均用轉帳支票支付。

①支付貨款及運費時：

借：專用基金——修購基金　10,500

　貸：銀行存款　10,500

②交付使用時：

借：固定資產　10,500

　貸：非流動資產基金——固定資產　10,500

【例 16-38】某事業單位以財政撥款購入一臺價值 80,000 元設備，需要安裝調試，10 天后交付使用。

借：在建工程　80,000

　貸：非流動資產基金——在建工程　80,000

借：事業支出　80,000

　貸：財政補助收入　80,000

交付使用時：

借：非流動資產基金——在建工程　80,000

　貸：在建工程　80,000

借：固定資產　80,000

　貸：非流動資產基金——固定資產　80,000

（2）自行建造和改擴建的固定資產

工程完工交付使用時，按自行建造過程中發生的實際支出，借記本帳戶，貸記「非流動資產基金——固定資產」帳戶；同時，借記「非流動資產基金——在建工程」帳戶，貸記「在建工程」帳戶。已交付使用但尚未辦理竣工決算手續的固定資產，按照估計價值入帳，待確定實際成本后再進行調整。

將固定資產轉入改建、擴建、修繕時，按固定資產的帳面價值，借記「在建工程」帳戶，貸記「非流動資產基金——在建工程」帳戶；同時，按固定資產對應的非流動資產基金，借記「非流動資產基金——固定資產」帳戶，按固定資產已計提折舊，借記「累計折舊」帳戶，按固定資產的帳面余額，貸記本帳戶。

工程完工交付使用時，借記本帳戶，貸記「非流動資產基金——固定資產」帳戶；同時，借記「非流動資產基金——在建工程」帳戶，貸記「在建工程」帳戶。

其基本帳務處理同安裝工程。

（3）融資租入的固定資產

其成本按照租賃協議或者合同確定的租賃價款、相關稅費以及固定資產交付使用前所發生的可歸屬於該項資產的運輸費、途中保險費、安裝調試費等確定。

融資租入的固定資產，按照確定的成本，借記本帳戶（不需安裝）或「在建工程」帳戶（需安裝），按照租賃協議或者合同確定的租賃價款，貸記「長期應付款」帳戶，按照其差額，貸記「非流動資產基金——固定資產、在建工程」帳戶。同時，按照實際支付的相關稅費、運輸費、途中保險費、安裝調試費等，借記「事業支出」「經營支出」等帳戶，貸記「財政補助收入」「零余額帳戶用款額度」「銀行存款」等帳戶。

定期支付租金時，按照支付的租金金額，借記「事業支出」「經營支出」等帳戶，貸記「財政補助收入」「零余額帳戶用款額度」「銀行存款」等帳戶；同時，借記「長期應付款」帳戶，貸記「非流動資產基金——固定資產」帳戶。

跨年度分期付款購入固定資產的帳務處理，參照融資租入固定資產。

【例 16-39】某大學以融資租賃方式租入實驗設備 1 臺，按租賃協議規定，該設備的價款為 2,000,000 元，融資租賃合同中規定每年租賃費為 200,000 元，租賃期為 10 年。租入設備時，發生運輸費 3,000 元、安裝調試費 7,000 元，以銀行存款支付。租賃公司安裝調試完畢並交付使用。

融資租入設備時：

	借方	貸方
借：固定資產——融資租入固定資產	2,000,000	
貸：長期應付款——租入固定資產租金		2,000,000
借：事業支出	10,000	
貸：銀行存款		10,000

每年付租賃款時：

	借方	貸方
借：事業支出	200,000	
貸：銀行存款		200,000
借：長期應付款	200,000	
貸：非流動資產基金——固定資產		200,000

(4) 接受捐贈的固定資產

事業單位收到捐贈的固定資產時，其成本按照有關憑據註明的金額加上相關稅費、運輸費等確定；沒有相關憑據的，其成本比照同類或類似固定資產的市場價格加上相關稅費、運輸費等確定；沒有相關憑據、同類或類似固定資產的市場價格也無法可靠取得的，該固定資產按照名義金額入帳。

接受捐贈、無償調入的固定資產，按照確定的固定資產成本，借記本帳戶（不需安裝）或「在建工程」帳戶（需安裝），貸記「非流動資產基金——固定資產、在建工程」帳戶；按照發生的相關稅費、運輸費等，借記「其他支出」帳戶，貸記「銀行存款」等帳戶。

【例 16-40】某大學接受外單位捐贈的全新設備 1 臺，根據捐贈者提供的發票等單據確定其價值為 20,000 元。同時，開出轉帳支票支付相關運輸費和包裝費用 1,500 元，從財政事業經費撥款中列支。

	借方	貸方
借：固定資產	21,500	
貸：非流動資產基金——固定資產		21,500

同時：

	借方	貸方
借：其他支出	1,500	
貸：銀行存款		1,500

四、固定資產減少的核算

事業單位固定資產的減少主要包括固定資產的出售、捐出、報廢、毀損、向其他單位投資轉出等。

(一) 出售、調出、捐出固定資產

事業單位出售、無償調出、對外捐贈固定資產，轉入待處理資產時，按照待處理固定資產的帳面價值，借記「待處理資產損溢」帳戶，按照已計提折舊，借記「累計折舊」帳戶，按照固定資產的帳面余額，貸記本帳戶。

實際出售、調出、捐出時，按照處理固定資產對應的非流動資產基金，借記「非流動資產基金——固定資產」帳戶，貸記「待處理資產損溢」帳戶。

出售固定資產過程中取得價款、發生相關稅費，以及出售價款扣除相關稅費后的淨收入的帳務處理，參見「待處理資產損溢」帳戶。

【例 16-41】某大學將 1 臺不需用的設備捐給其他單位，該設備的帳面原價為 12,000元，已提折舊 3,600 元。

借：待處理資產損溢	8,400	
累計折舊	3,600	
貸：固定資產		12,000
借：非流動資產基金	8,400	
貸：待處理資產損溢		8,400

(二) 向其他單位投資轉出固定資產

事業單位向其他單位投資轉出固定資產時，按照評估價值加上相關稅費作為投資成本，借記「長期投資」帳戶，貸記「非流動資產基金——長期投資」帳戶，按發生的相關稅費，借記「其他支出」帳戶，貸記「銀行存款」「應繳稅費」等帳戶；同時，按照投出固定資產對應的非流動資產基金，借記「非流動資產基金——固定資產」帳戶，按照投出固定資產已計提折舊，借記「累計折舊」帳戶，按照投出固定資產的帳面余額，貸記本帳戶。

五、固定資產清查及其結果的帳務處理

事業單位應當定期對固定資產進行盤點清查，每年至少實地盤點清查一次，以保證固定資產核算的真實性。

(一) 固定資產的清查方法

固定資產的定期清查，應成立清查小組，以財產管理部門為主，由會計部門和職工代表參加。在進行固定資產盤點清查前，首先必須核對固定資產帳目，將全部有關固定資產增減變化的經濟業務登記入帳，並結出余額，做到帳帳相符。固定資產盤點清查的具體方法有以下三種：帳實逐一核對法、抄列實物清單法、卡實直接核對法。

通過固定資產盤點清查，應根據清查的結果，編製固定資產盤盈、盤虧報告表。並按規定的程序報經有關部門批准后，對盤盈固定資產應增設固定資產卡片，對盤虧的固定資產應註銷固定資產卡片。

(二) 固定資產盤盈、盤虧或報廢、毀損的帳務處理

事業單位的固定資產應當定期進行清查盤點，對於發生的固定資產盤盈、盤虧或者報廢、毀損，應當及時查明原因，按規定報經批准后進行帳務處理。

(1) 盤盈的固定資產，按照同類或類似固定資產的市場價格確定入帳價值；同

類或類似固定資產的市場價格無法可靠取得的，按照名義金額入帳。

盤盈的固定資產，按照確定的入帳價值，借記本帳戶，貸記「非流動資產基金——固定資產」帳戶。

（2）盤虧或者毀損、報廢的固定資產，轉入待處理資產時，按照待處理固定資產的帳面價值，借記「待處理資產損溢」帳戶，按照已計提折舊，借記「累計折舊」帳戶，按照固定資產的帳面余額，貸記本帳戶。

報經批准予以處理時，按照處理固定資產對應的非流動資產基金，借記「非流動資產基金——固定資產」帳戶，貸記「待處理資產損溢」帳戶。

處理毀損、報廢存貨固定資產過程中收到殘值變價收入、保險理賠和過失人賠償等，借記「庫存現金」「銀行存款」等帳戶，貸記「待處理資產損溢」（處理淨收入）。處理毀損、報廢存貨、固定資產過程中發生相關費用，借記「待處理資產損溢」，貸記「庫存現金」「銀行存款」等帳戶。

處理完畢，按照處理收入扣除相關處理費用后的淨收入，借記「待處理資產損溢」（處理淨收入），貸記「應繳國庫款」等帳戶。

【例 16-42】某大學年終清查，盤盈投影儀一臺，價值 8,000 元。財會部門根據有關憑證編製會計分錄：

借：固定資產	8,000	
貸：非流動資產基金——固定資產		8,000

【例 16-43】某科研單位年末清查，發現盤虧設備一臺，原值 10,000 元，已提折舊 2,000 元。報經批准處理。財會部門根據有關憑證編製會計分錄：

借：待處理資產損溢	8,000	
累計折舊	2,000	
貸：固定資產		10,000
借：非流動資產基金——固定資產	8,000	
貸：待處理資產損溢		8,000

【例 16-44】某大學某月報廢設備一臺。在清理過程中，通過銀行支付清理費用 500 元，同時發生殘料變價收入 1,500 元並已存入銀行。該設備帳面原價值 15,000 元，已提折舊 3,000 元。

①報廢轉入待處理：

借：待處理資產損溢	12,000	
累計折舊	3,000	
貸：固定資產		15,000

批准轉銷時：

借：非流動資產基金——固定資產	12,000	
貸：待處理資產損溢		12,000

②支付清理費用時：

借：待處理資產損溢	500	
貸：銀行存款		500

③收回殘料變價收入時：

借：銀行存款	1,500	

貸：待處理資產損溢		1,500
借：待處理資產損溢	1,000	
貸：應繳國庫款		1,000

第五節　無形資產的核算

一、無形資產的特點、內容及其分類

無形資產是指事業單位持有的沒有實物形態的可辨認非貨幣性資產，包括專利權、商標權、著作權、土地使用權、非專利技術等。事業單位購入的不構成相關硬件不可缺少組成部分的應用軟件，應當作為無形資產核算。

（一）無形資產的特徵

（1）沒有獨立的實物形態，但往往又必須依託於一定的實體。如專利權與機器設備比較，就沒有人們能感觸到的物質形態，但它要通過特定的配方、工藝和生產線來體現。

（2）能在較長時間內使事業單位獲得經濟利益。無形資產能在較長時間內發揮作用，從而使事業單位受益，因此屬於一項長期資產，為取得無形資產所發生的支出，屬於資本性支出。

（3）能夠提供未來經濟效益的大小具有較大的不確定性。無形資產的經濟價值在很大程度上受事業單位外部因素的影響，其預期的獲利能力不能準確地加以確定。無形資產的取得成本不能代表其經濟價值，一項取得成本較高的無形資產可能為事業單位帶來較少的經濟效益，而取得成本較低的無形資產也可能給事業單位帶來較大的利益。

（4）有償取得。只有花費了支出的無形資產，才能作為無形資產入帳；否則，不能作為無形資產入帳。如無償取得的土地使用權，不能作為無形資產入帳；經營中形成的非專利技術，如果沒有專門的確定支出，也不能作為無形資產入帳。

（二）無形資產的內容

無形資產一般包括專利權、商標權、土地使用權、著作權、非專利技術等。

1. 專利權

專利權是指權利人在法定期限內對某一發明創造所擁有的獨占權和專有權。專利權的主體是依據專利法被授予專利權的個人或單位，專利權的客體是受專利法保護的專利範圍。並不是所有的專利權都能給持有者帶來經濟利益，有的專利可能沒有經濟價值或具有很小的經濟價值；有的專利會被另外更有經濟價值的專利權所淘汰等。因此，無需將其所擁有的一切專利權都作為無形資產核算。只有那些能夠給事業單位帶來較大經濟價值，並且為此花費了支出的專利才能作為無形資產核算。

2. 商標權

商標權是指使用特定的名稱、圖案、標記的權利。根據中國《商標法》的規定，經商標局核准註冊的商標為註冊商標，商標註冊人享有商標專用權，受法律保護。商標權的內容包括獨占使用權和禁止使用權。商標權的價值在於它能使享有人

獲得較高的盈利能力。中國《商標法》規定，商標權的有效期限為 10 年，期滿前可繼續申請延長註冊期。

3. 土地使用權

土地使用權是指國家準許事業單位在一定期間對國有土地享有開發、利用、經營的權利。根據中國《土地管理法》的規定，中國土地實行公有制，任何單位和個人不得侵占、買賣或者以其他形式非法轉讓。國有土地可依法確定給國有企業、集體企業等單位，其使用權可依法轉讓。取得土地使用權有時可能不花費任何代價，如單位所擁有的未入帳的土地使用權，這時，就不能作為無形資產核算。取得土地使用權時花費了支出，則應將其作為無形資產核算。

4. 著作權

著作權是指著作權人對其著作依法享有的出版、發行等方面的專有權利。著作權可以轉讓、出售或者贈予。著作權包括發表權、署名權、修改權、保護作品完整權、使用權和獲得報酬權等。

5. 非專利技術

非專利技術也稱專有技術，是指發明人壟斷的、不公開的、具有實用價值的先進技術、資料、技能、知識等。非專利技術具有經濟性、機密性、動態性等特點。由於非專利技術未經公開亦未申請專利權，所以不受法律保護，但事實上具有專利權的效用。

二、無形資產的計價

(一) 外購的無形資產

外購的無形資產，其成本包括購買價款、相關稅費以及可歸屬於該項資產達到預定用途所發生的其他支出。委託軟件公司開發軟件視同外購無形資產進行處理。

(二) 自創並經法律程序申請取得的無形資產

自行開發並按法律程序申請取得的無形資產，按依法取得時發生的註冊費、聘請律師費等費用，作為無形資產的實際成本。在研究與開發過程中發生的材料費用、直接參與開發人員的工資及福利費、開發過程中發生的租金及借款等費用，直接計入當期支出。

(三) 接受捐贈、無償調入的無形資產

接受捐贈、無償調入的無形資產，其成本按照有關憑據註明的金額加上相關稅費等確定；沒有相關憑據的，其成本比照同類或類似無形資產的市場價格加上相關稅費等確定；沒有相關憑據、同類或類似無形資產的市場價格也無法可靠取得的，該資產按照名義金額入帳。

三、無形資產的攤銷與轉讓

攤銷是指在無形資產使用壽命內，按照確定的方法對應攤銷金額進行系統分攤。有關說明如下：

(1) 事業單位應當按照如下原則確定無形資產的攤銷年限：法律規定了有效年限的，按照法律規定的有效年限作為攤銷年限；法律沒有規定有效年限的，按照相關合同或單位申請書中的受益年限作為攤銷年限；法律沒有規定有效年限、相關合同或單位申請書也沒有規定受益年限的，按照不少於10年的期限攤銷。

（2）事業單位應當採用年限平均法對無形資產進行攤銷。

（3）事業單位無形資產的應攤銷金額為其成本。

（4）事業單位應當自無形資產取得當月起，按月計提無形資產攤銷。

（5）因發生后續支出而增加無形資產成本的，應當按照重新確定的無形資產成本，重新計算攤銷額。

無形資產的轉讓形式有兩種：一是轉讓所有權，二是轉讓使用權。無論採用哪種形式轉讓，所取得的收入應列入事業單位的事業收入或經營收入，同時，結轉無形資產的攤余成本。

四、無形資產的帳務處理

（一）帳戶設置

為了反應無形資產的取得和攤銷情況，應設置「無形資產」和「累計攤銷」總帳科目。「無形資產」科目用來核算事業單位的專利權、非專利技術、著作權、商標權、土地使用權等各種無形資產的價值。它是資產類帳戶。其借方登記取得無形資產時的實際支出數，貸方登記無形資產的攤銷，余額在借方，表示尚未攤銷的無形資產金額。本帳戶還應按無形資產的類別設置明細帳，進行無形資產的明細核算。「累計攤銷」帳戶用來核算事業單位無形資產計提的累計攤銷。按月計提無形資產攤銷時，計入貸方。無形資產處理時，借記本帳戶。本帳戶期末貸方余額，反應事業單位計提的無形資產攤銷累計數。

（二）帳務處理

無形資產的核算業務主要有取得、攤銷、出售和投資。

1. 購入無形資產

購入的無形資產，按照確定的無形資產成本，借記本帳戶，貸記「非流動資產基金——無形資產」帳戶；同時，按照實際支付金額，借記「事業支出」等帳戶，貸記「財政補助收入」「零余額帳戶用款額度」「銀行存款」等帳戶。

【例16-45】某事業單位購入一項專利技術，價值80,000元，以存款支付。

借：無形資產	80,000	
貸：非流動資產基金——無形資產		80,000
借：事業支出	80,000	
貸：銀行存款		80,000

2. 委託軟件公司開發軟件視同外購無形資產進行處理

支付軟件開發費時，按照實際支付金額，借記「事業支出」等帳戶，貸記「財政補助收入」「零余額帳戶用款額度」「銀行存款」等帳戶。軟件開發完成交付使用時，按照軟件開發費總額，借記本帳戶，貸記「非流動資產基金——無形資產」帳戶。

【例16-46】某高校購入一項專利技術，發票價格為200,000元，款項已通過銀行轉帳支付。

借：無形資產——專利權	200,000	
貸：非流動資產基金——無形資產		200,000

借：事業支出　　200,000

貸：銀行存款　　200,000

3. 自行開發無形資產

自行開發並按法律程序申請取得的無形資產，按照依法取得時發生的註冊費、聘請律師費等費用，借記本帳戶，貸記「非流動資產基金——無形資產」帳戶；同時，借記「事業支出」等帳戶，貸記「財政補助收入」「零余額帳戶用款額度」「銀行存款」等帳戶。

依法取得前所發生的研究開發支出，應於發生時直接計入當期支出，借記「事業支出」等帳戶，貸記「銀行存款」等帳戶。

【例 16-47】某大學試製成功並依法申請取得了一項專利權，在申請專利權的過程中發生專利登記費 25,000 元，律師費 3,000 元。

借：無形資產——專利權　　28,000

貸：非流動資產基金　　28,000

借：事業支出　　28,000

貸：銀行存款　　28,000

4. 接受捐贈的無形資產

接受捐贈、無償調入的無形資產，按照確定的無形資產成本，借記本帳戶，貸記「非流動資產基金——無形資產」帳戶；按照發生的相關稅費等，借記「其他支出」帳戶，貸記「銀行存款」等帳戶。

【例 16-48】某大學接受其他單位捐贈的專利權一項，評估確認的價值為 60,000元。

借：無形資產——專利權　　60,000

貸：非流動資產基金——無形資產　　60,000

5. 無形資產的攤銷

按月計提無形資產攤銷時，按照應計提攤銷金額，借記「非流動資產基金——無形資產」帳戶，貸記「累計攤銷」。無形資產處理時，按照所處理無形資產的帳面價值，借記「待處理資產損溢」帳戶，按照已計提攤銷，借記本帳戶，按照無形資產的帳面余額，貸記「無形資產」帳戶。

【例 16-49】某科研所實行內部成本核算，所取得的專利權的帳面成本為 100,000元，預計有效年限為 10 年。當期攤銷 10,000 元。

借：非流動資產基金——無形資產　　10,000

貸：累計攤銷——專利權　　10,000

6. 無形資產的轉讓

轉讓、無償調出、對外捐贈無形資產，轉入待處理資產時，按照待處理無形資產的帳面價值，借記「待處理資產損溢」帳戶，按照已計提攤銷，借記「累計攤銷」帳戶，按照無形資產的帳面余額，貸記「無形資產」。

實際轉讓、調出、捐出時，按照處理無形資產對應的非流動資產基金，借記「非流動資產基金——無形資產」帳戶，貸記「待處理資產損溢」帳戶。

轉讓無形資產過程中取得價款、發生相關稅費，以及出售價款扣除相關稅費后的淨收入的帳務處理，參見前「待處理資產損溢」帳戶處理方法。

【例 16-50】某大學將已入帳的專利權轉讓給甲企業，無形資產原價 45, 000 元，已攤銷 9, 000 元，轉讓價 50, 000 元。

借：銀行存款　50, 000
　貸：事業收入　50, 000
借：待處理資產損溢　36, 000
　　累計攤銷　9, 000
　貸：無形資產　45, 000
借：非流動資產基金——無形資產　36, 000
　貸：待處理資產損溢　36, 000

7. 對外投資轉出無形資產

對外投資轉出無形資產按有關規定處理。以已入帳無形資產對外投資，按照評估價值加上相關稅費作為投資成本，借記「長期投資」帳戶，貸記「非流動資產基金——長期投資」帳戶，按發生的相關稅費，借記「其他支出」帳戶，貸記「銀行存款」「應繳稅費」等帳戶；同時，按照投出無形資產對應的非流動資產基金，借記「非流動資產基金——無形資產」帳戶，按照投出無形資產已計提攤銷，借記「累計攤銷」帳戶，按照投出無形資產的帳面余額，貸記「無形資產」。

【例 16-51】某大學以一項專利權投資乙企業，經評估確認該項專利權價值為 400, 000 元，其帳面原價為 350, 000 元，已攤銷 35, 000 元。

借：長期投資　400, 000
　貸：非流動資產基金——長期投資　400, 000
借：非流動資產基金——無形資產　315, 000
　　累計攤銷　35, 000
　貸：無形資產　350, 000

第十七章
事業單位負債與淨資產的核算

負債是指事業單位所承擔的能以貨幣計量，需要以資產或勞務償付的債務。事業單位的負債按照流動性，分為流動負債和非流動負債，包括短期借款、長期借款、應付帳款、預收帳款、其他應付款以及各種應繳款項等。事業單位的淨資產是指資產減去負債的差額，包括事業基金、非流動資產基金、專用基金、財政補助結轉結余、非財政補助結轉結余等。

第一節　負債的核算

一、負債概述

(一) 負債的定義及特點

負債是指事業單位所承擔的能以貨幣計量，需要以資產或勞務償付的債務。負債具有以下特點：

(1) 負債是現時已經存在的，是由過去或目前已發生的經濟業務所形成的經濟義務；

(2) 負債是事業單位承擔的在將來以資產或勞務償付的經濟責任，負債意味著事業單位將來經濟利益的喪失或者犧牲；

(3) 負債應具有能夠用貨幣確切地計量或合理估計的金額。一般來說，到期償付的金額是可以確定的，如果一時無法確定，也應該可以合理地估計出一個比較準確、客觀的金額。

(二) 負債的分類

按照負債的流動性可以分為流動負債和非流動負債。

1. 流動負債

流動負債包括短期借款、應付帳款、預收帳款、其他應付款、應付職工薪酬、各種應繳款項。

(1) 短期借款是指事業單位借入的期限在 1 年內（含 1 年）的各種借款。

(2) 應付帳款是指購買材料、商品或接受勞務供應等而發生的債務。

(3) 預收帳款是指買賣雙方協議商定，由購貨方預先支付一部分貨款給供應方而發生的一項負債。

(4) 其他應付款是指事業單位應付、暫收其他單位或個人的款項。如租入固定資產的租金、存入保證金、個人交存的住房公積金等。

(5) 應付職工薪酬是指事業單位應付未付的職工工資、津貼補貼等。

(6) 各種應繳款項。事業收入和經營收入較少的事業單位可以不提取修購基金，實行固定資產折舊的事業單位不提取修購基金。

2. 非流動負債

事業單位的非流動負債包括長期借款、長期應付款等。

(三) 負債的計價原則

(1) 各種負債應當按實際發生數額記帳；

(2) 負債已經發生而數額需要預計確定的，應當合理估計，待實際數額確定后，再進行調整。

二、短期借款的核算

(一) 短期借款的內容

短期借款是指事業單位從財政部門、上級主管部門、金融機構和向其他單位借入的有1年內（含一年）的款項。

(1) 借入款項發生前，必須要有書面報告，說明資金借款的渠道、額度、期限、利率和擔保方式，經批准后辦理借款手續；

(2) 事業單位對借入款項應加強管理，實行資金的有償使用；

(3) 借入款合同或協議到期，應及時返還資金。

(二) 短期借款的核算

應設置「短期借款」科目。借入各種短期借款時，按照實際借入的金額，借記「銀行存款」帳戶，貸記本帳戶。銀行承兌匯票到期，本單位無力支付票款的，按照銀行承兌匯票的票面金額，借記「應付票據」帳戶，貸記本帳戶。支付短期借款利息時，借記「其他支出」帳戶，貸記「銀行存款」帳戶。歸還短期借款時，借記本帳戶，貸記「銀行存款」帳戶。

本帳戶期末貸方余額，反應事業單位尚未償還的短期借款本金。

【例17-1】某大學2002年4月1日向銀行借款200,000元，用於改善教學條件，借款期限為1年，借款年利率為12%，借款合同規定按季支付利息。根據借款憑證編製會計分錄：

①取得借款時：

	借方	貸方
借：銀行存款	200,000	
貸：短期借款		200,000

②月末計提利息時：

	借方	貸方
借：其他支出	2,000	
貸：預提費用		2,000

③每季度末支付利息時：

	借方	貸方
借：預提費用	4,000	
其他支出	2,000	
貸：銀行存款		6,000

④歸還借款本金時：

借：短期借款　　200,000
　貸：銀行存款　　200,000

三、應付票據的核算

應付票據是指事業單位對外發生債務時所開出、承兌的商業匯票，包括銀行承兌匯票和商業承兌匯票。

單位開出承兌匯票或以匯票抵付貨款時，借記「存貨」「應付帳款」等帳戶，貸記本帳戶。支付銀行承兌匯票手續費，借記「經營支出」「事業支出」或費用帳戶，貸記「銀行存款」帳戶。收到銀行支付本息通知時，借記本帳戶和「經營支出」「事業支出」帳戶，貸記「銀行存款」帳戶。

同時，各單位還應設置「應付票據備查簿」，詳細登記每一應付票據的種類、號數、簽發日期、到期日、票面金額、收款人姓名或單位名稱，以及付款日期和金額等詳細資料。應付票據到期付清時，應在備查簿內逐筆註銷。

【例 17-2】某科研所開出商業匯票一張，抵付前欠 M 公司材料款，面額為15,000元。編製會計分錄：

借：應付帳款——M 公司　　15,000
　貸：應付票據　　15,000

【例 17-3】某大學購進實驗用材料一批，價值 15,000 元，根據交易合同開出期限為 3 個月的帶息商業匯票一張。編製會計分錄：

借：存貨　　15,000
　貸：應付票據　　15,000

【例 17-4】上述商業匯票到期，收到銀行支付本息通知，共付 15,200 元。編製會計分錄：

借：應付票據　　15,000
　　事業支出　　200
　貸：銀行存款　　15,200

四、應付帳款的核算

應付帳款是指購買材料、商品或接受勞務供應等而發生的債務。應付帳款和應付票據不同，兩者雖然都是由於交易而引起的負債，但應付帳款是尚未結清的債務，而應付票據是一種期票，是延期付款的證明。

為了核算事業單位因購買材料、物資和接受勞務供應而應付給供應單位的款項，應設置「應付帳款」科目。單位購入材料、物資等已驗收入庫，但貨款尚未支付，應根據有關憑證，借記「存貨」等帳戶，貸記本帳戶。單位接受其他單位提供的勞務而發生的應付未付款，應根據供應單位提供的發票帳單，借記有關成本費用帳戶，貸記本帳戶。

單位償付應付帳款，借記本帳戶，貸記「銀行存款」等帳戶。單位開出商業承兌匯票抵付應付帳款，借記本帳戶，貸記「應付票據」。

本帳戶應按供應單位設明細帳。

【例 17-5】某大學物資科向 N 公司購進材料一批，價值 25,000 元，貨已運達並驗收入庫，款未付。編製會計分錄：

借：存貨　25,000

　貸：應付帳款——N 公司　25,000

【例 17-6】用銀行存款支付前欠 N 公司貨款 25,000 元。編製會計分錄：

借：應付帳款——N 公司　25,000

　貸：銀行存款　25,000

五、預收帳款的核算

預收帳款是指買賣雙方協議商定，由購貨方預先支付一部分貨款給供應方而發生的一項負債。

為了核算事業單位按照合同規定向購貨單位預收的款項，應設置「預收帳款」帳戶。預收帳款業務不多的單位，也可將預收帳款直接記入「應付帳款」帳戶的貸方，不設本帳戶。

單位預收帳款時，借記「銀行存款」或「現金」帳戶，貸記本帳戶；貨物銷售實現（勞務兌現）時，按售價（勞務價格）借記本帳戶，貸記有關收入帳戶。付款單位補付的款項，借記「銀行存款」帳戶，貸記本帳戶；退回多付的款項，作相反會計分錄。本帳戶按購買單位設置明細帳。

六、其他應付款的核算

事業單位除了應付票據、應付帳款外，還會發生一些應付、暫收其他單位或個人的款項，這些暫收、應付款項也構成了事業單位的一項負債。

為了核算事業單位應付、暫收其他單位或個人的款項，如租入固定資產的租金、存入保證金、應付統籌退休金、個人交存的住房公積金等，應設置「其他應付款」帳戶。

單位發生的各種應付、暫收款項，借記「銀行存款」「事業支出」「經營支出」等帳戶，貸記本帳戶；支付時，借記本帳戶，貸記「銀行存款」等帳戶；同時，本帳戶還應按應付、暫收款項的類別或單位、個人設置明細帳。

【例 17-7】10 日，數學系計發教師薪酬 8,000 元，計扣個人所得稅 123 元，開出現金支票。會計處理如下：

借：事業支出——勞務費　8,000

　貸：其他應付款——個人所得稅　123

　　　銀行存款　7,877

【例 17-8】11 日，計發工資時，代扣職工房租費 35,000 元，待轉住房戶（該校有住房輔助帳戶）。會計處理如下：

借：銀行存款　35,000

　貸：其他應付款　35,000

七、應繳款項的核算

事業單位的應繳款項包括應繳國庫款、應繳財政專戶款和應繳稅費等款項。這些款項在應繳未繳時，形成了單位對有關機構或上級單位的一種負債。

（一）應繳國庫款的核算

1. 應繳國庫款的內容

應繳國庫款是指事業單位按規定應繳入國家預算的收入。其主要內容包括：

(1) 事業單位代收的納入預算管理的基金。按照國務院《關於加強預算外資金管理的決定》，事業單位徵收的要納入預算管理的政府性的基金。

(2) 事業單位代收的行政性收費收入。它是指國家規定各級科研、醫療衛生、學校、廣播電視、體育部門所發放的證照、簿冊，向有關單位和個人所收取的工本費、手續費、商標註冊費、公證費、養路費等。

(3) 罰沒收入。它是指各類事業單位依法查處應上繳國庫的各項收入和沒收物品的變價收入等。

(4) 無主之物變價收入。它是指應上繳財政部門的無主財務（如遺失物等）變價收入。

各類應上繳預算收入，應當依法足額收繳，不得隱瞞，不得列作暫存不繳，不得挪用，也不得以任何借口截留坐支或轉作預算外資金。各項應繳預算收入，應在每月月底繳清，年終必須將全年的應繳預算收入全部計算清繳，將全部應繳預算收入繳入國庫。

(5) 其他按預算管理規定應上繳預算的款項。

2. 應繳國庫款的核算

為了核算事業單位應繳預算收入的增減變動及結存情況，應設置「應繳國庫款」帳戶。按規定計算確定或實際取得應繳國庫的款項時，借記「銀行存款」等帳戶，貸記本帳戶；上繳時，借記本帳戶，貸記「銀行存款」等帳戶。本帳戶期末貸方余額，反應事業單位應繳入國庫但尚未繳納的款項。本帳戶按預算款項類別設置明細帳。

【例 17-9】某大學代收各種行政性收入 18,000 元，存入銀行。編製會計分錄：

	借	貸
借：銀行存款	18,000	
貸：應繳國庫款——代收行政性收入		18,000

【例 17-10】某科研所將一無主三輪車變賣，取得變賣收入 400 元，存入銀行。編製會計分錄：

	借	貸
借：銀行存款	400	
貸：應繳國庫款——無主財物變價收入		400

【例 17-11】月末，將本月應繳預算收入 3,000 元上繳財政。編製會計分錄：

	借	貸
借：應繳國庫款	3,000	
貸：銀行存款		3,000

（二）應繳財政專戶款的核算

應繳財政專戶款是指事業單位按規定代收的應上繳財政專戶的預算外資金。預算外資金是指國家機關、事業單位和社會團體為了履行和代行政府職能，依據國家法律法規和具有法律效力的規章而收取、提取和安排使用的未納入國家預算管理的各種財政性資金。預算外資金是國家財政性資金，不是部門和單位自有資金。事業單位應以應繳財政專戶款的形式把預算外資金納入財政管理的渠道中來。事業單位按規定代收的預算外資金必須上繳同級財政專戶，支出由同級財政按預算外收支計劃和單位財務收支計劃統籌安排，從財政專戶撥付，實行收支兩條線管理，對其中少數費用開支有特殊需要的預算外資金，經財政部門核定收支計劃后，可按確定的比例或按收支結余的數額定期繳入同級財政專戶。

目前，應繳財政專戶款的上繳形式有三種：

（1）收入全額上繳。即事業單位收到預算外資金時，應全額上繳同級財政專戶，而支出由財政另行撥付。

（2）收支相抵后的余額上繳。即事業單位按財政部門核定的預算外資金收支結余數額上繳財政專戶。

（3）按一定比例上繳。事業單位收到預算外資金時，按財政部門核定的比例將部分預算外資金上繳財政專戶。

為了核算事業單位應繳財政專戶的款項，應設置「應繳財政專戶款」科目。本科目應當按照應繳財政專戶的各款項類別進行明細核算。

取得應繳財政專戶的款項時，借記「銀行存款」等帳戶，貸記本帳戶。上繳款項時，借記本帳戶，貸記「銀行存款」等帳戶。

本帳戶期末貸方余額，反應事業單位應繳入財政專戶但尚未繳納的款項。

按照國家有關規定應當上繳財政專戶的資金，不計入事業收入；從財政專戶核撥給事業單位的資金和經核准不上繳財政專戶的資金，計入事業收入。

【例 17-12】9 月份，某高校共收到學生學費 5,000,000 元。

該校現執行收支兩條線的制度，學費收入、其他收入（利息收入、捐贈收入等）收到款項時應首先上繳政府財政，然后再申請財政將款項回撥，回撥款才能作為學校收入入帳。

收到時：

	借方	貸方
借：銀行存款	5,000,000	
貸：應繳財政專戶款		5,000,000

上繳時：

	借方	貸方
借：應繳財政專戶款	5,000,000	
貸：銀行存款		5,000,000

財政回撥時：

	借方	貸方
借：銀行存款	5,000,000	
貸：事業收入——高等教育事業收入		5,000,000

（三）應繳稅費的核算

為了核算事業單位應繳納的各種稅金，應設置「應繳稅費」科目。事業單位按照稅法等規定計算應繳納的各種稅費，包括營業稅、增值稅、城市維護建設稅、教育費附加、車船稅、房產稅、城鎮土地使用稅、企業所得稅等。事業單位代扣代繳的個人所得稅，也通過「應繳稅費」核算。計算出應交納的稅金（除一般納稅人繳納的增值稅）時，借記有關支出、結余分配等帳戶，貸記本帳戶；繳納稅金時，借記本帳戶，貸記「銀行存款」等帳戶。本帳戶期末貸方余額，反應應繳未繳的稅費金額。

1. 增值稅

增值稅是對在中國境內銷售貨物或者提供加工、修理修配勞務以及進口貨物的單位和個人所徵收的一種流轉稅。

增值稅的納稅義務人，是在中國境內銷售貨物或者提供加工、修理修配勞務以及進口貨物的單位和個人。根據稅法的規定，增值稅的納稅人根據其經營規模及會計核算的健全程度，可分為一般納稅人和小規模納稅人兩種。這兩類納稅人在計稅方法上略有不同，相應的會計處理方法也就存在著差別。

屬於增值稅一般納稅人的事業單位，其應繳增值稅明細帳中應設置「進項稅額」「已交稅金」「銷項稅額」「進項稅額轉出」等專欄。

屬於增值稅一般納稅人的事業單位購入非自用材料的，按確定的成本（不含增值稅進項稅額），借記「存貨」帳戶，按增值稅專用發票上註明的增值稅額，借記本帳戶（應繳增值稅——進項稅額），按實際支付或應付的金額，貸記「銀行存款」「應付帳款」等帳戶。

屬於增值稅一般納稅人的事業單位所購進的非自用材料發生盤虧、毀損、報廢、對外捐贈、無償調出等稅法規定不得從增值稅銷項稅額中抵扣進項稅額的，將所購進的非自用材料轉入待處理資產時，按照材料的帳面余額與相關增值稅進項稅額轉出金額的合計金額，借記「待處理資產損溢」帳戶，按材料的帳面余額，貸記「存貨」帳戶，按轉出的增值稅進項稅額，貸記本帳戶（應繳增值稅——進項稅額轉出）。

屬於增值稅一般納稅人的事業單位銷售應稅產品或提供應稅服務，按包含增值稅的價款總額，借記「銀行存款」「應收帳款」「應收票據」等帳戶，按扣除增值稅銷項稅額后的價款金額，貸記「經營收入」等帳戶，按增值稅專用發票上註明的增值稅金額，貸記本帳戶（應繳增值稅——銷項稅額）。

屬於增值稅一般納稅人的事業單位實際繳納增值稅時，借記本帳戶（應繳增值稅——已交稅金），貸記「銀行存款」帳戶。

【例 17-13】某事業單位購入非自用材料一批，價款 20,000 元，增值稅進項稅 3,400 元，以銀行存款支付。

借：存貨	20,000	
應繳稅費——應繳增值稅（進項稅額）	3,400	
貸：銀行存款		23,400

【例 17-14】某事業單位開展經營活動銷售產品一批，價格 10,000 元，增值稅銷項稅 1,700 元，款已收到存入銀行。

借：銀行存款	11,700	
貸：經營收入		10,000
應繳稅費——應繳增值稅（銷項稅額）		1,700

【例 17-15】某事業單位以銀行存款上繳本月增值稅 6,800 元。

借：應繳稅費——應繳增值稅	6,800	
貸：銀行存款		6,800

2. 小規模納稅人的增值稅的核算

作為小規模納稅人，其購進貨物或接受勞務支付的增值稅稅額計入採購成本，不允許從銷項稅額中進行抵扣，銷售業務發生以后，按不含稅價和規定的徵收率計算銷項稅額。

屬於增值稅小規模納稅人的事業單位銷售應稅產品或提供應稅服務，按實際收到或應收的價款，借記「銀行存款」「應收帳款」「應收票據」等帳戶，按實際收到或應收價款扣除增值稅額后的金額，貸記「經營收入」等帳戶，按應繳增值稅金額，貸記本帳戶（應繳增值稅）。實際繳納增值稅時，借記本帳戶（應繳增值稅），貸記「銀行存款」帳戶。

3. 有關其他稅種的核算

發生營業稅、城市維護建設稅、教育費附加納稅義務的，按稅法規定計算的應繳稅費金額，借記「待處理資產損溢——處理淨收入」帳戶或有關支出帳戶，貸記本帳戶。實際繳納時，借記本帳戶，貸記「銀行存款」帳戶。

發生房產稅、城鎮土地使用稅、車船稅納稅義務的，按稅法規定計算的應繳稅金數額，借記有關帳戶，貸記本帳戶。實際繳納時，借記本帳戶，貸記「銀行存款」帳戶。

代扣代繳個人所得稅的，按稅法規定計算應代扣代繳的個人所得稅金額，借記「應付職工薪酬」帳戶，貸記本帳戶。實際繳納時，借記本帳戶，貸記「銀行存款」帳戶。

發生企業所得稅納稅義務的，按稅法規定計算的應繳稅金數額，借記「非財政補助結余分配」帳戶，貸記本帳戶。實際繳納時，借記本帳戶，貸記「銀行存款」帳戶。

發生其他納稅義務的，按照應繳納的稅費金額，借記有關帳戶，貸記本帳戶。實際繳納時，借記本帳戶，貸記「銀行存款」等帳戶。

八、應付職工薪酬

應付職工薪酬是指事業單位按有關規定應付給職工及為職工支付的各種薪酬，包括基本工資、績效工資、國家統一規定的津貼補貼、社會保險費、住房公積金等。

設置「應付職工薪酬」科目。該科目應當根據國家有關規定按照「工資（離退休費）」「地方（部門）津貼補貼」「其他個人收入」以及「社會保險費」「住房公積金」等進行明細核算。

計算當期應付職工薪酬，借記「事業支出」「經營支出」等帳戶，貸記本帳戶。向職工支付工資、津貼補貼等薪酬，借記本帳戶，貸記「財政補助收入」「零余額帳戶用款額度」「銀行存款」等帳戶。

按稅法規定代扣代繳個人所得稅，借記本帳戶，貸記「應繳稅費——應繳個人所得稅」帳戶。按照國家有關規定繳納職工社會保險費和住房公積金，借記本帳戶，貸記「財政補助收入」「零余額帳戶用款額度」「銀行存款」等帳戶。

從應付職工薪酬中支付其他款項，借記本帳戶，貸記「財政補助收入」「零余額帳戶用款額度」「銀行存款」等帳戶。本帳戶期末貸方余額，反應事業單位應付未付的職工薪酬。

【例 17－16】某事業單位按照國家規定計算職工工資，其中在職人員工資120,000元、離退休人員工資 50,000 元。並通過財政授權支付。

借：事業支出　　170,000
　貸：應付職工薪酬——在職人員　　120,000
　　　　　　　　　——離退休人員　　50,000

借：應付職工薪酬——在職人員　　120,000
　　　　　　　——離退休人員　　50,000
　貸：財政補助收入　　170,000

九、長期借款

長期借款是事業單位借入的期限超過1年（不含1年）的各種借款。應設置「長期借款」科目，按照貸款單位和貸款種類進行明細核算。對於基建項目借款，還應按具體項目進行明細核算。

借入各項長期借款時，按照實際借入的金額，借記「銀行存款」帳戶，貸記本帳戶。為購建固定資產支付的專門借款利息，分別以下情況處理：

(1) 屬於工程項目建設期間支付的，計入工程成本，按照支付的利息，借記「在建工程」帳戶，貸記「非流動資產基金——在建工程」帳戶；同時，借記「其他支出」帳戶，貸記「銀行存款」帳戶。

(2) 屬於工程項目完工交付使用后支付的，計入當期支出但不計入工程成本，按照支付的利息，借記「其他支出」帳戶，貸記「銀行存款」帳戶。

其他長期借款利息，按照支付的利息金額，借記「其他支出」帳戶，貸記「銀行存款」帳戶。歸還長期借款時，借記本帳戶，貸記「銀行存款」帳戶。

本帳戶期末貸方余額，反應事業單位尚未償還的長期借款本金。

【例17-17】某事業單位向金融機構借入兩年期借款800,000元。到期后支付歸還本金，並支付利息48,000元。

借：銀行存款　　800,000
　貸：長期借款　　800,000
借：長期借款　　800,000
　　其他支出　　48,000
　貸：銀行存款　　848,000

第二節　淨資產的核算

事業單位的淨資產是指資產減去負債的差額，包括事業基金、非流動資產基金、專用基金和結余等。事業單位的出資者不要求取得投資回報，也不要求收回投資，因而在事業單位不存在所有者權益問題。因此，事業單位的淨資產與企業的所有者權益不一樣。

一、基金的核算

(一) 事業基金的核算

事業基金是指事業單位擁有的非限定用途的淨資產，主要包括滾存結余資金等。事業基金按當期實際發生數額記帳。

事業單位擁有的非限定用途的淨資產，主要為非財政補助結余扣除結余分配后滾存的金額。應設置「事業基金」科目。年末，將「非財政補助結余分配」帳戶余額轉入事業基金，借記或貸記「非財政補助結余分配」帳戶，貸記或借記本帳戶。

將留歸本單位使用的非財政補助專項（項目已完成）剩余資金轉入事業基金，借記「非財政補助結轉——××項目」帳戶，貸記本帳戶。

以貨幣資金取得長期股權投資、長期債券投資，按照實際支付的全部價款（包括購買價款以及稅金、手續費等相關稅費）作為投資成本，借記「長期投資」帳戶，貸記「銀行存款」等帳戶；同時，按照投資成本金額，借記本帳戶，貸記「非流動資產基金——長期投資」帳戶。

對外轉讓或到期收回長期債券投資本息，按照實際收到的金額，借記「銀行存款」等帳戶，按照收回長期投資的成本，貸記「長期投資」帳戶，按照其差額，貸記或借記「其他收入——投資收益」帳戶；同時，按照收回長期投資對應的非流動資產基金，借記「非流動資產基金——長期投資」帳戶，貸記本帳戶。

事業單位發生需要調整以前年度非財政補助結余的事項，通過本帳戶核算。本帳戶期末貸方余額，反應事業單位歷年積存的非限定用途淨資產的金額。

【例 17-18】某大學年終未分配非財政補助結余為 300,000 元。會計分錄如下：

	借方	貸方
借：非財政補助結余分配	300,000	
貸：事業基金		300,000

【例 17-19】某大學根據協議以一臺原值 150,000 元的設備對外投資，協議確定的價值為 120,000 元。

	借方	貸方
借：長期投資	120,000	
貸：銀行存款		120,000
借：事業基金	150,000	
貸：非流動資產基金——長期投資		150,000

（二）非流動資產基金的核算

非流動資產基金是事業單位長期投資、固定資產、在建工程、無形資產等非流動資產占用的金額。應設置「非流動資產基金」科目並按「長期投資」「固定資產」「在建工程」「無形資產」等明細科目，進行明細核算。本科目期末貸方余額，反應事業單位非流動資產占用的金額。

（1）非流動資產基金應當在取得長期投資、固定資產、在建工程、無形資產等非流動資產或發生相關支出時予以確認。

取得相關資產或發生相關支出時，借記「長期投資」「固定資產」「在建工程」「無形資產」等帳戶，貸記本帳戶等有關帳戶；同時或待以后發生相關支出時，借記「事業支出」等有關帳戶，貸記「財政補助收入」「零余額帳戶用款額度」「銀行存款」等帳戶。

（2）計提固定資產折舊、無形資產攤銷時，應當衝減非流動資產基金。

計提固定資產折舊、無形資產攤銷時，按照計提的折舊、攤銷金額，借記本帳戶（固定資產、無形資產），貸記「累計折舊」「累計攤銷」帳戶。

（3）處理長期投資、固定資產、無形資產，以及以固定資產、無形資產對外投資時，應當衝銷該資產對應的非流動資產基金。

以固定資產、無形資產對外投資，按照評估價值加上相關稅費作為投資成本，借記「長期投資」帳戶，貸記本帳戶（長期投資），按發生的相關稅費，借記「其他支出」帳戶，貸記「銀行存款」等帳戶；同時，按照投出固定資產、無形資產對應的非流動資產基金，借記本帳戶（固定資產、無形資產），按照投出資產已提折舊、攤銷，借記「累計折舊」「累計攤銷」帳戶，按照投出資產的帳面余額，貸記「固定資產」「無形資產」帳戶。

出售或以其他方式處理長期投資、固定資產、無形資產，轉入待處理資產時，借記「待處理資產損溢」「累計折舊」或「累計攤銷」帳戶，貸記「長期投資」「固定資產」「無形資產」等帳戶。

實際處理時，借記本帳戶（有關資產明細帳戶），貸記「待處理資產損溢」帳戶。

【例 17-20】某大學計算機中心購買計算機一批，價款為 85,000 元，用存款支付。

借：事業支出　　85,000
　貸：銀行存款　　85,000
借：固定資產　　85,000
　貸：非流動資產基金——固定資產　　85,000

【例 17-21】某大學接受捐贈設備 1 臺，價值為 18,000 元。

借：固定資產　　18,000
　貸：非流動資產基金——固定資產　　18,000

（三）專用基金的核算

專用基金是指事業單位按規定提取、設置的有專門用途的資金，主要包括修購基金、職工福利基金等。應設置「專用基金」科目。專用基金增加應按當期實際提取轉入的數額記在該科目的貸方，減少應按當期實際支出數額記在該科目的借方。按照專用基金的類別進行明細核算。本科目期末貸方余額，反應事業單位專用基金余額。

1. 專用基金的提取

（1）修購基金的提取

修購基金是按事業收入和經營收入的一定比例在事業支出和經營支出的設備購置費與修繕費中列支（各占 50%）后轉入以及按其他規定轉入，用於事業單位固定資產維修和購置的資金。事業收入和經營收入較少的事業單位可以不提取修購基金，實行固定資產折舊的事業單位不提取修購基金。

提取修購基金的公式如下：

提取額＝（事業收入×提取率）＋（經營收入×提取率）

事業單位的修購基金可以按年一次提取或按月分別提取等不同方法。

按規定提取修購基金的，按照提取金額，借記「事業支出」「經營支出」帳戶，貸記「專用基金——修購基金」科目。

（2）職工福利基金的提取

職工福利基金是按照結余的一定比例提取轉入，用於單位職工的集體福利設施、集體福利待遇等的資金。

提取職工福利基金的計算公式為：

職工福利基金提取額＝可計提職工福利基金的結余額×提取比例

年末，按規定從本年度非財政補助結余中提取職工福利基金的，按照提取金額，借記「非財政補助結余分配」帳戶，貸記「專用基金——職工福利基金」。

若有按規定設置的其他專用基金，按照實際收到的基金金額，借記「銀行存款」等帳戶，貸記本帳戶。

按規定使用專用基金時，借記本帳戶，貸記「銀行存款」等帳戶；使用專用基金形成固定資產的，還應借記「固定資產」帳戶，貸記「非流動資產基金——固定資產」帳戶。

2. 專用基金的管理

事業單位的各類專用基金應按以下原則進行管理：

（1）專款專用。各項專用基金都具有專門用途和使用範圍，一般不允許互相占用、挪用。

（2）按比例提取，按規定支出。專用基金的提取，要按國家統一規定執行，按照比例提取。各項專用基金，嚴格按專門的用途使用，並要注意劃清各項專用基金的界限。

（3）先提后用，專設帳戶。各項專用基金應按規定的來源渠道，在取得資金后，安排使用。同時，對各項專用基金應單獨設立帳戶進行管理和核算。

【例 17-22】某事業單位按規定在事業收入和經營收入中按比例提取 10,000 元和 15,000 元修購基金。

借：事業支出	10,000	
經營支出	15,000	
貸：專用基金——修購基金		25,000

【例 17-23】某大學年終按規定比例從當年結余中提取職工福利基金 24,000 元。

借：非財政補助結余分配	24,000	
貸：專用基金——職工福利基金		24,000

二、結余的核算

事業單位的結余是指事業單位在一定期間通常為一年各項收入與支出相抵后的余額，包括財政補助結轉結余、非財政補助結轉結余、事業結余和經營結余等。

財政補助結轉結余是指事業單位各項財政補助收入與其相關支出相抵后剩余滾存的、須按規定管理和使用的結轉與結余資金。

非財政補助結轉結余是指事業單位除財政補助收支以外的各項收入與各項支出相抵后的余額。其中，非財政補助結轉是指事業單位除財政補助收支以外的各種專項資金收入與其相關支出相抵后剩余滾存的、須按規定用途使用的結轉資金；非財政補助結余是指事業單位除財政補助收支以外的各種非專項資金收入與各種非專項資金支出相抵后的余額。

（一）財政補助結轉與財政補助結余

1. 財政補助結轉

事業單位滾存的財政補助結轉資金，包括基本支出結轉和項目支出結轉。設置「財政補助結轉」並設置「基本支出結轉」「項目支出結轉」兩個明細科目，按照「人員經費」「日常公用經費」進行明細核算，在「項目支出結轉」明細帳戶下按照具體項目進行明細核算。

財政補助結轉的主要帳務處理如下：

期末，將財政補助收入本期發生額結轉入本帳戶，借記「財政補助收入——基本支出、項目支出」帳戶，貸記本帳戶（基本支出結轉、項目支出結轉）；將事業支出（財政補助支出）本期發生額結轉入本帳戶，借記本帳戶（基本支出結轉、項目支出結轉），貸記「事業支出——財政補助支出（基本支出、項目支出）」或「事業支出——基本支出、項目支出」帳戶。

年末，完成結轉后，應當對財政補助各明細項目執行情況進行分析，按照有關規定將符合財政補助結余性質的項目余額轉入財政補助結余，借記或貸記本帳戶，貸記或借記「財政補助結余」帳戶。

按規定上繳財政補助結轉資金或註銷財政補助結轉額度的，按照實際上繳資金數額或註銷的資金額度數額，借記本帳戶，貸記「財政應返還額度」「零余額帳戶用款額度」「銀行存款」等帳戶。取得主管部門歸集調入財政補助結轉資金或額度的，作相反會計分錄。

事業單位發生需要調整以前年度財政補助結轉的事項，通過本帳戶核算。本帳戶期末貸方余額，反應事業單位財政補助結轉資金數額。

2. 財政補助結余

事業單位滾存的財政補助項目支出結余資金。應當按照《政府收支分類科目》設置科目並按「支出功能分類科目」的相關科目進行明細核算。事業單位發生需要調整以前年度財政補助結余的事項，通過本帳戶核算。本帳戶期末貸方余額，反應事業單位財政補助結余資金數額。

財政補助結余的主要帳務處理如下：

年末，對財政補助各明細項目執行情況進行分析，按照有關規定將符合財政補助結余性質的項目余額轉入財政補助結余，借記或貸記「財政補助結轉——項目支出結轉」帳戶，貸記或借記本帳戶。

按規定上繳財政補助結余資金或註銷財政補助結余額度的，按照實際上繳資金數額或註銷的資金額度數額，借記本帳戶，貸記「財政應返還額度」「零余額帳戶用款額度」「銀行存款」等帳戶。取得主管部門歸集調入財政補助結余資金或額度的，作相反會計分錄。

【例 17－24】某事業單位年末將財政補助收入 2,800,000 元、事業支出 1,200,000 元進行結轉。

	借方	貸方
借：財政補助收入	2,800,000	
貸：財政補助結轉		2,800,000
借：財政補助結轉	1,200,000	
貸：事業支出		1,200,000

【例 17-25】按照有關規定將符合財政補助結余性質余額 1,600,000 元轉入財政補助結余，並按規定上繳。

	借方	貸方
借：財政補助結轉	1,600,000	
貸：財政補助結余		1,600,000
借：財政補助結余	1,600,000	

貸：銀行存款　　1,600,000

（二）非財政補助結轉

事業單位除財政補助收支以外的各專項資金收入與其相關支出相抵后剩余滾存的、須按規定用途使用的結轉資金。設置「非財政補助結轉」帳戶並按照非財政專項資金的具體項目進行明細核算。

非財政補助結轉的主要帳務處理如下：

期末，將事業收入、上級補助收入、附屬單位上繳收入、其他收入本期發生額中的專項資金收入結轉入本帳戶，借記「事業收入」「上級補助收入」「附屬單位上繳收入」「其他收入」帳戶下各專項資金收入明細帳戶，貸記本帳戶；將事業支出、其他支出本期發生額中的非財政專項資金支出結轉入本帳戶，借記本帳戶，貸記「事業支出——非財政專項資金支出」或「事業支出——項目支出（非財政專項資金支出）」「其他支出」帳戶下各專項資金支出明細帳戶。

年末完成結轉后，應當對非財政補助專項結轉資金各項目情況進行分析，將已完成項目的項目剩余資金區分以下情況處理：繳回原專項資金撥入單位的，借記本帳戶，貸記「銀行存款」等帳戶；留歸本單位使用的，借記本帳戶，貸記「事業基金」帳戶。

事業單位發生需要調整以前年度非財政補助結轉的事項，通過本帳戶核算。

本帳戶期末貸方余額，反應事業單位非財政補助專項結轉資金數額。

【例 17-26】年末，某事業單位將財政補助以外事業收入中專項資金收入 50,000 元，上級補助收入中專項資金收入 20,000 元，附屬單位上繳收入中專項資金收入10,000元，其他收入中專項資金收入 8,000 元結轉。將事業支出中非財政專項資金支出30,000元、其他支出中非財政專項資金支出 5,000 元進行結轉。

借：事業收入——專項資金收入　　50,000
　　上級補助收入——專項資金收入　　20,000
　　附屬單位上繳收入——專項資金收入　　10,000
　　其他收入——專項資金收入　　8,000
　貸：非財政補助結轉　　88,000

借：非財政補助結轉　　35,000
　貸：事業支出——非財政專項資金支出　　30,000
　　　其他支出——非財政專項資金支出　　5,000

（三）事業結余的核算

事業結余是指事業單位一定期間除財政補助收支、非財政專項資金收支和經營收支以外各項收支相抵后的余額。其中：各項事業活動的收入包括上級補助收入、事業收入、附屬單位繳款和其他收入等的非專項資金收入；各項事業活動的支出包括事業支出、其他支出中的非財政、非專項資金支出、上繳上級支出、對附屬單位補助等的非專項資金支出。

為了正確核算事業單位的事業性收支狀況，應設置「事業結余」科目。期末，將事業收入、上級補助收入、附屬單位上繳收入、其他收入本期發生額中的非專項資金收入結轉入本帳戶，借記「事業收入」「上級補助收入」「附屬單位上繳收入」「其他收入」帳戶下各非專項資金收入明細帳戶，貸記本帳戶；將事業支出、其他支出本期發生額中的非財政、非專項資金支出，以及對附屬單位補助支出、上繳上級支出的本期發生額結轉入本帳戶，借記本帳戶，貸記「事業支出——其他資金支出」或「事業支出——基本支出（其他資金支出）、項目支出（其他資金支出）」帳戶、「其他支出」帳戶下各非專項資金支出明細帳戶、「對附屬單位補助支出」「上繳上級支出」帳戶。

年末，將本帳戶余額結轉入「非財政補助結余分配」帳戶，借記或貸記本帳戶，貸記或借記「非財政補助結余分配」帳戶。

本帳戶期末如為貸方余額，反應事業單位自年初至報告期末累計實現的事業結余；如為借方余額，反應事業單位自年初至報告期末累計發生的事業虧損。年末結帳后，本帳戶應無余額。

【例 17-27】某大學年終結帳前，「上級補助收入」帳戶非專項資金余額 160 萬元，「事業收入」帳戶非專項資金余額 80 萬元，「其他收入」帳戶非專項資金余額 40 萬元，「事業支出」帳戶非專項資金余額 70 萬元，「對附屬單位補助」帳戶非專項資金余額 30 萬元。年終，編製會計分錄如下：

	借方	貸方
借：上級補助收入——非專項資金	1,600,000	
事業收入——非專項資金	800,000	
其他收入——非專項資金	400,000	
貸：事業結余		2,800,000
借：事業結余	1,000,000	
貸：事業支出——非專項資金		700,000
對附屬單位補助——非專項資金		300,000

（四）經營結余的核算

經營結余是事業單位一定期間各項經營收支相抵后余額彌補以前年度經營虧損后的余額。

為了正確核算事業單位的經營收支狀況，應設置「經營結余」科目。期末，將經營收入本期發生額結轉入本帳戶，借記「經營收入」帳戶，貸記本帳戶；將經營支出本期發生額結轉入本帳戶，借記本帳戶，貸記「經營支出」帳戶。年末，完成結轉后，如本帳戶為貸方余額，將本帳戶余額結轉入「非財政補助結余分配」帳戶，借記本帳戶，貸記「非財政補助結余分配」帳戶；如本帳戶為借方余額，為經營虧損，不予結轉。

本帳戶期末如為貸方余額，反應事業單位自年初至報告期末累計實現的經營結余彌補以前年度經營虧損后的經營結余；如為借方余額，反應事業單位截至報告期末累計發生的經營虧損。年末結帳后，本帳戶一般無余額；如為借方結余，反應事業單位累計發生的經營虧損。

【例 17-28】年終，某事業單位「經營收入」帳戶貸方余額為 90 萬元，「經營支出」帳戶借方余額為 50 萬元。編製會計分錄如下：

	借方	貸方
借：經營收入	900,000	
貸：經營結余		900,000
借：經營結余	500,000	
貸：經營支出		500,000

三、非財政補助結余分配的核算

為核算事業單位本年度非財政補助結余分配的情況和結果，特設置「非財政補助結余分配」科目。

期末，將「事業結余」帳戶余額結轉入本帳戶，借記或貸記「事業結余」帳戶，貸記或借記本帳戶；將「經營結余」帳戶貸方余額結轉入本帳戶，借記「經營結余」帳戶，貸記本帳戶。

有企業所得稅繳納義務的事業單位計算出應繳納的企業所得稅，借記本帳戶，貸記「應繳稅費——應繳企業所得稅」帳戶。

按照有關規定提取職工福利基金的，按提取的金額，借記本帳戶，貸記「專用基金——職工福利基金」帳戶。

年末，將本帳戶余額結轉入事業基金，借記或貸記本帳戶，貸記或借記「事業基金」帳戶。

年末結帳后，本帳戶應無余額。

【例 17-29】續上例，年終，某大學結轉事業結余 1,300,000 元，經營結余 400,000元。

	借方	貸方
借：事業結余	1,300,000	
經營結余	400,000	
貸：非財政補助結余分配		1,700,000

假設該大學按規定應該提取職工福利基金 150,000 元。

	借方	貸方
借：非財政補助結余分配	150,000	
貸：專用基金——職工福利基金		150,000

承上例，該大學年終將未分配結余 1,550,000 元轉入事業基金。

	借方	貸方
借：非財政補助結余分配	1,550,000	
貸：事業基金		1,550,000

第十八章
事業單位收入的核算

第一節　收入概述

一、收入的種類

收入是指事業單位為開展業務活動，依法取得的非償還性資金。它包括財政補助收入、上級補助收入、事業收入、經營收入、附屬單位繳款、其他收入和基本建設撥款收入等。

(1) 財政補助收入是指事業單位按核定的預算和經費領報關係從財政部門取得的各類事業經費。

(2) 上級補助收入是指事業單位從主管部門和上級單位取得的非財政補助收入。

(3) 事業收入是指事業單位開展專業業務活動及輔助活動所取得的收入。其中：按規定應上繳財政預算的資金和應繳財政專戶的預算外資金，不計入事業收入；從財政專戶核撥的返還資金和部分經財政部門核准不上繳財政專戶管理的預算外資金，計入事業收入。

(4) 經營收入是指事業單位在專業業務活動及輔助活動之外開展非獨立核算經營活動取得的收入。

(5) 附屬單位繳款是指事業單位附屬的獨立核算單位按規定標準或比例繳納的各項收入。

(6) 事業單位取得的投資收益、利息收入、租金收入、捐贈收入、現金盤盈收入、存貨盤盈收入、收回已核銷應收及預付款項、無法償付的應付及預收款項等應當作為其他收入處理。

二、收入的確認

(1) 不實行成本核算的事業單位，收付確認原則是收付實現制，即收入應當在收到款項時予以確認；實行成本核算的事業單位，收付確認的原則應當是權責發生制。凡是屬於本期的收入，不論本期是否收到，均應確認為本期的收入。對於採用權責發生制的單位取得的經營收入，可以在提供勞務或發出商品，同時在收訖價款或者取得索取價款的憑據時予以確認。

(2) 對於長期項目的收入，應當根據年度完成進度予以合理確認。

(3) 事業單位取得收入為實物時，應當根據有關憑據確認其價值；沒有憑據可供確認的，參照其市場價格確定。

三、收入的劃分

(一) 分清財政補助收入與上級補助收入的界限

財政補助收入是事業單位按核定的預算和經費領報關係從財政部門取得的各類事業經費。上級補助收入是指事業單位從主管部門和上級單位取得的非財政補助收入。財政部門通過主管部門和上級單位轉撥的事業經費，只能計入財政補助收入，不能作為上級補助收入。非財政預算資金則屬於上級補助收入。

(二) 分清事業收入與經營收入的界限

事業收入是指事業單位開展專業業務活動及輔助活動所取得的收入。其中：按規定應上繳財政預算的資金和應繳財政專戶的預算外資金，不記入事業收入；從財政專戶核撥返還的資金和部分經財政部門核准不上繳財政專戶管理的預算外資金，記入事業收入。經營收入是指事業單位在專業業務活動及輔助活動之外開展非獨立核算經營活動取得的收入。

(三) 分清經營收入與附屬單位繳款收入的界限

經營收入是指事業單位所屬非獨立核算單位開展經營活動或經營性項目而獲得的收入，而附屬單位繳款是指事業單位附屬的獨立核算單位按規定標準或比例繳納的各項收入。如果附屬單位屬非獨立核算單位，其開展經營活動所取得的所有收入屬於本單位的經營收入；如果附屬單位屬獨立核算單位，就其上繳的收入列入本單位的附屬單位繳款收入。

四、收入的管理

(一) 區分事業收入和經營收入以及其他收入的界限

由於事業單位各自的特點，某個事業單位的事業活動可能在另一個事業單位卻是經營活動，事業單位應按本單位特點準確區分事業收入和經營收入，分別核算。同時，個別單位的事業活動和經營活動的性質與內容可能相互交叉，難以準確劃分清楚，在這種情況下，應由主管部門和財政部門根據實際情況予以認定。

(二) 依法組織收入

認真執行國家物價政策，嚴格執行收費標準，並使用符合國家規定的合法票據。充分挖掘潛力，積極的、合法合理的組織收入。各單位應當建立健全各項收費管理制度，切實加強收費管理。

(三) 應按國家規定繳納稅款

事業單位就其事業收入繳納的稅款主要有增值稅或營業稅等。在確定事業收入金額時，應扣除代繳的增值稅。對於屬於一般納稅人的單位取得事業收入款項時，按計算出的應交增值稅的銷項稅額，計入應交稅費，實際收到的價款扣除增值稅銷項稅額的余額計入事業收入。營業稅稅額不從事業收入款項中直接扣除，而是作為費用的一項，年末抵扣事業結余。

(四) 正確處理社會效益與經濟效益的關係

事業單位開展組織收入的活動，必須將社會效益放在首位，必須有利於事業發展，有利於社會主義精神文明建設。同時，事業單位組織收入應當按照市場經濟規律來辦事，要講求經濟效益。因此，事業單位要將經濟效益與社會效益統一起來，在保證社會效益的前提下，提高經濟效益。

第二節　事業收入與經營收入的核算

一、事業收入的核算

事業收入是指事業單位開展專業業務活動及輔助活動所取得的收入。專業業務活動是指事業單位根據本單位專業特點從事或開展的主要業務活動。如文化單位的演出活動、教育單位的教學活動、科研單位的科研活動、非營利醫療機構的醫療保健活動等。輔助活動是指與其專業業務活動相關的、直接為專業業務活動服務的單位行政管理活動、后勤服務活動以及其他有關活動。其中：按照國家有關規定應當上繳國庫或者財政專戶的資金，不計入事業收入；從財政專戶核撥給事業單位的資金和經核准不上繳國庫或者財政專戶的資金，計入事業收入。事業單位對事業收入的核算一般採用收付實現制原則。

為了正確核算事業單位開展專業業務活動及輔助活動所取得的收入，應設置「事業收入」科目進行核算。單位收到的從財政專戶核撥的資金和部分經財政部門核准不上繳財政專戶管理的預算外資金，也在本帳戶核算。但收到應返還所屬單位的預算外資金，主管部門要通過「其他應付款」帳戶核算。

收到款項或取得收入時，借記「銀行存款」「應收帳款」等帳戶，貸記本帳戶；對屬於一般納稅人的單位取得收入時，按實際收到的價款扣除增值稅銷項稅額，貸記本帳戶，按計算出的應交增值稅銷項稅額，貸記「應繳稅費——應交增值稅（銷項稅額）」。經財政部門核准，預算外資金實行按比例上繳財政專戶辦法的單位取得收入時，應按核定的比例分別貸記「應繳財政專戶款」和本帳戶。

期末，應將本帳戶余額轉入「事業結余」帳戶，借記本帳戶，貸記「事業結余」帳戶。結轉后本帳戶應無余額。事業單位應根據事業收入種類或來源設置明細帳。

【例 18-1】某大學 9 月份收到學費 4,000,000 元，住宿費 2,000,000 元（本學校按規定全額上繳財政專戶，支出由財政另行核撥）。

上繳時：

	借方	貸方
借：應繳財政專戶款	6,000,000	
貸：銀行存款		6,000,000

財政回撥時：

	借方	貸方
借：銀行存款	6,000,000	
貸：事業收入——專戶核撥資金		6,000,000

【例 18-2】某大學承接 A 單位委託科研課題收到經費 200,000 元，款項已收。

	借方	貸方
借：銀行存款	200,000	
貸：事業收入		200,000

【例 18-3】某事業單位收到預算外資金收入 100,000 元，按收入總額的 50%的比例上繳財政專戶。

借：銀行存款　100,000
　貸：事業收入　50,000
　　應繳財政專戶款　50,000

二、經營收入的核算

(一) 經營收入的特徵

經營收入是指事業單位在專業業務活動及輔助活動之外開展非獨立核算經營活動所取得的收入。

事業單位的經營收入具有以下兩個基本特徵：

(1) 必須是經營活動取得的收入，而不是專業業務活動及其輔助活動取得的收入。例如，事業單位對社會開展服務活動，將閒置的固定資產出租、出借取得的收入，這些都屬於經營活動取得的收入，但諸如學校向學生收取的學費和雜費，則屬於開展專業業務活動及其輔助活動所取得的收入，只能作為事業收入處理，不能作為經營收入處理。

(2) 必須是非獨立核算的經營活動取得的收入，而不是獨立核算的經營活動取得的收入。單位對其經濟活動過程及其結果，應獨立、完整地進行核算，定期向上級單位交一部分純收入，稱為獨立核算。其上繳的純收入，計入「附屬單位繳款」，不計作「經營收入」。單位從上級單位領取一定數額的物資、款項，從事業務活動，不獨立計算盈虧，將日常發生的經濟業務資料，報由上級集中進行會計核算，稱為非獨立核算。例如，學校的車隊、食堂等后勤部門，財務上不實行獨立核算，其對社會服務取得的收入及其支出，報由學校集中進行會計核算，應當作為經營收入處理。

事業單位的經營性業務核算可以採用權責發生制。

(二) 經營收入的帳務處理

為了正確核算事業單位在專業業務活動及輔助活動之外開展非獨立核算經營活動取得的收入，應設置「經營收入」科目。

取得（或確認）經營收入時，借記「銀行存款」「應收帳款」「應收票據」等帳戶。屬於小規模納稅人的單位，按實際收到的價款貸記本帳戶；屬於一般納稅人單位，按不含稅價格貸記本帳戶，按銷售時計算出的應交增值稅的銷項稅額，貸記「應繳稅費——應交增值稅（銷項稅額）」帳戶。

發生銷貨退回，不論是否屬於本年度銷售的，都應衝減本期的經營收入。屬於小規模納稅人的事業單位借記本帳戶，貸記「銀行存款」帳戶；屬於一般納稅人單位，按不含稅價格借記本帳戶，按銷售時計算出的應交增值稅的銷項稅額，借記「應繳稅費——應交增值稅（銷項稅額）」帳戶，貸記「銀行存款」帳戶。單位為取得經營收入而發生的折讓和折扣，應當相應衝減經營收入。

期末，應將本帳戶余額轉入「經營結余」帳戶。結轉后，本帳戶無余額。

事業單位可以根據收入種類設置明細科目，也可以並設置若干總帳科目。

【例 18-4】某大學收到校內招待所交來客房收入 100,000 元，會議室出租收入

50,000元。

借：銀行存款　150,000

　貸：經營收入——客房收入　100,000

　　　　　　——會議室收入　50,000

【例 18-5】某高校后勤服務中心的車隊對外提供運輸服務，取得收入 180,000 元，上交學校。

借：銀行存款　180,000

　貸：經營收入　180,000

第三節　撥入款項的核算

一、撥入款項的領撥原則及管理

撥入款項是指事業單位從政府部門或上級單位領取的能夠增加資產或減少負債的資金流入。

事業單位的撥入款項主要包括以下內容：

（一）財政補助收入

財政補助收入是指事業單位按核定的預算和經費領報關係從財政部門取得的各類事業經費。財政補助收入不包括國家對事業單位的基本建設投資。

（二）上級補助收入

上級補助收入是指事業單位從主管部門和上級單位取得的非財政補助收入。

撥入款項的領撥原則：

（一）按預算管理級次領撥款項

事業單位應當按照預算級次逐級申請取得撥入經費。不能對沒有經費領撥關係的單位進行垂直撥款，不得越級申請取得撥入款項。同級次單位之間不能發生經費的領撥關係，如有需要，應通過財政部門批准辦理經費劃轉手續。

（二）按用款計劃領撥款項

事業單位應根據核定的年度預算，編製季度分月用款計劃，報上級主管單位或財政部門核定，作為領撥款項的依據。不得辦理無預算或超過預算的經費領撥。

（三）按用款進度領撥款項

財政部門和上級主管部門除了要根據事業單位的用款計劃撥付款項外，還要結合事業單位各項計劃的執行情況、用款進度和資金結余等情況進行款項撥付，以便最大限度地提高資金的使用效率。

（四）按款項用途領撥款項

事業單位向上級部門申請取得款項，必須按預算規定的用途使用款項，專款專用，未經同意，不得擅自改變領撥款項的用途。

事業單位對撥款的管理要求：

（1）專款專用。事業單位應當嚴格按照撥款指定的用途使用，不能將取得的專款挪作他用。

(2) 單獨核算。事業單位在收到撥款時，應當為每項專款分別設置帳戶，單獨組織會計核算，各項專款之間的會計核算不能混淆。

(3) 專項結報。事業單位應當按照撥款單位的要求，及時報送撥入款項的使用情況和事業成果情況，項目完成后，應當專項辦理報帳手續，余款按撥款單位的要求處理。

二、財政補助收入的核算

(一) 財政補助收入概述

財政補助收入是指事業單位按核定的預算和經費領報關係從財政部門取得的各類事業經費。它來源於國家預算資金，是國家對發展各項事業的投入，是事業單位開展業務活動的經常性資金來源。

財政補助收入按預算和計劃領撥和使用。為加強預算資金的核算管理，主管會計單位應編報季度分月用款計劃。在申請當期財政補助時，應分「款」「項」填寫預算經費請撥單，報同級財政部門。事業單位在使用財政補助時，應按計劃控制用款，不得隨意改變資金用途。「款」「項」用途如需調整，應填寫帳戶留用申請書；報經同級財政部門批准后使用。

財政補助收入應按預算級次領撥，不得垂直劃撥、跨級劃撥和對沒有預算關係的單位撥款。

(二) 財政補助收入的核算

事業單位應設置「財政補助收入」科目，用來核算事業單位按核定的預算和經費領報關係收到的、由財政部門或上級單位撥入的各類事業經費。

收到財政補助收入時，借記「銀行存款」等帳戶，貸記本帳戶；繳回時作相反的會計分錄。平時本帳戶貸方余額反應財政補助收入累計數。年終結帳時，將本帳戶貸方余額全部轉入「事業結余」帳戶，借記本帳戶，貸記「事業結余」帳戶。年終結帳后，本帳戶無余額。本帳戶應按「國家預算收入帳戶」的「款」級帳戶設明細帳。

【例 18-6】某科研所收到主管部門撥來經費 8,000,000 元，開戶銀行轉來收款通知。

借：銀行存款	8,000,000	
貸：財政補助收入		8,000,000

【例 18-7】年末，該科研所「財政補助收入」帳戶的貸方余額為 100,000 元。

借：財政補助收入	100,000	
貸：事業結余		100,000

【例 18-8】某勘測設計院收到同級財政部門撥入的本月經費 80,000 元，存入銀行。

借：銀行存款	80,000	
貸：財政補助收入		80,000

三、上級補助收入

上級補助收入是指事業單位從主管部門和上級單位取得的非財政補助收入。它是主管部門或上級單位用自身組織的收入或集中下級單位的收入撥給事業單位的資金。

事業單位通過上級單位從財政部門取得的預算經費，應作為財政補助收入處理，不能作為上級補助收入處理。

為正確核算事業單位收到上級單位撥入的非財政補助資金，應設置「上級補助收入」科目。收到上級補助收入時，借記「銀行存款」帳戶，貸記本帳戶。年終，將本帳戶余額全部轉入「事業結余」帳戶，借記本帳戶，貸記「事業結余」帳戶。年終結帳后，本帳戶無余額。

【例 18-9】某大學收到上級單位撥入補助款 600,000 元。

借：銀行存款 600,000

　貸：上級補助收入 600,000

【例 18-10】年末，該大學「上級補助收入」貸方余額 120,000 元。

借：上級補助收入 120,000

　貸：事業結余 120,000

第四節　附屬單位繳款和其他收入的核算

一、附屬單位上繳收入的核算

附屬單位上繳收入是指事業單位附屬的獨立核算單位按規定標準或比例繳納的各項收入。

事業單位開展非獨立核算經營活動取得的收入，應當作為經營收入處理，不能作為附屬單位繳款處理；事業單位對附屬單位經營項目的投資所獲得的投資收益，屬於事業單位的其他收入，不屬於附屬單位繳款；附屬單位歸還由事業單位墊付的費用，如房租、水電費等，不屬於附屬單位繳款的範圍。

為了核算事業單位收到附屬單位按規定繳來的款項，應設置「附屬單位上繳收入」科目。

單位實際收到款項時，借記「銀行存款」帳戶，貸記本帳戶；發生繳款退回則作相反的會計分錄。年終，將本帳戶貸方余額全部轉入「事業結余」帳戶，借記本帳戶，貸記「事業結余」帳戶。結轉后，本帳戶無余額。同時，本帳戶應按繳款單位設置明細帳。

【例 18-11】收到銀行通知，所屬單位按規定標準上繳收入 500,000 元，已收妥入帳。

借：銀行存款 500,000

　貸：附屬單位上繳收入 500,000

二、其他收入的核算

其他收入是指除前述各項收入以外的非業務性收入，如事業單位取得的投資收益、利息收入、捐贈收入、固定資產出租、現金盤盈收入、存貨盤盈收入、收回已核銷應收及預付款項、無法償付的應付及預收款項以及其他零星雜項收入等。

為了正確核算事業單位的其他非業務性收入，應設置「其他收入」科目。

其他收入以單位實際收到數額予以確認。取得收入時，借記「銀行存款」等帳戶，貸記本帳戶，收入退回時作相反的會計分錄。年終，將本帳戶貸方余額轉入「事業結余」帳戶，借記本帳戶，貸記「事業結余」帳戶。結轉后本帳戶應無余額。另外，本帳戶應按收入種類，如「投資收益」「固定資產出租」「捐贈收入」等設置明細帳。

【例 18-12】某學校出租禮堂，取得年租金收入 12,000 元，存入銀行。

借：銀行存款　　12,000

　貸：其他收入——固定資產出租收入　　12,000

【例 18-13】某高校圖書館出售廢舊書報收入現金 2,000 元。

借：現金　　2,000

　貸：其他收入——廢舊物品變賣收入　　2,000

第十九章
事業單位支出或費用的核算

第一節　支出或費用概述

一、支出（費用）的種類

支出或者費用是指事業單位為開展業務活動和其他活動所發生的各項資金耗費及損失，包括事業支出、經營支出、對附屬單位補助、上繳上級支出和基本建設支出等。

（一）事業單位支出按性質分類

（1）事業支出，即事業單位開展專業業務活動及其輔助活動發生的支出，包括工資、補助工資、職工福利費、社會保障費、助學金、公務費、業務費、設備購置費、修繕費和其他費用。

（2）經營支出，即事業單位在專業業務活動及其輔助活動之外開展非獨立核算經營活動發生的支出。

（3）對附屬單位補助支出，即事業單位用財政補助收入之外的收入對附屬單位補助發生的支出。

（4）上繳上級支出，即實行收入上繳辦法的事業單位按照規定的定額或者比例上繳上級單位的支出。

（5）其他支出是指除事業支出、上繳上級支出、對附屬單位補助支出、經營支出以外的各項支出，包括利息支出、捐贈支出、現金盤虧損失、資產處理損失、接受捐贈（調入）非流動資產發生的稅費支出等。

（二）事業單位支出按用途分類

1. 人員支出

人員支出是事業單位支付給在職職工和臨時聘用人員的各類勞動報酬及為上述人員繳納的各項社會保險費。

（1）基本工資，是指國家統一規定的基本工資，是國家支付給事業單位工作人員勞動報酬的主要形式。它包括事業單位工作人員的崗位工資和國家規定比例的獎金，畢業生見習期間的臨時待遇等。

（2）津貼補貼，是指事業單位在基本工資之外按國家規定開支的職工艱苦邊遠地區津貼、特殊崗位津貼補貼等。

(3) 社會保障繳費，是指事業單位為職工繳納的基本養老、醫療、失業、工傷、生育等社會保險費和殘疾人員就業保障金等。

(4) 伙食補助費，是指事業單位發給職工的伙食補助費。

(5) 績效工資，是指事業單位工作人員的績效工資。

(6) 其他，是指上述項目未包括的人員支出，包括各種加班工資、病假 2 個月以上人員的工資、編製外長期聘用人員及臨時工工資等。

2. 商品和服務支出

(1) 辦公費，是指事業單位購置並且依照財務制度規定不能納入固定資產管理範圍的日常辦公用品和書報雜誌的支出。

(2) 印刷費，是指事業單位的印刷費支出。

(3) 諮詢費，是指事業單位諮詢方面的費用。

(4) 手續費，是指事業單位支付的各類手續費支出。

(5) 水電費，是指事業單位支付的水費、污水處理費和電費。

(6) 郵寄費，是指事業單位開支的信函、包裹、貨物等物品的郵寄費及電話費、傳真、網路通信費等。

(7) 取暖費，是指取暖用燃料費、熱力費、爐具購置費、鍋爐臨時工的工資、節煤獎以及由單位統一支付的在職職工和離退休人員宿舍取暖費等。

(8) 物業管理費，是指事業單位開支的辦公用房、職工宿舍的物業管理費。

(9) 交通費，是指事業單位各類交通工具的租用費、燃料費、維修費、過橋過路費等。

(10) 差旅費，是指事業單位工作人員出差、出國的交通費、住宿費、伙食補助費等。

(11) 出國費，是指事業單位工作人員出國的住宿、旅費及伙食補助等。

(12) 維修費，是指房屋、建築物等日常修繕費和各種設備的修理和維護費。

(13) 租賃費，是指租賃辦公用房、宿舍、機械設備、專用通信網等的費用。

(14) 會議費，是指事業單位按規定開支的房租費、伙食補貼費、住宿費、會議場地租賃費等。

(15) 培訓費，是指事業單位各項培訓支出。

(16) 業務招待費，是指事業單位按規定開支的各類接待費。

(17) 專用材料費，是指事業單位購置並且依照規定未納入固定資產管理範圍的專用材料支出，如藥品和醫療耗材、實驗用品、專用工具等。

(18) 勞務費，是指事業單位支付給其他單位和個人的勞務費用，如手續費、諮詢費、評審費等。

(19) 委託業務費，是指事業單位因委託外單位辦理業務而支付的委託業務費。

(20) 工會經費，是指事業單位按規定提取的工會經費。

(21) 福利費，是指事業單位按國家規定提取的福利費。

(22) 其他商品和服務支出，是指上述帳戶未包括的日常公用支出。

3. 對個人和家庭的補助支出

(1) 離休費，是指未參加基本養老保險的事業單位離休人員和移交地方政府安置的軍隊離休人員的離休費，以及按國家統一規定發放給離休人員的護理費和其他補貼。

（2）退休費，是指未參加基本養老保險的事業單位退休人員和移交地方政府安置的軍隊退休人員的退休費，以及按國家統一規定發放給退休人員的護理費和其他補貼。

（3）退職費，是指事業單位退職人員的生活補助。

（4）撫恤金，是指按規定開支的烈士家屬、犧牲及病故人員家屬的一次性和定期撫恤金，以及革命傷殘人員的撫恤金和其他人員按規定開支的各項撫恤金。

（5）生活補助，是指事業單位優撫對象的定期定量生活補助費、事業單位職工和遺屬生活補助、因公負傷等住院治療期間的伙食補貼費，長期贍養人員補助費等。

（6）救濟費，是指事業單位按規定開支的城鄉貧困人員、災民、歸僑、外僑及其他人員生活救濟費。

（7）醫療費，是指事業單位在職職工、離退休人員的醫療費，按國家規定資助農民參加新型農村合作醫療的支出和對城鄉貧困家庭的醫療救助支出等。

（8）助學金，是指各類學校學生助學金、獎學金、學生貸款貼息、出國留學人員生活費等。

（9）獎勵金，是指事業單位的獎勵支出。

（10）住房公積金，是指事業單位按規定標準為職工繳納的住房公積金。

（11）房租補貼，是指事業單位按規定向職工發放的房屋租金補貼。

（12）購房補貼，是指事業單位按規定向職工發放的用於購買住房的補貼。

（13）其他對個人和家庭的補助支出，反應未包括上述內容的對個人及家庭的補助支出。

4. 基本建設支出

（1）房屋及建築物，是指事業單位生產、生活用房及建築物支出。

（2）辦公設備購置，是指購置辦公家具和設備支出。

（3）專用設備，是指事業單位購置的具有專門用途的設備支出。

（4）交通工具購置，是指事業單位購置各種交通工具支出。

（5）大型修繕，是指事業單位大型建築物、設備的修繕支出。

（6）信息網路構建，是指事業單位用於信息網路方面的支出。

（7）其他基本建設支出。

5. 其他資本性支出（內容略）

6. 其他支出（內容略）

二、支出（費用）的管理

（1）事業單位在開展非獨立核算經營活動中，應當正確歸集實際發生的各項費用數；不能歸集的，應當按照規定的比例合理分攤。

（2）事業單位從財政部門和主管部門取得的有指定項目和用途並且要求單獨核算的專項資金，應當按照要求定期向財政部門或者主管部門報送專項資金使用情況；項目完成后，應當報送專項資金支出決算和使用效果的書面報告，接受財政部門或者主管部門的檢查、驗收。

（3）事業單位可以根據開展業務活動及其他活動的實際需要，實行內部成本核算辦法。

(4) 事業單位的支出應當嚴格執行國家有關財務規章制度規定的開支範圍及開支標準；國家有關財務規章制度沒有統一規定的，由事業單位規定，報主管部門和財政部門備案。事業單位的規定違反法律和國家政策的，主管部門和財政部門應當責令改正。

三、劃清各種支出（費用）的界限

按支出或費用管理和資金管理要求，事業單位應該劃清以下幾個方面的支出（費用）界限：

(一) 劃清基本建設支出與事業經費支出的界限

凡是達到基本建設額度的支出，應該報請計劃部門從基本建設投資中安排，不得擠占事業經費。

(二) 劃清單位支出與個人支出的界限

應由個人負擔的支出，不得由單位負擔。如：職工居住單位公房，應按規定收取房租；職工宿舍水電費、個人書報雜誌訂閱費等，應由職工個人負擔；職工因私使用公車，應按規定標準收取交通費。

(三) 劃清事業支出與經營支出的界限

應當列入事業支出的項目，不得列入經營支出；同樣，應當列入經營支出的項目，也不得列入事業支出。

(四) 劃清事業支出與對附屬單位補助支出、上繳上級支出的界限

對附屬單位的補助支出、上繳上級支出，屬於本系統內部的資金調劑性質的支出，不能列入本單位的事業支出，以免虛增事業支出。

第二節　事業支出和經營支出的核算

一、事業支出的核算

(一) 事業支出的內容

事業支出是指事業單位開展各項專業業務活動及其輔助活動發生的支出。有財政補助收入的事業單位，其財政補助資金必須按擬定的用途使用，不得自行改變資金用途。事業支出應當按照「基本支出」和「項目支出」「財政補助支出」「非財政專項資金支出」和「其他資金支出」等層級進行明細核算，並按照《政府收支分類科目》中「支出功能分類」的相關帳戶進行明細核算；「基本支出」和「項目支出」明細帳戶下應當按照《政府收支分類科目》中「支出經濟分類」的款級帳戶進行明細核算；同時，在「項目支出」明細帳戶下按照具體項目進行明細核算。

有經營活動的事業單位應正確劃分事業支出和經營支出的界限。對於能分清的支出，要合理歸集；對於不能分清的，應按一定標準進行分配，不得將應列入經營支出的項目列入事業支出，也不得將應列入事業支出的項目列入經營支出。

(二) 事業支出的報銷口徑

按財政部有關文件的規定，事業單位的事業支出應遵循如下報銷口徑：

(1) 對於發給個人的工資、津貼、補貼和撫恤救濟費等，應根據實有人數和實發金額，取得本人簽收的憑證后列報支出。

(2) 購入辦公用品可直接列報支出。購入其他各種材料可在領用時列報支出。

(3) 社會保障費，職工福利費和管理部門支付的工會經費，按照規定標準和實有人數每月計算提取，直接列報支出。

(4) 固定資產修購基金按核定的比例提取，直接列報支出。

(5) 購入固定資產，經驗收后列報支出，同時記入「固定資產」和「非流動資產基金」帳戶。

(6) 其他各項費用，均以實際報銷數列報支出。

(三) 事業支出的管理

事業支出要按批准的預算和規定的經費開支範圍、開支標準執行，建立健全各項支出管理制度，嚴格審批手續，不得以領代報、以撥代支，不能辦理無預算、無計劃、超預算、超計劃和一切違反財經紀律的支出。

(四) 事業支出的科目設置和核算

為了正確核算事業單位開展各項專業業務活動及輔助活動發生的實際支出數，應設置「事業支出」科目。有財政補助收入的事業單位，其財政補助資金必須按擬定的用途使用，不得自行改變資金用途。本帳戶用來核算事業單位開展專業業務活動及其輔助活動發生的基本支出和項目支出。

為從事專業業務活動及其輔助活動人員計提的薪酬等，借記本帳戶，貸記「應付職工薪酬」等帳戶。開展專業業務活動及其輔助活動領用的存貨，按領用存貨的實際成本，借記本帳戶，貸記「存貨」帳戶。開展專業業務活動及其輔助活動中發生的其他各項支出，借記本帳戶，貸記「庫存現金」「銀行存款」「零余額帳戶用款額度」「財政補助收入」等帳戶。

期末，將本帳戶本期發生額結轉入「財政補助結轉」帳戶，借記「財政補助結轉——基本支出結轉、項目支出結轉」帳戶，貸記本帳戶；將本帳戶（非財政專項資金支出）本期發生額結轉入「非財政補助結轉」帳戶，借記「非財政補助結轉」帳戶，貸記本帳戶（非財政專項資金支出）或本帳戶（項目支出——非財政專項資金支出）；將本帳戶（其他資金支出）本期發生額結轉入「事業結余」帳戶，借記「事業結余」帳戶，貸記本帳戶（其他資金支出）或本帳戶（基本支出——其他資金支出、項目支出——其他資金支出）。

期末結帳后，本帳戶應無余額。

【例 19-1】2 月 2 日，圖書館購買辦公用品，支出 300 元。財務部門根據有關憑證，編製會計分錄：

借：事業支出——辦公費　　300

　貸：庫存現金　　300

【例 19-2】2 月 5 日，收到自來水公司及電力公司轉來銀行委託收款收據，托收我校上月水電費 32 萬元。

借：事業支出——水電費　　320,000

　貸：銀行存款　　320,000

【例 19-3】2 月 19 日，學生工作處轉成都市郵政局，支付學生家庭報告書郵寄費 1,000 元。

借：事業支出——郵寄費　　1,000

　貸：銀行存款　　1,000

【例 19-4】2 月 20 日，審計室報辦公室 2003 年 1~12 月電話費 25,000 元。

借：事業支出——通信費　　25,000

　貸：銀行存款　　25,000

【例 19-5】2 月 20 日，保衛處報公務車加油、維修及養路費等開支 8,000 元。

借：事業支出——交通費　　8,000

　貸：銀行存款　　8,000

【例 19-6】2 月 25 日，張某報銷到北京出差旅費 5,000 元。

借：事業支出——差旅費　　5,000

　貸：銀行存款　　5,000

【例 19-7】2 月 26 日，張某報銷到桂林參加會計人員繼續教育費用 22,000 元。

借：事業支出——培訓費　　22,000

　貸：銀行存款　　22,000

【例 19-8】接人事處通知劃撥各部門職工福利費 60,000 元。

借：事業支出——福利費　　60,000

　貸：專用基金——職工福利基金　　60,000

【例 19-9】人事處報銷看望本處受傷職工費用 60 元。

借：專用基金——職工福利基金——人事處（按部門核算）　　60

　貸：庫存現金　　60

【例 19-10】3 月 10 日，中文系支付邀請北大李教授來院講學酬金 15,000 元。

借：事業支出——勞務費　　15,000

　貸：庫存現金　　15,000

二、經營支出的核算

（一）經營支出的內容

經營支出是指事業單位在專業業務活動及其輔助活動之外開展非獨立核算經營活動發生的支出。事業單位開展非獨立核算經營活動的，應當正確歸集開展經營活動發生的各項費用數；無法直接歸集的，應當按照規定的標準或比例合理分攤。

有經營活動的事業單位應正確劃分事業支出和經營支出的界限。對於能分清的支出，要合理歸集；對於不能分清的，應按一定標準進行分配，不得將應列入經營支出的項目列入事業支出，也不得將應列入事業支出的項目列入經營支出。

（二）經營支出的帳務處理

為了正確核算事業單位在專業業務活動及其輔助活動之外開展非獨立核算經營活動發生的各項支出，以及實行內部成本核算單位結轉已銷經營性勞務成果或產品時，應設置「經營支出」科目。為在專業業務活動及其輔助活動之外開展非獨立核算經營活動人員計提的薪酬等，借記本帳戶，貸記「應付職工薪酬」等帳戶。

在專業業務活動及其輔助活動之外開展非獨立核算經營活動領用、發出的存貨，按領用、發出存貨的實際成本，借記本帳戶，貸記「存貨」帳戶。在專業業務活動及其輔助活動之外開展非獨立核算經營活動中發生的其他各項支出，借記本帳戶，貸記「庫存現金」「銀行存款」「應繳稅費」等帳戶。

期末，將本帳戶本期發生額轉入經營結余，借記「經營結余」帳戶，貸記本帳戶。期末結帳后，本帳戶應無余額。

【例 19-11】某高校附屬非獨立核算的小型超市，發生下列有關支出業務：

發放職工工資 5,000 元。

借：經營支出　　5,000

　貸：應付職工薪酬　　5,000

以現金支付差旅費 2,000 元。

借：經營支出　　2,000

　貸：庫存現金　　2,000

接銀行付款通知，付水電費 1,500 元。

借：經營支出　　1,500

　貸：銀行存款　　1,500

【例 19-12】某高校發放所屬非獨立核算的招待所維修費用 1,500 元。

借：經營支出　　1,500

　貸：銀行存款　　1,500

【例 19-13】某實行內部成本核算的事業單位結轉已銷經營性產品成本 50,000元。

借：經營支出　　50,000

　貸：存貨　　50,000

第三節　繳撥款及其他支出的核算

一、上繳上級支出的核算

上繳上級支出是指事業單位按規定標準或比例上繳上級單位的支出。它與上級單位的「附屬單位繳款」相對應。

為了正確核算核算事業單位按照財政部門和主管部門的規定上繳上級單位的支出，應設置「上繳上級支出」科目。按規定將款項上繳上級單位的，按照實際上繳的金額，借記本帳戶，貸記「銀行存款」等帳戶。

期末，將本帳戶本期發生額轉入事業結余，借記「事業結余」帳戶，貸記本帳戶。期末結帳后，本帳戶應無余額。

核算舉例：

【例 19-14】某高校按規定上繳上級單位 100,000 元。

借：上繳上級支出　　100,000

　貸：銀行存款　　100,000

【例 19-15】年終，某高校將「上繳上級支出」余額 20,000 元轉入「事業結余」帳戶。

借：事業結余　　20,000
　貸：上繳上級支出　　20,000

二、對附屬單位補助支出的核算

對附屬單位補助支出是指事業單位用非財政預算資金對附屬單位補助發生的支出。該項補助資金的性質是非財政性預算資金，而不是預算內資金。因此，事業單位對所屬單位的補助款一般是事業單位從事業務活動所獲得的自有資金。

為了正確核算事業單位非財政預算資金對附屬單位補助發生的支出數，應設置「對附屬單位補助支出」科目。本科目用來核算事業單位用財政補助收入之外的收入對附屬單位補助發生的支出。

發生對附屬單位補助支出的，按照實際支出的金額，借記本帳戶，貸記「銀行存款」等帳戶。補助收回時，作相反的會計分錄。期末，將本帳戶本期發生額轉入事業結余，借記「事業結余」帳戶，貸記本帳戶。同時，本帳戶應按接受補助的附屬單位名稱設置明細帳。

期末結帳后，本帳戶應無余額。

核算舉例：

【例 19-16】某大學對所屬附中撥付補助款 200,000 元。

借：對附屬單位補助支出　　200,000
　貸：銀行存款　　200,000

【例 19-17】年終，將「對附屬單位補助支出」余額 10,000 元轉 入「事業結余」帳戶。

借：事業結余　　10,000
　貸：對附屬單位補助支出　　10,000

三、其他支出的核算

其他支出是指除事業支出、上繳上級支出、對附屬單位補助支出、經營支出以外的各項支出，包括利息支出、捐贈支出、現金盤虧損失、資產處理損失、接受捐贈（調入）非流動資產發生的稅費支出等。

應設置「其他支出」科目，按照其他支出的類別、《政府收支分類科目》中「支出功能分類」相關帳戶等進行明細核算。其他支出中如有專項資金支出，還應按具體項目進行明細核算。

（1）利息支出。支付銀行借款利息時，借記本帳戶，貸記「銀行存款」帳戶。

（2）捐贈支出。對外捐贈現金資產，借記本帳戶，貸記「銀行存款」等帳戶。對外捐出存貨，借記本帳戶，貸記「待處理資產損溢」帳戶。對外捐贈固定資產、無形資產等非流動資產，不通過本帳戶核算。

（3）現金盤虧損失。每日現金帳款核對中如發現現金短缺，屬於無法查明原因的部分，報經批准后，借記本帳戶，貸記「庫存現金」帳戶。

（4）資產處理損失。報經批准核銷應收及預付款項、處理存貨，借記本帳戶，貸記「待處理資產損溢」帳戶。

（5）接受捐贈（調入）非流動資產發生的稅費支出。接受捐贈、無償調入非流動資產發生的相關稅費、運輸費等，借記本帳戶，貸記「銀行存款」等帳戶。

以固定資產、無形資產取得長期股權投資，所發生的相關稅費計入本帳戶。具體帳務處理參見「長期投資」帳戶。

期末，將本帳戶本期發生額中的專項資金支出結轉入非財政補助結轉，借記「非財政補助結轉」帳戶，貸記本帳戶下各專項資金支出明細帳戶；將本帳戶本期發生額中的非專項資金支出結轉入事業結余，借記「事業結余」帳戶，貸記本帳戶下各非專項資金支出明細帳戶。

期末結帳后，本帳戶應無余額。

【例 19-18】某事業單位用銀行存款支付借款利息 6,000 元。

借：其他支出——利息支出　　　　6,000

　貸：銀行存款　　　　　　　　　　6,000

【例 19-19】某事業單位期末現金盤點，發現現金短款 2,000 元，經核對無法查明原因。

借：其他支出　　　　2,000

　貸：庫存現金　　　　　2,000

第四節　成本費用的核算

一、事業單位成本費用的概念

事業單位的成本費用是指事業單位在生產產品、開發項目或提供勞務過程中所發生的費用及損失。費用主要包括業務活動過程中耗用的各種材料、支付給職工的工資及按規定計提的職工福利費、固定資產折舊和無形資產攤銷，以及為組織管理業務活動而發生的管理費用等。這些費用一旦對象化也就形成了產品（項目）的成本。

二、事業單位成本費用核算的適用範圍

由於目前事業單位內行業分類較多，不是所有事業單位都需要進行成本費用的核算。部分實行成本費用核算的範圍大致如下：

（1）有產品生產或兼有商品行銷的部分事業單位，其產品或商品應進行成本費用核算；

（2）有項目開發的事業單位，其項目開發過程中一切費用開支應進行成本費用核算；

（3）對外提供技術諮詢等勞務服務活動的事業單位，也應進行服務費用的核算。

三、事業單位成本費用核算的基本要求

（1）實行成本核算的事業單位必須堅持權責發生制原則。本期支付應由本期和以后各期負擔的費用支出，應當按一定的標準分配計入本期和以后各期；本期尚未支付但應由本期負擔的費用支出，應當預提計入本期。

(2) 實行成本核算的事業單位，其業務項目支出的費用應當區分直接費用和間接費用。直接費用直接計入成本，間接費用按一定的標準分配計入成本。

(3) 管理費用應當作為期間費用，直接列入當期的支出。

(4) 成本計算應當按業務項目週期或規定的會計期進行。

四、事業單位成本費用核算的科目設置

(一)「成本費用」科目設置

為了正確核算實行內部成本核算的事業單位應列入勞務（產品、商品）成本的各項費用，應設置「成本費用」科目。

業務活動或經營過程中發生的各項費用，借記本帳戶，貸記「存貨」「銀行存款」等有關帳戶；產品驗收入庫時，借記「存貨——產成品」帳戶，貸記本帳戶。本帳戶應按經營類別或產品品種設置明細帳。

(二)「間接費用」科目設置

為了核算實行成本核算的事業單位為生產產品（或提供勞務）而發生的各項間接費用，應設置「間接費用」科目。

發生間接費用時，借記本帳戶，貸記有關費用帳戶。期末按一定標準分配計入當期有關的成本核算對象，借記「成本費用」帳戶，貸記本帳戶；本帳戶月末一般無余額。還應按不同部門設置明細帳。

(三)「已銷產品成本」科目設置

為了核算從事產品生產的事業單位已銷產品的實際成本，應設置「已銷產品成本」科目。

事業單位產品出庫銷售時，按成本價借記帳戶，貸記「存貨——產成品」帳戶；月末計算收益時，按實際成本價，借記「經營結余」帳戶，貸記本帳戶。本帳戶不設置明細帳。

(四)「管理費用」科目設置

事業單位的管理費用包括以下內容：

(1) 管理部門為組織和管理生產經營活動而發生的工資、福利費、折舊費、工會經費以及業務招待費、壞帳損失、排污費、綠化費、稅金等。

(2) 利息支出、匯兌損益、金融機構手續費。

(3) 銷售產品、經營商品或提供勞務過程中發生的銷售費用和經營費用，如運輸費、裝卸費、包裝費、廣告費、租賃費、銷售服務費以及銷售經營部門的人員工資和公用經費等。

為了核算從事產品生產或商品經營的事業單位，在生產經營活動中發生的期間費用，應設置「管理費用」科目。

事業單位開支管理費用時，借記本帳戶，貸記「現金」「銀行存款」等帳戶。發生支出收回時，作衝減管理費用處理。月末，應將本帳戶余額轉入「經營結余」帳戶。借記「經營結余」帳戶，貸記本帳戶。結轉后本帳戶應無余額。本帳戶應按費用項目設置明細帳。

(五)「銷售稅金」科目設置

為了核算事業單位提供勞務或銷售產品應負擔的稅金及附加，包括營業稅、城

市維護建設稅、資源稅和教育費附加等，應設置「銷售稅金」科目。

月末，事業單位按照規定計算出應負擔的銷售稅金及附加，借記本帳戶，貸記「應交稅費」「其他應付款」帳戶；繳納稅金及附加時，借記「應交稅費」「其他應付款」，貸記「銀行存款」帳戶。期末，應將本帳戶余額轉入「經營結余」或「事業結余」帳戶。借記「經營結余」或「事業結余」帳戶，貸記本帳戶。同時，本帳戶應按產（商）品類別或品種設置明細帳。

五、事業單位成本費用核算舉例

(一) 主要成本費用的核算

【例 19-20】S 單位為生產 A 產品領用原材料甲 5,000 元、輔助材料乙 400 元；為生產 B 產品領用甲材料 3,000 元、乙材料 600 元。

借：成本費用——A 產品	5,400	
——B 產品	3,600	
貸：存貨——甲材料		8,000
——乙材料		1,000

【例 19-21】S 單位輔助生產部門領用丙材料 800 元。

借：間接費用	800	
貸：存貨——丙材料		800

【例 19-22】S 單位計算出當月應付工資總額 62,000 元，從銀行提取現金發放工資。

借：庫存現金	62,000	
貸：銀行存款		62,000
借：應付職工薪酬	62,000	
貸：庫存現金		62,000

【例 19-23】月末將本月應發放工資進行分配，其中開發生產 A 產品工人工資 25,000元，B 產品工人工資 20,000 元，輔助生產部門工資 10,000 元，管理人員工資 7,000 元。

借：成本費用——A 產品	25,000	
——B 產品	20,000	
間接費用	10,000	
管理費用	7,000	
貸：應付職工薪酬		62,000

【例 19-24】按工資總額的 14%提取職工福利費。

借：成本費用——A 產品	3,500	
——B 產品	2,800	
管理費用	980	
間接費用	1,400	
貸：應付福利費		8,680

(二) 其他費用的核算

實行成本核算的事業單位，除材料費用、人工費用外，還會發生其他貨幣性支出。在核算時，應劃清成本和費用的界限，本期費用成本與跨期費用成本的界限。

【例 19-25】以銀行存款預付半年書報費 600 元。

借：待攤費用——書報費　　600

　貸：銀行存款　　600

【例 19-26】以銀行存款支付上季度銀行借款利息 900 元。

借：預提費用——利息支出　　900

　貸：銀行存款　　900

【例 19-27】放射科李宏出差借支差旅費 1,000 元，開出現金支票一張。

借：其他應收款——李宏　　1,000

　貸：銀行存款　　1,000

【例 19-28】李宏出差歸來報銷差旅費 850 元，退回現金 150 元。

借：管理費用　　850

　　庫存現金　　150

　貸：其他應收款　　1,000

【例 19-29】某科研單位月末美元存款余額 400 美元，原匯率為美元兌人民幣 1：6.7，月末匯率為 1：6.30。請計算期末匯兌損益。

借：管理費用　　160

　貸：銀行存款　　160

【例 19-30】某實行內部成本核算事業單位，用現金支付購買辦公用品款 300 元。

借：管理費用　　300

　貸：庫存現金　　300

第二十章
事業單位會計報表

事業單位會計報表是反應事業單位財務狀況和收支情況的書面文件，是財政部門和上級單位瞭解情況、指導單位預算執行工作的重要資料，也是編製下年度單位財務收支計劃的基礎。事業單位的會計報表包括資產負債表、收入支出表、財政補助收入支出表、附表及會計報表附註和收支情況說明書等。

第一節　事業單位會計報表的意義及種類

一、事業單位會計報表的意義

事業單位會計報表，是反應事業單位一定時期財務狀況和收支情況的書面文件，是日常會計核算工作的總結和深化，是事業單位會計核算工作的一項重要內容，是財務報告的主要組成部分。

事業單位會計報表具有以下作用：

（1）能全面、系統、總括地反應事業單位在一定時期的經濟活動情況和財務狀況。通過日常會計核算所提供各要素情況，是不系統、全面的資料，而會計報表是根據日常核算資料，按照編製報表的要求，加以歸類、整理后編製的，能總括全面反應事業單位經濟活動和財務狀況，滿足單位、上級及投資者等的需要。

（2）通過會計報表，可以瞭解事業單位資產、負債、收入、支出、結余構成，分析資金使用效果，提高事業單位社會效益和經濟效益，促使提高管理水平。

（3）利用會計報表可以分析檢查預算和事業計劃執行情況，並為編製下期預算、計劃提供必要資料。

（4）通過會計報表，可以瞭解事業單位遵守國家政策、財經紀律、財經制度的情況，作為評價事業單位經濟工作的重要依據。

（5）主管部門、財政部門、銀行、審計部門可以利用會計報表檢查、監督事業單位對國家資金和銀行借款的使用情況。主管部門、財政部門根據事業單位會計報表匯總編製的匯總報表，可以作為制訂國民經濟計劃和進行綜合平衡的參考。

二、事業單位會計報表的種類

（1）按會計報表的基本特徵分為資產負債表、收入支出表、財政補助收入支出表、附表及會計報表附註和收支情況說明書等。資產負債表、收入支出表、財政補助收入支出表是事業單位的主表，而其他報表是對資產負債表和收入支出表有關指標期末余額形成及具體內容進行補充說明，由此構成了事業單位會計報表體系。見表 20-1。

表 20-1　　事業單位會計報表體系

序號	報表名稱	編報期	主要內容	備註
1	資產負債表	月、年	單位在某一特定日期財務狀況	
2	收入支出表	月、年	單位在一定期間的收支結余及其分配情況	
3	財政補助收入支出表	季、年	在某一會計期間財政補助收入、支出、結轉及結余情況	
4	事業支出明細表	月、季、年	按「國家預算支出帳戶」列示單位在一定期間事業收支結余情況	屬於收入支出表的附表
5	經營支出明細表	月、季、年	按「國家預算支出帳戶」列示單位在一定期間營業收支情況	屬於收入支出表的附表
6	結余分配表	年	反應事業單位某一會計年度結余的構成及結余分配（彌補收支差額）情況	適用於事業單位
7	淨資產變動情況表	年	反應事業單位一定期間各項淨資產增加、減少、結余情況	

（2）按編製時間分為月報、季報、年報。

（3）按編製層次分為本級會計報表、匯總會計報表。本級會計報表是反應本單位一定時期內的財務狀況和收支情況的報表。匯總會計報表是將本單位會計報表與所屬會計單位報表匯總編製的報表，反應整個系統一定時期內的財務狀況和收支情況。

事業單位財務報表應當根據登記完整、核對無誤的帳簿記錄和其他有關資料編製，做到數字真實、計算準確、內容完整、報送及時。

第二節　事業單位會計報表編製

一、事業單位資產負債表的編製

事業單位資產負債表是反應事業單位一定時點（月末、季末、年末）財務狀況的報表（又稱財務狀況表），是一張靜態報表，也是事業單位主要的會計報表。它能夠反應事業單位在某一時刻佔有和使用的經濟資源和負債情況，以及事業單位償債能力和財務前景。資產負債表應當按照資產、負債和淨資產分類列示。資產和負債應當分別流動資產和非流動資產、流動負債和非流動負債列示。

資產負債表由表頭、基本部分組成，採用帳戶式格式。見表 20-2。

表 20-2 **資產負債表**

編製單位： 年 月 日 單位：元（以下至角分）

	資產部類	年初數	期末數		負債部類	年初數	期末數
	一、資產類				**一、負債類**		
	流動資產：				流動負債：		
	貨幣資金				短期借款		
	短期投資				應繳稅費		
	財政應返還額度				應繳國庫款		
	應收票據				應繳財政專戶款		
	應收帳款				應付職工薪酬		
	預付帳款				應付票據		
	其他應收款				應付帳款		
	存貨				預收帳款		
	其他流動資產				其他應付款		
	流動資產合計				其他流動負債		
	非流動資產：				流動負債合計		
	長期投資				非流動負債：		
	固定資產				長期借款		
	固定資產原價				長期應付款		
	減：累計折舊				非流動負債合計		
	在建工程				負債合計		
	無形資產				**二、淨資產類**		
	無形資產原價				事業基金		
	減：累計攤銷				非流動資產基金		
	待處理資產損溢				專用基金		
					財政補助結轉		
					財政補助結余		
					非財政補助結轉		
					非財政補助結余		
					1. 事業結余		
					2. 經營結余		
					淨資產合計		
	資產部類總計				負債部類總計		

資產負債表基本部分就是按會計要素及所含會計帳戶依次排列，反應事業單位全部資產、負債、淨資產期末數，並應填列年初數。資產負債表建立的理論依據是：

資產 = 負債+淨資產

本表「年初余額」欄內各項數字，應當根據上年年末資產負債表「期末余額」欄內數字填列。如果本年度資產負債表規定的各個項目的名稱和內容同上年度不相一致，應對上年年末資產負債表各項目的名稱和數字按照本年度的規定進行調整，填入本表「年初余額」欄內。

本表「期末余額」欄各項目的內容和填列方法：

(一) 資產類項目

(1)「貨幣資金」項目，反應事業單位期末庫存現金、銀行存款和零余額帳戶用款額度的合計數。本項目應當根據「庫存現金」「銀行存款」「零余額帳戶用款額度」帳戶的期末余額合計填列。

(2)「短期投資」項目，反應事業單位期末持有的短期投資成本。本項目應當根據「短期投資」帳戶的期末余額填列。

(3)「財政應返還額度」項目，反應事業單位期末財政應返還額度的金額。本項目應當根據「財政應返還額度」帳戶的期末余額填列。

(4)「應收票據」項目，反應事業單位期末持有的應收票據的票面金額。本項目應當根據「應收票據」帳戶的期末余額填列。

(5)「應收帳款」項目，反應事業單位期末尚未收回的應收帳款余額。本項目應當根據「應收帳款」帳戶的期末余額填列。

(6)「預付帳款」項目，反應事業單位預付給商品或者勞務供應單位的款項。本項目應當根據「預付帳款」帳戶的期末余額填列。

(7)「其他應收款」項目，反應事業單位期末尚未收回的其他應收款余額。本項目應當根據「其他應收款」帳戶的期末余額填列。

(8)「存貨」項目，反應事業單位期末為開展業務活動及其他活動耗用而儲存的各種材料、燃料、包裝物、低值易耗品及達不到固定資產標準的用具、裝具、動植物等的實際成本。本項目應當根據「存貨」帳戶的期末余額填列。

(9)「其他流動資產」項目，反應事業單位除上述各項之外的其他流動資產，如將在 1 年內（含 1 年）到期的長期債券投資。本項目應當根據「長期投資」等帳戶的期末余額分析填列。

(10)「長期投資」項目，反應事業單位持有時間超過 1 年（不含 1 年）的股權和債權性質的投資。本項目應當根據「長期投資」帳戶期末余額減去其中將於 1 年內（含 1 年）到期的長期債券投資余額后的金額填列。

(11)「固定資產」項目，反應事業單位期末各項固定資產的帳面價值。本項目應當根據「固定資產」帳戶期末余額減去「累計折舊」帳戶期末余額后的金額填列。

「固定資產原價」項目，反應事業單位期末各項固定資產的原價。本項目應當根據「固定資產」帳戶的期末余額填列。

「累計折舊」項目，反應事業單位期末各項固定資產的累計折舊。本項目應當根據「累計折舊」帳戶的期末余額填列。

(12)「在建工程」項目，反應事業單位期末尚未完工交付使用的在建工程發生的實際成本。本項目應當根據「在建工程」帳戶的期末余額填列。

(13)「無形資產」項目，反應事業單位期末持有的各項無形資產的帳面價值。本項目應當根據「無形資產」帳戶期末余額減去「累計攤銷」帳戶期末余額后的金額填列。

「無形資產原價」項目，反應事業單位期末持有的各項無形資產的原價。本項目應當根據「無形資產」帳戶的期末余額填列。

「累計攤銷」項目，反應事業單位期末各項無形資產的累計攤銷。本項目應當根據「累計攤銷」帳戶的期末余額填列。

(14)「待處理資產損溢」項目，反應事業單位期末待處理資產的價值及處理損溢。本項目應當根據「待處理資產損溢」帳戶的期末借方余額填列；如「待處理資產損溢」帳戶期末為貸方余額，則以「-」號填列。

(15)「非流動資產合計」項目，按照「長期投資」「固定資產」「在建工程」「無形資產」「待處理資產損溢」項目金額的合計數填列。

(二) 負債類項目

(16)「短期借款」項目，反應事業單位借入的期限在1年內（含1年）的各種借款。本項目應當根據「短期借款」帳戶的期末余額填列。

(17)「應繳稅費」項目，反應事業單位應交未交的各種稅費。本項目應當根據「應繳稅費」帳戶的期末貸方余額填列；如「應繳稅費」帳戶期末為借方余額，則以「-」號填列。

(18)「應繳國庫款」項目，反應事業單位按規定應繳入國庫的款項（應繳稅費除外）。本項目應當根據「應繳國庫款」帳戶的期末余額填列。

(19)「應繳財政專戶款」項目，反應事業單位按規定應繳入財政專戶的款項。本項目應當根據「應繳財政專戶款」帳戶的期末余額填列。

(20)「應付職工薪酬」項目，反應事業單位按有關規定應付給職工及為職工支付的各種薪酬。本項目應當根據「應付職工薪酬」帳戶的期末余額填列。

(21)「應付票據」項目，反應事業單位期末應付票據的金額。本項目應當根據「應付票據」帳戶的期末余額填列。

(22)「應付帳款」項目，反應事業單位期末尚未支付的應付帳款的金額。本項目應當根據「應付帳款」帳戶的期末余額填列。

(23)「預收帳款」項目，反應事業單位期末按合同規定預收但尚未實際結算的款項。本項目應當根據「預收帳款」帳戶的期末余額填列。

(24)「其他應付款」項目，反應事業單位期末應付未付的其他各項應付及暫收款項。本項目應當根據「其他應付款」帳戶的期末余額填列。

(25)「其他流動負債」項目，反應事業單位除上述各項之外的其他流動負債，如承擔的將於1年內（含1年）償還的長期負債。本項目應當根據「長期借款」「長期應付款」等帳戶的期末余額分析填列。

(26)「長期借款」項目，反應事業單位借入的期限超過1年（不含1年）的各項借款本金。本項目應當根據「長期借款」帳戶的期末余額減去其中將於1年內（含1年）到期的長期借款余額后的金額填列。

(27)「長期應付款」項目，反應事業單位發生的償還期限超過1年（不含1年）的各種應付款項。本項目應當根據「長期應付款」帳戶的期末余額減去其中將於1年內（含1年）到期的長期應付款余額后的金額填列。

(三) 淨資產類項目

(28)「事業基金」項目，反應事業單位期末擁有的非限定用途的淨資產。本項目應當根據「事業基金」帳戶的期末余額填列。

(29)「非流動資產基金」項目，反應事業單位期末非流動資產占用的金額。本項目應當根據「非流動資產基金」帳戶的期末余額填列。

(30)「專用基金」項目，反應事業單位按規定設置或提取的具有專門用途的淨資產。本項目應當根據「專用基金」帳戶的期末余額填列。

(31)「財政補助結轉」項目，反應事業單位滾存的財政補助結轉資金。本項目應當根據「財政補助結轉」帳戶的期末余額填列。

(32)「財政補助結余」項目，反應事業單位滾存的財政補助項目支出結余資金。本項目應當根據「財政補助結余」帳戶的期末余額填列。

(33)「非財政補助結轉」項目，反應事業單位滾存的非財政補助專項結轉資金。本項目應當根據「非財政補助結轉」帳戶的期末余額填列。

(34)「非財政補助結余」項目，反應事業單位自年初至報告期末累計實現的非財政補助結余彌補以前年度經營虧損后的余額。本項目應當根據「事業結余」「經營結余」帳戶的期末余額合計填列；如「事業結余」「經營結余」帳戶的期末余額合計為虧損數，則以「-」號填列。在編製年度資產負債表時，本項目金額一般應為「0」；若不為「0」，本項目金額應為「經營結余」帳戶的期末借方余額（「-」號填列）。

「事業結余」項目，反應事業單位自年初至報告期末累計實現的事業結余。本項目應當根據「事業結余」帳戶的期末余額填列；如「事業結余」帳戶的期末余額為虧損數，則以「-」號填列。在編製年度資產負債表時，本項目金額應為「0」。

「經營結余」項目，反應事業單位自年初至報告期末累計實現的經營結余彌補以前年度經營虧損后的余額。本項目應當根據「經營結余」帳戶的期末余額填列；如「經營結余」帳戶的期末余額為虧損數，則以「-」號填列。在編製年度資產負債表時，本項目金額一般應為「0」；若不為「0」，本項目金額應為「經營結余」帳戶的期末借方余額（「-」號填列）。

按上述方法編製完成的資產負債表，總括反應了事業單位期末財務狀況。但報表提供的財務會計信息，綜合簡單，不能直接據以得出事業單位財務狀況好壞的判斷，更不能說明財務狀況變化原因。欲要適當評價事業單位財務狀況，瞭解財務狀況和收支變化原因與趨勢，還必須以資產負債表所提供的信息資料為基礎，深入進行分析加工，才能達到目的。

二、事業單位收入支出表的編製

收入支出表用來反應事業單位在某一會計期間內各項收入、支出和結轉結余情況，以及年末非財政補助結余的分配情況。也是事業單位的主要會計報表之一。見表20-3。

表20-3　　收入支出表

編製單位：　　　　年　月　　　　單位：元

項目	本月數	本年累計數
一、本期財政補助結轉結余		
財政補助收入		

表20-3(續)

項目	本月數	本年累計數
減：事業支出（財政補助支出）		
二、本期事業結轉結余		
（一）事業類收入		
1. 事業收入		
2. 上級補助收入		
3. 附屬單位上繳收入		
4. 其他收入		
其中：捐贈收入		
減：（二）事業類支出		
1. 事業支出（非財政補助支出）		
2. 上繳上級支出		
3. 對附屬單位補助支出		
4. 其他支出		
三、本期經營結余		
經營收入		
減：經營支出		
四、彌補以前年度虧損后的經營結余		
五、本年非財政補助結轉結余		
減：非財政補助結轉		
六、本年非財政補助結余		
減：應繳企業所得稅		
減：提取專用基金		
七、轉入事業基金		

本表「本月數」欄反應各項目的本月實際發生數。在編製年度收入支出表時，應當將本欄改為「上年數」欄，反應上年度各項目的實際發生數；如果本年度收入支出表規定的各個項目的名稱和內容同上年度不一致，應對上年度收入支出表各項目的名稱和數字按照本年度的規定進行調整，填入本年度收入支出表的「上年數」欄。本表「本年累計數」欄反應各項目自年初起至報告期末止的累計實際發生數。編製年度收入支出表時，應當將本欄改為「本年數」。

本表「本月數」欄各項目的內容和填列方法：

（一）本期財政補助結轉結余

（1）「本期財政補助結轉結余」項目，反應事業單位本期財政補助收入與財政補助支出相抵后的余額。本項目應當按照本表中「財政補助收入」項目金額減去「事業支出（財政補助支出）」項目金額后的余額填列。

(2)「財政補助收入」項目，反應事業單位本期從同級財政部門取得的各類財政撥款。本項目應當根據「財政補助收入」帳戶的本期發生額填列。

(3)「事業支出（財政補助支出）」項目，反應事業單位本期使用財政補助發生的各項事業支出。本項目應當根據「事業支出——財政補助支出」帳戶的本期發生額填列，或者根據「事業支出——基本支出（財政補助支出）」「事業支出——項目支出（財政補助支出）」帳戶的本期發生額合計填列。

(二) 本期事業結轉結余

(4)「本期事業結轉結余」項目，反應事業單位本期除財政補助收支、經營收支以外的各項收支相抵后的余額。本項目應當按照本表中「事業類收入」項目金額減去「事業類支出」項目金額后的余額填列；如為負數，以「-」號填列。

(5)「事業類收入」項目，反應事業單位本期事業收入、上級補助收入、附屬單位上繳收入、其他收入的合計數。本項目應當按照本表中「事業收入」「上級補助收入」「附屬單位上繳收入」「其他收入」項目金額的合計數填列。

「事業收入」項目，反應事業單位開展專業業務活動及其輔助活動取得的收入。本項目應當根據「事業收入」帳戶的本期發生額填列。

「上級補助收入」項目，反應事業單位從主管部門和上級單位取得的非財政補助收入。本項目應當根據「上級補助收入」帳戶的本期發生額填列。

「附屬單位上繳收入」項目，反應事業單位附屬獨立核算單位按照有關規定上繳的收入。本項目應當根據「附屬單位上繳收入」帳戶的本期發生額填列。

「其他收入」項目，反應事業單位除財政補助收入、事業收入、上級補助收入、附屬單位上繳收入、經營收入以外的其他收入。本項目應當根據「其他收入」帳戶的本期發生額填列。

「捐贈收入」項目，反應事業單位接受現金、存貨捐贈取得的收入。本項目應當根據「其他收入」帳戶所屬相關明細帳戶的本期發生額填列。

(6)「事業類支出」項目，反應事業單位本期事業支出（非財政補助支出）、上繳上級支出、對附屬單位補助支出、其他支出的合計數。本項目應當按照本表中「事業支出（非財政補助支出）」「上繳上級支出」「對附屬單位補助支出」「其他支出」項目金額的合計數填列。

「事業支出（非財政補助支出）」項目，反應事業單位使用財政補助以外的資金發生的各項事業支出。本項目應當根據「事業支出——非財政專項資金支出」「事業支出——其他資金支出」帳戶的本期發生額合計填列，或者根據「事業支出——基本支出（其他資金支出）」「事業支出——項目支出（非財政專項資金支出、其他資金支出）」帳戶的本期發生額合計填列。

「上繳上級支出」項目，反應事業單位按照財政部門和主管部門的規定上繳上級單位的支出。本項目應當根據「上繳上級支出」帳戶的本期發生額填列。

「對附屬單位補助支出」項目，反應事業單位用財政補助收入之外的收入對附屬單位補助發生的支出。本項目應當根據「對附屬單位補助支出」帳戶的本期發生額填列。

「其他支出」項目，反應事業單位除事業支出、上繳上級支出、對附屬單位補助支出、經營支出以外的其他支出。本項目應當根據「其他支出」帳戶的本期發生額填列。

（三）本期經營結余

（7）「本期經營結余」項目，反應事業單位本期經營收支相抵后的余額。本項目應當按照本表中「經營收入」項目金額減去「經營支出」項目金額后的余額填列；如為負數，以「-」號填列。

（8）「經營收入」項目，反應事業單位在專業業務活動及其輔助活動之外開展非獨立核算經營活動取得的收入。本項目應當根據「經營收入」帳戶的本期發生額填列。

（9）「經營支出」項目，反應事業單位在專業業務活動及其輔助活動之外開展非獨立核算經營活動發生的支出。本項目應當根據「經營支出」帳戶的本期發生額填列。

（四）彌補以前年度虧損后的經營結余

（10）「彌補以前年度虧損后的經營結余」項目，反應事業單位本年度實現的經營結余扣除本年初未彌補經營虧損后的余額。本項目應當根據「經營結余」帳戶年末轉入「非財政補助結余分配」帳戶前的余額填列；如該年末余額為借方余額，以「-」號填列。

（五）本年非財政補助結轉結余

（11）「本年非財政補助結轉結余」項目，反應事業單位本年除財政補助結轉結余之外的結轉結余金額。如本表中「彌補以前年度虧損后的經營結余」項目為正數，本項目應當按照本表中「本期事業結轉結余」「彌補以前年度虧損后的經營結余」項目金額的合計數填列；如為負數，以「-」號填列。如本表中「彌補以前年度虧損后的經營結余」項目為負數，本項目應當按照本表中「本期事業結轉結余」項目金額填列；如為負數，以「-」號填列。

（12）「非財政補助結轉」項目，反應事業單位本年除財政補助收支外的各專項資金收入減去各專項資金支出后的余額。本項目應當根據「非財政補助結轉」帳戶本年貸方發生額中專項資金收入轉入金額合計數減去本年借方發生額中專項資金支出轉入金額合計數后的余額填列。

（六）本年非財政補助結余

（13）「本年非財政補助結余」項目，反應事業單位本年除財政補助之外的其他結余金額。本項目應當按照本表中「本年非財政補助結轉結余」項目金額減去「非財政補助結轉」項目金額后的金額填列；如為負數，以「-」號填列。

（14）「應繳企業所得稅」項目，反應事業單位按照稅法規定應繳納的企業所得稅金額。本項目應當根據「非財政補助結余分配」帳戶的本年發生額分析填列。

（15）「提取專用基金」項目，反應事業單位本年按規定提取的專用基金金額。本項目應當根據「非財政補助結余分配」帳戶的本年發生額分析填列。

（七）轉入事業基金

（16）「轉入事業基金」項目，反應事業單位本年按規定轉入事業基金的非財政補助結余資金。本項目應當按照本表中「本年非財政補助結余」項目金額減去「應繳企業所得稅」「提取專用基金」項目金額后的余額填列；如為負數，以「-」號填列。

上述（10）至（16）項目，只有在編製年度收入支出表時才填列；編製月度收入支出表時，可以不設置此7個項目。

編製完成的收入支出表，總括反應了事業單位的收入、支出、結余狀況。但不能直接說明影響收入、支出和結余（或超支）變化的主要因素，更不能瞭解資金活動變化的原因。還必須運用對比分析、結構分析法，編製收入支出完成情況分析表（可以與計劃、上年同期或相同類型、規模的事業單位比較），找出影響收入、支出余超的主要因素，從而提高改進措施，提高預算資金使用效率，促進經濟管理水平的提高。

三、財政補助收入支出表

財政補助收入支出表是指反應事業單位某一會計年度財政補助收入、支出、結轉及結余情況的報表。

本表「上年數」欄內各項數字，應當根據上年度財政補助收入支出表「本年數」欄內數字填列。見表20-4。

表20-4　財政補助收入支出表

編製單位：　年度　單位：元

項目	本年數	上年數
一、年初財政補助結轉結余		——
（一）基本支出結轉		——
1. 人員經費		——
2. 日常公用經費		——
（二）項目支出結轉		——
××項目		——
（三）項目支出結余		——
二、調整年初財政補助結轉結余		——
（一）基本支出結轉		——
1. 人員經費		——
2. 日常公用經費		——
（二）項目支出結轉		——
××項目		——
（三）項目支出結余		——
三、本年歸集調入財政補助結轉結余		
（一）基本支出結轉		
1. 人員經費		
2. 日常公用經費		
（二）項目支出結轉		

表20-4(續)

項目	本年數	上年數
××項目		
(三) 項目支出結余		
四、本年上繳財政補助結轉結余		
(一) 基本支出結轉		
1. 人員經費		
2. 日常公用經費		
(二) 項目支出結轉		
××項目		
(三) 項目支出結余		
五、本年財政補助收入		
(一) 基本支出		
1. 人員經費		
2. 日常公用經費		
(二) 項目支出		
××項目		
六、本年財政補助支出		
(一) 基本支出		
1. 人員經費		
2. 日常公用經費		
(二) 項目支出		
××項目		
七、年末財政補助結轉結余		——
(一) 基本支出結轉		——
1. 人員經費		——
2. 日常公用經費		——
(二) 項目支出結轉		——
××項目		——
(三) 項目支出結余		——

本表「本年數」欄各項目的內容和填列方法:

(1)「年初財政補助結轉結余」項目及其所屬各明細項目，反應事業單位本年初財政補助結轉和結余余額。各項目應當根據上年度財政補助收入支出表中「年末財政補助結轉結余」項目及其所屬各明細項目「本年數」欄的數字填列。

(2)「調整年初財政補助結轉結余」項目及其所屬各明細項目，反應事業單位因本年發生需要調整以前年度財政補助結轉結余的事項，而對年初財政補助結轉結余的調整金額。各項目應當根據「財政補助結轉」「財政補助結余」帳戶及其所屬明細帳戶的本年發生額分析填列。如調整減少年初財政補助結轉結余，以「-」號填列。

(3)「本年歸集調入財政補助結轉結余」項目及其所屬各明細項目，反應事業單位本年度取得主管部門歸集調入的財政補助結轉結余資金或額度金額。各項目應當根據「財政補助結轉」「財政補助結余」帳戶及其所屬明細帳戶的本年發生額分析填列。

(4)「本年上繳財政補助結轉結余」項目及其所屬各明細項目，反應事業單位本年度按規定實際上繳的財政補助結轉結余資金或額度金額。各項目應當根據「財政補助結轉」「財政補助結余」帳戶及其所屬明細帳戶的本年發生額分析填列。

(5)「本年財政補助收入」項目及其所屬各明細項目，反應事業單位本年度從同級財政部門取得的各類財政撥款金額。各項目應當根據「財政補助收入」帳戶及其所屬明細帳戶的本年發生額填列。

(6)「本年財政補助支出」項目及其所屬各明細項目，反應事業單位本年度發生的財政補助支出金額。各項目應當根據「事業支出」帳戶所屬明細帳戶本年發生額中的財政補助支出數填列。

(7)「年末財政補助結轉結余」項目及其所屬各明細項目，反應事業單位截至本年末的財政補助結轉和結余余額。各項目應當根據「財政補助結轉」「財政補助結余」帳戶及其所屬明細帳戶的年末余額填列。

四、支出明細表

為了反應事業支出、經營支出的詳細情況，事業單位還應編製事業支出明細表、經營支出明細表。主要根據事業支出總帳和明細帳分析填列。其格式見表 20-5。

表 20-5　　　　事業支出明細表

編製單位：　　　　年　月　日　　　　單位：元

項目	合計	基本工資	補助工資	其他工資	職工福利費	社會保障費	生活補助	公務費	設備購置費	修繕費	業務費	其他費用	備註
列次	1	2	3	4	5	6	7	8	9	10	11	12	13
事業支出 其中： 1. 財政撥款支出 2. 非財政撥款資金支出													
合計													

編表說明：

(1)「財政撥款支出」是指事業單位用財政補助安排的支出。

(2)「非財政撥款支出」是指事業單位用非財政資金安排的支出。

(3) 在「財政撥款支出」和「非財政撥款支出」中對於財政部門指定用途的，應按指定用途填列；對於沒有指定用途的，按本表所列項目分別列示。

(4) 各事業單位對於上述兩項支出可根據核定預算和使用情況，採用統計方法填列。

對有經營活動的事業單位，應按經營支出「目」級帳戶編製經營支出明細表。主要根據經營支出及相關帳戶的明細資料填列。其格式見表 20-6。

表 20-6 經營支出明細表

編製單位： 年 月 日 單位：元

項目	合計	基本工資	補助工資	其他工資	職工福利費	社會保障費	生活補助	公務費	設備購置費	修繕費	業務費	其他費用	備註
列次	1	2	3	4	5	6	7	8	9	10	11	12	13
經營支出													
1													
2													
合計													

補充資料：

實行內部成本核算的單位應填列以下成本費用的補充資料：

未結轉到經營支出的成本費用：

其中：基本工資　職工福利費　修繕費

補助工資　社會保障費　業務費

其他工資　公務費

其他費用　設備購置費

編表說明：本表經營支出欄下可按經營業務的種類分類填列。

財務情況說明書，主要說明事業單位收入及其支出、結轉、結余及其分配、資產負債變動、對外投資、資產出租出借、資產處置、固定資產投資、績效考評的情況，對本期或者下期財務狀況發生重大影響的事項，以及需要說明的其他事項。

第三節　事業單位財務分析

事業單位財務經濟分析，是指運用財務收支、會計報表等相關資料，綜合地對一定時期內事業單位的財務活動和經濟活動過程進行比較、分析、評價，以及對未來前景作出預測的方法。

事業單位財務分析的內容包括預算編製與執行、資產使用、收入支出狀況等。財務分析的指標包括預算收入和支出完成率、人員支出與公用支出分別占事業支出的比率、人均基本支出、資產負債率等。主管部門和事業單位可以根據本單位的業務特點增加財務分析指標。

（一）預算收入和支出完成率

預算收入和支出完成率用來衡量事業單位收入和支出總預算及分項預算完成的程度。其計算公式為：

預算收入完成率=年終執行數÷（年初預算數±年中預算調整數）×100%

預算支出完成率=年終執行數÷（年初預算數±年中預算調整數）×100%

（二）人員事業、公用支出占事業支出的比率

人員支出、公用支出占事業支出的比率用來衡量事業單位事業支出結構。其計算公式為：

人員支出比率=人員支出÷事業支出×100%

公用支出比率=公用支出÷事業支出×100%

（三）人均支出

人均基本支出用來衡量事業單位按照實際在編人數平均的基本支出水平。其計算公式為：

人均基本支出=（基本支出-離退休人員支出）÷實際在編人數

（四）資產負債率

資產負債率用來衡量事業單位利用債權人提供資金開展業務活動的能力，以及反應債權人提供資金的安全保障程度。其計算公式為：

資產負債率=負債總額÷資產總額×100%

第二十一章
民間非營利組織會計概述

民間非營利組織是指在中華人民共和國境內依法成立的各類社會團體、基金會和民辦非企業單位。為了規範民間非營利組織的會計核算，提高會計信息質量，中國財政部根據《中華人民共和國會計法》及其他有關法律法規，於 2005 年發布了《民間非營利組織會計制度》。本章將對民間非營利組織會計特點、基本原則等作一些介紹。

第一節　民間非營利組織會計的特點及原則

一、民間非營利組織會計的特點

中國民間非營利組織應符合以下四個條件：①不以營利為目的；②任何單位或個人不因為出資而擁有民間非營利組織的所有權；③收支結余不得向出資者分配；④民間非營利組織一旦進行清算，清算后的剩余財產應按規定繼續用於社會公益事業。

近年來，中國民間非營利組織發展較快，種類繁多，概括起來有如下特點：

(1) 民間非營利組織的會計核算應當以持續、正常的業務活動為前提。會計記帳採用借貸記帳法。

(2) 民間非營利組織一般以權責發生制為基礎。有些民間非營利組織在日常會計核算時採用收付實現制，但其在對外提供財務報告特別是年度財務報告時，應當對會計數據作適當的調整，以形成符合權責發生制為基礎的財務報告。

(3) 民間非營利組織分開列示限定性資源和非限定性資源，即按其是否受資源提供者所附條件的限制劃分為非限定性基金和限定性基金。同時，要求民間非營利組織也應當將淨資產分為限定性淨資產和非限定淨資產，分別揭示。

(4) 民間非營利組織一般應計提固定資產折舊。折舊方法可採用年限平均法、工作量法、年數總和法、雙倍余額遞減法等。民間非營利組織應當根據科技發展、環境及其他因素，選擇合理的固定資產折舊方法。

(5) 民間非營利組織一般要進行成本費用核算，計算結余並進行結余分配。

二、民間非營利組織會計的基本原則

民間非營利組織的會計核算，應當遵循以下基本原則：

(1) 民間非營利組織會計核算應當以實際發生的經濟業務為依據，如實反應其

財務狀況收支結余和現金流量。

(2) 民間非營利組織應當按照經濟業務的經濟實質進行會計核算，而不應當僅僅按照它們的法律形式作為會計核算的依據。

(3) 民間非營利組織提供的會計信息應當能夠真實、完整地反應其財務狀況、收支結余和現金流量，以滿足會計信息使用者的需要。

(4) 民間非營利組織會計核算方法前后各期應當保持一致，不得隨意變更，如有必要變更，應當將變更的情況、原因和對單位財務收支情況及結果的影響在會計報表附註中予以說明。

(5) 民間非營利組織應當按照規定的會計處理方法進行會計核算，會計指標應當口徑一致，相互可比。

(6) 民間非營利組織的會計核算應當及時進行，不得提前或延后。

(7) 民間非營利組織的會計核算應當清晰明瞭，便於理解和利用。

(8) 民間非營利組織會計一般以權責發生制為基礎。

(9) 民間非營利組織在進行會計核算時，收入與其成本、費用應當相互配比，同一會計期間內的各項收入和與其相關的成本、費用，應當在該會計期間內確認。

(10) 民間非營利組織的各項財產在取得時應當按照實際成本計量。其后，各項財產發生減值，應當按照制度觀定計提相應的減值準備。除法律、行政法規和國家統一的會計制度另有規定者外，民間非營利組織一律不得自行調整其帳面價值。

(11) 民間非營利組織的會計核算應當遵循謹慎性原則，不得多計資產或收益，也不得少計負債或費用。

(12) 民間非營利組織會計核算應當合理劃分收益性支出與資本性支出。凡支出的效益僅與本年度相關的，應當作為收益性支出；凡支出的效益與幾個會計年度相關的，應當作為資本性支出。

(13) 民間非營利組織的會計核算應當遵循重要性原則，對資產、負債、結余等有較大影響，進而影響財務會計報告使用者據以作出合理判斷的重要會計事項，必須按照規定的會計方法和程序進行處理，並在財務會計報告中予以充分的披露；對於次要的會計事項，在不影響會計信息真實性和不至於誤導會計信息使用者作出正確判斷的前提下，可適當簡化處理。

第二節　民間非營利組織會計要素及財務報告的特點

一、民間非營利組織會計要素

(一) 資產

民間非營利組織的資產是指過去的經濟業務形成並由非營利組織擁有或者控制的資源，該資源預期會給民間非營利組織帶來經濟利益，包括流動資產、受贈資產、長期投資、固定資產、無形資產和其他資產。其中，捐贈是指一個實體自願無償向另一實體轉交現金或其他資產，或撤銷其債務的行為。

民間非營利組織受贈資產應當區分資產形態確定入帳價值：受贈資產如為現金，

應按實際金額入帳；對於不符合固定資產確認條件的實物資產，應轉入存貨，並按該受贈資產的帳面價值作為存貨的實際成本；對於符合固定資產確認條件的實物資產，應轉入固定資產，並按該受贈資產的帳面價值作為固定資產的入帳價值；對於受贈的無形資產，應轉入無形資產，並按該受贈資產的帳面價值作為無形資產的入帳價值。

(二) 負債

民間非營利組織的負債，是指過去的業務活動形成的現時義務，履行該義務預期會導致經濟利益流出民間非營利組織，包括流動負債和長期負債。民間非營利組織接受的指定受益人的捐贈，應作為應付款項，單獨核算。

(三) 淨資產

民間非營利組織淨資產，是指資產減去負債后的余額。以捐贈業務為主的民間非營利組織的淨資產，應按捐贈人限制存在與否分為不受限制淨資產、暫時受限制淨資產和永久受限制淨資產。其他民間非營利組織的淨資產包括業務發展基金和留本基金。不受限制淨資產，是指暫時受限制淨資產和永久受限制淨資產以外的其他淨資產。暫受限制淨資產，是指資金使用受到捐出方暫時限制的淨資產，包括時間限制、目的限制等。永久受限制而持有的資產，是指資金使用受到捐出方永久限制的淨資產。

(四) 收入

民間非營利組織收入是指民間非營利組織為開展業務活動，依法取得的非償還性資金，包括基本業務收入、其他業務收入、政府資助收入、投資收益和其他收入。基本業務收入是民間非營利組織開展章程規定範圍內的主要業務活動所取得的收入。如社會團體的會費收入、基金會的捐贈收入以及民辦學校的學費等。民間非營利組織開展章程範圍內的其他業務活動所取得的收入叫其他業務收入，如諮詢費收入、培訓費收入、展覽收入等。政府資助收入是民間非營利組織取得的政府無償給予的各類補助，如人員經費、辦公經費等。投資收益是民間非營利組織對外投資所取得的收益，包括委託貸款收益和委託投資收益。其他收入是民間非營利組織處置財產物資取得的淨收益和銀行存款取得的利息收入。

(五) 成本和費用

民間非營利組織費用是指民間非營利組織為開展章程範圍內的業務活動所發生的經濟利益的流出；民間非營利組織成本是其為提供勞務和產品而發生的各種耗費，不包括為第三方或客戶墊付的款項。民間非營利組織發生的應由當期承擔的費用包括基本業務支出、其他業務支出、其他支出和管理費用。民間非營利組織的基本業務支出，是其開展章程範圍內的主要業務活動發生的可直接歸屬於基本業務的有關支出，如民辦學校發生的教學支出。民間非營利組織其他業務支出是其開展章程範圍內的其他業務活動發生的可直接歸屬於其他業務的有關支出，如培訓費支出等。民間非營利組織的其他支出是指非營利因處置財產物資發生的淨損失和銀行借款發生的利息支出。民間非營利組織的管理費用是其管理部門發生的各項費用，包括人員支出、日常公用支出、對個人和家庭的補助支出、固定資產折舊和大修理費支出等。

(六) 結余及結余分配

民間非營利組織結余是指其在一定期間各項收入與支出相抵后的余額。以接受捐贈業務為主的民間非營利組織的結余應按捐贈人限制存在與否分為不受限制收支結余、暫時受限制收支結余和永久受限制收支結余。其他民間非營利組織的結余可不作上述劃分。收支結余應於期末，按扣除永久受限制捐贈收入后的金額轉入業務發展基金，按永久受限制捐贈收入金額轉入留本基金。

二、民間非營利組織財務會計報告及特點

民間非營利組織財務報告是反應其財務狀況和收支情況的書面文件。民間非營利組織的財務會計報告由會計報表、會計報表附註和收支情況說明書組成。民間非營利組織的財務報告分為年度、季度和月度財務會計報告，可將季度和月度財務會計報告統稱為中期財務會計報告，年度財務會計報告是指年度終了對外提供的財務會計報告。民間非營利組織向外提供的會計報表包括資產負債表、收入支出表、現金流量表、支出明細表及其他有關附表，最具特點的是增編現金流量表。

(一) 資產負債表

資產負債表應清楚地將外部限定使用的資產、相關負債及淨資產與非限定用途的資產、相關負債及淨資產區分開。其中，限定性流動資產應根據不同的用途限定進行劃分。留本基金淨資產也可以根據不同的目的、捐贈人或其他標準進行劃分。

(二) 收入支出表

收入支出表主要反應民間非營利組織的收支結余及其分配情況如捐助、收入、支出、資本增加額、轉帳及其他變動事項等。

(三) 現金流量表

民間非營利組織的現金流量表必須報告所有基金（非限定性基金、限定性基金、固定資產基金、留本基金等）的現金流量，分別報告營運所得淨現金流量、投資所得淨現金流量以及籌資所得淨現金流量。

(四) 支出明細表

這是反應民間非營利組織的日常公用經費和人員經費的詳細情況的報表。

此外，會計報表附註應包括以下內容：會計報表編製基準不符合會計核算基本前提的說明；重要會計政策和會計估計的說明；重要會計政策和會計估計變更的說明；或有事項的說明；接受、使用捐贈、資助的有關情況；重要資產轉讓及其出售的說明；會計報表重要項目的明細資料；有助於理解和分析會計報表需要說明的其他事項。

民間非營利組織的收支情況說明書應對下列情況作出說明：民間非營利組織業務活動基本情況；結余和分配情況；對民間非營利組織財務狀況、收支情況有重大影響的其他事項。

民間非營利組織編製財務報告的目的在於提供以下信息：

(1) 所取得資源的性質和數量；

(2) 捐贈人實施控制的程度；

(3) 資源的使用情況包括明確主要項目的性質及成本；

(4) 報告期內基金余額的淨變化數；

(5) 作為評價管理當局績效的基礎。

附錄 1
新舊財政總預算會計制度會計科目對照表

新財政總預算會計制度會計科目		原財政總預算會計制度會計科目及補充規定會計科目	
科目編號	會計科目名稱	科目編號	會計科目名稱
一、資產類			
1001	國庫存款	101	國庫存款
1003	國庫現金管理存款*		
1005	財政零余額帳戶存款	103	財政零余額帳戶存款
1004	其他財政存款	102	其他財政存款
1003	國庫現金管理存款*		
1006	有價證券	104	有價證券
1007	在途款	105	在途款
1081	待發國債	109	待發國債
1021	借出款項*	111	暫付款
1036	其他應收款*		
1031	與下級往來	112	與下級往來
1011	預撥經費	121	預撥經費
1036	其他應收款*		
–		122	基建撥款
		131	財政週轉金放款
		132	借出財政週轉金
1036	其他應收款*	133	待處理財政週轉金
1045	應收主權外債轉貸款*	141	借出外債
2015	其他應付款*		
1045	應收主權外債轉貸款*	142	應收外債利息
		143	應收外債費用
1041	應收地方政府債券轉貸款*		
1071	股權投資*		
1022	應收股利*		

續上表

新財政總預算會計制度會計科目		原財政總預算會計制度會計科目及補充規定會計科目	
科目編號	會計科目名稱	科目編號	會計科目名稱
二、負債類			
2011	應付國庫集中支付結余*	211	暫存款
2015	其他應付款*		
2017	應付代管資金*		
212	與上級往來	2012	與上級往來
213	已結報支出	2091	已結報支出
222	借入款	–	
223	借入財政週轉金	–	
2022	借入款項*	241	借入外債
2027	應付主權外債轉貸款*		
2015	其他應付款*		
2022	借入款項*	242	應付外債利息
2027	應付主權外債轉貸款*		
2022	借入款項*	243	應付外債費用
2027	應付主權外債轉貸款*		
2001	應付短期政府債券*		
2021	應付長期政府債券*		
2026	應付地方政府債券轉貸款*		
2045	其他負債*		
三、淨資產類			
3001	一般公共預算結轉結余△	301	預算結余
3002	政府性基金預算結轉結余△	305	基金預算結余
3003	國有資本經營預算結轉結余△	306	國有資本經營預算結余
3007	專用基金結余	307	專用基金結余
3031	預算穩定調節基金	315	預算穩定調節基金
3033	預算週轉金	321	預算週轉金
–		322	財政週轉基金
3005	財政專戶管理資金結余	323	財政專戶管理資金結余
3081	資產基金	343	淨資產調整
3082	待償債淨資產		
四、收入類			
4001	一般公共預算本級收入△	401	一般預算收入
4002	政府性基金預算本級收入△	405	基金預算收入
4003	國有資本經營預算本級收入△	406	國有資本經營預算收入

續上表

新財政總預算會計制度會計科目		原財政總預算會計制度會計科目及補充規定會計科目	
科目編號	會計科目名稱	科目編號	會計科目名稱
4007	專用基金收入	407	專用基金收入
4041	債務收入	408	債務收入
4042	債務轉貸收入	409	債務轉貸收入
4011	補助收入	411	補助收入
4012	上解收入	412	上解收入
4013	地區間援助收入	413	地區間援助收入
4021	調入資金	414	調入資金
4031	動用預算穩定調節基金△	415	調入預算穩定調節基金
4005	財政專戶管理資金收入	423	財政專戶管理資金收入
－		425	財政週轉金收入
五、支出類			
5001	一般公共預算本級支出△	501	一般預算支出
5002	政府性基金預算本級支出△	505	基金預算支出
5003	國有資本經營預算本級支出△	506	國有資本經營預算支出
5007	專用基金支出	507	專用基金支出
5042	債務還本支出	508	債務還本支出
5041	債務轉貸支出	509	債務轉貸支出
5011	補助支出	511	補助支出
5012	上解支出	512	上解支出
5013	地區間援助支出	513	地區間援助支出
5021	調出資金	514	調出資金
5031	安排預算穩定調節基金	515	安排預算穩定調節基金
5021	調出資金	516	國有資本經營預算調出資金
5005	財政專戶管理資金支出	523	財政專戶管理資金支出
－		524	財政週轉金支出

註：1. 帶△號的科目僅科目名稱作了修改。

2. 帶＊號的科目為新增科目。

附錄 2
新舊行政單位會計制度會計科目對照表

新行政單位會計制度會計科目			原行政單位會計制度會計科目及補充規定會計科目	
序號	編號	名稱	編號	名稱
一、資產類				
1	1001	庫存現金	101	現金
2	1002	銀行存款	102	銀行存款
3	1011	零余額帳戶用款額度	107	零余額帳戶用款額度*
4	1021 102101 102102	財政應返還額度 財政直接支付 財政授權支付	115	財政應返還額度* 財政直接支付 財政授權支付
5	1212	應收帳款	104	暫付款
6	1213	預付帳款	104	
7	1215	其他應收款	104	暫付款
			103	有價證券
8	1301	存貨	105	庫存材料
			106	固定資產
9	1501	固定資產	106	固定資產
10	1502	累計折舊		
11	1511	在建工程		
12	1601	無形資產	106	固定資產
13	1602	累計攤銷		
14	1701	待處理財產損溢		
15	1801	政府儲備物資	105	庫存材料
16	1802	公共基礎設施	106	固定資產
17	1901	受託代理資產		
二、負債類				
18	2001	應繳財政款	201	應繳預算款
			202	應繳財政專戶款
19	2101	應繳稅費	203	暫存款

續上表

<table>
<tr><th colspan="3">新行政單位會計制度會計科目</th><th colspan="2">原行政單位會計制度會計科目
及補充規定會計科目</th></tr>
<tr><td rowspan="4">20</td><td rowspan="4">2201</td><td rowspan="4">應付職工薪酬</td><td>211</td><td>應付工資（離退休費）*</td></tr>
<tr><td>212</td><td>應付地方（部門）津貼補貼*</td></tr>
<tr><td>213</td><td>應付其他個人收入*</td></tr>
<tr><td>203</td><td>暫存款</td></tr>
<tr><td>21</td><td>2301</td><td>應付帳款</td><td rowspan="3">203</td><td rowspan="3">暫存款</td></tr>
<tr><td>22</td><td>2302</td><td>應付政府補貼款</td></tr>
<tr><td>23</td><td>2305</td><td>其他應付款</td></tr>
<tr><td>24</td><td>2401</td><td>長期應付款</td><td rowspan="2">203</td><td rowspan="2">暫存款</td></tr>
<tr><td>25</td><td>2901</td><td>受託代理負債</td></tr>
<tr><td colspan="5">三、淨資產類</td></tr>
<tr><td>26</td><td>3001</td><td>財政撥款結轉</td><td rowspan="3">303</td><td rowspan="3">結余</td></tr>
<tr><td>27</td><td>3002</td><td>財政撥款結余</td></tr>
<tr><td>28</td><td>3101</td><td>其他資金結轉結余</td></tr>
<tr><td rowspan="9">29</td><td>3501</td><td>資產基金</td><td></td><td></td></tr>
<tr><td>350101</td><td>預付款項</td><td>303</td><td>結余</td></tr>
<tr><td>350111</td><td>存貨</td><td>303
301</td><td>結余
固定基金</td></tr>
<tr><td>350121</td><td>固定資產</td><td>301</td><td>固定基金</td></tr>
<tr><td>350131</td><td>在建工程</td><td></td><td></td></tr>
<tr><td>350141</td><td>無形資產</td><td>301</td><td>固定基金</td></tr>
<tr><td>350151</td><td>政府儲備物資</td><td>303</td><td>結余</td></tr>
<tr><td>350152</td><td>公共基礎設施</td><td>303</td><td>固定基金</td></tr>
<tr><td>30</td><td>3502</td><td>待償債淨資產</td><td></td><td></td></tr>
<tr><td colspan="5">四、收入類</td></tr>
<tr><td>31</td><td>4001</td><td>財政撥款收入</td><td>401</td><td>撥入經費</td></tr>
<tr><td>32</td><td>4011</td><td>其他收入</td><td>407</td><td>其他收入</td></tr>
<tr><td></td><td>–</td><td>–</td><td>404</td><td>預算外資金收入</td></tr>
<tr><td colspan="5">五、支出類</td></tr>
<tr><td rowspan="2">33</td><td rowspan="2">5001</td><td rowspan="2">經費支出</td><td>501</td><td>經費支出</td></tr>
<tr><td>505</td><td>結轉自籌基建</td></tr>
<tr><td>34</td><td>5101</td><td>撥出經費</td><td>502</td><td>撥出經費</td></tr>
</table>

註：上表中標有「＊」號的會計科目為行政單位按照財政部印發的有關行政單位會計核算補充規定增設的會計科目。

附錄 3
新舊事業單位會計制度會計科目對照表

新事業單位會計制度會計科目			原事業單位會計制度會計科目	
序號	編號	名稱	編號	名稱
一、資產類				
1	1001	庫存現金	101	現金
2	1002	銀行存款	102	銀行存款
3	1011	零余額帳戶用款額度		零余額帳戶用款額度*
4	1101	短期投資	117	對外投資
5	1401	長期投資		
6	1201 120101 120102	財政應返還額度 財政直接支付 財政授權支付		財政應返還額度* 財政直接支付 財政授權支付
7	1211	應收票據	105	應收票據
8	1212	應收帳款	106	應收帳款
9	1213	預付帳款	108	預付帳款
10	1215	其他應收款	110	其他應收款
11	1301	存貨	115	材料
			116	產成品
			509	成本費用
12	1501	固定資產	120	固定資產
13	1502	累計折舊		
14	1511	在建工程		
15	1601	無形資產	124	無形資產
16	1602	累計攤銷		
17	1701	待處置資產損溢		

二、負債類				
18	2001	短期借款	201	借入款項
19	2401	長期借款		
20	2101	應繳稅費	210	應交稅金
21	2102	應繳國庫款	208	應繳預算款
22	2103	應繳財政專戶款	209	應繳財政專戶款
23	2201	應付職工薪酬		應付工資（離退休費）
				應付地（部門）津貼補貼*
				應付其他個人收入
24	2301	應付票據	202	應付票據
25	2302	應付帳款	203	應付帳款
26	2303	預收帳款	204	預收帳款
27	2305	其他應付款	207	其他應付款
28	2402	長期應付款		
三、淨資產類				
29	3001	事業基金	301	事業基金——一般基金
30	3101 310101 310102 310103 310104	非流動資產基金 長期投資 固定資產 在建工程 無形資產	301 302	事業基金——投資基金、 固定基金
31	3201	專用基金	303	專用基金
32	3301 330101 330102	財政補助結轉 基本支出結轉 項目支出結轉		
33	3302	財政補助結余		
34	3401	非財政補貼結轉	404	撥入專款
			502	撥出專款
			503	專款支出
35	3402	事業結余	306	事業結余
36	3403	經營結余	307	經營結余
37	3404	非財政補助結余分配	308	結余分配

續上表

四、收入類				
38	4001	財政補助收入	401	財政補助收入
39	4101	事業收入	405	事業收入
40	4201	上級補助收入	403	上級補助收入
41	4301	附屬單位上繳收入	412	附單位繳款
42	4401	經營收入	409	經營收入
43	4501	其他收入	413	其他收入
五、支出類				
44	5001	事業支出	501	撥出經費
			504	事業支出
			520	結轉自籌基建
45	5101	上繳上級支出	516	上繳上級支出
46	5201	對附屬單位補助支出	517	對附屬單位補助
47	5301	經營支出	505	經營支出
			512	銷售稅金
48	5401	其他支出		

註：上表中標有「＊」號的會計科目為事業單位參照財政部印發的相關補充規定增設的會計科目。

國家圖書館出版品預行編目(CIP)資料

政府與非營利組織會計 / 羅朝暉, 牟濤 主編. -- 第二版.
-- 臺北市 : 財經錢線文化, 2018.12

面 ; 公分

ISBN 978-957-680-297-3(平裝)

1.非營利組織 2.管理會計

546.7 107019301

書 名：政府與非營利組織會計
作 者：羅朝暉、牟濤 主編
發行人：黃振庭
出版者：財經錢線文化事業有限公司
發行者：財經錢線文化事業有限公司
E-mail：sonbookservice@gmail.com
粉絲頁 網 址：
地 址：台北市中正區延平南路六十一號五樓一室
8F.-815, No.61, Sec. 1, Chongqing S. Rd., Zhongzheng Dist., Taipei City 100, Taiwan (R.O.C.)
電 話：(02)2370-3310 傳 真：(02) 2370-3210
總經銷：紅螞蟻圖書有限公司
地 址：台北市內湖區舊宗路二段 121 巷 19 號
電 話 :02-2795-3656 傳真 :02-2795-4100 網址：
印 刷 ：京峯彩色印刷有限公司（京峰數位）

定價：700元
發行日期：2018 年 12 月第二版
◎ 本書以POD印製發行